新时代万有文库

刘跃进 主编

周礼

王秀臣 王瑾·校点

辽海出版社

图书在版编目（CIP）数据

周礼 / 王秀臣，王瑾校点．—沈阳：辽海出版社，2025.1

（新时代万有文库 / 刘跃进主编）

ISBN 978-7-5451-6958-4

Ⅰ.①周…　Ⅱ.①王…②王…　Ⅲ.①《周礼》　Ⅳ.①K224.06

中国国家版本馆CIP数据核字（2024）第085486号

出 版 者：辽海出版社

（地址：沈阳市和平区十一纬路25号　邮编：110003）

印 刷 者：辽宁新华印务有限公司

发 行 者：辽海出版社

幅面尺寸：160mm × 230mm

印　　张：29.75

字　　数：300 千字

出版时间：2025 年 1 月第 1 版

印刷时间：2025 年 1 月第 1 次印刷

责任编辑：刘英楠

装帧设计：新思维设计　刘清霞

责任校对：李子夏

书　　号：ISBN 978-7-5451-6958-4

定　　价：155.00 元

购书电话：024-23285299

网址：http://www.lhph.com.cn

《新时代万有文库》

编辑委员会

出版委员会

主　任： 邬书林

副主任： 郭义强　李　岩　焦万伟　张东平

委　员（以姓氏笔画为序）**：**

王　雪　王利明　邬书林　李　岩

杨　平　张东平　张国际　单英琪

柳青松　徐桂秋　郭义强　郭文波

焦万伟

周禮卷第一

天官冢宰第一

惟王建國建立也周公居攝而作六典之職謂之周禮營邑於土中七年致政成王以此禮授之使居雒邑治天下司徒職曰日至之景尺有五寸謂之地中天地之所合也四時之所交也風雨之所會也陰陽之所和也然則百物阜安乃建王國焉辨方正位辨別也鄭司農云別四方正君臣之位君南面臣北面之屬玄謂考工匠人建國水地以縣置槷以縣視以景為規識日出之景與日入之景晝參諸日中之景夜考之極星以正朝夕是別四方召誥曰越三日戊申大保朝至于雒卜宅厥既得卜則經營越三日庚戌大保乃以庶殷攻位於雒汭越五日甲寅位成正位謂此定宮廟體國經野體猶分也經謂為之里數鄭司農云營國方九里國中九經九緯左祖右社面朝後市野則九夫為井四井為邑之屬是也設官分職鄭司農云置冢宰司徒宗伯司馬司寇司空名有所職而百事舉以為民極極中也令天下之人各得其中不失其所乃立天官冢宰使帥其屬而掌邦治以佐王均邦國掌主也邦治王所以治邦國也佐猶助也鄭司農云邦治謂總六官之職也故大宰職曰掌建邦之六典以佐王治邦國六官皆總屬於冢宰故論語曰君薨百官總己以聽於冢宰言冢宰於百官無所不主爾雅曰冢大也冢宰大宰也治官之屬大宰卿一人小宰中大夫二人宰夫下大夫四人上士八人中士十有六人旅下士三十有二人變冢言大宰避其名也百官總焉則謂之冢列職於王則稱大冢大之上也山頂曰冢旅眾也下士治眾事者自大宰至旅下士轉相副貳皆王臣也王之卿六命其大夫四命士以三命而下為差府六人史十有二人府治藏史掌書者凡府史皆其官長所自辟除胥十有二人徒百有二十

周禮疏卷第一

唐朝散大夫行太學博士弘文館學士臣賈公彥等撰

夫天育蒸民無主則亂立君治亂事資賢輔但天皇之日無事安民降自燧皇方有臣矣是以易通卦驗云天地成立君臣道生君有五期輔有三名注云三名公卿大夫又云燧皇始出握機矩表計宜其刻曰蒼牙通靈昌之成孔演命明道經注云拒燧皇謂人皇在伏羲前風姓始王天下者斗機云所謂人皇九頭兄弟九人別長九州者也是政教君臣起自人皇之世至伏羲因之故文燿鉤云伏羲作易名官者也又案論語撰考云黃帝受地形象天文以制官伏羲巳前雖有三名未必具立官位至黃帝名位乃具是以春秋緯命曆序云有九頭紀時有臣無官位尊

◎南宋两浙东路茶盐司刻宋元明递修本

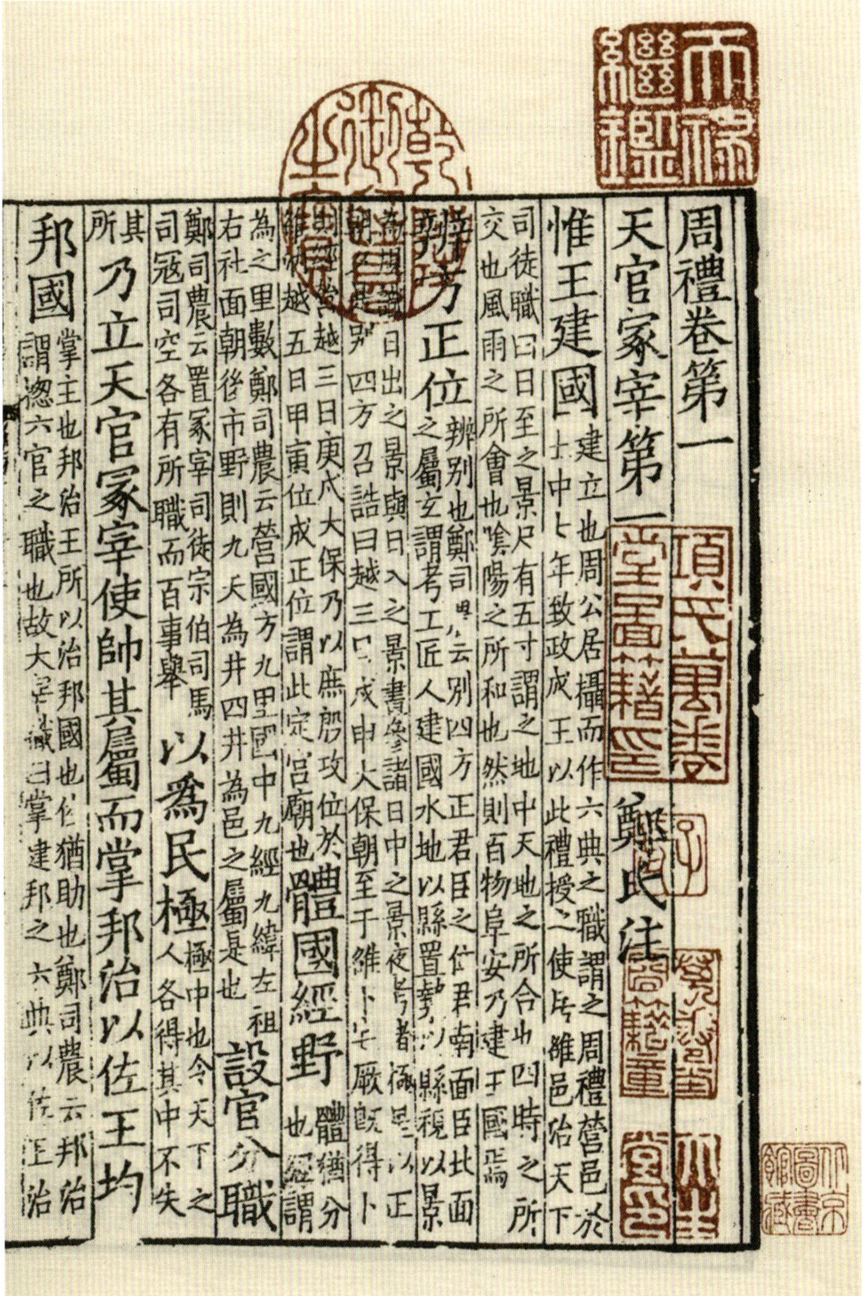

周禮卷第一

天官冢宰第一　鄭氏注

惟王建國 建立也周公居攝而作六典之職謂之周禮營邑於土中七年致政成王以此禮授之使居雒邑治天下司徒職曰日至之景尺有五寸謂之地中天地之所合也四時之所交也風雨之所會也陰陽之所和也然則百物阜安乃建王國焉 辨方正位 辨別也鄭司農云別四方正君臣之位君南面臣北面之屬玄謂考工匠人建國水地以縣置槷以縣視以景爲規識日出之景與日入之景晝參諸日中之景夜考之極星以正朝夕是別四方召誥曰越三日戊申大保朝至于雒卜宅厥既得卜則經營越三日庚戌大保乃以庶殷攻位於雒汭越五日甲寅位成正位謂此定宮廟也 體國經野 體猶分也經謂爲之里數鄭司農云營國方九里國中九經九緯左祖右社面朝後市野則九夫爲井四井爲邑之屬是也 設官分職 鄭司農云置冢宰司徒宗伯司馬司寇司空各有所職而百事舉 以爲民極 極中也令天下之人各得其中不失其所 乃立天官冢宰使帥其屬而掌邦治以佐王均邦國 掌主也邦治王所以治邦國也佐猶助也鄭司農云邦治謂揔六官之職也故大宰職曰掌建邦之六典以佐王治

◎金刻本

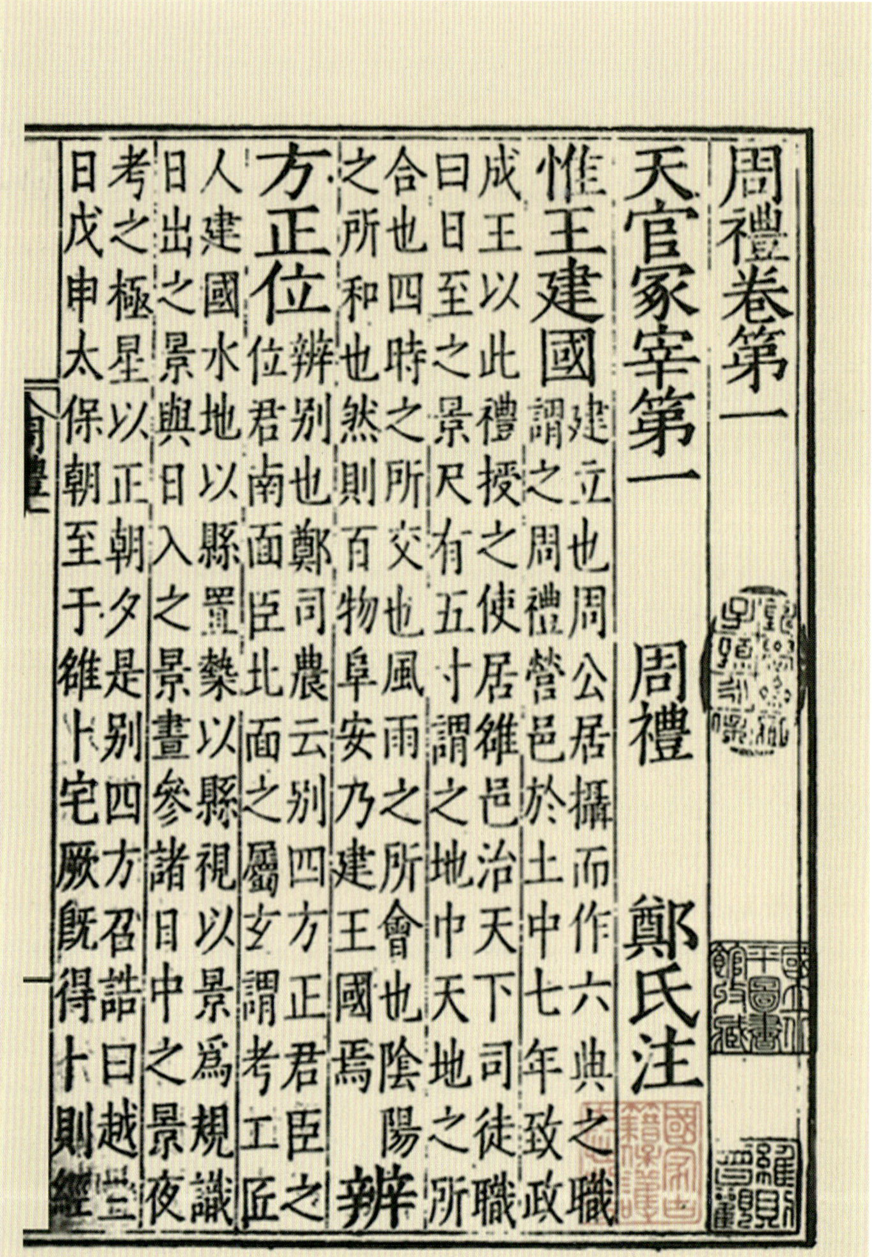
周禮卷第一

天官冢宰第一　　周禮　　鄭氏注

惟王建國建立也周公居攝而作六典之職謂之周禮營邑於土中七年致政成王以此禮授之使居雒邑治天下司徒職曰日至之景尺有五寸謂之地中天地之所合也四時之所交也風雨之所會也陰陽之所和也然則百物阜安乃建王國焉

辨方正位辨別也鄭司農云別四方正君臣之位君南面臣北面之屬玄謂考工匠人建國水地以縣置槷以縣視以景爲規識日出之景與日入之景晝參諸日中之景夜考之極星以正朝夕是別四方召誥曰越三日戊申太保朝至于雒卜宅厥既得卜則經

◎明嘉靖刻本

总 序

刘慧晏

新时代、新征程、新伟业，更加迫切地需要“两个结合”提供支撑和滋养。辽宁出版集团贯彻落实习近平文化思想，着眼于服务“第一个结合”，集海内百余位专家之力，分国内传播、世界传播两辑，出版《马克思主义经典文献传播通考》。巨著皇皇，总二百卷，被誉为当代马克思主义基础研究扛鼎之作。着眼于服务“第二个结合”，辽宁出版集团博咨众意，精研覃思，决定出版《新时代万有文库》。

自古迄今，中华文化著述汗牛充栋。早在战国时，庄子就发“以有涯随无涯，殆已”的感慨。即使在知识获取手段高度发达的今天，我想，也绝对没有人敢夸海口：可尽一生精力遍读古今文化著述。清末好读书、真读书的曾国藩，在写给儿子的家书里，做过统计分析，有清一代善于读书且公认读书最多的王念孙、王引之父子，每人一生熟稔的书也不过十几种，而他本人于四书五经之外，最好的也不过《史记》、《汉书》、《庄子》、韩愈文四种。因此，给出结论：“看书不可不知所择。”

高邮王氏父子也罢，湘乡曾国藩也罢，他们选择熟读的每一本书，当然都是经典。先秦以降，经典之书，积累亦多矣。虽然尽读为难，但每一本经典，一旦选择，都值得花精力去细读细研细悟。

中华文化经典，是中华优秀传统文化的物质载体和精神表达，凝聚着中华先贤的思想智慧，民族文化自信在焉。书海茫茫，典籍浩瀚，何为经典？何为经典之善本？何为经典之优秀注本？迷津得渡，知所择读，端赖方家指引。正缘于此，辽宁出版集团邀约海内古典文史专家，不惧艰辛，阅时积日，甄择不同历史时段文化经典，甄择每部文化经典的善本和优秀注本，拟分期分批予以整理出版，以助广大读者在创造性转化和创新性发展中赓续中华文脉。

《马克思主义经典文献传播通考》的美誉度，已实至名归。《新时代万有文库》耕耘功至，其叶蓁蓁、其华灼灼、下自成蹊，或非奢望！

出版说明

一、《新时代万有文库》（以下简称“《文库》”）拟收录中华传统文化典籍中具有根脉性的元典（即“最要之书”）500种，选择具有重要学术价值和版本价值的经典版本，给予其富有鲜明时代特征的整理与解读，致力于编纂一部兼具时代性、经典性、学术性、系统性、开放性的中华优秀传统文化经典丛书，深入挖掘和阐发中华优秀传统文化的精神内涵和时代价值，激活经典，熔古铸今，为“第二个结合”提供助力，满足新时代读者对中华文化经典的需求。

二、为满足不同读者的需求，《文库》收录的典籍拟采取“一典多版本”和“一版三形式”的方式出版。“一典多版本”是指每种典籍选择一最精善之版本予以重点整理，同时选择二至三种有代表性的经典版本直接刊印，以便读者比较阅读，参照研究。“一版三形式”是指每种典籍选择一最精善之版本，分白文本、古注本、今注本三种形式出版。各版本及出版形式，根据整理进度，分批出版。

三、典籍白文本仅保留经典原文，并对其进行严谨校勘，使其文句贯通、体量适宜，便于读者精析原文，独立思考，涵泳经典。考虑到不同典籍原文字数相差悬殊的实际情况，典籍白文本拟根据字数多少，或一种典籍单独出版，或几种典籍合为一册出版。合出者除考虑字数因素外，同时兼顾以类相从的原则，按照四部书目“部、类、属”三级分类体系，同一部、同一类或同一属的典籍合为一册出版。如子部中，同为“道家类”的《老子》与《庄子》合为一册出版。

四、典籍古注本选取带有前人注疏的经典善本整理出版。所选注本多有较精善的、学术界耳熟能详的汉、唐、宋、元人古注，如《老子》选三国魏王弼注，《论语》选三国魏何晏集解，《尔雅》选晋代郭璞注，等等。

五、典籍今注本在整理典籍善本基础上，对典籍进行重新注释，包括为生僻字、多音字注音；给难解的词语如古地名、职官、典制、典故等做注，为读者阅读、学习经典扫清障碍。

六、每部典籍卷首以彩色插页的形式放置若干面重要版本的书影，以直观展现典籍的历史样貌及版本源流。

七、每部典籍均撰写“导言”一篇，主要包括作者简介、创作背景、内容简介、时代价值、版本考释等方面内容。其中重点是时代价值，揭示每一种中华传统文化经典所蕴含的优秀基因和至今仍有借鉴意义的思想观念、人文精神、道德规范等，展示中华民族的独特精神标识，彰显中华传统文化经典的“魂”，满足读者借鉴、弘扬其积极内涵的需求，找准中华传统文化与社会主义核心价值观之间的深度契合点，指明每种经典在建设中华民族现代文明中能提供哪些宝贵资源。同时，对部分经典中存在的陈旧过时或已成为糟粕性的内容，予以明确揭示，提醒读者正确取舍，有鉴别地对待，有扬弃地继承，避免厚古薄今、以古非今。

八、校勘整理以对校为主，兼采他书引文、相关文献及前人成说，不做烦琐考证。选择一种或多种重要版本与底本对勘，以页下注的形式出校勘记，对讹、脱、衍、倒等重要异文进行说明，并适当指出旧注存在的明显问题。鉴于不同典籍在内容、体例、底本准确性等方面存在较大差异，《文库》对是否校改原文及具体校勘方式不作严格统一，每种典籍依具体情况灵活处理，并在书前列“整理说明”。

九、《文库》原则上采用简体横排的形式，施以现代新式标点，不使用古籍整理中的专名号。古注本的注文依底本排在正文字句间，改为单行，变更字体字号与正文相区别。

十、《文库》原则上使用规范简化字，依原文具体语境、语义酌情保留少量古体字、异体字、俗体字。《说文解字》《尔雅》等古代字书则全文使用繁体字排印。

《新时代万有文库》编辑委员会

2023年10月

目　录

导　言

中国自古有“礼仪之邦”的美称，“礼”是中国文化最重要的范畴之一，南宋哲学家陆九渊《大学春秋讲义》云：“圣人贵中国，贱夷狄，非私中国也。中国得天地中和之气，固礼义之所在。贵中国者，非贵中国也，贵礼义也。”❶钱穆先生说：“要了解中国文化必须站得更高来看到中国之心。中国的核心思想就是‘礼’。”❷《礼记·礼运》篇云：“礼义以为纪，以正君臣，以笃父子，以睦兄弟，以和夫妇，以设制度，以立田里，以贤勇知，以功为己。”❸就生命个体来说，“礼”是自别于禽兽，修身成人的基本要素；就社会群体来说，“礼”是齐家治国，安定社会的方法和手段。中国传统经典中，《周礼》《仪礼》《礼记》并称“三礼”，构成古代中国礼仪制度和礼义思想的总汇。其中，《周礼》是三礼之首，通过官制构建起理政治国的理想体系，内容丰富、结构缜密，是一部以人法天、天人同构的皇皇大典。

---

❶ ［宋］陆九渊：《陆九渊集》，中华书局，1980，第277页。

❷ ［美］邓尔麟著，蓝桦译：《钱穆与七房桥世界》，社会科学文献出版社，1998，第9页。

❸ ［清］阮元校刻：《十三经注疏·礼记正义》，中华书局，2009，第3062页。

一、《周礼》的名称与面世

《周礼》一书，据《史记》《汉书》《汉纪》记载，初名《周官》或《周官经》。《史记·周本纪》记载武王克商之后的周代历史云："成王自奄归，在宗周，（周公）作《多方》。既绌殷命，袭淮夷，归在丰，作《周官》。兴正礼乐，度制于是改，而民和睦，颂声兴。"❶《史记·封禅书》也记载："《周官》曰，冬日至，祀天于南郊，迎长日之至；夏日至，祭地祇。皆用乐舞，而神乃可得而礼也。"❷《汉书·艺文志》曰："《周官经》六篇。王莽时刘歆置博士。《周官传》四篇。"颜师古注："即今之《周官礼》也。"❸《汉纪》云："歆以《周官》十六篇为《周礼》，王莽时，歆奏以为《礼经》。置博士。"❹而《周官》的面世，当在西汉初年，汉武帝时期。贾公彦《周礼注疏·序周礼废兴》篇记载：

> 《周官》，孝武之时始出，秘而不传。《周礼》后出者，以其始皇特恶之故也。是以《马融传》云："秦自孝公已下，用商君之法，其政酷烈，与《周官》相反。故始皇禁挟书，特疾恶，欲绝灭之，搜求焚烧之独悉，是以隐藏百年。孝武帝始除挟书之律，开献书之路，既出于山岩屋壁，复入于秘府，五家之

❶ ［汉］司马迁：《史记·周本纪》，中华书局，1982，第133页。

❷ ［汉］司马迁：《史记·封禅书》，中华书局，1982，第1357页。

❸ ［汉］班固：《汉书·艺文志》，中华书局，1962，第1709-1710页。

❹ ［汉］荀悦、［晋］袁宏著，张烈点校：《汉纪·孝成皇帝纪》，中华书局，2002，第435页。

儒莫得见焉。至孝成皇帝，达才通人刘向、子歆，校理秘书，始得列序，著于《录》《略》。然亡其《冬官》一篇，以《考工记》足之。……”❶

按照马融的说法，秦始皇焚书坑儒，以法家思想施行统治，与周公之道不合，直到汉惠帝四年（前191）废除秦朝挟书之律（按：马融云孝武帝始除挟书之律，误），广开献书之路，《周官》才得以被世人所知。《汉书·景十三王传》则记载："献王所得书皆古文先秦旧书，《周官》《尚书》《礼》《礼记》《孟子》《老子》之属，皆经传说记，七十子之徒所论。……武帝时，献王来朝，献雅乐，对三雍宫及诏策所问三十余事。"❷《周官》是河间献王从民间征集到的"古文先秦旧书"，在武帝广开献书之路时，河间献王将其献与官方。《经典释文序录》则进一步记载了《周官》一书的来源："河间献王开献书之路，时有李氏上《周官》五篇，失《事官》一篇，乃购千金不得，取《考工记》以补之。"❸《周官》是河间献王从李氏处所得，但史籍并未记载李氏的姓名、身份等详细信息。关于《周官》最后一部分补入的《考工记》，郑玄《三礼目录》则云："《司空》之篇亡。汉兴，购求千金不得。此前世识其事者，记录以备大数，《古周礼》六篇毕

❶［清］阮元校刻：《十三经注疏·周礼注疏》，中华书局，2009，第1369页。

❷［汉］班固：《汉书·景十三王传》，中华书局，1962，第2410-2411页。

❸［唐］陆德明撰，吴承仕疏证，张力伟点校：《经典释文序录疏证》，中华书局，2008，第87页。

矣。”[1]这里叙述的《周官》面世过程，众说有异，并未达成一致的认知。但基本可以认同的是，《周礼》被世人所知的时间是在汉惠帝除挟书之律后，大致在景、武之际。在当时，《冬官》篇已经缺失，时人取《考工记》补之。

二、《周礼》的作者及成书年代

《周礼》之“周”，既可以指朝代，指其内容是周代的礼法、官制；也可是周密、周普之意，指“周天之官”，或其所创立的官制体系，上下四旁，无所不周。相对于《周礼》面世过程的不同说法，《周礼》的作者和成书年代，更是经历代学者长期争论，仍未取得一致的结论。正如《四库提要》所说：“（《周礼》）于诸经之中，其出最晚，其真伪亦纷如聚讼，不可缕举。”[2]其主要观点大致有以下几种。

（一）《周礼》为周公所作

周公是周初儒学的奠基者，也是西周典章制度的创制者，《尚书大传》云其“一年救乱，二年伐殷，三年践奄，四年建侯卫，五年营成周，六年制礼作乐，七年致政成王”[3]。刘歆认为《周礼》是周公所作，并云：“乃知其周公致太平之迹，

---

[1] ［清］阮元校刻：《十三经注疏·周礼注疏》，中华书局，2009，第1956页。

[2] ［清］阮元校刻：《十三经注疏·周礼注疏》，中华书局，2009，第1363页。

[3] ［清］阮元校刻：《十三经注疏·周礼注疏》，中华书局，2009，第1373页。

迹具在斯。”[1]郑玄注《周礼·天官·冢宰》“惟王建国”也认为“周公居摄而作六典之职，谓之《周礼》。营邑于土中，七年致政成王，以此礼授之，使居雒邑，治天下”[2]。在此之后，历代名家大儒多宗此说。朱熹云：“《周礼》是周公遗典也。”[3]孙诒让认为，《周礼》是周公对西周之前经世大法的总结：

> 粤昔周公，缵文武之志，光辅成王，宅中作雒，爰述官政，以垂成宪，有周一代之典，炳然大备。然非徒周一代之典也，盖自黄帝、颛顼以来，纪于民事以命官，更历八代，斟汋损益，因袭积累，以集于文武，其经世大法，咸粹于是。[4]
>
> 周公作《周礼》虽在六年，其班行则在致政时，故《明堂位》孔疏亦谓“成王即位乃用周礼是也”。[5]

因此，《周礼》也被认为是最理想、最有效的典章制度。王安石《周礼义序》云：

> 惟道之在政事，其贵贱有位，其后先有序，其多

---

❶ ［清］阮元校刻：《十三经注疏·周礼注疏》，中华书局，2009，第1369页。

❷ ［清］阮元校刻：《十三经注疏·周礼注疏》，中华书局，2009，第1373页。

❸ ［宋］黎靖德编，王星贤点校：《朱子语类》，中华书局，1986，第2204页。

❹ ［清］孙诒让著，汪少华整理：《周礼正义·序》，中华书局，2015，第1页。

❺ ［清］孙诒让著，汪少华整理：《周礼正义》，中华书局，2015，第13页。

寡有数，其迟数有时。制而用之存乎法，推而行之存乎人。其人足以任官，其官足以行法，莫盛乎成周之时；其法可施于后世，其文有见于载籍，莫具乎《周官》之书。盖其因习以崇之，庚续以终之，至于后世，无以复加。❶

孙诒让也说："此经建立六典，洪纤毕贯，精意眇恉，弥纶天地，其为西周政典，焯然无疑。"❷可见，《周礼》为周公所作的说法出现最早，影响最广，宋王昭禹《周礼详解》，元吴澄《周礼考注》，明王应电《周礼传》，清惠士奇《礼说》、江永《周礼疑义举要》等均宗此说。

（二）《周礼》作于西周但未必出于周公之手

《周礼》通过官制阐述治国方略，内容极其丰富，几乎涉及国家治理和社会生活的所有方面。《四库全书总目提要》认为："《周礼》作于周初，而周事之可考者，不过春秋以后。其东迁以前三百余年，官制之沿革，政典之损益，除旧布新，不知凡几。其初去成、康未远，不过因其旧章，稍为改易，而改易之人不皆周公也，于是以后世之法窜入之，其书遂杂。"❸有研究者将《周礼》的成书年代定位在西周时期。蒙文通《从社会制度及政治制度论周官成书年代》一文认为：

---

❶ 曾枣庄、刘琳主编：《全宋文·王安石三六·周礼义序》，上海辞书出版社、安徽教育出版社，2006，第269页。

❷ ［清］孙诒让著，汪少华整理：《周礼正义》，中华书局，2015，第4页。

❸ ［清］阮元校刻：《十三经注疏·周礼注疏》，中华书局，2009，第1363页。

“（《周礼》）虽未必即周公之书，然必为西周主要制度，而非东迁以下之治。”[1]不同于汉代得以重新问世的其他经典用当时通行的隶书书写，《周礼》使用先秦古文字书写，称为“古文经”。朱谦之《〈周礼〉的主要思想》一文通过文字考订《周礼》的成书年代：“此书中所用古体文字，不见于其他古籍，而独与甲骨文金文相同，又其所载官制与《诗经·大雅》《小雅》合，可见非在西周文化发展的时代不能作。”因此，得出“《周礼》是西周宣王中兴时代之书”的结论。[2]陈汉平也说：“笔者倾向于《周官》成书在西周之说。”[3]日本甲骨学先驱林泰辅著有《周公及其时代》（《周公と其时代》）一书，认为《周礼》作于西周末期的厉王、宣王、幽王时代。

（三）《周礼》作于春秋

从所载官制的角度，刘起釪《〈洪范〉成书时代考》一文认为：“《周礼》一书所载官制材料，都不出春秋之世周、鲁、卫、郑四国官制范围，没有受战国官制的影响。”[4]其《〈周礼〉真伪之争及其书写成的真实依据》进一步补充道：“《周礼》的成书有一发展过程。第一步只是一部官职汇编，至迟成于东周春秋时代，它依据的是自西周以来逐渐完备的周、鲁、卫、郑四国的姬周系统的官制，初步还记录了一些官

❶ 转引自彭林：《〈周礼〉史话》，国家图书馆出版社，2019，第16页。

❷ 转引自彭林：《〈周礼〉史话》，国家图书馆出版社，2019，第16页。

❸ 陈汉平：《西周册命制度研究》，学林出版社，1986，第218页。

❹ 刘起釪：《〈洪范〉成书时代考》，《中国社会科学》1980年第3期，第168页。

职的职掌。后来逐渐详细补充，写成了各官职的职文，除主要保存了春秋以上资料外，还录进了不少战国资料，所以全书的补充写定当在战国时期。到汉代整理图书时，又有少数汉代资料掺进去了，但不影响这部书原是周代的旧籍。”[1]金景芳认为：“《周礼》一书是东迁以后某氏所作。作者得见西周王室档案，故讲古制极为纤悉具体。但其中也增入作者自己的设想。例如封国之制、畿服之制一类的东西，就是作者自己设想所制定的方案。这个方案，具有时代特点，不但西周不能为此方案，即春秋战国时人也不会作此方案。原因是春秋战国时，周室衰微已甚，降为二、三等小国，当时不会幻想它会复兴。而在西周的历史条件下，则不可能产生这样的设想。”[2]洪诚《读〈周礼正义〉》认为，《周礼》起于周初，历经累积，成书最晚不在东周惠王后。

（四）《周礼》作于战国

与郑玄同时的林孝存、何休并不认同《周礼》为周公所作的观点，林孝存认为《周礼》是“末世渎乱不验之书”[3]，何休认为《周礼》是“六国阴谋之书”[4]，顾颉刚将阴谋解释为私下的计划。清崔述《丰镐考信录》云：“（《周礼》）条理详备，诚有可观，然遂以为周公所作周一代之制，则非也。”

---

❶ 刘起釪：《古史续辨》，中国社会科学出版社，1991，第650页。

❷ 金景芳：《金景芳古史论集》，吉林大学出版社，1991，第195页。

❸ ［清］阮元校刻：《十三经注疏·周礼注疏》，中华书局，2009，第1371页。

❹ ［清］阮元校刻：《十三经注疏·周礼注疏》，中华书局，2009，第1371页。

其对《周礼》所论方里、建国大小、税制等进行考察，比较《周礼》与《孟子》《春秋》《尚书》在封国、赋税、朝觐、立法方面的诸多不同，认为《周礼》盖“撰于战国之时”。❶毛奇龄《经问·周礼问》认为：“《周礼》为周末之书，不特非周公所作，即战国孟子以前皆未曾有。……《礼记》杂篇皆战国后儒所作，而《仪礼》《周礼》则又在衰周之季、吕秦之前。”❷近现代学者的研究中，郭沫若《周官质疑》择取金文中的职官与《周礼》进行比较，认为这些职官“乃彝铭中言周代官制之卓著者，同于《周官》者虽亦稍稍有之，然其骨干则大相违背。……如是而尤可谓《周官》必为周公致太平之迹，直可谓之迂诞而已”，“考其（《周官》）编制，以天地四时配六官，官各六十职，六六三百六十，恰合于黄道周天之度数，是乃准据星历智识之钩心结构，绝非自然发生者可比。仅此已足知其书不能出于春秋以前矣”，“《周官》一书，盖赵人荀卿子之弟子所为，袭其师‘爵名从周’之意”。❸

钱穆《周官制作时代考》认为《周官》书出战国晚世，当在道家思想转成阴阳学派之后，而或者尚在吕不韦宾客著书之前。杨向奎《〈周礼〉内容的分析及其制作时代》判定《周

❶［清］崔述：《丰镐考信录》，《丛书集成初编》，商务印书馆，1937，第92-93页。

❷庞晓敏主编：《毛奇龄全集》第十九册《经问》卷二，学苑出版社，2015，第46-47页。

❸郭沫若：《郭沫若全集·考古编（第五卷）·周官质疑》，科学出版社，2002，第182-185页。

礼》可能是一部“战国中叶左右齐国的书”[1]。顾颉刚《“周公制礼”的传说和〈周官〉一书的出现》认为，《周官》一书和《管子》相似，是齐人关于组织人民、充实府库，以求达到统一寰宇的目的而设计的一套制度。《周官》出于齐国或别国的法家而托之于周，与周公和儒家没有关系。沈文倬《略论宗周王官之学》认为：“《周礼》成书确实较晚，成于晚周（但决非汉初）；而且其书散乱，是在秘府的乱书堆里发现的。……残存三百四十五官（《考工》是记，当别议），基本上取诸于两周实制（周初创建和晚周更制）。”[2]吕友仁《〈周礼译注〉前言》，钱玄《三礼通论》，杨天宇《郑玄三礼注研究》，沈长云、李晶《春秋官制与〈周礼〉比较研究——〈周礼〉成书年代再探讨》，以及张舜徽、范文澜等人均认同《周礼》成书于战国。

（五）《周礼》作于周秦之际

宋时，魏了翁提出《周礼》为秦汉间所附会之书，清毛奇龄《经问》卷二认为《周礼》系周末秦初儒者所作。梁启超《古书真伪及其年代》写道：“（《周礼》）总是战国秦汉之间，一二人或多数人根据从前短篇讲制度的书，借来发表个人的主张。”[3]金春峰《周官之成书及其反映的文化与时代新考》将《周礼》所记制度和社会行政组织置于时代的宏观背景

❶ 杨向奎：《〈周礼〉内容的分析及其制作时代》，《山东大学学报》1954年第4期，第32页。

❷ 沈文倬：《菿闇文存》上册，商务印书馆，2006，第498页。

❸ 梁启超：《梁启超国学要籍研读法四种》，吉林出版集团股份有限公司，2017，第103页。

之下，发现其与秦的历史环境与文化背景相符，认为《周礼》是战国末年入秦的学者所作。《周官》的官职设置和制度设计的蓝图与指导思想，是为新的统一王朝服务的。陈连庆《〈周礼〉成书年代的新探索》认为“《周礼》制作年代的上限，不早于商鞅变法”，“下限也不会晚于河间献王在位之时”，“成书年代的最大可能，是在秦始皇帝之世”。台湾学者史景成《〈周礼〉成书年代考》认为《周礼》作于《吕氏春秋》之后，秦统一天下之前。❶

（六）《周礼》作于汉代

胡适《论秦畤及〈周官〉书》因为《周礼》时常出现“祀五帝”，认为《周礼》“为汉人所作之书似无可疑”❷。彭林也认为《周礼》成书于汉初。日本学者池田温认为：“《周礼》基本上为战国时代思想家的构想，至汉代始以如今日所见的形式固定下来成书。在其内容中，作为素材的那些被认为是从周至春秋战国的诸制度和诸事物，乃是经过种种加工而收入进去的。”❸

（七）《周礼》为刘歆伪造

北宋时，王安石借《周礼》经义施行变法，胡安国、胡宏通过抨击《周礼》来抨击王安石以《周礼》乱宋，称《周礼》

❶ 转引自彭林：《〈周礼〉史话》，国家图书馆出版社，2019，第18页。

❷ 胡适：《论秦畤及〈周官〉书》，《古史辨》第五册，上海古籍出版社，1982，第636-639页。

❸ ［日］池田温著，龚泽铣译：《中国古代籍帐研究》，中华书局，1984，第39页。

是“王莽令刘歆撰”[1]的，认为《周礼》“附会王莽，变乱旧章，残贼本宗，以趋荣利”，是“假托《周官》之名，剿入私说，希合贼莽之所为耳”。[2]康有为《新学伪经考》认为，刘歆为帮助王莽篡汉伪造群经，《周官》是其中最重要的一部。徐复观《〈周官〉成立之时代及其思想性格》认为：“《周官》乃王莽、刘歆们用官制以表达他们政治理想之书。”[3]侯家驹认为：“《周礼》是集体编著，刘歆为其总提调，其所用底稿乃是战国时代人士所撰，为河间献王于武帝时所献而藏于秘府之《周官》原文或残本，再予以损益。”[4]洪迈《容斋续笔》、廖平《古学考》、钱玄同《答顾颉刚先生书》均认同这一观点。但刘歆伪造《周礼》的主张，在四库馆臣时已有反驳。《四库全书总目》云《周礼》之改易、兴废“亦如后世律令条格，率数十年而一修，修则必有所附益。特世近者可考，年远者无征，其增删之迹，遂靡所稽，统以为周公之旧耳。……如斯之类，与二礼多相矛盾，歆果赝托周公为此书，又何难牵就其文，使与经传相合，以相证验，而必留此异同，以启后人之攻击。然则《周礼》一书，不尽原文，而非出依

---

❶ ［宋］黎靖德编，王星贤点校：《朱子语类》，中华书局，1986，第2204页。

❷ ［宋］胡宏著，吴仁华点校：《胡宏集·皇王大纪论·极论周礼》，中华书局，1987，第259-260页。

❸ 徐复观：《徐复观论经学史二种》，上海书店出版社，2002，第212页。

❹ 侯家驹：《〈周礼〉研究》，联经出版事业公司，1987，第375页。

托，可概睹矣”[1]。

从西周到汉，《周礼》成书及作者的争论前后跨越一千余年，在没有新的佐证材料的情况下，也很难得出一致的结论，但可以获得一致意见的是：《周礼》记载的职官、礼制、名物多与先秦古籍相合，保存了先秦时期的制度和思想，对后世政治制度、治国方略等产生了深远的影响。

因《周礼》面世时，《冬官》已经缺失，故以《考工记》补之。关于《考工记》的作者和成书年代，贾公彦《考工记》疏云：“不知其人，又不知作在何日，要知在于秦前，是以得遭秦灭焚典籍，《韦氏》《裘氏》等阙也。”[2]宋林希逸《考工记解》云：“《考工记》须是齐人为之，盖言语似《穀梁》，必先秦古书也。”[3]均认为《考工记》是先秦时期作品。清江永《周礼疑义举要》也记载：

> 《考工记》，东周后齐人所作也。其言“秦无庐”“郑之刀”；厉王封其子友，始有郑；东迁后，以西周故地与秦，始有秦：故知为东周时书。其言“橘逾淮而北为枳”“鸜鹆不逾济”“貉逾汶则死”，皆齐、鲁间水；而“终古”“戚速”“椑茭”之类，郑注皆以为齐人语，故知齐人所作也。盖齐、

---

[1] ［清］阮元校刻：《十三经注疏·周礼注疏》，中华书局，2009，第1363-1364页。

[2] ［清］阮元校刻：《十三经注疏·周礼注疏》，中华书局，2009，第1956页。

[3] 转引自宣兆琦：《〈考工记〉的国别和成书年代》，《自然科学史研究》1993第4期，第299页。

鲁间精物理，善工事而工文辞者为之。[1]

钱玄认为，《考工记》也是先秦古籍，成书约在东周时期；刘洪涛认为《考工记》多是周朝遗文；郭沫若、贺业钜等认为《考工记》是春秋末年齐国所记录的官书；杨宽、王燮山等认为《考工记》成书于战国初期；梁启超、史景成等认为《考工记》成书于战国后期；夏炜瑛认为，《考工记》就是《周礼》的一部分，即《冬官》，是战国年间齐国的阴阳家所作；沈长云认为《考工记》成书于秦汉。由此可见，《考工记》和《周礼》的其他篇章一样，可能也并非一时一人所作，其内容在长期流传中进行了不断增益或修订。但从目前的考古成果来看，《考工记》的记载大体可以与战国初期的出土文物相互印证，基本保存了战国及其之前的科技和手工艺发展成果，具有重要的史料和科学价值。

三、《周礼》的内容及官制体系

《周礼》全书约四万五千字，体大事繁，结构严密，原为《天官》《地官》《春官》《夏官》《秋官》《冬官》六篇，因《冬官》亡佚，后补入《考工记》以代之，六个系统的职官构成一部宏大的建国规划和官制系统。这种职官体系的布局，蕴含着时人对天人关系的认识。春、夏、秋、冬，对应东、南、西、北四方，四官各管一方，时空相合，加上天地，六官即宇宙。每官之下各辖六十属官，总数三百六十，恰好与周天

---

[1] ［清］江永：《周礼疑义举要》卷六《考工记》，中华书局，1985，第61页。

三百六十度、一年三百六十日相吻合，构筑了一幅天人同构、以人法天的理想国的蓝图。其立意并非实录某朝某代的典制，而是为千秋万世立下法则。

天官冢宰为治官，职掌治典，也就是国政。冢宰，即太宰，为六官之首、百官之长，大致相当于后世宰相，起到职掌天下政务的作用，其所属从“大宰”到“夏采”，计六十三种职官，分别掌管国家法典和王宫戒令、寝舍、饮食、车服、医药、财货、府藏等宫廷事务。蒋伯潜认为：“天官一方统摄六官，一方兼掌杂务，恰似现代各机关中之总务处焉。”[1]

地官司徒为教官，职掌教典，相当于后世的大司农、户部。其所属从“大司徒”到“槁人”，计七十八种职官，分别掌管国家山林川泽及其出产、户口及人民、农业、政教、赋税、市政、地方力役、赈济、祭祀等。此外，还有为民调解仇怨的调人，掌民婚姻的媒氏等。

春官宗伯为礼官，职掌礼典，相当于后世太常、礼部。其所属从“大宗伯”到“神仕”，计七十种职官，分别掌管吉、凶、宾、军、嘉五礼，包括礼仪规范的实施，礼器、服饰的使用，与礼相关的宗庙祭祀、乐、卜、筮、祝号，以及星象、天文历法、车旗、教育、历史文献等事务。

夏官司马为政官，职掌政典，相当于后世的兵部。其所属从“大司马”到“家司马”，计六十九种职官，主要掌管军队的编制、军事防御、出师征伐、民兵训练、部队校阅、军赋征

[1] 蒋伯潜：《十三经概论》，上海科学技术文献出版社，2019，第235页。

收、军需军械管理等军政事务，以及与此相关的马政、戎事和田猎。

秋官司寇掌刑法、司法、治安等，相当于后世的刑部。其所属从“大司寇”到“家士”，计六十六种职官，分别掌管国家刑法、狱讼、监管役使罪犯和战俘、接待宾客，以及与刑法狱讼有关的盟约、禁令等事务。司寇属官中的“大行人”以下数职还从事与诸侯四夷的外交和礼宾工作。

天官到秋官，共计三百四十六种职官，地官司禄，夏官军司马、舆司马、行司马、掌疆、司甲，秋官掌察、掌货贿、都则、都士、家士等十一种官职职文缺。

由于《周礼·冬官》原文亡佚，冬官具体职掌已无法考证，据推测，冬官司马为“事官”，相当于后世的工部。补入的《考工记》是我国最早的手工艺技术汇编，其将社会职业分为王公、士大夫、百工、商旅、农夫、妇功等六种，主要叙述百工及土木建筑之事，包括攻木、攻金、攻皮、设色、刮摩、抟埴之工的详细分类，各种工种所负责的工艺过程和制作器物的原理，不仅详其尺度、要求、要领，且善于总结经验和规律。“轮人”到“弓人”，计三十种工种，因“周人尚舆”，车工之事尤详，其次则详于弓矢，段氏、韦氏、裘氏、筐人、楖人、雕人等六种工种职文缺。

从各官职作用发挥上来看，《周礼》六官虽各有职属，官职间仍“联事通职”，需要既各司其职，又相互配合，六官的宗旨均是希望邦国和谐、百官团结、万民和乐，是一幅治国理政、安定民心的理想蓝图。

四、《周礼》的流传与研究

汉武帝之后的很长时间，《周礼》并未广泛流传。成帝时，刘向、刘歆父子进入秘府校理群书，《周官》被列入学官，著于《七略》，更名为《周礼》。《汉纪》云："歆以《周官》十六篇为《周礼》，王莽时，歆奏以为《礼经》。置博士。"❶《隋书》云："至王莽时，刘歆始置博士，以行于世。"❷

东汉初，刘歆门人杜子春设席授业，传授《周礼》之学，作《周官注》，一时注家蜂起，郑众、贾逵等鸿儒均仰承其说。《经典释文序录疏证》云："王莽时，刘歆为国师，始建立《周官经》，以为《周礼》。河南缑氏杜子春受业于歆，还家以教门徒，好学之士郑兴父子等多往师之。贾景伯亦作《周礼解诂》。"❸贾公彦《序周礼废兴》征引马融《周官传》曰："时众儒并出，共排以为非是。唯歆独识，其年尚幼，务在广览博观，又多锐精于《春秋》。末年，乃知其周公致太平之迹，迹具在斯。奈遭天下仓卒，兵革并起，疾疫丧荒，弟子死丧。徒有里人河南缑氏杜子春尚在，永平之初，年且九十，家于南山，能通其读，颇识其说，郑众、贾逵往受业焉。众、逵洪雅博闻，又以经书记转相证明为《解》，逵《解》行于

---

❶ ［汉］荀悦、［晋］袁宏著，张烈点校：《汉纪·孝成皇帝纪》，中华书局，2002，第435页。

❷ ［唐］魏徵、［唐］令狐德棻：《隋书·经籍志》，中华书局，1973，第925页。

❸ ［唐］陆德明撰，吴承仕疏证，张力伟点校：《经典释文序录疏证》，中华书局，2008，第90-91页。

世，众《解》不行。”郑玄《周礼注疏序》云：“世祖以来，通人达士大中大夫郑少赣名兴，及子大司农仲师名众，故议郎卫次仲、侍中贾君景伯、南郡太守马季长，皆作《周礼解诂》。”❶

《后汉书·儒林列传》云：“中兴，郑众传《周官经》，后马融作《周官传》，授郑玄，玄作《周官注》。”❷东汉末年，经学大师郑玄综览前儒，博综兼采，括囊大典，网罗众家，择善而从，著成《周礼注》，《周礼》始居“三礼”之首。就郑玄经学研究的成绩，王粲曰：“伊、洛已东，淮、汉之北，一人而已，莫不宗焉。咸云先儒多阙，郑氏道备。”❸贾公彦认为“《周礼》起于成帝刘歆，而成于郑玄”，“是以《周礼》大行，后王之法”。❹孙诒让赞誉云：“郑注博综众家，孤行百代，周典汉诂，斯其渊椒矣。”❺

在郑玄之后，王肃学贯古今，遍注群经，著有《周官礼注》十二卷。但王肃在经义说解上与郑玄立异，出现了《周礼》学史上的“郑王之争”。整个魏晋南北朝时期，虽政局动荡，但《周礼》研究著作仍不在少数，朝廷制定国家典章礼仪

---

❶ ［清］阮元校刻：《十三经注疏·周礼注疏》，中华书局，2009，第1369-1370页。

❷ ［南朝宋］范晔撰，［唐］李贤等注：《后汉书·儒林列传》，中华书局，1965，第2577页。

❸ 俞绍初辑校：《建安七子集·王粲集》，中华书局，2005，第143页。

❹ ［清］阮元校刻：《十三经注疏·周礼注疏》，中华书局，2009，第1371页。

❺ ［清］孙诒让著，汪少华整理：《周礼正义》，中华书局，2015，第10页。

也以“三礼”为主要参考依据。且这一时期声韵学成就突出，《周礼》音义之作有较多涌现，干宝、刘昌宗、徐邈、李轨、聂熊等都撰有《周礼音》。

唐朝重视教育和人才，对西汉以来流传的经传进行整理、研究。为扭转六朝以来经说歧义的局面，颜师古奉命撰成五经定本，完成五经文字的统一；国子祭酒孔颖达等人奉敕撰述五经义疏，完成《五经正义》；贾公彦奉敕撰《周礼疏》，全文刻入开成石经，列为十三经之一。贾公彦《周礼疏》是继郑玄《周礼注》之后又一部学术价值高、影响深广的《周礼》学著作，其疏解“极博核，足以发挥郑学”[1]，“发挥郑学最为详明”[2]。在此之前，陆德明《经典释文》有《周礼音义》上下卷，是解释《周礼》经文读音、字义的重要著作。

伴随宋学的兴起，《周礼》研究呈现繁盛局面。宋代研究整理《周礼》的著作见于《宋史·艺文志》的有：王昭禹《周礼详解》四十卷，杨时《周礼义辨疑》一卷，史浩《周官讲义》十四卷，郑谔《周礼解义》二十二卷，黄度《周礼说》五卷，徐焕《周官辨略》十八卷，陈傅良《周礼说》一卷，徐行《周礼微言》十卷，易祓《周礼总义》三十六卷，刘彝《周礼中义》十卷，胡铨《周礼传》十二卷，俞庭椿《周礼复古编》三卷，林椅《周礼纲目》八卷，郑伯谦《太平经国书统集》七卷，郑氏《周礼类例义断》二卷，魏了翁《周礼折衷》二卷、

[1] ［清］阮元校刻：《十三经注疏·周礼注疏》，中华书局，2009，第1364页。

[2] ［宋］马端临著，上海师范大学古籍研究所、华东师范大学古籍研究所点校：《文献通考》，中华书局，2011，第5351页。

《周礼要义》三十卷等。[1]宋熙宁八年（1075），朝廷将王安石所撰《书》《诗》《周礼》三经新义颁于学官，作为试士标准。有宋一代，王安石《周官新义》影响较大，学者望风披靡，效仿颇多。王与之《周礼订义》八十卷，采旧说五十一家，征引宋人之说达四十五家，对宋代《周礼》研究的成绩进行了总结。此外，龚原《周礼图》十卷、郑景炎《周礼开方图说》一卷、聂崇义《三礼图集注》二十卷、项安世《周礼丘乘图说》一卷等以图解形式注释《周礼》，是宋时《周礼》研究的特点之一。

元明时期，研究整理《周礼》的著作也达百部之多，但相较宋儒，创见不多。其间可称道者，元毛应龙《周官集传》十六卷，参考诸家训说，引据颇博；明王志长《周礼注疏删翼》三十卷，立足郑《注》贾《疏》，间采宋以后之说，时有发明；明王应电《周礼传》十卷、《图说》二卷、《翼传》二卷"于《周礼》之学，用力颇深"，"论说颇为醇正，虽略于考证，而义理多所发明"。[2]

清代是中国传统学术集大成的时期。乾隆年间开三礼馆，接续康熙时的经籍编纂计划并纂修《三礼义疏》，参与者超过一百五十人。其中，《钦定周官义疏》四十八卷为《三礼义疏》第一部，但此书学术水平较宋明未见较大提升。清时，《周礼》研究著作宏富，名家辈出，或对《周礼》重新阐释、

---

[1] ［元］脱脱等：《宋史·艺文志》，中华书局，1977，第5049-5052页。

[2] ［清］永瑢等：《四库全书总目》，中华书局，1965，第154页。

考辨名物，或对前人《周礼》研究的著作进行校勘整理、汇集刊刻，著作超过二百五十部。李光坡《周礼述注》二十四卷、惠士奇《礼说》十四卷、江永《周礼疑义举要》七卷、沈彤《周官禄田考》三卷、王鸣盛《周礼军赋说》四卷、戴震《考工记图》二卷、段玉裁《周礼汉读考》六卷、阮元《考工记车制图解》二卷等均是这一时期的代表作。孙诒让《周礼正义》凡八十六卷，约二百三十万言，征引宏富，博采众长，详密审慎，对历代研究《周礼》的重要成果几乎甄录无遗，代表清人经学新疏的最高成就。章太炎誉之为“三百年绝等双”❶。梁启超也说：“这部书可算清代经学家最后的一部书，也是最好的一部书。”❷

伴随近现代学术发展，《周礼》研究新著大量涌现，郭沫若的《金文丛考·周官质疑》，钱穆《周官著作时代考》，钱玄《三礼名物通释》《三礼通论》，钱玄、钱兴奇《三礼辞典》，哈佛燕京学社引得编纂处《周礼引得附注疏引书引得》，野间文史《周礼索引》等均是影响较大的《周礼》学著作。

五、《周礼》的版本

孔颖达《毛诗正义》云：“汉初为传训者，皆与经别行。《三传》之文不与经连，故石经书《公羊传》皆无经文……及

❶ ［清］孙诒让著，雪克辑校：《十三经注疏校记·孙诒让全集序》，中华书局，2009，第1页。

❷ 梁启超：《中国近三百年学术史》，中国文史出版社，2016，第182页。

马融为《周礼》之注，乃云欲省学者两读，故具载本文。”❶在《周礼》的流传过程中，一直到马融为《周礼》作注，注文才开始分条附在经文之下，也改变了汉初经典流传经注别行的情况。在这之后，即经注并行。王国维《五代两宋监本考》云：“考六朝以后，行世者只有经注本，无单经本。唐石经虽单刊经文，其所据亦经注本。如《周易》前题‘王弼注’，《尚书》题‘孔氏传’，《毛诗》题‘郑氏笺’，《周礼》《仪礼》《礼记》均题‘郑氏注’……是石经祖本本有注文，但刊时病其文繁，故存其序例，刊落其注耳。”❷

王国维提到的唐石经，即唐开成石经，因其开成二年（837）刊刻完成而得名，内容包括《周礼》在内的儒家十二部典籍。广政元年（938），后蜀主孟昶命宰相毋昭裔以开成石经为蓝本，增刻注文，刻《周礼》等十经于石，立于成都府学文翁石室（今石室中学）；北宋时，增补为十三经；南宋时，晁公武又刻《石经考异》于诸经之后。此石经被称为蜀石经，又名广政石经，首次汇集儒家十三经，是我国古代唯一附有注文的石经，也是《周礼注》首次和唯一一次刻于石碑。但在南宋末，广政石经就已经被毁，现仅存七块，其中一块《仪礼·特牲馈食礼》现藏中国国家博物馆，其余六块均藏于四川博物院。1926年，刘体乾将其收藏宋拓广政石经《公羊传》《周礼》等残本影印发行，“丙寅（1926）四月，庐江刘健之

❶［清］阮元校刻：《十三经注疏·毛诗正义》，中华书局，2009，第562页。

❷ 王国维：《五代两宋监本考》卷上，《王国维全集》第七卷，浙江教育出版社，2010，第199页。

以自藏本付印，发行处上海北河南路图南里本宅，定价银币陆拾元”[1]。书题为《蜀石经残本》，版权页钤有“蜀石经斋”之印，全书共八册，一、二、三册为《周礼》。

五代后唐长兴年间，始议雕版刻印经书。《旧五代史·唐书明宗纪》云“（长兴三年二月）辛未，中书奏：‘请依石经文字刻《九经》印板。’从之”。《旧五代史·汉书隐帝纪》云：“（乾祐元年）五月己酉朔，国子监奏，《周礼》《仪礼》《公羊》《穀梁》四经未有印板，欲集学官考校雕造。从之。”[2]《玉海》云：“周广顺三年六月丁巳，十一经及《尔雅》《五经文字》《九经字样》板成，判监田敏上之。”[3]这个版本被称为五代监本，是目前所知《周礼注》的最早刻本。

北宋时，因群经刻板时间日久，字体漫漶不清，于是以五代监本为依据，重新翻刻。《玉海》记载：“先是，国子监言群经摹印岁深，字体讹缺，请重刻板，因命崇文检讨杜镐、诸王侍讲孙奭详校，至是毕。又诏（邢）昺与两制详定而刊正之。”[4]太宗端拱元年（988）到淳化五年（994），刻完《五经正义》；太宗淳化五年（994）到真宗咸平四年（1001）刻完《七经疏义》，其中包括《周礼疏》。《玉海》记载：

---

❶ 转引自程章灿：《石刻题跋的阅读方法——以刘体乾旧藏〈宋拓蜀石经〉题跋为例》，《社会科学战线》2022年第10期，第96页。

❷ ［宋］薛居正等：《旧五代史》，中华书局，1976，第588、1348页。

❸ 武秀成、赵庶洋校证：《玉海艺文校证》，凤凰出版社，2013，第405页。

❹ 武秀成、赵庶洋校证：《玉海艺文校证》，凤凰出版社，2013，第415页。

“咸平三年三月癸巳，命国子祭酒邢昺等校定《周礼》……四年九月丁亥，翰林侍讲学士邢昺等及直讲崔偓佺表上重校定《周礼》……七经疏义，凡一百六十五卷。赐宴国子监。昺加一阶，余迁秩。十月九日，命摹印颁行。”[1]真宗景德二年（1005）至大中祥符七年（1014）补刻讹缺经板。真宗天禧五年（1021）开始，再次对书印板进行重刻。宋室南渡后，依北宋监本翻刻群经注疏，称南宋监本。《玉海》云：“（绍兴）二十一年五月，诏令国子监访寻五经、三史旧监本刻板。……经籍复全。”[2]

除以上所述外，宋代可见的《周礼》经注本还有宋婺州唐宅刻本、宋刊巾箱本、残蜀大字本等。宋婺州唐宅刻本《周礼》总十二卷，卷三后有“婺州市门巷唐宅刊”牌记，卷四、卷十二末镌“婺州唐奉议宅”牌记。《中国版刻图录·周礼注》根据避讳情况推断其为南宋初期刻本。清杨绍和《楹书隅录》评价此本云：“盖宋时刊书多出坊贾，俗文破体，大抵类然。此本字学独极精审，几于倦翁所谓偏旁点画不使分毫差误。故宋讳之缺避较他本颇详，可知此本非特今世为罕见之珍，即宋椠各本亦莫与之京矣。”堪称“宝中之宝”。书中劳健跋亦赞云：“此则郑氏单注，完帙仅传，且为黄顾诸老所未见，真稀世秘籍矣。”此本曾经明代周良金插架，清代又经何绍基、英和收藏，之后入藏汪氏问礼堂，后入聊城杨氏海源

❶ 武秀成、赵庶洋校证：《玉海艺文校证》，凤凰出版社，2013，第413-414页。

❷ 武秀成、赵庶洋校证：《玉海艺文校证》，凤凰出版社，2013，第415页。

阁，位列其所藏宋本“四经”之首。杨氏海源阁书散后，1934年，周叔弢收得此书，入藏自庄严堪，后捐献入藏中国国家图书馆。[1]

宋刊巾箱本《周礼注》十二卷。傅增湘《藏园群书经眼录》记载：“《周礼注》十二卷，汉郑玄注，存卷七至十一。宋刊巾箱本，半叶九行，每行十七字，注双行十八字，细黑口，四周双阑，版心上方记字数，左阑外上方有耳记篇名。版匡高三寸，宽二寸一分。”[2]王锷《郑玄〈周礼注〉版本考》认为中国国家图书馆所藏与“傅氏所载者，款式、残缺卷数吻合，疑即为一书耳”[3]。

残蜀大字本，仅存《秋官》二册，一般认为是宋代孝宗时期的刻本，由清吴县杨偕时所藏，后赠予同窗黄丕烈，历汪士钟、陆心源等人收藏，今藏日本静嘉堂文库，被列为“日本重要文化财”。

唐陆德明善言玄理，精通音义、校勘、目录之学，其采摭汉、魏、六朝音义之作二百余家，考证诸本异同，编为《经典释文》。宋代开始将《经典释文》中的内容附于《周礼注》。宋绍熙间闽刻本《周礼注》十二卷，附陆德明《释音》一卷，有清费念慈跋，现藏中国国家图书馆，有1934年文禄堂影印本。金刻本《周礼》十二卷，附陆德明撰《周礼释音》一卷。

---

❶ 转引自陈红彦主编：《古籍善本掌故》，上海远东出版社，2017，第25-27页。

❷ 傅增湘：《藏园群书经眼录》，中华书局，2009，第39页。

❸ 王锷：《郑玄〈周礼注〉版本考》，《图书与情报》1996年第2期，第62页。

书中避讳至宋高宗赵构止，当刻在南宋初年。《天禄琳琅书目后编》定为宋刻本，赵万里先生根据刊刻字体和刀法特点，定为金刻本。此本经明项笃寿收藏，后钤“乾隆御览之宝”“太上皇帝之宝”诸印，清嘉庆年间入藏清宫天禄琳琅，现藏中国国家图书馆。

南宋时，为阅读方便，开始出现将经注与疏合刻的版本，南宋建州刻《附释音十三经注疏》因将陆德明《经典释文》音释部分附入注疏，故书名前冠以“附释音”，因其每半页十行，故又称“十行本”。清阮元主持校刻《十三经注疏》，以扬州文选楼旧藏建刻十行本为底本。但阮元所依据的并非宋世建刻原本，而是元代建刻坊本，存在较多讹误，是较大的遗憾。

南宋两浙东路茶盐司刻宋元递修本《周礼疏》五十卷，经、注、疏合刻，共存世三本，分别藏于北京大学图书馆（存二十七卷）、台北故宫博物院和中国国家图书馆。2019年，国家图书馆出版社影印出版中国国家图书馆藏本，全十二册，《序言》记：“八行本《周礼疏》用以缀合的经注与义疏，其文本源自北宋国子监刻经注本与单疏本，无俗本牵合变乱之弊；又以一地官府之力编校刊刻，不惜成本，其校勘精良、文字优胜，远非十行本及后世诸本可比。清阮元《周礼注疏校勘记》曾利用‘惠校本’，纠正十行本及闽、监、毛本大量讹误，此‘惠校本’主要体现的即八行本异文。但阮元所据仅为辗转传校之本，未能亲见原本，故多失校及误校。今日研读《周礼》郑注贾疏，八行本《周礼疏》实具有无可取代的价值。”[1]2010年，上海古籍出版社出版彭林教授点校整理的《周礼注疏》也是以中国国家图书馆藏本为底本，参校唐石经、蜀石经及历代善本，是《周礼》研究的重要参考。

明嘉靖中，李元阳在闽中据十行本重刻《十三经注疏》，称“闽本”；万历中，北京国子监据闽本翻刻，称明“北监本”；崇祯中，常熟毛氏汲古阁又据北监本翻刻，称“毛本”；乾隆四年（1739），武英殿重新校刻《十三经注疏》，称“殿本”；嘉庆二十年（1815），阮元主持校刻的《十三经注疏》在南昌府学开雕，其中包括《附释音周礼注疏》四十二卷本，称“阮本”或“阮刻本”。

今有林尹《周礼今注今译》、杨天宇《周礼译注》等，也是《周礼》研究的重要成果，可为阅读提供帮助。

六、《周礼》的价值与影响

《周礼》以职官系统为基本框架，构筑起严整完备的职官制度及政治和礼仪制度，体大思精，系统条贯，内涵极为丰富。钱玄《〈三礼辞典〉自序》云：

> 今试以《仪礼》《周礼》及大小戴《礼记》所涉及之内容观之，则天子、侯国建制、疆域画分、政法文教、礼乐兵刑、赋役财用、冠昏丧祭、服饰膳食、宫室车马、农商医卜、天文律历、工艺制作，可谓应有尽有，无所不包。其范围之广，与今日“文化”之

---

[1] ［汉］郑玄注，［唐］贾公彦疏：《国学基本典籍丛刊：宋本周礼疏（全十二册）》，国家图书馆出版社，2019，第4页。

概念相比，或有过而无不及。是三礼之学，实即研究上古文化史之学。❶

《左传》云："礼，经国家、定社稷、序民人、利后嗣者也。"❷《礼记》也记载："礼也者，合于天时，设于地财，顺于鬼神，合于人心，理万物者也。"❸《周礼》作为周代官制和政治制度的记述，与当时的礼乐仪式、器物、道德法度一起，共同构筑了中华礼乐文明。习近平总书记指出，中华文明具有突出的连续性、创新性、统一性、包容性、和平性。中华民族之所以历经千载，传承不息，中华文明之所以从未中断，原因就在于礼乐制度和仪式在文化碰撞、交流和融合中历经沧桑而不衰。在千载之后，继续研读《周礼》，依然有助于了解中华文化的高度与深度。

第一，《周礼》一书具有重要的史料价值。《周礼》以天、地、春、夏、秋、冬六官为纲，详细记录了三百六十多种职官，对官员的级别、人员构成和职责范围做了精细的规定，其中既有六官的属官，也有地方官和职事官，内容涉及国家政治、经济、军事和社会生活的各个方面，几乎可以囊括国家治理实践，构成了由中央到地方基层组织以及各个行政机构之间层层相因、彼此制约、相互依存、井然有序的国家政权模式。

---

❶ 钱玄：《〈三礼辞典〉自序》，《古籍整理研究学刊》1990年第1期，第1页。

❷ ［清］阮元校刻：《十三经注疏·春秋左传正义》，中华书局，2009，第3770页。

❸ ［清］阮元校刻：《十三经注疏·礼记正义》，中华书局，2009，第3098页。

官制体系之层级分明且职能完备，宏大而详密，为上古文献所仅见。虽然不排除有理想化的成分，但依然反映出当时的官制实际和设想。孙诒让盛赞《周礼》说，自黄帝、颛顼以至西周文、武二王的“经世大法，咸粹于是”[1]，对研究周代历史、官制、政治制度有重要的参考价值。《周礼》之后，历代官制往往遵循《周礼》的职官体系。从隋代开始实行“三省六部制”，吏、户、礼、兵、刑、工构成中央官制的主体，即仿照《周礼》六官设置，之后历代沿用。

历史上，逢朝代更迭等重大变革，或政治、经济制度的革新，《周礼》往往是重要的援引和借鉴对象。王莽改制、西魏宇文泰任用苏绰改革官制、王安石变法等重要的革新都参考《周礼》，吸收其有益成分，对缓和社会矛盾、改善官民文教、富国强兵起到了关键作用。历朝修订典制，同样参照《周礼》。唐代开元十年（722），唐玄宗下诏书命徐坚等人依据《周礼》制定官制，成《唐六典》三十卷。之后，宋《开宝通礼》、明《大明集礼》都是在《周礼》的基础上有所损益。朝鲜的《经国大典》《经世遗表》也是以《周礼》为蓝本。

《周礼》“大宰”之职“八法”有“官成”“官计”，即各级官府年度工作总结和对官员政绩进行定期考核，“小宰”有“六计”之制——廉善、廉能、廉敬、廉正、廉法、廉辨，即规定了从官员的声誉、办事能力、工作态度、道德品行、守法与否、辨别是非能力等六个方面考察官员政绩的制度，这对

[1] ［清］孙诒让著，汪少华整理：《周礼正义·序》，中华书局，2015，第1页。

于秦汉以来历代官吏考核都很有影响。[1]直到晚清八国联军入侵，慈禧挟光绪帝外逃，国难当头时，孙诒让在盛宣怀、费念慈的建议下，以《周礼》为据，撰写《周礼政要》，介绍西方国家的有关情况，阐述改革变法的必要性，并提出革新吏治等一系列政治、经济、文化上的改革举措。《周礼》在两千年后，依然发挥着重要的政治作用。[2]研读《周礼》对研究历朝政治制度、典章规范及其沿革有重要作用。

第二，《周礼》一书有重要的思想价值。《天官·冢宰》篇记载“掌建邦之六典”“以八法治官府”“以八则治都鄙”至“以九贡致邦国之用”“以九两系邦国之民”，详密严谨，宏纤毕载，呈现了诸侯拱卫王室的政治格局和儒法兼容、德主刑辅、礼法相济的治国方针；“官联”制度下六官互相协调、合作处理国家事务，显示了相当成熟的政治智慧，也为官员管理和协作提供范本；国家府库的管理、各类财务的收纳严密细致，相互制约，体现了高超的运筹和理财智慧。同时，《周礼》的职官设置虽然基本遵循“由天定人”，但以“得民”为安邦定国的基本旨归，反映了早期的民本思想。《周礼》以礼乐化民、治民，处处体现“仁政”精神，对稳定社会、促进休养生息有重要作用。

从《周礼》的流传和传播来看，自西汉末期由刘歆、王莽提倡，取得合法的官学地位，到成为儒家十三经之一，列“三

---

❶ 王锷：《〈周礼〉概论》，《齐鲁文化研究（第八辑）》，泰山出版社，2009，第94-104页。

❷ 胡珠生：《〈周礼政要〉探略》，《孙诒让研究论文集》，百花洲文艺出版社，2007，第325-335页。

礼”之首，《周礼》对儒家经典文献的形成和儒家学说的传播也功不可没。

第三，《周礼》一书还具有重要的科技价值。因《冬官》遗失而补入的《考工记》书写了车轮、兵器、青铜器、玉器、农具等的制造，包含了当时物理、数学、化学、天文、生物、建筑、冶金、水利、纺织等方面的科学技术知识，上承殷商、西周青铜文化之遗绪，下启后代手工业制造之先河，对秦汉之后城市建筑、手工业生产等科学技术的发展，都产生了深远的影响。[1]《考工记》在记述国都营建原则时写道：“匠人营国，方九里，旁三门，国中九经九纬，经涂九轨，左祖右社，面朝后市。”元世祖忽必烈入主北京后，刘秉忠参照《考工记》的这一记载，设计成元大都棋盘式的街巷，也奠定了之后明清两朝乃至今天北京城的基本格局。如故宫太和殿南面是皇帝治政之朝，北面是皇后掌管的市，是为“面朝后市”；左面是太庙（今北京市劳动人民文化宫），右面是社稷坛（今中山公园），是为“左祖右社”。明、清两朝沿用元大都建制，又建天坛、地坛、日坛、月坛、先农坛等，也基本遵循了《考工记》的设计原则。英国科学家李约瑟在《中国科学技术史》中多次引用并解释《考工记》，可见《考工记》不仅对我国古代科技发展影响深远，在世界科学技术史上也有举足轻重的地位。

---

[1] 王锷：《〈周礼〉概论》，《齐鲁文化研究（第八辑）》，泰山出版社，2009，第94-104页。

整理说明

一、本书以宋婺州市门巷唐宅刻本《周礼注》十二卷为底本，以清嘉庆刊阮元校刻《十三经注疏·周礼注疏》四十二卷（简称“阮本”）为校本，参校南宋两浙东路茶盐司刻宋元递修本《周礼疏》五十卷（简称“八行本”）、元刻明递修本《周礼注疏》四十二卷（简称“元本”）、《四部丛刊》影印明翻相台岳氏家塾刊本《周礼注》十二卷（简称“岳本”）、明嘉靖李元阳闽刻本《附释音周礼注疏》四十二卷（简称“闽本”）、明崇祯间毛氏汲古阁刊本《周礼注疏》四十二卷（简称“毛本”）。

二、本书校勘参考阮元、王念孙、王引之、孙诒让、于鬯、俞樾诸人之说，引用诸家书目包括清嘉庆刊阮元校刻《十三经注疏·周礼注疏》（中华书局2009年版）、王引之《经义述闻·周官》（上海古籍出版社2018年版）、孙诒让《周礼正义》（中华书局2013年版）、孙诒让《十三经注疏校记·周礼注疏》（中华书局2009年版）、于鬯《香草校书》（中华书局1984年版）、俞樾《群经平议·周官平议》（《俞樾全集》，浙江古籍出版社2018年版）、俞樾《茶香室经说》（《俞樾全集》，浙江古籍出版社2018年版）。

三、本书分卷、分段均遵底本。

四、本书采用横排版式，新式标点断句，除人名、官名、地名等专有名词外，异体字、别字、俗字等改为规范简化字形，不出校。但是，若涉同一文字的不同字形，不加区分会严重影响文义时，则保留底本所用字形。

五、底本中形近易讹之字，如戍戌、母毋、未末、凡几、官宫、王玉、今令、剌刺等，偏旁木扌之类，时有混淆，凡显误者径改，不出校。

六、底本与校本句中、句末虚词、语助词，如也、之、以之类，不影响文义者，相异之处，以底本为准，不出校记说明。

七、本书整理重点参考清阮元《十三经注疏》的整理、点校成果，阮元校勘记基本保留，繁琐之处节录或约取文意。同时参考彭林先生整理、上海古籍出版社2010年出版《周礼注疏》（全三册），彭林先生著、国家图书馆出版社2019年出版《〈周礼〉史话》，石瑊整理、商务印书馆2023年出版《周礼注》，在此谨致以谢意！

卷第一

天官冢宰第一

惟王建国，建，立也。周公居摄而作六典之职，谓之《周礼》。营邑于土中。七年，致政成王，以此礼授之，使居雒[1]邑，治天下。《司徒职》曰："日至之景尺有五寸，谓之地中，天地之所合也，四时之所交也，风雨之所会也，阴阳之所和也，然则百物阜安，乃建王国焉。"**辨方正位，**辨，别也。郑司农云："别四方，正君臣之位，君南面、臣北面之属。"玄谓《考工》"匠人建国，水地以县，置槷以县，视以景。为规，识日出之景与日入之景。昼参诸日中之景，夜考之极星，以正朝夕"，是"别四方"。《召诰》曰："越三日戊申，大保朝至于雒，卜宅，厥既得卜，则经营。越三日庚戌，大保乃以庶殷攻位于雒汭。越五日甲寅，位成。"正位，谓此定宫庙。**体国经野，**体，犹分也，经，谓为之里数。郑司农云："营国方九里，国中九经九纬，左祖右社，面朝后市，野则九夫为井，四井为邑之属是也。"**设官分职，**郑司农云："置冢宰、司徒、宗伯、司马、司寇、司空，各有所职而百事

[1] "雒"，阮校云《释文》"雒，水名也。本作'洛'，后汉都洛阳，改为'雒'"。段玉裁《汉读考》云豫州之川字作雒，雍州之浸字作洛，自魏以前划然分别，魏文帝始乱之，其详见《尚书古文撰异》。

举。”**以为民极**。极，中也。令天下之人各得其中，不失其所。**乃立天官冢宰，使帅其属而掌邦治，以佐王均邦国。**掌，主也。邦治，王所以治邦国也。佐，犹助也。郑司农云：“邦治，谓总六官之职也，故《大宰职》曰‘掌建邦之六典，以佐王治邦国’。六官皆总属于冢宰，故《论语》曰‘君薨，百官总己以听于冢宰’。言冢宰于百官无所不主。《尔雅》曰：‘冢，大也。’冢宰，大宰也。”**治官之属：大宰，卿一人。小宰，中大夫二人。宰夫，下大夫四人；上士八人，中士十有六人，旅下士三十有二人；**变冢言大，进退异名也。百官总焉则谓之冢，列职于王则称大。冢，大之上也。山顶曰冢。旅，众也。下士，治众事者。自大宰至旅下士，转相副贰，皆王臣也。王之卿六命，其大夫四命，士以三命而下为差。**府六人，史十有二人，**府，治藏。史，掌书者。凡府史皆其官长所自辟除。**胥十有二人，徒百有二十人。**此民给徭役者，若今卫士矣。胥，读如[1]谞，谓其有才知，为什长。

宫正，上士二人，中士四人，下士八人；府二人，史四人，胥四人，徒四十人。正，长也。宫正，主宫中官之长。

宫伯，中士二人，下士四人；府一人，史二人，胥二人，徒二十人。伯，长也。

---

❶ “读如”，阮校云段玉裁《汉读考》云凡易其本字曰“读为”，此“读为”各本作“读如”，误。《大行人》注胥读为谞，象谞谓象之有才知者也，可据以正此矣。

膳夫，上士二人，中士四人，下士八人；府二人，史四人，胥十有二人，徒百有二十人。膳之言善也。今时美物曰珍膳。膳夫，食官之长也。郑司农以《诗》说之曰“仲允膳夫”。

庖人，中士四人，下士八人；府二人，史四人，贾八人，胥四人，徒四十人。庖之言苞也，裹肉曰苞苴。贾主市买，知物贾。

内饔，中士四人，下士八人；府二人，史四人，胥十人，徒百人。饔，割亨煎和之称。内饔，所主在内。

外饔，中士四人，下士八人；府二人，史四人，胥十人，徒百人。外饔，所主在外。

亨人，下士四人；府一人，史二人，胥五人，徒五十人。主为外内饔煮肉者。

甸师，下士二人；府一人，史二人，胥三十人，徒三百人。郊外曰甸。师，犹长也。甸师，主共野物官之长。

兽人，中士四人，下士八人；府二人，史四人，胥四人，徒四十人。

渔人，中士二人，下士四人；府二人，史四人，胥三十人，徒三百人。

鳖人，下士四人；府二人，史二人，徒十有六人。

腊人，下士四人；府二人，史二人，[1]徒二十人。腊之言夕也。

医师，上士二人，下士四人；府二人，史二人，徒

---

[1] “府二人史二人”，王引之云此六字衍。

二十人。医师，众医之长。

食医，中士二人。食有和齐药之类。

疾医，中士八人。

疡医，下士八人。疡，创痈也。

兽医，下士四人。兽，牛马之属❶。

酒正，中士四人，下士八人；府二人，史八人，胥八人，徒八十人。酒正，酒官之长。

酒人，奄十人，女酒三十人，奚三百人。奄，精气闭藏者，今谓之宦人。《月令》仲冬“其器闳以奄”。女酒，女奴晓酒者。古者从坐男女，没入县官为奴，其少才知以为奚，今之侍史官婢。或曰：“奚，宦女。”

浆人，奄五人，女浆十有五人，奚百有五十人。女浆，女奴晓浆者。

凌人，下士二人；府二人，史二人，胥八人，徒八十人。凌，冰室也。《诗》云：“二之日，凿冰冲冲。三之日，纳于凌阴。”

笾人，奄一人，女笾十人，奚二十人。竹曰笾。女笾，女奴之晓笾者❷。

醢人，奄一人，女醢二十人，奚四十人。醢，豆实也。不谓之豆，此主醢，豆不尽于醢也。女醢，女奴晓醢者。

醯人，奄二人，女醯二十人，奚四十人。女醯，女奴

---

❶ “属”，闽本、毛本、殿本、阮本作“类”。阮校云疏中引注但言“兽牛马”，并无下二字。

❷ “女奴之晓笾者”，阮校云注上下文多云“女奴晓某者”，无“之”字，此衍。

晓醯者。

盐人，奄二人，女盐二十人，奚四十人。女盐，女奴晓盐者。

幂人❶，奄一人，女幂十人，奚二十人。以巾覆物曰幂。女幂，女奴晓幂者。

宫人，中士四人，下士八人；府二人，史四人，胥八人，徒八十人。

掌舍，下士四人；府二人，史四人，徒四十人。舍，行所解止之处。

幕人，下士一人；府二人，史二人，徒四十人。幕，帷覆上者。

掌次，下士四人；府四人，史二人，❷徒八十人。次，自修正之处。

大府，下大夫二人；上士四人，下士八人；府四人，史八人，贾十有六人，胥八人，徒八十人。大府，为王治藏之长，若今司农矣。

玉府，上士二人，中士四人；府二人，史二人，工八人，贾八人，胥四人，徒四十有八人。工，能攻玉者。

内府，中士二人；府一人，史二人，徒十人。内府，

---

❶ “幂人”，阮校云《说文》引《周礼》作“幎人”。

❷ “府四人史二人”，王引之云《天官·掌次》及《春官·郁人》《司尊彝》《司几筵》《司服》《磬师》《典庸器》等皆府多于史，而贾氏曰“唯有天府一官，府多于史”，疑《掌次》等官“府四人，史二人”“府二人，史一人”，人数皆上下互讹，唐石经已如是。俞樾云《掌次》疑当作“府四人，史四人”，《郁人》疑当作“府一人，史一人”，《磬师》当云“府二人，史二人”，《司尊彝》《司几筵》《司服》阙疑。

主良货贿藏在内者。

外府，中士二人；府一人，史二人，徒十人。外府，主泉藏在外者。

司会，中大夫二人，下大夫四人；上士八人，中士十有六人；府四人，史八人，胥五人，徒五十人。会，大计也。司会，主天下之大计，计官之长，若今尚书。

司书，上士二人，中士四人；府二人，史四人，徒八人。司书，主计会之簿书。

职内，上士二人，中士四人；府四人，史四人，徒二十人。职内，主入也，若今之泉所入谓之少内。

职岁，上士四人，中士八人；府四人，史八人，徒二十人。主岁计以岁断。

职币，上士二人，中士四人；府二人，史四人，贾四人，胥二人，徒二十人。

司裘[1]，中士二人，下士四人；府二人，史四人，徒四十人。

掌皮，下士四人；府二人，史四人，徒四十人。

内宰，下大夫二人；上士四人，中士八人；府四人，史八人，胥八人，徒八十人。内宰，宫中官之长。

内小臣，奄上士四人[2]；史二人，徒八人。奄称士者，异其贤。

阍人，王宫每门四人，囿游亦如之。阍人，司昏晨以

---

❶ “裘”，阮校云毛本作“裘”。

❷ “奄上士四人”，于鬯疑“奄”字衍。

启闭者。刑人墨者使守门。囿，御苑也。游，离宫也。

寺人，王之正内五人。寺之言侍也。《诗》云“寺人孟子”。正内，路寝。

内竖，倍寺人之数。竖，未冠者之官名。

九嫔。嫔，妇也。《昏义》曰：“古者天子后立六宫，三夫人、九嫔、二十七世妇、八十一御妻，以听天下之内治，以明章妇顺，故天下内和而家理也。”不列夫人于此官者，夫人之于后，犹三公之于王，坐而论妇礼，无官职。

世妇。不言数者，君子不苟于色，有妇德者充之，无则阙。

女御。《昏义》所谓御妻。御，犹进也，侍也。

女祝，四人，奚八人。女祝，女奴晓祝事者。

女史，八人，奚十有六人。女史，女奴晓书者。

典妇功，中士二人，下士四人；府二人，史四人，工四人，[1]贾四人，徒二十人。典，主也。典妇功者，主妇人丝枲功官之长。

典丝，下士二人；府二人，史二人，贾四人，徒十有二人。

典枲，下士二人；府二人，史二人，徒二十人。

内司服，奄一人，女御二人[2]，奚八人。内司服，主

---

❶ “史四人工四人”，于鬯疑“工”本作“贾”，且“贾四人”当置《典枲》“史二人”之后。

❷ “女御二人”，阮校引沈彤云：“二人”当作“四人”，考女御之凡，当七十二人，而内司服之女御于王后、九嫔、外内命妇之服无不掌，则二人不足也。

宫中裁缝官之长。有女御者，以衣服进，或当于王，广其礼，使无色过。

缝人，奄二人，女御八人，女工八十人，奚三十人。女工，女奴晓裁缝者。

染人，下士二人；府二人，史二人，徒二十人。

追师，下士二人；府一人，史二人，工二人，徒四人。追，治玉石之名。

屦人，下士二人；府一人，史一人，工八人，徒四人。

夏采，下士四人；史一人，徒四人。夏采，夏翟羽色。《禹贡》徐州贡夏翟之羽，有虞氏以为緌，后世或无，故染鸟羽，象而用之，谓之夏采。

大宰之职，掌建邦之六典，以佐王治邦国。一曰治典，以经邦国，以治官府，以纪万民；二曰教典，以安邦国，以教官府，以扰万民；三曰礼典，以和邦国，以统百官，以谐万民；四曰政典，以平邦国，以正百官，以均万民；五曰刑典，以诘邦国，以刑百官，以纠万民；六曰事典，以富邦国，以任百官，以生万民。大曰邦，小曰国，邦之所居亦曰国。典，常也，经也，法也。王谓之礼经，常所秉以治天下也；邦国官府谓之礼法，常所守以为法式也。常者，其上下通名。[1]扰，犹驯也。统，犹合也。诘，犹禁也，《书》曰“度作详刑，以诘四方”。任，犹俸也。生，犹养也。郑司农云：“治典，冢宰之职，故立其官，

---

[1] “常者其上下通名”，阮校云疏两引此注皆无“其”字。

曰使帅其属而掌邦治，以佐王均邦国；教典，司徒之职，故立其官，曰使帅其属而掌邦教，以佐王安扰邦国；礼典，宗伯之职，故立其官，曰使帅其属而掌邦礼，以佐王和邦国；政典，司马之职，故立其官，曰使帅其属而掌邦政，以佐王平邦国；刑典，司寇之职，故立其官，曰使帅其属而掌邦禁，以佐王刑邦国。此三时皆有官，唯冬无官，又无司空。以三隅反之，则事典，司空之职也。《司空》之篇亡，《小宰职》曰：‘六曰冬官，其属六十，掌邦事。’”**以八法治官府。一曰官属，以举邦治；二曰官职，以辨邦治；三曰官联，以会官治；四曰官常，以听官治；五曰官成，以经邦治；六曰官法，以正邦治；七曰官刑，以纠邦治；八曰官计，以弊邦治。**百官所居曰府。弊，断也。郑司农云：“官属谓六官其属各六十。若今博士、大史、大宰、大祝、大乐属大常也。《小宰职》曰‘以官府之六属举邦治，一曰天官，其属六十’是也。官职谓六官之职，《小宰职》曰：‘以官府之六职辨邦治，一曰治职，二曰教职，三曰礼职，四曰政职，五曰刑职，六曰事职。’官联，谓国有大事，一官不能独共，则六官共举之。联，读为连，古书连作联。联，谓连事通职，相佐助也。《小宰职》曰：‘以官府之六联合邦治，一曰祭祀之联事，二曰宾客之联事，三曰丧荒之联事，四曰军旅之联事，五曰田役之联事，六曰敛弛之联事。’官常，谓各自领其官之常职，非连事通职所共也。官成，谓官府之成事品式也。《小宰职》曰：‘以官府之八成经邦治，一曰听政役以比居，二曰听师田以简稽，三曰听闾里以版图，四曰听称责以傅别，五曰听禄位以礼命，六曰听取予以书契，七曰听卖买以质剂，八曰听出入以要会。’官法，谓职所主之法度，官职主祭祀、朝觐、会同、宾客者，则皆自有其法度。《小宰职》曰：‘以法掌祭祀、朝觐、会同、宾客之戒具。’官刑，谓司刑所掌墨罪、劓罪、宫罪、刖罪、杀罪也。官计，谓三年则大计群吏之治而诛赏之。”玄谓官刑，《司寇》之职五刑，其四曰官刑，上能纠职。官计，谓小宰之六计，所以断群吏之治。**以八则治都鄙。一曰祭祀，以驭[1]其神；二曰法则，以驭其官；三曰废置，以驭其吏；四曰禄位，以驭其士；五曰赋贡，以驭其用；六曰礼俗，以驭其民；七曰刑赏，以驭其威；八曰田役，以驭其众。**都之所居曰鄙。则，亦法也。典、法、则，所用异，异其名也。都鄙，公卿大夫之采邑、王子弟所食邑，周、召、毛、聃[2]、毕、原之属在畿内者。祭祀，其先君、社稷、五祀。法则，其官之制度。废，犹退也，退其不能者，举贤而置之。禄，若今月奉也。位，爵次也。赋，口率出泉也。贡，功也，九职之功所税也。礼俗，昏姻、丧纪旧所行也。郑司农云：“士，谓学士。”**以八柄诏王驭群臣。一曰爵，以驭其贵；二曰禄，以驭其富；三曰予，以驭其幸；四曰置，以驭其行；五曰生，以驭其福；六曰夺，以驭其贫；七曰废，以驭其罪；八曰诛，以驭其过。**柄，所秉执以起事者也。诏，告也，助也。爵谓公、侯、伯、子、男、卿、大夫、士也。《诗》云“诲尔序爵”，言教王以贤否之第次也。班禄，所以富臣下。《书》曰：“凡厥正人，既富方

---

❶“驭”，俞樾云八“驭”字皆即“治”字。

❷“聃”，阮校云《释文》毛聃，乃甘反，字从耳。

谷。”幸，谓言行偶合于善，则有以赐予之，以劝后也。生，犹养也。贤臣之老者，王有以养之。成王封伯禽于鲁，曰“生以养周公，死以为周公后”是也。五福，一曰寿。夺，谓臣有大罪，没入家财者。六极，四曰贫。废，犹放也，舜殛[1]鲧[2]于羽山是也。诛，责让也。《曲礼》曰：“齿路马有诛。”凡言驭者，所以驱之，内之于善。**以八统诏王驭万民。一曰亲亲，二曰敬故，三曰进贤，四曰使能，五曰保庸，六曰尊贵，七曰达吏，八曰礼宾。**统，所以合牵以等物也。亲亲，若尧亲九族也。敬故，不慢旧也。晏平仲久而敬之。贤，有善行也。[3]能，多才艺者。保庸，安有功者。尊贵，尊天下之贵者。《孟子》曰：“天下之达尊者三：曰爵也，德也，齿也。”《祭义》曰：“先王之所以治天下者五：贵有德，贵贵，贵老，敬长，慈幼。”达吏，察举勤劳之小吏也。礼宾，宾客诸侯，所以示民亲仁善邻。**以九职任万民。一曰三农，生九谷；二曰园圃，毓草木；三曰虞衡，作山泽之材；四曰薮牧，养蕃鸟兽；五曰百工，饬化八材；六曰商贾，阜通货贿；七曰嫔妇，化治丝枲；八曰臣妾，聚敛疏材；九曰闲民，无常职，转移执事。**任，犹倳也。郑司农云：“三农，平地、山、泽也。九谷，黍、稷、秫、稻、麻、

---

❶ “殛”，阮校引段玉裁《尚书撰异》云古经典“殛”多作“极”。今本此注皆改“殛”，非，当据《释文》订正。

❷ “鲧”，阮校云余本作鮌。

❸ “贤有善行也”，阮校引浦镗云注本作贤有德行者，从《集注》校，今本“德”作“善”，“者”误“也”。疏引六德六行以释此句，是贾疏本作“德行”，浅人臆改为“善行”。以下句“能多才艺者”文法例之，“也”当本作“者”。

大小豆、大小麦。八材，珠曰切，象曰瑳，玉曰琢，石曰磨，木曰刻，金曰镂，革曰剥，羽曰析。闲民，谓无事业者，转移为人执事，若今佣赁也。”玄谓三农，原、隰及平地。九谷无秫、大麦，而有粱、苽。树果蓏曰圃，园其樊也。虞衡，掌山泽之官，主山泽之民者。泽无水曰薮。牧，牧田，在远郊，皆畜牧之地。行曰商，处曰贾。阜，盛也。金玉曰货，布帛曰贿。嫔，妇人之美称也。《尧典》曰：“厘降二女嫔于虞。”臣妾，男女贫贱之称。晋惠公卜怀公之生，曰：“将生一男一女，男为人臣，女为人妾。”生而名其男曰圉，女曰妾。及怀公质于秦，妾为宦女焉。疏材，百草根实可食者。疏不熟曰馑。**以九赋敛财贿。一曰邦中之赋，二曰四郊之赋，三曰邦甸之赋，四曰家削[1]之赋，五曰邦县之赋，六曰邦都之赋，七曰关市之赋，八曰山泽之赋，九曰币余之赋。**财，泉谷也。郑司农云：“邦中之赋，二十而税一，各有差也。币余，百工之余。”玄谓赋，口率出泉也。今之筭泉，民或谓之赋，此其旧名与？乡大夫以岁时登其夫家之众寡，辨其可任者，国中自七尺以及六十，野自六尺以及六十有五，皆征之。《遂师》之职亦云“以征其财征[2]”，皆谓此赋也。邦中，在城郭者。四郊去国百里，邦甸二百里，家削三百里，邦县四百里，邦都五百里。此平民也。关[3]市、山泽谓占会百物，币余谓占卖国中之斥币，皆末作，当增赋者，若今贾人倍筭矣。

---

❶ “削”，阮校云唐石经以下诸本同，《释文》“家削，本亦作‘稍’，又作‘䣝’”，依《说文》则当作“䣝”。

❷ “以征其财征”，阮校引浦镗云经无“其”字。

❸ “关”，原作“鬬”，据阮本改。

自邦中以至币余，各入其所有谷物，以当赋泉之数。每处为一书，所待异也。**以九式均节财用。一曰祭祀之式，二曰宾客之式，三曰丧荒之式，四曰羞服之式，五曰工事之式，六曰币帛之式，七曰刍秣之式，八曰匪颁之式，九曰好用之式。**式，谓用财之节度。荒，凶年也。羞，饮食之物也。工，作器物者。币帛，所以赠劳宾客者。刍秣，养牛马禾谷也。郑司农云："匪，分也。颁，读为'班布'之班，谓班赐也。"玄谓王所分赐群臣也。好用，燕好所赐予。**以九贡致邦国之用。一曰祀贡，二曰嫔贡，三曰器贡，四曰币贡，五曰材贡，六曰货贡，七曰服贡，八曰斿贡，九曰物贡。**嫔，故书作宾。郑司农云："祀贡，牺牲包茅之属。宾贡，皮帛之属。器贡，宗庙之器。币贡，绣帛。材贡，木材也。货贡，珠贝自然之物也。服贡，祭服。斿贡，羽毛[1]。物贡，九州之外，各以其所贵为挚。肃慎氏贡楛矢之属是也。"玄谓嫔贡，丝枲。器贡，银铁石磬丹漆也。币贡，玉马皮帛也。材贡，櫄干栝柏篠簜也。货贡，金玉龟贝也。服贡，絺纻也。斿，读如"囿游"之游。游贡，燕好珠玑琅玕也。物贡，杂物鱼盐橘柚。**以九两系邦国之民。一曰牧，以地得民；二曰长，以贵得民；三曰师，以贤得民；四曰儒，以道得民；五曰宗，以族得民；六曰主，以利得民；七曰吏，以治得民；八曰友，以任得民；九曰薮，以富得民。**两，犹耦也，所以协耦万民。系，联缀也。牧，州长也。九州各有封域，以居民也。长，诸侯也，一邦之贵，民所仰也。师，诸

---

[1] "羽毛"，阮校云《汉读考》改作"羽旄"。

侯师氏，有德行以教民者。儒，诸侯保氏，有六艺以教民者。宗，继别为大宗，收族者。郑司农云："主谓公卿大夫，世世食采不绝，民税薄利之。"玄谓利读如"上思利民"之利，谓以政教利之。吏，小吏在乡邑者。友，谓同井相合耦锄作者。《孟子》曰："乡田同井，出入相友，守望相助，疾病相扶[1]，则百姓亲睦。"薮亦有虞，掌其政令，为之厉禁，使其地之民，守其材物，以时入于玉府，颁其余于万民。富，谓薮中材物。**正月之吉，始和布治于邦国都鄙，乃县治象之法于象魏，使万民观治象，挟日而敛之。**正月，周之正月。吉，谓朔日。大宰以正月朔日，布王治之事于天下，至正岁，又书而县于象魏，振木铎以徇之，使万民观焉。小宰亦帅其属而往，皆所以重治法、新王事也。凡治有故，言始和者，若改造云尔。郑司农云："象魏，阙也。故鲁灾，季桓子御公立于象魏之外，命藏象魏，曰'旧章不可忘'。"从甲至甲谓之挟日，凡十日。**乃施典于邦国，而建其牧，立其监，设其参，傅其伍，陈其殷，置其辅。**乃者，更申敕之。以侯伯有功德者，加命作州长，谓之牧，所谓八命作牧者。监，谓公侯伯子男各监一国。《书》曰："王启监，厥乱为民。"参，谓卿三人。伍，谓大夫五人。郑司农云："殷，治律。辅，为民之平也。"玄谓殷，众也，谓众士也。《王制》，诸侯"上士二十七人"，其中士、下士，各居其上之三分。辅，府史，庶

[1] "疾病相扶"，岳本、殿本及《孟子》作"疾病相扶持"，阮校云嘉靖本作"疾病相扶"，疏中引注作"疾病相扶"，今诸本"持"字，浅人据今本《孟子》所增，当删正。

人在官者。**乃施则于都鄙，而建其长，立其两，设其伍，陈其殷，置其辅。**长，谓公卿大夫、王子弟食采邑者。两，谓两卿，不言三卿者，不足于诸侯。郑司农云："两，谓两丞。"**乃施法于官府，而建其正，立其贰，设其考，陈其殷，置其辅。**正，谓冢宰、司徒、宗伯、司马、司寇、司空也。贰，谓小宰、小司徒、小宗伯、小司马、小司寇、小司空也。考，成也，佐成事者，谓宰夫、乡师、肆师、军司马、士师也。《司空》亡，未闻其考。**凡治，以典待邦国之治，以则待都鄙之治，以法待官府之治，以官成待万民之治，以礼待宾客之治。**成，八成。礼，宾礼也。**祀五帝，则掌百官之誓戒，与其具修。**祀五帝，谓四郊及明堂。誓戒，要之以刑，重失礼也。《明堂位》所谓"各扬其职。百官废职服大刑"，是其辞之略也。具，所当共。修，扫除粪洒。**前期十日，帅执事而卜日，遂戒。**前期，前所诹之日也。十日，容散齐七日，致齐三日。执事，宗伯、大卜之属。既卜，又戒百官以始齐。**及执事，视涤濯。**执事，初为祭事前祭日之夕。涤濯，谓溉祭器及甑甗之属。**及纳亨，赞王牲事。**纳亨，纳牲，将告杀。谓乡祭之晨，既杀以授亨人。凡大祭祀，君亲牵牲，大夫赞之。**及祀之日，赞玉币爵之事。**日，旦明也。玉币，所以礼神。玉与币各如其方之色。爵，所以献齐酒。不用玉爵，尚质也。三者执以从，王至而授之。**祀大神示亦如之。**大神祇，谓天地。**享先王亦如之，赞玉几、玉爵。**玉几，所以依神。天子左右玉几。宗庙献用玉爵。**大朝觐会同，赞玉币、玉献、玉几、玉爵。**助王受此四者。时见曰会，殷见曰同。大会同或于春朝，或于秋觐，举春秋则冬夏可知。玉币，诸侯享币也。其合亦如《小行人》所合六币云。玉献，献国珍异，亦执玉以致之。玉几，王所[1]依也。立而设几，优尊者。玉爵，王礼诸侯之酢爵[2]。王朝诸侯，立依前，南面，其礼之于阼阶上。**大丧，赞赠玉、含玉。**助王为之也。赠玉，既窆，所以送先王。含玉，死者口实，天子以玉。《杂记》曰“含者执璧将命曰：寡君使某含”，则诸侯含以璧。郑司农云：“含玉，璧琮。”**作大事，则戒于百官，赞王命。**助王为教令。《春秋传》曰：“国之大事，在祀与戎。”**王视治朝，则赞听治。**治朝在路门外，群臣治事之朝。王视之，则助王平断。**视四方之听朝，亦如之。**谓王巡守在外时。**凡邦之小治，则冢宰听之。待四方之宾客之小治。**大事决于王，小事冢宰专平。**岁终，则令百官府各正其治，受其会，**正，正处也。会，大计也。**听其致事，而诏王废置。**平其事来至者之功状，而奏白王。**三岁，则大计群吏之治，而诛赏之。**事久则听之：大无功，不徒废，必罪之；大有功，不徒置，必赏之。郑司农云：“三载考绩。”

小宰之职，掌建邦之宫刑，以治王宫之政令，凡宫之纠禁。杜子春云：“宫，皆当为官。”玄谓宫刑，在王宫中者之刑。建，明布告之。纠，犹割也，察也，若今御史中丞。**掌邦之六典、八法、八则之贰，以逆邦国、都鄙、官府之治。**逆，迎受之。郑司农云：“贰，副也。”**执邦之九贡、九赋、九式之贰，以均财节邦用。以官府之六叙正群吏。**

---

[1] “王所”，底本原残，据阮本补。

[2] “酢爵”，底本原残，据阮本补。

一曰以叙正其位，二曰以叙进其治，三曰以叙作其事，四曰以叙制其食，五曰以叙受其会，六曰以叙听其情。叙，秩次也，谓先尊后卑也。治，功状也。食，禄之多少。情，争讼之辞。以官府之六属举邦治。一曰天官，其属六十，掌邦治，大事则从其长，小事则专达；二曰地官，其属六十，掌邦教，大事则从其长，小事则专达；三曰春官，其属六十，掌邦礼，大事则从其长，小事则专达；四曰夏官，其属六十，掌邦政，大事则从其长，小事则专达；五曰秋官，其属六十，掌邦刑，大事则从其长，小事则专达；六曰冬官，其属六十，掌邦事，大事则从其长，小事则专达。大事从其长，若庖人、内外饔与膳夫共王之食。小事专达，若宫人、掌舍各为一官。六官之属三百六十，象天地四时日月星辰之度数，天道备焉。前此者，成王作《周官》，其志有述天授位之义，故周公设官分职以法之。以官府之六职辨邦治。一曰治职，以平邦国，以均万民，以节财用；二曰教职，以安邦国，以宁万民，以怀宾客；三曰礼职，以和邦国，以谐万民，以事鬼神；四曰政职，以服邦国，以正万民，以聚百物；五曰刑职，以诘邦国，以纠万民，以除盗贼；六曰事职，以富邦国，以养万民，以生百物。怀，亦安也。宾客来，共其委积，所以安之。聚百物者，司马主九畿[1]，职方制其贡，各以其所有。以官府之六联合邦治。一曰祭祀之联事，二曰宾客之联事，三曰丧荒之联

[1] “畿”，底本原残下半，据阮本补。

事，四曰军旅之联事，五曰田役之联事，六曰敛弛[1]之联事。凡小事皆有联。郑司农云："大祭祀，大宰赞玉币，司徒奉牛牲，宗伯视涤濯、莅玉鬯、省牲镬、奉玉齍，司马羞鱼牲、奉马牲，司[2]寇奉明水火；大丧，大宰赞赠玉、含玉，司徒帅六乡之众庶，属其六引[3]，宗伯为上相，司马平士[4]大夫，司寇前王，此所谓官联。"杜子春弛读为施。玄谓荒政弛力役，及国中贵者、贤者、服公事者、老者、疾者皆舍，不以力役之事。奉牲者，其司空奉豕与？**以官府之八成经邦治。一曰听政役以比居，二曰听师田以简稽，三曰听闾里以版图，四曰听称责以傅别，五曰听禄位以礼命，六曰听取予以书契，七曰听卖买以质剂，八曰听出入以要会。**郑司农云："政，谓军政也。役，谓发兵起徒役也。比居，谓伍籍也。比地为伍，因内政寄军令，以伍籍发军起役者，平而无遗脱也。简稽士卒、兵器、簿书。简，犹阅也。[5]稽，犹计也，合也。合计其士之卒伍，阅其兵器，为之要簿也，故《遂人职》曰：'稽其人民，简其兵器。'《国语》曰：'黄池之

---

❶ "敛弛"，阮校云经文本作"敛施"，有杜子春、刘昌宗本可据，刘音弛，从注读，浅人遂据以改经。《小司徒》《遂人》《遂师》《遂大夫》《土均》注皆云"施，读为弛"可证。《汉读考》云，盖杜易"施"为"弛"，郑发明其义。今本恐是依注改经作"弛"，复依经改注作"弛，读为施"耳。

❷ "司"，底本原残，据阮本补。

❸ "引"，岳本、闽本、毛本、阮本作"绋"。阮校云《释文》"六绋"刘音引，本或作"引"。

❹ "平士"，底本原残，据阮本补。

❺ "简犹阅也"，阮校云《释文》出"简阅"二字，则陆本无"犹"字。

会，吴陈其兵，皆官师拥铎拱稽。'版，户籍。图，地图也。听人讼地者，以版图决之。《司书职》曰：'邦中之版，土地之图。'称责，谓贷子。傅别，谓券书也。听讼责者，以券书决之。傅，傅著约束于文书。别，别为两，两家各得一也。礼命，谓九赐也。书契，符书也。质剂，谓市中平贾，今时月平是也。要会，谓计最之簿书，月计曰要，岁计曰会，故《宰夫职》曰：'岁终，则令群吏正岁会；月终，则令正月要。'"傅别，故书作傅辨。郑大夫读为符别，杜子春读为傅别。玄谓政谓赋也。凡其字或作政，或作正，或作征，以多言之宜从征，如《孟子》"交征利"云。傅别，谓为大手书于一札，中字别之。书契，谓出予受入之凡要。凡簿书之最目，狱讼之要辞，皆曰"契"。《春秋传》曰："王叔氏不能举其契。"质剂，谓两书一札，同而别之，长曰质，短曰剂。傅别、质剂，皆今之券书也，事异，异其名耳。礼命，礼之九命之差等。**以听官府之六计，弊群吏之治。一曰廉善，二曰廉能，三曰廉敬，四曰廉正，五曰廉法，六曰廉辨**。听，平治也。平治官府之计有六事。弊，断也。既断以六事，又以廉为本。善，善其事，有辞誉也。能，政令行也。敬，不解于位也。正，行无倾邪也。法，守法不失也。辨，辨然不疑惑也。杜子春云："廉辨，或为廉端。"**以法掌祭祀、朝觐、会同、宾客之戒具，军旅、田役、丧荒亦如之**。法，谓其礼法也。戒具，戒官有事者所当共。**七事[1]者，令百官府共其财用，治其施舍，听其治讼**。七事，谓先四、如之者三也。施舍，

---

[1] "七事"，俞樾云当从故书作"小事"。

不给役者。七事，故书为小事。杜子春云："当为七事，书亦为七事。"**凡祭祀，赞玉[1]币爵之事、祼将之事。**又从大宰助王也。将，送也。祼送，送祼，谓赞王酌郁鬯以献尸谓之祼。祼之言灌也，明不为饮，主以祭祀。唯人道宗庙有祼，天地大神至尊不祼，莫称焉。凡郁鬯，受，祭之，啐之，奠之。**凡宾客，赞祼，凡受爵之事，凡受币之事。**唯祼助宗伯，其余皆助大宰。王不酌宾客而有受酢。《大宗伯职》曰："大宾客则摄而载祼。"**丧荒，受其含襚币玉之事。**《春秋传》曰："口实曰含，衣服曰襚。"凶荒有币玉者，宾客所赗委之礼。**月终，则以官府之叙受群吏之要。**主每月之小计。**赞冢宰受岁会，岁终，则令群吏致事。**[2]使赍岁尽文书来至，若今上计。**正岁，帅治官之属而观治象之法，徇以木铎，曰："不用法者，国有常刑。"**正岁，谓夏之正月。得四时之正，以出教令者，审也。古者将有新令，必奋木铎以警众，使明听也。木铎，木舌也。文事奋木铎，武事奋金铎。**乃退，以宫刑宪禁于王宫。**宪，谓表县之，若今新有法令云。**令于百官府曰："各修乃职，考乃法，待乃事，以听王命。其有不共，则国有大刑。"**乃，犹女也。

宰夫之职，掌治朝之法，以正王及三公、六卿、大

---

❶ "玉"，阮本作"王"，阮校云唐石经、嘉靖本、闽本、监本、毛本同作"王"，引岳珂《九经三传沿革例》云诸本"王"皆作"玉"，惟越注疏及建大字本作"王"，《大宰》"赞玉币爵"上文有"赞王牲事"，则玉币爵不得再言王；小宰职卑，不获赞牲事，且此上文未有"王"字，故言"王币爵"。注所谓"从大宰助王"，其义甚明。

❷ "赞冢宰受岁会岁终则令群吏致事"，王引之云"赞冢宰受岁会"当在"岁终，则令群吏致事"之下。

夫、群吏之位，掌其禁令。治朝，在路门之外。其位，司士掌焉，宰夫察其不如仪。**叙群吏之治，以待宾客之令，诸臣之复，万民之逆。**恒次叙诸吏之职事。三者之来，则应使辨理之。郑司农云："复，请也。逆，迎受王命者。宰夫主诸臣万民之复逆，故诗人重之曰'家伯维宰'。"玄谓复之言报也，反也。反报于王，谓于朝廷奏事。自下而上曰逆，逆，谓上书。**掌百官府之征令，辨其八职。一曰正，掌官法以治要；二曰师，掌官成以治凡；三曰司，掌官法以治目；四曰旅，掌官常以治数；五曰府，掌官契以治藏；六曰史，掌官书以赞治；七曰胥，掌官叙以治叙；八曰徒，掌官令以征令。**别异诸官之八职，以备王之征召所为。正，辟于治官，则冢宰也。治要，若岁计也。师，辟小宰、宰夫也。治凡，若月计也。司，辟上士、中士。治目，若今日计也。旅，辟下士也。治数，每事多少异也。治藏，藏文书及器物。赞治，若今起文书草也。治叙，次序官中，如今侍曹伍伯传吏朝也。征令，趍走给召呼。**掌治法以考百官府、群都县鄙之治，乘其财用之出入。凡失财用物辟名者，以官刑诏冢宰而诛之。其足用、长财、善物者，赏之。**群都，诸采邑也。六遂五百家为鄙，五鄙为县。言县鄙而六乡州党亦存焉。乘，犹计也。财，泉谷也。用，货贿也。物，畜兽也。辟名，诈为书，以空作见，文书与实不相应也。官刑，在《司寇》五刑第四者。**以式法掌祭祀之戒具与其荐羞，从大宰而视涤濯。**荐，脯醢也。羞，庶羞，内羞。**凡礼事，赞小宰比官府之具。**比，校次之。**凡朝觐、会同、宾客，以牢礼之法掌其牢礼、委积、膳献、饮食、宾赐之飧牵，与**

其陈数。牢礼之法，多少之差及其时也。三牲牛羊豕具，为一牢。委积，谓牢米薪刍给宾客道用也。膳献，禽羞俶献也。饮食，燕飧也。郑司农云："飧，夕食也。《春秋传》曰：'飧有陪鼎。'牵牲，牢可牵而行者。《春秋传》曰：'饩牵竭矣。'"玄谓飧，客始至所致礼。凡此礼陈数存可见者，唯有《行人》《掌客》及《聘礼》《公食大夫》。**凡邦之吊事，掌其戒令，与其币器财用凡所共者**。吊事，吊诸侯、诸臣。币，所用赙也。器，所致明器也。凡丧，始死吊而含襚，葬而赗赙，其间加恩厚，则有赙焉。《春秋》讥武氏子来求赙。**大丧小丧，掌小官之戒令，帅执事而治之**。大丧，王、后、世子也。小丧，夫人以下。小官，士也。其大官，则冢宰掌其戒令。治，谓共辨。**三公、六卿之丧，与职丧帅官有司而治之。凡诸大夫之丧，使其旅帅有司而治之**。旅，冢宰下士。**岁终则令群吏正岁会，月终则令正月要，旬终则令正日成，而以考其治。治不以时举者，以告而诛之**。岁终，自[1]周季冬。正，犹定也。旬，十日也。治不时举者，谓违时令失期会。**正岁，则以法警戒群吏，令修宫中之职事**。警，敕戒之言。郑司农云："正岁之正月，以法戒敕群吏。"**书其能者与其良者，而以告于上**。良，犹善也。上谓小宰、大宰也。郑司农云："若今时举孝廉、贤良、方正、茂才异等。"

宫正，掌王宫之戒令、纠禁。纠，犹割也，察也。**以时比宫中之官府次舍之众寡**，时，四时。比，校次其人之

---

[1] "自"，阮校引浦镗云"是"误"自"，阮按"自"衍。

在否。官府之在宫中者，若膳夫、玉府、内宰、内史之属。次，诸吏直宿，若今部署诸庐者[1]。舍，其所居寺。**为之版以待，**郑司农云："为官府次舍之版图也。待，待比也。"玄谓版，其人之名籍。待，待戒令及比。**夕击柝而比之。**夕，莫也。莫行夜以比直宿者，为其有解惰离部署。郑司农云："柝，戒守者所击也。《易》曰：'重门击柝，以待暴客。'《春秋传》曰：'鲁击柝，闻于邾。'"**国有故，则令宿，其比亦如之。**郑司农云："故，谓祸灾。令宿，宿卫王宫。《春秋传》曰：'忘守必危，况有灾乎？'"玄谓故，凡非常也。《文王世子》曰："公有出疆之政，庶子以公族之无事者守于公宫，正室守大庙，诸父守贵宫、贵室，诸子、诸孙守下宫、下室。"此谓诸侯也。王之庶子职"掌国子之倅"，"国有大事，则帅国子而致于大子，唯所用之"者。令宿之事，盖亦存焉。**辨外内而时禁，**郑司农云："分别外人内人，禁其非时出入。"**稽其功绪，纠其德行。**稽，犹考也，计也。功，吏职也。绪，其志业。**幾其出入，均其稍食，**郑司农云："幾其出入，若今时宫中有罪，禁止不得出，亦不得入，及无引籍不得入宫司马殿门也。"玄谓幾，荷其衣服、持操及疏数者。稍食，禄禀。**去其淫怠与其奇邪之民，**民，宫中吏之家人也。淫，放滥也。怠，解慢也。奇邪，谲觚非常。**会其什伍而教之道艺。**五人为伍，二伍为什。会之者，使之辈作辈学相劝帅，且寄宿卫之令。郑司农云："道，谓先王所以教

[1] "若今部署诸庐者"，阮校云疏引注作"若今时部署诸庐者"，"时"字当有，注中屡言"若今时"。

道民者；艺，谓礼乐射御书数。”**月终则会其稍食，岁终则会其行事**。行事，吏职也。**凡邦之大事，令于王宫之官府次舍，无去守而听政令**。使居其处待所为。**春秋以木铎修火禁**。火星以春出，以秋入，因天时而以戒。**凡邦之事跸宫中庙中，则执烛**。郑司农读火绝之，云“禁凡国[1]之事跸，国有事，王当出，则宫正主禁绝行者，若今时卫士填街跸也。宫中庙中则执烛，宫正主为王于宫中庙中执烛”。玄谓事，祭事也。邦之祭社稷、七祀于宫中，祭先公、先王于庙中，隶仆掌跸止行者，宫正则执烛以为明。《春秋传》曰“有大事于大庙”，又曰“有事于武宫”。**大丧，则授庐舍，辨其亲疏贵贱之居**。庐，倚庐也。舍，垩室也。亲者贵者居倚庐，疏者贱者居垩室。《杂记》曰：“大夫居庐，士居垩室。”

宫伯，掌王宫之士庶子，凡在版者。郑司农云：“庶子，宿卫之官。版，名籍也，以版为之。今时乡户籍谓之户版。”玄谓王宫之士，谓王宫[2]中诸吏之適子也。庶子，其支庶也。**掌其政令，行其秩叙，作其徒役之事**，秩，禄禀也。叙，才等也。作徒役之事，大子所用。**授八次八舍之职事**。卫王宫者，必居四角四中，于徼候便也。郑司农云：“庶子卫王宫，在内为次，在外为舍。”玄谓次，其宿卫所在。舍，其休沐之处。**若邦有大事作宫众，则令之**。谓王宫之士庶子，于邦有大事，或选当行。**月终则均秩，岁终则均叙。以时颁其衣裘，掌其诛赏**。颁，读为班。班，布也。衣裘，

---

[1] “国”，岳本、阮本作“邦”。
[2] “王宫”，阮校云疏引注无“王”，此衍。

若今赋冬夏衣。

膳夫，掌王之食饮膳羞，以养王及后、世子。食，饭也。饮，酒浆也。膳，牲肉也。羞，有滋味者。凡养之具，大略有四。**凡王之馈，食用六谷，膳用六牲，饮用六清，羞用百有二十品，珍用八物，酱用百有二十瓮。**进物于尊者曰馈。此馈之盛者，王举之馔也。六牲，马牛羊豕犬鸡也。羞，出于牲及禽兽，以备滋味，谓之庶羞。《公食大夫礼》《内则》下大夫十六，上大夫二十，其物数备焉。天子诸侯有其数，而物未得尽闻。珍，谓淳熬、淳母、炮豚、炮牂、捣珍、渍、熬、肝膋也。酱谓醢醢也。王举则醢人共醢六十瓮，以五齑、七醢、七菹、三臡实之。醢人共[1]齑菹醢物六十瓮。郑司农云："羞，进也。六谷，稌[2]、黍、稷、粱、麦、苽。苽，雕胡也。六清，水、浆、醴、晾、医、酏。"**王日一举，鼎十有二，物皆有俎。**杀牲盛[3]馔曰举。王日一举，以朝食也。后与王同庖。鼎十[4]有二，牢鼎九，陪鼎三。物谓牢鼎之实，亦九俎。**以乐侑食，膳夫授祭，品尝食，王乃食。**侑，犹劝也。祭，谓刌肺、脊也。礼，饮食必祭，示有所先。品者，每物皆尝之，道尊者也。**卒食，以乐彻于造。**造，作也。郑司农云："造，谓食之故所居处也。已食，彻置故处。"**王齐，日三举。**郑司农云："齐必变食。"**大丧则不举，大荒则不举，大札则不举，天地有灾则不举，**

---

❶"人共"，底本漫漶，据阮本补。
❷"稌"，底本漫漶，据阮本补。
❸"盛"，底本漫漶，据阮本补。
❹"十"，底本漫漶，据阮本补。

邦有大故则不举。大荒，凶年。大札，疫疠也。天灾，日月晦食。地灾，崩动也。大故，寇戎之事。郑司农云："大故，刑杀也。《春秋传》曰：'司寇行戮，君为之不举。'"**王燕食，则奉膳赞祭。**燕食，谓日中与夕食。奉膳，奉朝之余膳。所祭者牢肉。**凡王祭祀、宾客食，[1]则彻王之胙俎。**膳夫亲彻胙俎，胙俎最尊也。其余则其属彻之。宾客食而王有胙俎，王与宾客礼食，主人饮食之俎皆为胙俎，见于此矣。**凡王之稍事，设荐脯醢。**郑司农云："稍事，谓非日中大举时而间食，谓之稍事，膳夫主设荐脯醢。"玄谓稍事有小事而饮酒。**王燕饮酒，则为献主。**郑司农云："主人当献宾，则膳夫代王为主，君不敌臣也。《燕义》曰：'使宰夫为献主，臣莫敢与君亢礼。'"**掌后及世子之膳羞。**亦主其馔之数，不馈之耳。**凡肉脩之颁赐皆掌之。**郑司农云："脩，脯也。"**凡祭祀之致福者，受而膳之，**致福，谓诸臣祭祀，进其余肉，归胙于王。郑司农云："膳夫受之，以给王膳。"**以挚见者亦如之。**郑司农云："以羔雁雉为挚见者，亦受以给王膳。"**岁终则会，唯王及后、世子之膳不会。**不会计多少，优尊者。其颁赐诸臣则计之。

庖人，掌共六畜、六兽、六禽，辨其名物。六畜，六牲也。始养之曰畜，将用之曰牲。《春秋传》曰："卜日曰牲。"郑司农云："六兽，麋、鹿、熊、麕、野豕、兔。六禽，雁、鹑、鷃、雉、鸠、鸽。"玄谓兽人冬[2]献狼，夏献

---

[1] "凡王祭祀宾客食"，王引之云"食"上脱"飧"。

[2] "冬"，底本漫漶，据阮本补。

麋。又《内则》无熊，则六兽当有狼，而熊不属。六禽于禽献及六挚，宜为羔、豚、犊、麛、雉、雁。凡鸟兽未孕曰禽。《司马职》曰："大兽公之，小禽私之。"**凡其死生鲜薨之物，以共王之膳与其荐羞之物及后、世子之膳羞。**凡，计数之。荐亦进也。备品物曰荐，致滋味乃为羞。王言荐者，味以不亵为尊。郑司农云："鲜，谓生肉。薨，谓干肉。"**共祭祀之好羞，**谓四时所为膳食，若荆州之鲝鱼，青州之蟹胥，虽非常物，进之孝也。**共丧纪之庶羞，宾客之禽献。**丧纪，丧事之祭，谓虞祔也。禽献，献禽于宾客。献，古文为兽。杜子春云："当为献。"**凡令禽献，以法授之，其出入亦如之。**令，令兽人也。禽兽不可久处，宾客至，将献之，庖人乃令兽人取之，必书所当献之数与之。及其来致禽，亦以此书校数之。至于献宾客，又以此书付使者，展而行之。《掌客》：乘禽于诸侯，各如其命之数。《聘礼》：乘禽于客，日如其饔饩之数。士中日则二双。**凡用禽献，春行羔豚，膳膏香；夏行腒鱐，膳膏臊；**[1]**秋行犊麛，膳膏腥；冬行鲜羽，膳膏膻。**用禽献，谓煎和之以献王。郑司农云："膏香，牛

---

[1] "夏行腒鱐膳膏臊"，阮校引《汉读考》云《说文》"鱐"作"䐹"。《鱼部》云"鱢，鱼臭也"，引《周礼》"膳膏鱢"，而《肉部》云"臊，豕膏臭也"。然则《周礼》作"膏臊"，臊非鱼膏，明矣。《鱼部》"鱢"下当云读如《周礼》"膳膏臊"。阮按《周礼》诸本不同，《说文》引经，每兼存异本，盖"膏臊"一作"膏鱢"，而其义为鱼臭，与郑以为豕膏、杜以为犬膏俱互异。《说文》于"鱢"下引《周礼》，于"臊"下止存豕膏臭一义，则许氏所据古文本作鱢。《礼说》云《晏子春秋》曰"食鱼无反，恶其鱢也"。凡鲑鱢从鱼者，皆言鱼。则许氏以膏鱢为鱼膏矣。《内则·释文》云"鱐"，本又作"䐹"，与《说文》引《周礼》合。

脂也，以牛脂和之。腒，干雉。鱐，干鱼。膏臊，豕膏也，以豕膏和之。”杜子春云：“膏臊，犬膏。膏腥，豕膏也。鲜，鱼也。羽，雁也。膏膻，羊脂也。”玄谓膏腥，鸡膏也。羔豚，物生而肥。犊与麛[1]，物成而充。腒、鱐，暵热而干。鱼、雁，水涸而性定。此八物者，得四时之气尤盛，为人食之弗胜，是以用休废之脂膏煎和膳之。牛属司徒，土也。鸡属宗伯，木也。犬属司寇，金也。羊属司马，火也。**岁终则会，唯王及后之膳禽不会。**膳禽，四时所膳禽献。加世子可以会之。

内饔，掌王及后、世子膳羞之割、亨、煎和之事，辨体名肉物，辨百品味之物。割，肆解肉也。亨，煮也。煎和，齐以五味。体名，脊、胁、肩、臂、臑之属。肉物，胾燔之属。百品味，庶羞之属。言百，举成数。**王举，则陈其鼎俎，以牲体实之。**取于镬以实鼎，取于鼎以实俎。实鼎曰脀，实俎曰载。**选百羞、酱物、珍物以俟馈。**先进食之时，恒选择其中御者。**共后及世子之膳羞。**膳夫掌之，是乃共之。**辨腥臊膻香之不可食者：牛夜鸣则庮；羊泠毛而毳，膻；犬赤股而躁，臊；鸟皫色而沙鸣，狸；豕盲视而交睫，腥；马黑脊而般臂[2]，蝼。**腥臊膻香可食者，是别其不可食者，则所谓者，皆臭味也。泠毛，毛长总结也。皫，失色不泽美也。沙，澌也。交睫腥，腥，当为星，声之误也，

---

[1] “麛”，岳本作“麛”。

[2] “臂”，阮校引《释文》徐本作“辟”，引郭璞注“臂，前脚也。《周礼》曰‘马黑脊而斑臂，膢’”。于鬯云“臂”即为“辟”。

肉有如米者似星❶。般臂，臂毛有文。郑司农云：“庮，朽木臭也。蝼，蝼蛄臭也。”杜子春云：“盲视，当为望视。”**凡宗庙之祭祀，掌割亨之事，凡燕饮食亦如之。凡掌共羞、脩、刑、膴、胖❷、骨、鱐，以待共膳。**掌共，共，当为具。羞，庶羞也。脩，锻脯也。胖，如脯而腥者。郑司农云：“刑膴，谓夹脊肉，或曰膺肉也。骨鱐，谓骨有肉者。”玄谓刑，铏羹也。膴，牒肉大脔，所以祭者。骨，牲体也。鱐，干鱼。**凡王之好赐肉脩，则饔人共之。**好赐，王所善而赐也。

外饔，掌外祭祀之割亨，共其脯、脩、刑、膴，陈其鼎俎，实之牲体、鱼、腊。凡宾客之飧饔、飨食之事亦如之。飧，客始至之礼。饔，既将币之礼。致礼于客，莫盛于饔。**邦飨耆老、孤子，则掌其割亨之事。飨士庶子亦如之。**孤子者，死王事者之子也。士庶子，卫王宫者。若今时之飨卫士矣。《王制》曰：“周人养国老于东胶，养庶老于虞庠。”**师役，则掌共其献、赐脯肉之事。**献，谓酌其长帅。**凡小丧纪，陈其鼎俎而实之。**谓丧事之奠祭。

亨人，掌共鼎镬，以给水火之齐。镬，所以煮肉及鱼、腊之器。既孰，乃脀于鼎。齐，多少之量。**职外内饔之爨亨煮❸，辨膳羞之物。**职，主也。爨，今之灶。主于其

---

❶“似星”，阮校引《汉读考》云当作“曰星”，“星”之正字当作“腥”。

❷“胖”，阮校云许慎读“胖”为“判”，以为半体肉，郑大夫读与许同，杜子春云礼家以胖为半体，郑玄云“胖”之言“片”也，皆与“判”义相近。

❸“职外内饔之爨亨煮”，王引之云“煮”字为后加。

灶煮物。**祭祀，共大羹、铏羹。宾客，亦如之。**大羹，肉湆。郑司农云："大羹，不致五味也。铏羹，加盐菜矣。"

甸师，掌帅其属而耕耨王藉，以时入之，以共齍盛。其属，府史胥徒也。耨，芸[1]芋也。王以孟春躬耕帝藉，天子三推，三公五推，卿诸侯九推，庶人终于千亩。庶人，谓徒三百人。藉之言借也。王一耕之，而使庶人芸芋终之。齍盛[2]，祭祀所用谷也。粢，稷也，谷者稷为长，是以名云。在器曰盛。**祭祀，共萧茅，**郑大夫云："萧字或为莤，莤，读为缩。束茅立之祭前，沃酒其上，酒渗下去，若神饮之，故谓之缩。缩，浚也。故齐桓公责楚不贡包茅，王祭不共，无以缩酒。"杜子春读为[3]萧。萧，香蒿也。玄谓《诗》所云"取萧祭脂"。《郊特牲》云"萧合黍稷，臭阳达于墙屋，故既荐然后爇萧合馨香"。合馨香者，是萧之谓也。茅以共祭之苴，亦以缩酒，苴以藉祭。缩酒，泲酒也。醴齐缩酌。**共野果蓏之荐。**甸在远郊之外，郊外曰野。果，桃李之属。蓏，瓜瓞之属。**丧事，代王受眚灾。**粢盛者，祭祀之主也。今国遭大丧，若云此黍稷不馨，使鬼神不逞于王。既殡，大祝作祷辞授甸人，使以祷藉田之神。受眚灾，弭后殃。**王之同姓有罪，则死刑焉。**郑司农云："王同姓有罪当刑者，断其狱于甸师

---

❶ "芸"，阮校云《释文》"芸音云，本或作'耘'"。贾疏作"耘"。今本注疏作"芸"，系依《释文》改。

❷ "齍盛"，阮校云"齍"当为"粢"。经作"齍盛"，注皆作"粢盛"。此及《舂人》注同经作"齍"，非。

❸ "为"，阮校引《汉读考》云当作"从"，二本字异，用一废一曰"从"。

之官也。《文王世子》曰‘公族有死罪，则磬于甸人’。又曰‘公族无宫刑，狱成，致刑于甸人’。又曰‘公族无宫刑，不践其类也。刑于隐者，不与国人虑兄弟’。”**帅其徒以薪蒸役外内饔之事。**役，为给役也。木大曰薪，小曰蒸。

兽人，掌罟田兽，辨其名物。罟，罔也。以罔搏所当田之兽。**冬献狼，夏献麋，春秋献兽物。**狼膏聚，麋膏散，聚则温，散则凉，以救时之苦也。兽物，凡兽皆可献也，及狐狸。**时田，则守罟。**备兽触攫。**及弊田，令禽注于虞中。**弊，仆也。仆而田止。郑司农云：“弊田，谓春火弊，夏车弊，秋罗弊，冬徒弊。虞中，谓虞人厘❶所田之野，及弊田，植虞旗于其中，致禽而珥焉。兽人主令田众得禽者，置虞人所立虞旗之中，当以给四时社庙之祭。故曰‘春献禽以祭社，夏献禽以享禴❷，秋献❸禽以祀祊，冬献禽以享烝’。又曰‘大兽公之，小禽私之’。公之，谓输之于虞中。珥焉者，取左耳以致功，若斩首折馘。故《春秋传》曰‘以数军实’。”**凡祭祀、丧纪、宾客，共其死兽生兽。**共其完者。**凡兽入于腊人，**当干之。**皮毛筋角入于玉府。**给作器物。**凡田兽者，掌其政令。**

渔人，掌以时渔为梁。《月令》季冬“命渔师为梁”。

---

❶“厘”，阮校云《释文》“厘本亦作莱”，《山虞职》作“莱山田之野”，此作“厘所”，盖以义引之。作“莱”者，依彼经所改。疏云“言虞人莱所田之野者，谓于教战之所芟治草莱”，是贾本作“莱”也。

❷“禴”，阮校引浦镗云《大司马职》作“礿”。

❸“献”，阮校引浦镗云《大司马职》作“致”。

郑司农云："梁，水偃[1]也。偃水为关空，以笱承其空。《诗》曰：'敝笱在梁。'"**春献王鲔**。王鲔，鲔之大者。《月令》季春"荐鲔于寝庙"。**辨鱼物，为鲜薨，以共王膳羞**。鲜，生也。薨，干也。**凡祭祀、宾客、丧纪，共其鱼之鲜薨。凡渔者，掌其政令。凡渔征，入于玉府**。郑司农云："渔征，渔者之租税，渔人主收之，入于玉府。"

鳖人，掌取互物，郑司农云："互物，谓有甲㒼胡龟鳖之属。"**以时簎鱼、鳖、龟、蜃，凡狸物**。蜃，大蛤。郑司农云："簎，谓以杈刺泥中搏取之。狸物，龟鳖之属，自狸藏伏于泥中者。"玄谓狸物，亦谓鱴刀含浆之属。**春献鳖、蜃，秋献龟、鱼**。此其出在浅处可得之时。鱼，亦谓自狸藏。**祭祀，共蠯、蠃、蚳，以授醢人**。蠃，螔蝓。郑司农云："蠯，蛤也。"杜子春云："蠯，蚌也。蚳，蛾子。《国语》曰'虫舍蚳蝝'。"**掌凡邦之簎事**。

腊人，掌干肉，凡田兽之脯腊膴胖之事[2]。大物解肆干之，谓之干肉，若今凉州乌翅矣。薄析曰脯，捶之而施姜桂曰锻脩。腊，小物全干。**凡祭祀，共豆脯，荐脯、膴、胖，凡腊物**。脯非豆实，豆，当为羞，声之误也。郑司农云："膴，膺肉。"郑大夫云："胖，读为判。"杜子春读胖为版，又云："膴胖皆谓夹脊肉。"又云："礼家以胖为半体。"玄谓《公食大夫礼》曰"庶羞皆有大"。《有司》曰主

---

[1] "偃"，阮校云《释文》"水堰，徐本作'匽'"，据《说文》"匽，匿也"。《人部》"偃"云"僵也"，是。当从徐本作"匽"。

[2] "膴胖之事"，阮校云疑是衍文。

人亦一鱼，“加膴祭于其上”。《内则》曰“麋、鹿、田豕、麇皆有胖”，足相参正也。大者，胾之大脔。膴者，鱼之反覆。膴又诂曰大，二者同矣，则是膴亦牒肉大脔。胖宜为脯而腥，胖之言片也，析肉意也。礼固有腥胣燗，虽其有为孰之，皆先制乃亨。**宾客、丧纪，共其脯腊，凡干肉之事。**

卷第二

天官冢宰下

医师，掌医之政令，聚毒药以共医事。毒药，药之辛苦者，药之物恒多毒。《孟子》曰："药不瞑眩，厥疾无瘳。"凡邦之有疾病者、疕疡者[1]造焉，则使医分而治之。疕，头疡，亦谓秃也。身伤曰疡。分之者，医各有能。岁终，则稽其医事以制其食。十全为上，十失一次之，十失二次之，十失三次之，十失四为下。食，禄也。全，犹愈也。以失四为下者，五则半矣，或不治自愈。

食医，掌和王之六食、六饮、六膳、百羞、百酱、八珍之齐。和，调也。凡食齐视春时，饭宜温。羹齐视夏时，羹宜热。酱齐视秋时，酱宜凉。饮齐视冬时。饮宜寒。凡和，春多酸，夏多苦，秋多辛，冬多咸，调以滑甘。各尚其时味，而甘以成之，犹水、火、金、木之载于土。《内则》曰："枣栗饴蜜以甘之，堇荁枌榆娩槁滫瀡以滑之。"凡会膳食之宜，牛宜稌，羊宜黍，豕宜稷，犬宜粱，雁宜麦，鱼宜苽。会，成也，谓其味相成。郑司农云："稌，粳

[1] "疕疡者"，阮校云唐石经作"有疕疡者"，《石经考文提要》云下《兽医》"凡兽之有病者、有疡者"，亦叠"有"字。惠栋云宋王与之《周礼订义》有"有"字，宋本注疏无。

也。《尔雅》曰：‘稌，稻。’苽，雕胡也。”**凡君子之食恒放焉**。放，犹依也。

疾医，掌养万民之疾病。四时皆有疠疾：春时有痟首疾，夏时有痒疥疾，秋时有疟寒疾，冬时有嗽[1]上气疾。疠疾，气不和之疾。痟，酸削也。首疾，头痛也。嗽，咳也。上气，逆喘也。《五行传》曰：“六疠作见。”**以五味、五谷、五药养其病，**养，犹治也。病由气胜负而生，攻其赢[2]，养其不足者。五味，醯酒饴蜜姜盐之属。五谷，麻黍稷麦豆也。五药，草木虫石谷也。其治合之齐，则存乎神农、子仪之术云。**以五气、五声、五色视其死生。**三者剧易之征，见于外者。五气，五藏所出气也。肺气热，心气次之，肝气凉，脾气温，肾气寒。五声，言语宫、商、角、徵、羽也。五色，面貌青、赤、黄、白、黑也。察其盈虚休王，吉凶可知。审用此者，莫若扁鹊、仓公。**两之以九窍之变，参之以九藏之动。**两参之者，以观其死生之验。窍之变，谓开闭非常。阳窍七，阴窍二。藏之动，谓脉至与不至。正藏五，又有胃、旁胱、大肠、小肠。脉之大候，要在阳明、寸口，能专是者，其唯秦和乎！岐伯、榆柎则兼彼数术者。**凡民之有疾病者，分而治之。死终，则各书其所以，而入于医师。**少者曰死，老者曰终。所以，谓治之不愈之状也。医师得以制其禄，且为后治之戒。

---

❶ “嗽”，阮本作“漱”。阮校云《说文》无“嗽”字，《释文》“嗽”本亦作“欶”，作“欶”为是。

❷ “赢”，阮校云《释文》“其嬴，音盈”。此本疏云“嬴而胜也”，“赢”即“嬴”之误。今本注疏悉改作“赢”矣。

疡医，掌肿疡、溃疡、金疡、折疡之祝药劀杀之齐。肿疡，痈而上生创者。溃疡，痈而含脓血者。金疡，刃创也。折疡，踠跌者。祝，当为注，读如“注病”之注，声之误也。注，谓附著药。刮[1]，刮去脓血。杀，谓以药食其恶肉。**凡疗疡，以五毒攻之，**止病曰疗。攻，治也。五毒，五药之有毒者。今医方有五毒之药，作之，合黄堥，置石胆、丹沙[2]、雄黄、礜石、慈石其中，烧之三日三夜，其烟上著，以鸡羽扫取之。以注创，恶肉破，骨则尽出。**以五气养之，以五药疗之，以五味节之。**既刮杀而攻尽其宿肉，乃养之也。五气当为五谷，字之误也。节，节成其药之力。**凡药，以酸养骨，以辛养筋，以咸养脉，以苦养气，以甘养肉，以滑养窍。**以类相养也。酸，木味，木根立地中，似骨。辛，金味，金之缠合异物，似筋。咸，水味，水之流行地中，似脉。苦，火味，火出入无形，似气。甘，土味，土含载四者，似肉。滑，滑石也。凡诸滑物，通利往来，似窍。**凡有疡者，受其药焉。**

兽医，掌疗兽病，疗兽疡。畜兽之疾病及疡，疗同医。**凡疗兽病，灌而行之以节之，以动其气，观其所发而养之。**疗畜兽必灌行之者，为其病状难知，灌以缓之，且强其气也。节，趋聚之节也。气，谓脉气，既行之，乃以脉视之，以知所病。**凡疗兽疡，灌而劀之，以发其恶，然后药之，养之，食之。**亦先攻之而后养之。**凡兽之有病者、有疡者，**

---

❶ “刮”，岳本、闽本、毛本、殿本作“劀”。
❷ “沙”，岳本、阮本作“砂”。

使疗之，死则计其数，以进退之。

酒正，掌酒之政令，以式法授酒材。式法，作酒之法式。作酒既有米曲之数，又有功沽之巧。《月令》曰：“乃命大酋，秫稻必齐，曲糵必时，湛饎必洁，水泉必香，陶器必良，火齐必得。”郑司农云：“授酒材，授酒人以其材。”**凡为公酒者亦如之**。谓乡射饮酒以公事作酒者，亦以式法及酒材授之，使自酿之。**辨五齐之名，一曰泛齐，二曰醴齐，三曰盎齐，四曰缇齐，五曰沈齐**。泛者，成而滓浮泛泛然，如今宜成醪矣。醴，犹体也，成而汁滓相将，如今恬酒矣。盎，犹翁也，成而翁翁然，葱白色，如今酂白矣。缇者，成而红赤，如今下酒矣。沈者，成而滓沈，如今造清矣。自醴以上尤浊，缩酌者。盎以下差清。其象类则然，古之法式，未可尽闻。杜子春读齐皆为粢。又《礼器》曰：“缇[1]酒之用，玄酒之尚。”玄谓齐者，每有祭祀，以度量节作之。**辨三酒之物，一曰事酒，二曰昔酒，三曰清酒**。郑司农云：“事酒，有事而饮也。昔酒，无事而饮也。清酒，祭祀之酒。”玄谓事酒，酌有事者之酒，其酒则今之醳酒也。昔酒，今之酋久白酒，所谓旧醳者也。清酒，今中山冬酿，接夏而成。**辨四饮之物，一曰清，二曰医，三曰浆，四曰酏**。清，谓醴之泲者。医，《内则》所谓“或以酏为醴”。凡醴浊，酿酏为之，则少清矣。医之字，从殹从酉省也。浆，今之截浆也。酏，今之粥。《内则》有黍酏。酏饮，粥稀者之清也。郑司农说以《内则》曰“饮重醴，稻醴清糟，黍醴清酒，粱醴清糟，或以

---

[1] “缇”，阮校引浦镗云《礼器》作“醴”。

酏为醴，浆、水、醷”。后致饮于宾客之礼，有医酏糟。糟音声与莤相似，医与醷亦相似，文字不同，记之者各异耳，此皆一物。**掌其厚薄之齐，以共王之四饮三酒之馔，及后、世子之饮与其酒。**后、世子不言馔，其馈食不必具设之。五齐正用醴为饮者，取醴恬与酒味异也。其余四齐，味皆似酒。**凡祭祀，以法共五齐三酒，以实八尊。大祭三贰，中祭再贰，小祭壹贰，皆有酌数。唯齐酒不贰，皆有器量。**酌，器所用注尊中者，数量之多少未闻。郑司农云：“三贰，三益副之也。大祭天地，中祭宗庙，小祭五祀。齐酒不贰，为尊者质，不敢副益也。”杜子春云：“齐酒不贰，谓五齐以祭，不益也。其三酒，人所饮者，益也。《弟子职》曰：‘周旋而贰，唯嗛之视。’”玄谓大祭者，王服大裘、衮冕所祭也。中祭者，王服鷩冕、毳冕所祭也。小祭者，王服希冕、玄冕所祭也。三贰、再贰、一贰者，谓就三酒之尊而益之也。《礼运》曰：“玄酒在室，醴盏在户，粢醍在堂，澄酒在下。”澄酒是三酒也。益之者，以饮诸臣，若今常满尊也。祭祀必用五齐者，至敬不尚味，而贵多品。**共宾客之礼酒，共后之致饮于宾客之礼医酏糟，皆使其士奉之。**礼酒，王所致酒也。王致酒，后致饮，夫妇之义。糟，医酏不泲者。泲曰清，不泲曰糟。后致饮，无醴，医酏不清者，与王同体，屈也，亦因以少为贵。士，谓酒人、浆人，奄士。**凡王之燕饮酒，共其计，酒正奉之。**[1]共其计者，献酬多少，度当足也。故书酒正无

---

[1] “共其计酒正奉之”，于鬯云“酒”字当上读为“共其计酒，正奉之”。

酒字。郑司农云："正奉之，酒正奉之也。"**凡飨士庶子，飨耆老孤子，皆共其酒，无酌数。**要以醉为度。**掌酒之赐颁，皆有法以行之。**法，尊卑之差。**凡有秩酒者，以书契授之。**郑司农云："有秩酒者，给事中予之酒。秩，常也。常受酒者，《国语》曰：'至于今秩之。'"玄谓所秩者，谓老臣。《王制》曰："七十不俟朝，八十月告存，九十日有秩。"**酒正之出，日入其成，月入其要，小宰听之。**出，谓授酒材及用酒之多少也。受用酒者，日言其计于酒正，酒正月尽言于小宰。**岁终则会，唯王及后之饮酒不会。以酒式诛赏。**诛赏作酒之善恶者。

酒人，掌为五齐三酒，祭祀则共奉之，以役世妇。世妇，谓宫卿之官，掌女宫之宿戒，及祭祀，比其具。酒人共酒，因留与其奚为世妇役，亦官联。**共宾客之礼酒、饮酒而奉之。**酒正使之也。礼酒，飨燕之酒。饮酒，食之酒。此谓给宾客之稍，王不亲飨燕，不亲食，而使人各以其爵，以酬币侑币致之，则从而以酒往。**凡事，共酒而入于酒府。**入于酒正之府者，是王燕饮之酒，酒正当奉之。**凡祭祀，共酒以往。**不言奉，小祭祀。**宾客之陈酒亦如之。**谓若归饔饩之酒，亦自有奉之者，以酒从往。

浆人，掌共王之六饮，水、浆、醴、凉、医、酏，入于酒府。王之六饮，亦酒正当奉之。醴，醴清也。郑司农云："凉，以水和酒也。"玄谓凉，今寒粥，若糗饭杂水也。酒正不辨水凉者，无厚薄之齐。**共宾客之稍礼。**稍礼，非飧饔之礼，留间，王稍所给宾客者。浆人所给亦六饮而已。**共夫人致饮于宾客之礼，清醴、医酏糟，而奉之。**亦酒正使之。三物有清有糟。夫人不体王，得备之。礼，饮醴用柶者，糟也；不用柶者，清也。**凡饮共之。**谓非食时。

凌人，掌冰，正岁十有二月，❶**令斩冰，三其凌。**正岁季冬，火星中，大寒，冰方盛之时。《春秋传》曰："火星中而寒暑退。"凌，冰室也。三之者，为消释度也。故书正为政。郑司农云："掌冰政，主藏冰之政也。"杜子春读掌冰为主冰也。政，当为正。正，谓夏正。三其凌，三倍其冰。**春始治鉴。**鉴，如甄，大口，以盛冰，置食物于中，以御温气。春而始治之，为二月将献羔而启冰。**凡外内饔之膳羞，鉴焉。凡酒浆之酒醴亦如之。**酒醴见温气亦失味。酒浆，酒人、浆人也。**祭祀，共冰鉴；宾客，共冰。**不以鉴往，嫌使停膳羞。**大丧，共夷槃冰。**夷之言尸也。实冰于夷槃中，置之尸床之下，所以寒尸。尸之槃曰夷槃，床曰夷床，衾曰夷衾，移尸曰夷于堂，皆依尸而为言者也。《汉礼器制度》，大槃广八尺，长丈二尺，深三尺，漆赤中。**夏颁冰，掌事。**暑气盛，王以冰颁赐，则主为之。《春秋传》曰："古者日在北陆而藏冰，西陆朝觌而出之。"**秋，刷。**刷，清也。郑司农云："刷除冰室，当更内新冰。"玄谓秋凉，冰不用，可以清除其室。

笾人，掌四笾之实。笾，竹器如豆者，其容实皆四升。

---

❶ "掌冰正岁十有二月"，阮校引《汉读考》云此郑君用杜说改"政"为"正"，下属也。考《周礼》全书，凡言岁者，皆谓夏正也；言正岁者，皆谓寅月；言岁终十有二月者，皆谓丑月。此言岁十二月为夏正已明，不必加"正"字以混全书。司农从故书"掌冰政"为长。俞樾云"正"字当从故书作"政"，而从先郑读"掌冰政"为句。

朝事之笾，其实麷、蕡、白、黑、形盐、膴、鲍鱼、鱐。蕡，枲实也。郑司农云："朝事，谓清朝未食，先进寒具口实之笾。熬麦曰麷，麻曰蕡，稻曰白，黍曰黑。筑盐以为虎形，谓之形盐，故《春秋传》曰：'盐虎形。'"玄谓以《司尊彝》之职参之，朝事，谓祭宗庙荐血腥之事。形盐，盐之似虎者。膴，牒生鱼为大脔。鲍者，于楅室中糗干之，出于江淮也。鱐者，析干之，出东海。王者备物，近者腥之，远者干之，因其宜也。今河间以北，煮穜麦卖之，名曰逢。燕人脍鱼方寸，切其腴以啖所贵。**馈食之笾，其实枣、㮚、桃、干藤、榛实。**❶馈食，荐孰也。今吉礼存者，《特牲》《少牢》，诸侯之大夫士祭礼也。不祼、不荐血腥，而自荐孰始，是以皆云馈食之礼。干藤，干梅也。有桃诸、梅诸，是其干者。榛，似栗而小。**加笾之实，菱、芡、㮚、脯，菱、芡、㮚、脯。**加笾，谓尸既食，后亚献尸所加之笾。重言之者，以四物为八笾。菱，芰也。芡，鸡头也。栗与馈食同。郑司农云："菱芡脯脩。"**羞笾之实，糗饵、粉糍。**羞笾，谓若《少牢》主人酬尸，宰夫羞房中之羞于尸、侑、主人、主妇，皆右之者。故书糍作茨。郑司农云："糗，熬大豆与米也。粉，豆屑也。茨字或作糍，谓干饵饼之也。"玄谓此二物皆粉稻米黍米所为也。合蒸曰饵，饼之曰糍。糗者，捣粉熬大豆，为饵糍之黏著，以粉之耳。饵言糗，糍言粉，互相足。**凡祭祀，共其笾荐羞之实。**荐、羞，皆进也。未食未饮曰荐，

---

❶ "其实枣㮚桃干藤榛实"，于鬯云干字在桃藤之间，盖一字而上下两属，犹上文鱼字亦上下两属也。桃藤二者，干在于中，明二物皆干。

既食既饮曰羞。**丧事及宾客之事，共其荐笾羞笾。**丧事之笾，谓殷奠时。**为王及后、世子共其内羞。**于其饮食以共房中之羞。**凡笾事，掌之。**

醢人，掌四豆之实。朝事之豆，其实韭菹、醓醢，昌本、麋臡，菁菹、鹿臡，茆菹、麇臡。醓，肉汁也。昌本，昌蒲根，切之四寸为菹。三臡亦醢也。作醢及臡者，必先膊干其肉，乃后莝之，杂以粱曲及盐，渍以美酒，涂置甀中百日则成矣。郑司农云："麋臡，麋骭髓醢。或曰麋臡，酱也。有骨为臡，无骨为醢。菁菹，韭菹。[1]"郑大夫读茆为茅。茅菹，茅初生。或曰茆，水草。杜子春读茆为卯。玄谓菁，蔓菁也。茆，凫葵也。凡菹醢皆以气味相成，其状未闻。**馈食之豆，其实葵菹、蠃醢，脾析、蠯醢，蜃、蚳醢，豚拍、鱼醢。**蠃，蝓蝓。蜃，大蛤。蚳，蛾子。郑司农云："脾析，牛百叶也。蠯，蛤也。"郑大夫、杜子春皆以拍为膊，谓胁也。或曰豚拍，肩也。今河间名豚胁，声如锻镈。**加豆之实，芹菹[2]、兔醢，深蒲、醓醢，箈菹[3]、雁醢，笋菹、鱼醢。**芹，楚葵也。郑司农云："深蒲，蒲蒻入水深，故曰深蒲。或曰深蒲，桑耳。醓醢，肉酱也。箈，水中鱼衣。"故书雁或为

---

❶ "菁菹韭菹"，阮校云"韭"下夺"菁"字，《说文》"菁，韭华也"，故先郑作"菁菹，韭菁菹也"。

❷ "芹菹"，阮校云《说文》作"菦菹"，是故书作"菦"，今本省作"芹"。

❸ "箈菹"，阮校云唐石经及诸本同。"箈"，《释文》引《尔雅》作"蒠"，同《释草》"蒠，箭萌"注引《周礼》曰"蒠菹"。疏云彼文作"箈"，郑注"箈，箭萌"，字虽异，音义同。《汉读考》谓经及司农作"菭"，后郑忽易为"蒠"，注应有"菭当为蒠"四字。"箈"字最讹。

鹑。杜子春云："当为雁。"玄谓深蒲，蒲始生水中子。箈，箭萌。笋，竹萌。**羞豆之实，酏食、糁食。**郑司农云："酏食，以酒酏为饼。糁食，菜餗蒸。"玄谓酏，餰也。《内则》曰："取稻米举糔溲之，小切狼臅膏，以与稻米为餰。"又曰："糁，取牛羊豕之肉三如一，小切之，与稻米，稻米二肉一，合以为饵，煎之。"**凡祭祀，共荐羞之豆实，宾客、丧纪亦如之。为王及后、世子共其内羞。王举，则共醢六十瓮，以五齐、七醢、七菹、三臡实之。**齐，当为齑。五齑，昌本、脾析、蜃、豚拍、深蒲也。七醢，醓、蠃、蠯、蚳、鱼、兔、雁醢。七菹，韭、菁、茆、葵、芹、箈、笋菹。三臡，麋、鹿、麇臡也。凡醯酱所和，细切为齑，全物若牒为菹。《少仪》曰："麋鹿为菹，野豕为轩，皆牒而不切。麇为辟鸡，兔为宛脾，皆牒而切之。切葱若薤实之，醯以柔之。"由此言之，则齑菹之称，菜肉通。**宾客之礼，共醢五十瓮。**致饔饩时。**凡事，共醢。**

醯人，掌共五齐、七菹，凡醯物。以共祭祀之齐、菹，凡醯、酱之物。宾客亦如之。齐菹酱属醯人者，皆须醯成味。**王举，则共齐菹醯物六十瓮，共后及世子之酱齐菹。宾客之礼，共醯五十瓮。凡事，共醯。**

盐人，掌盐之政令，以共百事之盐。政令，谓受入教所处置，求者所当得。**祭祀，共其苦盐、散盐。**杜子春读苦为盬，谓出盐直用不湅治。郑司农云："散盐，湅治者。"玄谓散盐，鬻水为盐。**宾客，共其形盐、散盐。**形盐，盐之似虎形。**王之膳羞，共饴盐，后及世子亦如之。**饴盐，盐之恬者，今戎盐有焉。**凡齐事，鬻盬以待戒令。**齐事，和五味之事。鬻盬湅治之。

幂人，掌共巾幂。共巾可以覆物。**祭祀，以疏布巾幂八尊，**以疏布者，天地之神尚质。**以画布巾幂六彝。**宗庙可以文。画者，画其云气与？**凡王巾，皆黼。**四饮三酒皆画黼。周尚武，其用文德，则黻可。

宫人，掌王之六寝之修，六寝者，路寝一，小寝五。《玉藻》曰："朝，辨色始入。君日出而视朝。退适路寝听政。使人视大夫，大夫退，然后适小寝，释服。"是路寝以治事，小寝以时燕息焉。《春秋》书鲁庄公薨于路寝，僖公薨于小寝，是则人君非一寝明矣。**为其井匽，除其不蠲，去其恶臭。**井，漏井，所以受水潦。蠲，犹洁也。《诗》云"吉蠲为饎"。郑司农云："匽，路厕也。"玄谓匽猪，谓霤下之池，受畜水而流之者。**共王之沐浴。**沐浴，所以自洁清。**凡寝中之事，扫除、执烛、共炉炭，凡劳事。**劳事，劳亵之事。**四方之舍事亦如之。**从王适四方及会同所舍。

掌舍，掌王之会同之舍。设梐枑再重。故书枑为拒。郑司农云："梐，榱梐[1]也。拒，受居溜水涑橐者也。"杜子春读为梐枑，梐枑，谓行马。玄谓行马再重者，以周卫有外内列。**设车宫，辕门，**谓王行止宿阻险之处，备非常。次车以为藩，则仰车以其辕表门。**为坛壝宫，棘门。**谓王行止宿平地，筑坛，又委壝土起堳埒以为宫。郑司农云："棘门，以戟为门。"杜子春云："棘门，或为材门。"**为帷宫，设旌门。**谓王行昼止，有所展肆若食息，张帷为宫，则树旌以

---

[1] "梐"，底本漫漶，据阮本补。

表门。**无宫则共人门**。谓王行有所逢遇，若住游观，陈列周卫，则立长大之人以表门。**凡舍事，则掌之**。王行所舍止。

幕人，掌帷、幕、幄、帟、绶之事。王出宫则有是事。在旁曰帷，在上曰幕。幕或在地，展陈于上。帷幕皆以布为之。四合象宫室曰幄，王所居之帐也。郑司农云："帟，平帐也。绶，组绶，所以系帷也。"玄谓帟，王在幕若幄中，坐上承尘。幄帟皆以缯为之。凡四物者，以绶连系焉。**凡朝觐、会同、军旅、田役、祭祀，共其帷、幕、幄、帟、绶**。共之者，掌次当以张。**大丧，共帷、幕、帟、绶**。为宾客饰也。帷以帷堂，或与幕张之于庭。帟在柩上。**三公及卿、大夫之丧，共其帟**。唯士无帟，王有惠则赐之。《檀弓》曰："君于士有赐帟。"

掌次，掌王次之法，以待张事。法，大小丈尺。**王大旅上帝，则张毡案，设皇邸**。大旅上帝，祭天于圆丘。国有故而祭亦曰旅。此以旅见祀也。张毡案，以毡为床于幄中。郑司农云："皇，羽覆上。邸，后版也。"玄谓后版，屏风与？染羽象凤皇羽色以为之。**朝日、祀五帝，则张大次、小次，设重帟重案。合诸侯亦如之**。朝日，春分拜日于东门之外。祀五帝于四郊。次，谓幄也。大幄，初往所止居也。小幄，既接祭退俟之处。《祭义》曰："周人祭日，以朝及暗。"虽有强力，孰能支之，是以退俟，与诸臣代有事焉。合诸侯于坛，王亦以时休息。重帟，复帟。重案，床重席也。郑司农云："五帝，五色之帝。"**师田，则张幕，设重帟重案**。不张幄者，于是临誓众，王或回顾占察。**诸侯朝觐、会同，则张大次、小次**。大次，亦初往所止居。小次，即宫待事之处。**师田，则张幕设案。**郑司农云："师田，谓诸侯相与师田。"玄谓此掌次张之，诸侯从王而师田者。**孤卿有邦事，则张幕设案。**有邦事，谓以事从王，若以王命出也。孤，王之孤三人，副三公论道者。不言公，公如诸侯礼。从王祭祀合诸侯，张大次小次，师田亦张幕设案。**凡丧，王则张帟三重，诸侯再重，孤卿大夫不重。**张帟，柩上承尘。**凡祭祀，张其旅幕，张尸次。**旅，众也。公卿以下即位所祭祀之门外以待事，为之张大幕。尸则有幄。郑司农云："尸次，祭祀之尸所居更衣帐。"**射则张耦次。**耦，俱升射者。次在洗东。《大射》曰："遂命三耦取弓矢于次。"**掌凡邦之张事。**

大府，掌九贡、九赋、九功之贰，以受其货贿之入，颁其货于受藏之府，颁其贿于受用之府。九功，谓九职也。受藏之府，若内府也。受用之府，若职内也。凡货贿皆藏以给用耳。良者以给王之用，其余以给国之用。或言受藏，或言受用，又杂言货贿，皆互文。**凡官府都鄙之吏及执事者，受财用焉。凡颁财，以式法授之：关市之赋，以待王之膳服；邦中之赋，以待宾客；四郊之赋，以待稍秣；家削之赋，以待匪颁；邦甸之赋，以待工事；邦县之赋，以待币帛；邦都之赋，以待祭祀；山泽之赋，以待丧纪；币余之赋，以待赐予。**待，犹给也。此九赋之财给九式者。膳服，即羞服也。稍秣，即刍秣也，谓之稍，稍用之物也。丧纪，即丧荒也。赐予，即好用也。郑司农云："币余，使者有余来还也。"玄谓币余，占卖国之斥币。**凡邦国之贡，以待吊用。**此九贡之财所给也。给吊用，给凶礼之五事。**凡万民之贡，**

以充府库，此九职之财。充，犹足。**凡式贡之余财，以共玩好之用。**谓先给九式及吊用，足府库而有余财，乃可以共玩好，明玩好非治国之用。言式、言贡，互文。**凡邦之赋用，取具焉。**赋用，用赋。**岁终，则以货贿之入出会之。**

玉府，掌王之金玉、玩好、兵器，凡良货贿之藏。良，善也。此物皆式贡之余财所作。其不良，又有受而藏之者。**共王之服玉、佩玉、珠玉。**佩玉者，王之所带者。《玉藻》曰："君子于玉比德焉。天子佩白玉而玄组绶。"《诗传》曰："佩玉，上有葱衡，下有双璜、冲牙，玭珠以纳其间。"郑司农云："服玉，冠饰十二玉。"**王齐，则共食玉。**玉是阳精之纯者，食之以御水气。郑司农云："王齐当食玉屑。"**大丧，共含玉、复衣裳、角枕、角柶。**角枕以枕尸。郑司农云："复，招魂也。衣裳，生时服，招魂复魄于大庙，至四郊。角柶，角匕也，以楔齿。《士丧礼》曰：'楔齿用角柶。'楔齿者，令可饭含。"玄谓复于四郊以绥。**掌王之燕衣服、衽、席、床、笫，凡亵器。**燕衣服者，巾絮、寝衣、袍襗之属，皆良货贿所成。笫，箦也。郑司农云："衽席，单席也。亵器，清器，虎子之属。"**若合诸侯，则共珠[1]槃、玉敦。**敦，槃类，珠玉以为饰。古者以槃盛血，以敦盛食。合诸侯者，必割牛耳，取其血，歃之以盟。珠槃以盛牛耳，尸盟者执之。故书珠为夷。郑司农云："夷槃，或为珠槃。玉敦，歃血玉器。"**凡王之[2]献金玉、兵器、文织、**

---

❶ "珠"，于鬯云当依故书作"夷"，读为铁。

❷ "王之"，王引之云二字衍。

良货贿之物，受而藏之。谓百工为王所作，可以献遗诸侯。古者致物于人，尊之则曰献，通行曰馈。《春秋》曰“齐侯来献戎捷”，尊鲁也。文织，画及绣锦。**凡王之好赐，共其货贿。**

内府，掌受九贡九赋九功之货贿、良兵、良器，以待邦之大用。大用，朝觐之班赐。**凡四方之币献之金玉、齿革、兵器，凡良货贿入焉。**诸侯朝聘所献国珍。**凡适四方使者，共其所受之物而奉之。**王所以遗诸侯者。**凡王及冢宰之好赐予，则共之。**冢宰待四方宾客之小治，或有所善，亦赐予之。

外府，掌邦布之入出，以共百物，而待邦之用，凡有法者。布，泉也。布，读为“宣布”之布。其藏曰泉，其行曰布，取名于水泉，其流行无不遍。入出，谓受之复出之。共百物者，或作之，或买之。待，犹给也。有法，百官之公用也。泉始盖一品，周景王铸大泉而有二品，后数变易，不复识本制。至汉，唯有五铢久行。王莽改货而异作，泉布多至十品，今存于民间多者，有货布、大泉、货泉。货布长二寸五分，广寸，首长八分有奇，广八分；其圜好径二分半，足枝长八分，其右文曰货，左文曰布，重二十五铢，直货泉二十五。大泉径一寸二分，重十二铢，文曰大泉，直十五货泉。货泉径一寸，重五铢，右文曰货，左曰泉，[1]直一也。**共王及后、世子之**

---

[1] “右文曰货左曰泉”，阮校云闽本、监本、毛本左下衍“文”，此本右下“文”字剜挤，盖上云“右文曰货左文曰布”，此蒙上，故云“右曰货左曰泉”，二“文”字皆衍。孙诒让云《檀弓》疏亦作“右文曰货左文曰泉”。

衣服之用。凡祭祀、宾客、丧纪、会同、军旅，共其财用之币赍，赐予之财用。赍，行道之财用也。《聘礼》曰："问几月之赍。"郑司农云："赍，或为资，今礼家定赍作资。"玄谓赍、资同耳。其字以齐次为声，从贝变易，古字亦多或。凡邦之小用，皆受焉。皆来受。岁终，则会，唯王及后之服不会。

司会，掌邦之六典、八法、八则之贰，以逆邦国、都鄙、官府之治。逆受而钩考之。以九贡之法致邦国之财用，以九赋之法令田野之财用，以九功之法令民职之财用，以九式之法均节邦之财用。掌国之官府、郊野、县都之百物财用，凡在书契版图者之贰，以逆群吏之治，而听其会计。郊，四郊，去国百里。野，甸稍也。甸去国二百里，稍三百里，县四百里，都五百里。书，谓簿书。契，其最凡也。版，户籍也。图，土地形象，田地广狭。以参互考日成，以月要考月成，以岁会考岁成。参互，谓司书之要贰，与职内之入，职岁之出。故书互为巨。杜子春读为参互。以周知四国之治，以诏王及冢宰废置。周，犹遍也。言四国者，本逆邦国之治，亦钩考以告。

司书，掌邦之六典、八法、八则、九职、九正、九事邦中之版，土地之图，以周知入出百物，以叙其财，受其币，使入于职币。九正，谓九赋九贡。正，税也。九事，谓九式，变言之者，重其职。明本而掌之，非徒相副贰也。叙，犹比次也，谓钩考其财币所给，及其余见，为之簿书。故书受为授。郑司农云："授，当为受，谓受财币之簿书也。"玄谓亦受录其余币，而为之簿书，使之入于职币。币物当以时用之，久藏将朽蠹。**凡上之用财用❶，必考于司会。**上，谓王与冢宰。王虽不会，亦当知多少而阙之。司会以九式均节邦之财用。**三岁，则大计群吏之治，以知民之财器械之数❷，以知田野夫家六畜之数，以知山林川泽之数，以逆群吏之征令。**械，犹兵也。逆，受而钩考之。山林川泽童枯则不税。**凡税敛，掌事者受法焉。及事成，则入要贰焉。**法，犹数也，应当税者之数。成，犹毕也。**凡邦治，考焉。**考其法于司书。

职内，掌邦之赋入，辨其财用之物而执其总，以贰官府都鄙之财入之数，以逆邦国之赋用。辨财用之物，处之，使种类相从。总，谓簿书之种别与大凡。官府之有财入，若关❸市之属。**凡受财者，受其贰令而书之。**受财，受于职内以给公用者。贰令者，谓若今御史所写下本奏，王所可者。书之，若言某月某日某甲，诏书出某物若干，给某官某事。**及会，以逆职岁与官府财用之出，**亦参互钩考之。**而叙其财以待邦之移用。**亦钩考今藏中余见，为之簿。移用，谓转运给他。

职岁，掌邦之赋出，以贰官府都鄙之财出赐之数，以待会计而考之。以贰者，亦如职内书其贰令而编存之。**凡官府都鄙群吏之出财用，受式法于职岁。**百官之公用式法多少，职岁掌出之，旧用事存焉。**凡上之赐予，以叙与职币授**

---

❶ “凡上之用财用”，王引之云下“用”字衍。于鬯云“用”字当在“民之财”下。

❷ “以知民之财器械之数”，王引之云“财”下脱“用”字。

❸ “关”，原作“開”，据阮本改。

之。叙受赐者之尊卑。**及会，以式法赞逆会。**助司会钩考群吏之计。

职币，掌式法以敛官府都鄙与凡用邦财者之币，币，谓给公用之余。凡用邦财者，谓军旅。**振掌事者之余财。**振，犹拼也，捡[1]也。掌事，谓以王命有所作为。先言敛币，后言振财，互之。**皆辨其物而奠其录，以书楬之，以诏上之小用赐予。**奠，定也。故书录为禄。杜子春云："禄，当为录，定其录籍。"郑司农云："楬之，若今时为书以著其币。"**岁终，则会其出。凡邦之会事，以式法赞之。**

司裘，掌为大裘，以共王祀天之服。郑司农云："大裘，黑羔裘，服以祀天，示质。"**中秋献良裘，王乃行羽物。**良，善也。中秋鸟兽毨[2]毨，因其良时而用之。郑司农云："良裘，王所服也。行羽物，以羽物飞鸟赐群吏。"玄谓良裘，《玉藻》所谓黼裘与？此羽物，小鸟鹑雀之属，鹰所击者。中秋鸠化为鹰，中春鹰化为鸠，顺其始杀，与其将止，而大班羽物。**季秋，献功裘，以待颁赐。**功裘，人功微粗，谓狐青、麛裘之属。郑司农云："功裘，卿大夫所服。"**王大射，则共虎侯、熊侯、豹侯，设其鹄。诸侯则共熊侯、豹侯，卿大夫则共麋侯，皆设其鹄。**大射者，为祭祀射，王将有郊庙之事，以射择诸侯及群臣与邦国所贡之士可以与祭者。射者可以观德行，其容体比于礼，其节比于乐，而中多

---

[1] "捡"，阮本作"检"，阮校云唐人书"检"字多从手，此作木旁，盖由近人所改。孙诒让以为作"检"者是。

[2] "毨"，阮校引《九经古义》云"毨"为"毛"之误，郑氏《尚书》云"中秋鸟兽毛毨，中冬鸟兽毨毛"，涉下而误耳。

者，得与于祭。诸侯，谓三公及王子弟封于畿内者。卿大夫亦皆有采地焉，其将祀其先祖，亦与群臣射以择之。凡大射各于其射宫。侯者，其所射也。以虎熊豹麋之皮饰其侧，又方制之以为辜，谓之鹄，著于侯中，所谓皮侯。王之大射：虎侯，王所自射也；熊侯，诸侯所射；豹侯，卿大夫以下所射。诸侯之大射：熊侯，诸侯所自射；豹侯，群臣所射。卿大夫之大射，麋侯，君臣共射焉。凡此侯道，虎九十弓，熊七十弓，豹麋五十弓。列国之诸侯大射，大侯亦九十，参七十，干五十，远尊得伸可同耳。所射正谓之侯者，天子中之则能服诸侯，诸侯以下中之则得为诸侯。郑司农云："鹄，鹄毛也。方十尺曰侯，四尺曰鹄，二尺曰正，四寸曰质。"玄谓侯中之大小，取数于侯道。《乡射记》曰："弓二寸以为侯中。"则九十弓者，侯中广丈八尺；七十弓者，侯中广丈四尺；五十弓者，侯中广一丈。尊卑异等，此数明矣。《考工记》曰："梓人为侯，广与崇方，参分其广而鹄居一焉。"然则侯中丈八尺者，鹄方六尺；侯中丈四尺者，鹄方四尺六寸大半寸；侯中一丈者，鹄方三尺三寸少半寸。谓之鹄者，取名于鳱鹄。鳱鹄小鸟而难中，是以中之为隽[1]，亦取鹄之言较，较者直也，射所以直己志。用虎熊豹麋之皮，示服猛讨迷惑者。射者大礼，故取义众也。士不大射，士无臣，祭无所择。故书"诸侯则共熊侯、虎侯"。杜子春云："虎，当为豹。"**大丧，廞裘，饰皮车。**皮车，遣车之革路。故书廞为淫。郑司农云："淫裘，陈裘也。"玄谓廞，兴也，若诗之兴，谓象似而作之。凡为神

[1] "隽"，底本作"儁（俊）"，据阮本改。

之偶衣物，必沽而小耳。[1]**凡邦之皮事，掌之。岁终则会，唯王之裘与其皮事不会。**

掌皮，掌秋敛皮，冬敛革，春献之。皮革逾岁干久乃可用。献之，献其良者于王，以入司裘，给王用。**遂以式法颁皮革于百工。**式法，作物所用多少故事。**共其毳毛为毡，以待邦事。**当用毡则共之。毳毛，毛细缛者。**岁终，则会其财赍。**财，敛财本数及余见者。赍，所给予人以物曰赍。今时诏书或曰赍计吏。郑司农云："赍，或为资。"

内宰，掌书版图之法，以治王内之政令，均其稍食，分其人民以居之。版，谓宫中阍寺之属及其子弟录籍也。图，王及后、世子之宫中、吏官府之形象也。政令，谓施阍寺者。稍食，吏禄禀也。人民，吏子弟。分之，使众者就寡，均宿卫。**以阴礼教六宫，**郑司农云："阴礼，妇人之礼。六宫，后五前一，王之妃百二十人：后一人，夫人三人，嫔九人，世妇二十七人，女御八十一人。"玄谓六宫，谓后也。妇人称寝曰宫。宫，隐蔽之言。后象王，立六宫而居之，亦正寝一，燕寝五。教者，不敢斥言之，谓之六宫，若今称皇后为中宫矣。《昏礼》："母戒女曰：夙夜毋违宫事。"**以阴礼教九嫔，**教以妇人之礼。不言教夫人、世妇者，举中，省文。**以妇职之法教九御，使各有属，以作二事，正其服，禁其奇邪，展其功绪。**妇职，谓织纴、组紃、缝线之事。九御，女御也，九九而御于王，因以号焉。使之九九为属，同时

---

[1] "凡为神之偶衣物必沽而小耳"，阮校云贾疏读"凡为神之偶衣，物必沽而小耳"，惠士奇云"物"当属上句。

御又同事也。正其服，止逾侈。奇邪，若今媚道。展，犹录也。绪，业也。故书二为三。杜子春云："当为二，二事谓丝枲之事。"**大祭祀，后祼献，则赞，瑶爵亦如之。**谓祭宗庙，王既祼而出迎牲，后乃从后祼也。《祭统》曰："君执圭瓒祼尸，大宗执璋瓒亚祼。"此大宗亚祼，谓夫人不与而摄耳。献，谓王荐腥荐孰，后亦从后献也。瑶爵，谓尸卒食，王既酳尸，后亚献之，其爵以瑶为饰。**正后之服位，而诏其礼乐之仪。**荐彻之礼当与乐相应。位，谓房中、户内及阼所立处。**赞九嫔之礼事。**助九嫔赞后之事。九嫔者赞后荐玉齍，荐彻豆笾。**凡宾客之祼献、瑶爵，皆赞。**谓王同姓及二王之后来朝觐为宾客者。祼之礼，亚王而礼宾。献，谓王飨燕，亚王献宾也。瑶爵，所以亚王酬宾也。《坊记》曰："阳侯杀穆侯而窃其夫人，故大飨废夫人之礼。"**致后之宾客之礼。**谓诸侯来朝觐及女宾之宾客。**凡丧事，佐后使治外内命妇，正其服位。**使，使其属之上士。内命妇，谓九嫔、世妇、女御。郑司农云："外命妇，卿大夫之妻，王命其夫，后命其妇。"玄谓士妻亦为命妇。**凡建国，佐后立市，设其次，置其叙，正其肆，陈其货贿，出其度、量、淳、制，祭之以阴礼。**市朝者，君所以建国也。建国者必面朝后市，王立朝而后立市，阴阳相成[1]之义。次，思[2]次也。叙，介次也。陈，犹处也。度，丈尺也。量，豆区之属。郑司农云："佐后立市者，始立市，后立之也。祭之以

[1] "成"，阮本作"承"。
[2] "思"，阮本作"司"。

阴礼者，市中之社，先后所立社也。”故书淳为敦。杜子春读敦为纯，纯，谓幅广也。制，谓匹长。玄谓纯制，《天子巡守礼》所云“制币丈八尺，纯四䌷”与？阴礼，妇人之祭礼。**中春，诏后帅外内命妇始蚕于北郊，以为祭服。**蚕于北郊，妇人以纯阴为尊。郊必有公桑蚕室焉。**岁终，则会内人之稍食，稽其功事。**内人，主谓九御。**佐后而受献功者，比其小大与其粗良而赏罚之。**献功者，九御之属。郑司农云：“烝而献功。”玄谓《典妇功》曰：“及秋献功。”**会内宫之财用。**计夫人以下所用财。**正岁，均其稍食，施其功事，宪禁令于王之北宫，而纠其守。**均，犹调度也。施，犹赋也。北宫，后之六宫。谓之北宫者，系于王言之，明用王之禁令令之。守，宿卫者。**上春，诏王后帅六宫之人而生穜稑之种，而献之于王。**六宫之人，夫人以下分居后之六宫者。古者使后宫藏种，以其有传类蕃[1]孳之祥。必生而献之，示能育之，使不伤败，且以佐王耕事共禘郊也。郑司农云：“先种后孰谓之穜，后种先孰谓之稑，王当以耕种于藉田。”玄谓《诗》云“黍稷穜稑”是也。夫人以下分居后之六宫者，每宫九嫔一人，世妇三人，女御九人；其余九嫔三人，世妇九人，女御二十七人，从后唯其所燕息焉。从后者，五日而沐浴，其次又上十五日而遍云。夫人如三公，从容论妇礼。

内小臣，掌王后之命，正其服位。命，谓使令所为。或言王后，或言后，通耳。**后出入，则前驱。**道之。**若有祭祀、宾客、丧纪，则摈，诏后之礼事，相九嫔之礼事，**

---

[1] “蕃”，原作“番”，据阮本改。

正内人之礼事，彻后之俎。摈，为后传辞，有所求为。诏、相、正者，异尊卑也。俎，谓后受尸之爵，饮于房中之俎。**后有好事于四方，则使往；有好令于卿大夫，则亦如之。**后于其族亲所善者，使往问遗之。**掌王之阴事阴令。**阴事，群妃御见之事。若今掖庭令昼漏不尽八刻，白录所记，推当御见者。阴令，王所求为于北宫。

阍人，掌守王宫之中门之禁，中门，于外内为中，若今宫阙门。郑司农云："王有五门，外曰皋门，二曰库门，三曰雉门，四曰应门，五曰路门。路门一曰毕门。"玄谓雉门，三门也。《春秋传》曰："雉门灾，及两观。"**丧服、凶器不入宫，潜服、贼器不入宫，奇服、怪民不入宫。**丧服，衰绖也。凶器，明器也。潜服，若衷甲者。贼器，盗贼之任器。兵物皆有刻识。奇服，衣非常。《春秋传》曰："龙奇无常，怪民狂易。"**凡内人、公器、宾客，无帅则几其出入。**三者之出入，当须使者符节乃行。郑司农云："公器，将持公家器出入者。几，谓无将帅引之者，则苛其出入。"**以时启闭。**时，漏尽。**凡外内命夫命妇出入，则为之辟。**辟行人，使无干也。内命夫，卿、大夫、士之在宫中者。**掌扫门庭。**门庭，门相当之地。**大祭祀、丧纪之事，设门燎，跸[1]宫门、庙门。**燎，地烛也。跸，止行者。庙在中门之外。**凡宾客亦如之。**

---

[1] "跸"，阮校引《汉读考》云《说文·走部》："趩，止行也。从走毕声。"《足部》无"跸"字。今《周礼》皆作"跸"，惟《大司寇·释文》作"趩"。

寺人，掌王之内人及女宫之戒令，相道[1]其出入之事而纠之。内人，女御也。女宫，刑女之在宫中者。纠，犹割察也。**若有丧纪、宾客、祭祀之事，则帅女宫而致于有司，**有司，谓宫卿世妇。**佐世妇治礼事。**世妇，二十七世妇。**掌内人之禁令，凡内人吊临于外，则帅而往，立于其前而诏相之。**从世妇所吊，若哭其族亲。立其前者，贱也。贱而必诏相之者，出入于王宫，不可以阙于礼。

内竖，掌内外之通令，凡小事。内，后六宫。外，卿大夫也。使童竖通王内外之命给小事者，以其无与为礼，出入便疾。内外以大事闻王，则俟朝而自复。**若有祭祀、宾客、丧纪之事，则为内人跸。**内人，从世妇有事于庙者。内竖为六宫跸者，以其掌内小事。**王后之丧，迁于宫中，则前跸。及葬，执亵器以从遣车。**丧迁者，将葬，朝于庙。亵器，振饰頮沐之器。

九嫔，掌妇学之法，以教九御妇德、妇言、妇容、妇功，各帅其属而以时御叙于王所。妇德，谓贞顺；妇言，谓辞令；妇容，谓婉娩；妇功，谓丝枲。自九嫔以下，九九而御于王所。九嫔者，既习于四事，又备于从人之道，是以教女御也。教各帅其属者，使亦九九相与从于王所息之燕寝。御，犹进也，劝也，进劝王息。亦相次叙。凡群妃御见之法，月与后妃其象也。卑者宜先，尊者宜后。女御八十一人当九夕，世妇二十七人当三夕，九嫔九人当一夕，三夫人当一夕，后当一夕，亦十五日而遍云。自望后反之。孔子云："日者天之明，

[1] "道"，唐石经作"导"。

月者地之理。阴契制，故月上属为天，使妇从夫放月纪。”**凡祭祀，赞玉齍，赞后荐彻豆笾。**玉齍，玉敦受黍稷器。后进之而不彻。故书玉为王。杜子春读为玉。**若有宾客，则从后。**当赞后事。**大丧，帅叙哭者亦如之。**亦从后。帅，犹道也。后哭，众之次叙[1]者乃哭。

世妇，掌祭祀、宾客、丧纪之事，帅女宫而濯摡，为齍盛。摡，拭也。为，犹差择。**及祭之日，莅陈女宫之具，凡内羞之物。**莅，临也。内羞，房中之羞。**掌吊临于卿大夫之丧。**王使往吊。

女御，掌御叙于王之燕寝。言掌御叙，防上之专妒者。于王之燕寝，则王不就后宫息。**以岁时献功事。**丝枲成功之事。**凡祭祀，赞世妇。**助其帅莅女宫。**大丧，掌沐浴。**王及后之丧。**后之丧，持翣。**翣，棺饰也。持而从柩车。**从世妇而吊于卿大夫之丧。**从之数，盖如使者之介云。

女祝，掌王后之内祭祀，凡内祷祠之事。内祭祀，六宫之中灶、门、户。祷，疾病求瘳也。祠，报福。**掌以时招、梗、禬、禳之事，以除疾殃。**郑大夫读梗为亢，谓招善而亢恶去之。杜子春读梗为更。玄谓梗，御未至也。除灾害曰禬，禬，犹刮去也。却变异曰禳，禳，攘也。四礼，唯禳其遗象今存。

女史，掌王后之礼职，掌内治之贰，以诏后治内政。内治之法，本在内宰，书而贰之。**逆内宫，**钩考六宫之计。

---

[1] “叙”，阮校云嘉靖本作“序”，经作“叙”，注作“序”，须人易晓是也。

书内令。后之令。**凡后之事，以礼从**。亦如大史之从于王。

典妇功，掌妇式之法，以授嫔妇及内人女功之事赍。妇式，妇人事之模范。法，其用财旧数。嫔妇，九嫔、世妇。言“及”以殊之者，容国中妇人贤善工于事者。事赍，谓以女功之事来取丝枲。故书赍为资。杜子春读为资。[1]郑司农云：“内人，谓女御。女功事资，谓女功丝枲之事。”**凡授嫔妇功，及秋献功，辨其苦良、比其小大而贾之，物书而楬之**。授，当为受，声之误也。国中嫔妇所作成即送之，不须献功时。贾之者，物不正齐，当以泉计通功。郑司农云：“苦，读为盬。谓分别其缣帛与布纻之粗细，皆比方其大小，书其贾数而著其物，若今时题署物[2]。”**以共王及后之用，颁之于内府**。

典丝，掌丝入而辨其物，以其贾楬之。丝入，谓九职之嫔妇所贡丝。**掌其藏与其出，以待兴功之时**。丝之贡少，藏之出之可同官也。时者，若温煖宜缣帛，清凉宜文绣。**颁丝于外内工，皆以物授之**。外工，外嫔妇也。内工，女御。**凡上之赐予，亦如之**。王以丝物赐人。**及献功，则受良功而藏之，辨其物而书其数，以待有司之政令，上之赐予**。良，当为苦，字之误。受其粗盬之功，以给有司之公用。其良功者，典妇功受之，以共王及后之用。郑司农云：“良功，丝

---

❶ “故书赍为资杜子春读为资”，阮校引《汉读考》云此故书作“资”，子春易为“赍”，而郑君从之。今本作“杜子春读为资”，误。《释文》：“事赍，音资，本亦作‘资’。”“亦作资”者，乃依注改经之本也。

❷ “物”，底本漫漶，据阮本补。

功，缣帛。”**凡祭祀，共黼画组就之物。**以给衣服冕旒及依盥巾之属。白与黑谓之黼。采色一成曰就。**丧纪，共其丝纩组文之物。**以给线缕，著盰口綦握之属。青与赤谓之文。**凡饰邦器者，受文织丝组焉。**谓茵席屏风之属。**岁终，则各以其物会之。**种别为计。郑司农云：“各以其所饰之物，计会傅著之。”

典枲，掌布缌缕纻之麻草之物，以待时颁功而授赍。缌，十五升布抽其半者。白而细疏曰纻。杂言此数物者，以著其类众多。草，葛苘之属。故书赍作资。**及献功，受苦功，以其贾楬而藏之，以待时颁。**其良功亦入于典妇功，以共王及后之用。郑司农云：“苦功，谓麻功布纻。”**颁衣服，授之，赐予亦如之。**授之，授受班者。帛言待有司之政令，布言班衣服，互文。**岁终，则各以其物会之。**

内司服，掌王后之六服，袆衣、揄狄、阙狄、鞠衣、展衣、缘衣、素沙。郑司农云：“袆衣，画衣也。《祭统》曰：‘君卷冕立于阼，夫人副袆立于东房。’揄狄、阙狄，画羽饰。展衣，白衣也。《丧大记》曰：‘复者朝服，君以卷，夫人以屈狄，世妇以襢衣。’屈者，音声与阙相似，襢与展相似，皆妇人之服。鞠衣，黄衣也。素沙，赤衣也。”玄谓狄，当为翟。翟，雉名。伊雒而南，素质，五色皆备成章曰翚；江淮而南，青质，五色皆备成章曰摇。王后之服，刻缯为之形而采画之，缀于衣以为文章。袆衣画翚者，揄翟画摇者，阙翟刻而不画，此三者皆祭服。从王祭先王则服袆衣，祭先公则服揄翟，祭群小祀则服阙翟。今世有圭衣者，盖三翟之遗俗。鞠衣，黄桑服也，色如鞠尘，象桑叶始生。《月令》：“三月，荐鞠衣于上帝，告桑事。”展衣，以礼见王及宾客之服。字当为襢，襢之言亶，亶，诚也。《诗·国风》曰“玼兮玼兮，其之翟也”，下云“胡然而天也，胡然而帝也”，言其德当神明。又曰“瑳兮瑳兮，其之展也”，下云“展如之人兮，邦之媛也”，言其行配君子。二者之义与礼合矣。《杂记》曰：“夫人复税衣、揄狄。”又《丧大记》曰：“士妻以褖衣。”言褖者甚众，字或作税。此缘衣者，实作褖衣也。褖衣，御于王之服，亦以燕居。男子之褖衣黑，则是亦黑也。六服备于此矣。袆、揄，狄、展，声相近，缘，字之误也。以下推次其色，则阙狄赤，揄狄青，袆衣玄。妇人尚专一[1]，德无所兼，连衣裳不异其色。素沙者，今之白縳也。六服皆袍制，以白縳为里，使之张显。今世有沙縠者，名出于此。**辨外内命妇之服，鞠衣、展衣、缘衣、素沙。**内命妇之服：鞠衣，九嫔也；展衣，世妇也；缘衣，女御也。外命妇者：其夫孤也，则服鞠衣；其夫卿大夫也，则服展衣；其夫士也，则服缘衣。三夫人及公之妻，其阙狄以下乎？侯伯之夫人揄狄，子男之夫人亦阙狄，唯二王后袆衣。**凡祭祀、宾客，共后之衣服，及九嫔世妇凡命妇，共其衣服。共丧衰亦如之。**凡者，凡女御与外命妇也。言“及”言“凡”，殊贵贱也。《春秋》之义，王人虽微者，犹序乎诸侯之上，所以尊尊也。臣之命者，再命以上受服，则下士之妻不共也。外命妇，唯王祭祀、宾客，以礼佐后，得服此上服，自于其家则降焉。**后之丧，共其衣服，凡内具之物。**内具，纷帨、线纩、鞶帙之属。

---

[1] “一”，阮校云当作“壹”。

缝人，掌王宫之缝线之事，以役女御，以缝王及后之衣服。女御裁缝王及后之衣服，则为役助之。宫中余裁缝事则专为焉。郑司农云："线，缕。"**丧，缝棺饰焉，**孝子既启，见棺犹见亲之身，既载，饰而以行，遂以葬。若存时居于帷幕而加文绣。《丧大记》曰："饰棺，君龙帷，三池，振容，黼荒，火三列，黻三列，素锦褚，加伪荒，纁纽六，齐五采，五贝，黼翣二，黻翣二，画翣二，皆戴圭，鱼跃拂池。君纁戴六，纁披六。"此诸侯礼也。《礼器》曰："天子八翣，诸侯六翣，大夫四翣。"《汉礼器制度》：饰棺，天子龙火黼黻皆五列，又有龙翣二，其戴皆加璧。故书焉为马。杜子春云："当为焉。"**衣翣[1]柳之材。**必先缠衣其木[2]，乃以张饰也。柳之言聚，诸饰之所聚。《书》曰"分命和仲，度西曰柳谷"。故书翣柳作接槾。郑司农云："接，读为歰，槾，读为柳，皆棺饰。《檀弓》曰：'周人墙置歰。'《春秋传》曰：'四歰不跸。'"**掌凡内之缝事。**

染人，掌染丝帛。凡染，春暴练，夏纁玄，秋染夏，冬献功。暴练，练其素而暴之。故书纁作窴。郑司农云："窴，读当为纁，纁，谓绛也。夏，大也，秋方大染。"玄谓纁玄者，谓始可以染此色者。玄纁者，天地之色，以为祭服。石染当及盛暑热润始湛研之，三月而后可用。《考工记》钟氏则

---

❶ "翣"，阮校引《汉读考》云此司农易"接"为"歰"，而引《檀弓》及《春秋传》以证"歰"之义。司农所据《记》《传》字作"歰"，今本《记》《传》则皆作"翣"矣。《丧祝》注亦云"四歰""墙置歰"，"歰"者，"翣"之假借字也。经文"翣"字当亦作"歰"，而后人改之。

❷ "木"，阮校云监本、毛本作"材"。

染纁术也。染玄则史传阙矣。染夏者，染五色，谓之夏者，其色以夏狄为饰。《禹贡》曰“羽畎夏狄”，是其总名。其类有六：曰翚，曰摇，曰翯，曰甾，曰希，曰蹲。其毛羽五色，皆备成章，染者拟以为深浅之度，是以放而取名焉。**掌凡染事。**

追师，掌王后之首服，为副、编、次，追衡、笄，为九嫔及外内命妇之首服，以待祭祀、宾客。郑司农云：“追，冠名。《士冠礼记》曰：‘委貌，周道也。章甫，殷道也。牟追，夏后氏之道也。’追师，掌冠冕之官，故并主王后之首服。副者，妇人之首服。《祭统》曰：‘君卷冕立于阼，夫人副袆立于东房。’衡，维持冠者。《春秋传》曰：‘衡紞纮綖。’”玄谓副之言覆，所以覆首为之饰，其遗象若今步繇矣，服之以从王祭祀。编，编列发为之，其遗象若今假紒矣，服之以桑也。次，次第发长短为之，所谓髲髢，服之以见王。王后之燕居，亦纚笄总而已。追，犹治也。《诗》云“追琢其璋”，王后之衡笄皆以玉为之。唯祭服有衡，垂于副之两旁，当耳，其下以紞县瑱。《诗》云“玼兮玼兮，其之翟也。鬒发如云，不屑髢也，玉之瑱也”，是之谓也。笄，卷发者。外内命妇衣鞠衣、襢衣者服编，衣褖衣者服次。外内命妇非王祭祀宾客佐后之礼，自于其家则亦降焉。《少牢馈食礼》曰“主妇髲髢衣移袂”，《特牲馈食礼》曰“主妇纚笄宵衣”是也。《昏礼》女次纯衣，摄盛服耳。主人爵弁以迎，移袂，褖衣之袂。凡诸侯夫人于其国，衣服与王后同。**丧纪，共笄绖，亦如之。**

屦人，掌王及后之服屦。为赤舄、黑舄，赤繶[1]**、黄繶，青句，素屦，葛屦。**屦自明矣，必连言服者，著服各有屦也。复下曰舄，禅[2]下曰屦。古人言屦以通于复，今世言屦以通于禅，俗易语反与？舄屦有絇、有繶、有纯者，饰也。郑司农云："赤繶黄繶，以赤黄之丝为下缘。《士丧礼》曰：'夏葛屦，冬皮屦，皆繶缁纯。'礼家说繶，亦谓以采丝砾其下。"玄谓凡屦舄，各象其裳之色。《士冠礼》曰"玄端黑屦，青絇繶纯""素积白屦，缁絇繶纯""爵弁纁屦，黑絇繶纯"是也。王吉服有九，舄有三等。赤舄为上冕服之舄。《诗》云"王赐韩侯，玄衮赤舄"，则诸侯与王同。下有白舄、黑舄。王后吉服六，唯祭服有舄。玄舄为上，袆衣之舄也。下有青舄、赤舄。鞠衣以下皆屦耳。句，当为絇，声之误也。絇繶，纯者同色。今云赤繶、黄繶、青絇，杂互言之，明舄屦众多，反覆以见之。凡舄之饰，如缋之次。赤繶者，王黑舄之饰；黄繶者，王后玄舄之饰；青絇者，王白舄之饰。言繶必有絇纯，言絇亦有繶纯，三者相将。王及后之赤舄皆黑饰，后之青舄白饰。凡屦之饰，如绣次也。黄屦白饰，白屦黑饰，黑屦青饰。絇，谓之拘，着[3]舄屦之头，以为行戒。繶，缝中紃。纯，缘也。天子诸侯吉事皆舄，其余唯服冕衣翟著舄耳。士爵弁纁屦，黑絇繶纯，尊祭服之屦饰，从缋也。素屦者，非纯吉，有凶去饰者。言葛屦，明有用皮时。**辨外内命夫、命**

---

[1] "赤繶"，于鬯云据郑注本作"赤纯"。
[2] "禅"，底本作"禅"，据阮本改，下同。
[3] "着"，岳本、八行本作"著"。

妇之命屦、功屦、散屦。命夫之命屦，纁屦。命妇之命屦，黄屦以下。功屦，次命屦，于孤卿大夫则白屦、黑屦；九嫔、内子亦然；世妇、命妇以黑屦为功屦。女御、士妻命屦而已。士及士妻谓再命受服者。散屦，亦谓去饰。**凡四时之祭祀，以宜服之。**祭祀而有素屦散屦者，唯大祥时。

夏采，掌大丧以冕服复于大祖，以乘车建绥复于四郊。求之王平生常所有事之处。乘车，玉路。于大庙以冕服，不出宫也。四郊以绥，出国门，此行道也。郑司农云："复，谓始死招魂复魄。《士丧礼》曰：'士死于適室，复者一人以爵弁服，升自东荣，中屋北面，招以衣，曰皋某复，三，降衣于前，受用箧，升自阼阶，以衣尸。'《丧大记》曰：'复，男子称名，妇人称字，唯哭先复。'言死而哭，哭而复，冀其复反，故《檀弓》曰：'复，尽爱之道也。望反诸幽，求诸鬼神之道也。北面，求诸幽之义也。'《檀弓》又曰：'君复于小寝、大寝，小祖、大祖，库门、四郊。'《丧大记》又曰：'复者朝服，君以卷，夫人以屈狄，大夫以玄赪，世妇以襢衣，士以爵弁，士妻以税衣。'《杂记》曰：'诸侯行而死于馆，则其复如于其国；如于道，则升其乘车之左毂，以其绥复。大夫死于馆，则其复如于家；死于道，则升其乘车之左毂，以其绥复。'《丧大记》又曰：'为宾则公馆复，私馆不复。'夏采天子之官，故以冕服复于大祖，以乘车建绥复于四郊，天子之礼也。大祖，始祖庙也。"故书绥为襚。杜子春云："当为绥，襚非是也。"玄谓《明堂位》曰"凡四代之服器，鲁兼用之"。

"有虞氏之旂，夏后氏之绥"，则旌旂有是[1]绥者，当作緌，字之误也。緌以旄[2]牛尾为之，缀于橦上，所谓注[3]旄于[4]干首者。王祀四郊，乘玉路，建大常，今以之复，去其旒，异之于生，亦因先王有徒緌者。《士冠礼》及《玉藻》冠緌之字，故书亦多作绥[5]者，今礼家定作蕤。

---

❶ "是"，阮校引《汉读考》作"徒"，云"徒緌，去旒也"，下注云"亦因先王有徒緌者"。

❷ "旄"，阮校云宋本作"毛"。

❸ "注"，底本漫漶，据阮本补。

❹ "于"，底本漫漶，据阮本补。

❺ "绥"，闽本、毛本、阮本作"緌"，阮校引《汉读考》云"緌"误。孙诒让云贾疏已误作"緌"。

卷第三

地官司徒第二

惟王建国，辨方正位，体国经野，设官分职，以为民极。乃立地官司徒，使帅其属而掌邦教，以佐王安扰邦国。教所以亲百姓，训五品。有虞氏五，而周十有二焉。扰，亦安也，言饶衍之。教官之属：大司徒，卿一人。小司徒，中大夫二人。乡师，下大夫四人；上士八人，中士十有六人，旅下士三十有二人；府六人，史十有二人，胥十有二人，徒百有二十人。师，长也。司徒掌六乡，乡师分而治之，二人者共三乡之事，相左右也。

乡老，二乡则公一人。乡大夫，每乡卿一人。州长，每州中大夫一人。党正，每党下大夫一人。族师，每族上士一人。闾胥，每闾中士一人。比长，五家下士一人。老，尊称也。王置六乡，则公有三人也。三公者，内与王论道，中参六官之事，外与六乡之教，其要为民，是以属之乡焉。州、党、族、闾、比，乡之属别。正、师、胥，皆长也。正之言政也。师之言帅也。胥，有才知之称。《载师职》曰："以官田、牛田、赏田、牧田任远郊之地。"《司勋职》曰："掌六乡之赏地。"六乡地在远郊之内，则居四同。郑司农云："百里内为六乡，外为六遂。"

封人，中士四人，下士八人；府二人，史四人，胥六人，徒六十人。聚土曰封，谓壝埒及小封疆也。

鼓人，中士六人；府二人，史二人，徒二十人。

舞师，下士二人；胥四人，舞徒四十人。舞徒，给繇役能舞者以为之。

牧人，下士六人；府一人，史二人，徒六十人。牧人，养牲于野田者。《诗》云："尔牧来思，何蓑何笠，或负其糇，三十维物，尔牲则具。"

牛人，中士二人，下士四人；府二人，史四人，胥二十人，徒二百人。主牧公家之牛者。《诗》云："谁谓尔无牛，九十其犉。"犉者九十，其余多矣。

充人，下士二人；史二人，胥四人，徒四十人。充，犹肥也，养系牲而肥之。

载师，上士二人，中士四人；府二人，史四人，胥六人，徒六十人。载之言事也，事民而税之。《禹贡》曰："冀州既载。"载师者，闾师、县师、遗人、均人官之长。

闾师，中士二人；史二人，徒二十人。主征六乡赋贡之税者。乡官有州、党、族、闾、比，正言闾者，征民之税宜督其亲民者。凡其赋贡入大府，谷入仓人。

县师，上士二人，中士四人；府二人，史四人，胥八人，徒八十人。主天下土地人民已下之数，征野赋贡也。名曰县师者，自六乡以至邦国，县居中焉。郑司农云："四百里曰县。"

遗人，中士二人，下士四人；府二人，史四人，胥四人，徒四十人。郑司农云："遗，读如《诗》曰'弃予如遗'之遗。"玄谓以物有所馈遗。

均人，中士二人，下士四人；府二人，史四人，胥四人，徒四十人。均，犹平也。主平土地之力政者。

师氏，中大夫一人；上士二人；府二人，史二人，胥十有二人，徒百有二十人。师，教人以道者之称也。保氏、司谏、司救官之长。郑司农云："《诗》云：'㮚维师氏。'"

保氏，下大夫一人；中士二人；府二人，史二人，胥六人，徒六十人。保，安也，以道安人者也。《书叙》曰："周公为师，召公为保，相成王，为左右。"圣贤兼此官也。

司谏，中士二人；史二人，徒二十人。谏，犹正也，以道正人行。

司救，中士二人；史二人，徒二十人。救，犹禁也，以礼防[1]禁人之过者也。

调人，下士二人；史二人，徒十人。调，犹和合也。

媒氏，下士二人；史二人，徒十人。媒之言谋也，谋合异类，使成者[2]。今齐人名曲麸曰媒。

司市，下大夫二人；上士四人，中士八人，下士十有六人；府四人，史八人，胥十有二人，徒百有二十人。司市，市官之长。

质人，中士二人，下士四人；府二人，史四人，胥二人，徒二十人。质，平也。主平定物贾者。

廛人，中士二人，下士四人；府二人，史四人，胥二

---

[1] "防"，底本漫漶，据阮本补。
[2] "使成者"，岳本作"使和成者"。

人，徒二十人。故书廛为坛。杜子春读坛为廛，说云“市中空地”。玄谓廛，民居区域之称。胥师，二❶十肆则一人，皆二史。贾师，二十肆则一人，皆二史。司虣，十肆则一人。司稽，五肆则一人。胥，二肆则一人。肆长，每肆则一人。自胥师以及司稽，皆市司所自辟除也。胥及肆长，市中给繇役者。胥师领群胥，贾师定物贾，司暴禁暴乱，司稽察留连不时去者。

泉府，上士四人，中士八人，下士十有六人❷；府四人，史八人，贾八人，徒八十人。郑司农云：“故书泉或作钱。”

司门，下大夫二人；上士四人，中士八人，下士十有六人；府二人，史四人，胥四人，徒四十人。每门下士二人；府一人，史二人，徒四人。司门，若今城门校尉，主王城十二门。

司关，上士二人，中士四人；府二人，史四人，胥八人，徒八十人。每关下士二人；府一人，史二人，徒四人。关，界上之门。

掌节，上士二人，中士四人；府二人，史四人，胥二人，徒二十人。节，犹信也。行者所执之信。

遂人，中大夫二人。

遂师，下大夫四人；上士八人，中士十有六人，旅下

---

❶ “二”，俞樾云“二”为“五”之误。于鬯云市肆之制盖以二十为一界，原文不误。

❷ “下士十有六人”，王引之云此句唐石经始误衍。

士三十有二人；府四[1]**人，史十有二人，胥十有二人，徒百有二十人。**遂人，主六遂，若司徒之六乡也。六遂之地，自远郊以达于畿，中有公邑、家邑、小都、大都焉。郑司农云："遂，谓王国百里外。"

遂大夫，每遂中大夫一人。

县正，每县下大夫一人。

鄙师，每鄙上士一人。

酂长，每酂中士一人。

里宰，每里下士一人。

邻长，五家则一人。县、鄙、酂、里、邻，遂之属别也。

旅师，中士四人，下士八人；府二人，史四人，胥八人，徒八十人。主敛县师所征野之赋谷者也。旅，犹处也。六遂之官，里宰之师也。正用里宰者，亦敛民之税，宜督其亲民。

稍人，下士四人；史二人，徒十有二人。主为县师令都鄙丘甸之政也。距王城三百里曰稍。家邑、小都、大都在自稍以出焉。

委人，中士二人，下士四人；府二人，史四人，徒四十人。主敛甸稍刍薪之赋，以共委积者也。

土均，上士二人，中士四人，下士八人；府二人，史四人，胥四人，徒四十人。均，犹平也。主平土地之政令者也。

---

[1] "四"，于鬯云据贾疏当作"六"。

草人，下士四人；史二人，徒十有二人。草，除草。

稻人，上士二人，中士四人，下士八人；府二人，史四人，胥十人，徒百人。

土训，中士二人，下士四人；史二人，徒八人。郑司农云："训，读为驯，谓以远方土地所生异物告道王也。《尔雅》云：训，道也。"玄谓能训说土地善恶之势。

诵训，中士二人，下士四人；史二人，徒八人。能训说四方所诵习及人所作为久时事。

山虞，每大山中士四人，下士八人；府二人，史四人，胥八人，徒八十人。中山下士六人；史二人，胥六人，徒六十人。小山下士二人；史一人，徒二十人。虞，度也，度知山之大小及所生者。

林衡，每大林麓下士十有二人；史四人，胥十有二人，徒百有二十人。中林麓如中山之虞。小林麓如小山之虞。衡，平也。平林麓之大小及所生者。竹木生平地曰林，山足曰麓。

川衡，每大川下士十有二人；史四人，胥十有二人，徒百有二十人。中川下士六人；史二人，胥六人，徒六十人。小川下士二人；史一人，徒二十人。川，流水也。《禹贡》曰："九川涤[1]源。"

泽虞，每大泽大薮中士四人，下士八人；府二人，史四人，胥八人，徒八十人。中泽中薮如中川之衡。小泽小薮如小川之衡。泽，水所钟也。水希曰薮。《禹贡》曰：

---

[1] "涤"，底本作"條（条）"，据阮本改。

“九泽既陂。”《尔雅》有八薮。

迹人，中士四人，下士八人；史二人，徒四十人。迹之言跡，知禽兽处。

丱人，中士二人，下士四人；府二人，史二人，胥四人，徒四十人。丱之言矿也。金玉未成器曰矿。

角人，下士二人；府一人，徒八人。

羽人，下士二人；府一人，徒八人。

掌葛，下士二人；府一人，史一人，胥二人，徒二十人。

掌染草，下士二人；府一人，史二人，徒八人。染草，蓝、蒨、象斗之属。

掌炭，下士二人；史二人，徒二十人。

掌荼，下士二人；府一人，史一人，徒二十人。荼，茅莠。

掌蜃，下士二人；府一人，史一人，徒八人。蜃，大蛤。《月令》：“孟冬，雉入大水为蜃。”

囿人，中士四人，下士八人；府二人，胥八人，徒八十人。囿，今之苑。

场人，每场下士二人；府一人，史一人，徒二十人。场，筑地为墠。季秋，除圃中为之。《诗》云：“九月筑场圃，十月纳禾稼。”

廪人，下大夫二人；上士四人，中士八人，下士十有六人；府八人，史十有六人，胥三十人，徒三百人。藏米曰廪。廪人，舍人、仓人、司禄官之长。

舍人，上士二人，中士四人；府二人，史四人，胥四

人，徒四十人。舍，犹宫也，主平宫中用谷者也。

仓人，中士四人，下士八人；府二人，史四人，胥四人，徒四十人。

司禄，中士四人，下士八人；府二人，史四人，徒四十人。主班禄。

司稼，下士八人；史四人，徒四十人。种谷曰稼，如嫁女以[1]有所生。

舂人，奄二人，女舂抌二人，奚五人。女舂抌，女奴能舂与抌者。抌，抒臼也。《诗》云："或舂或抌。"

饎人，奄二人，女饎八人，奚四十人。郑司农云："饎人，主炊官也。"《特牲馈食礼》曰："主妇视饎爨。"故书饎作䲼。

槁[2]人，奄八人，女槁，每奄二人，奚五人。郑司农云："槁，读为'犒师'之犒。主冗食者，故谓之犒。"

大司徒之职，掌建邦之土地之图与其人民之数，以佐王安扰邦国。土地之图，若今司空郡国舆地图。以天下土地之图，周知九州之地域广轮之数，辨其山林、川泽、丘陵、坟衍、原[3]隰之名物。周，犹遍也。九州，扬、荆、豫、青、兖、雍、冀、幽、并也。轮，从也。积石曰山，竹木曰林，注渎曰川，水钟曰泽，土高曰丘，大阜曰陵，水崖曰

---

❶ "以"，阮校引浦镗云从《洪范》疏"之"讹"以"。孙诒让云"以"不误，《书》疏不足据。

❷ "槁"，底本作"稿"，据阮本改，下同。

❸ "原"，阮校云《释文》本亦作"邍"，《周礼》"原隰"字多作"邍"，此当本作古字，因注作"原"而改。

坟，下平曰衍，高平曰原，下湿曰隰。名物者，十等之名与所生之物。**而辨其邦国都鄙之数，制其畿疆而沟封之，设其社稷之壝而树之田主。各以其野之所宜木，**[1]**遂以名其社与其野。**千里曰畿。疆，犹界也。《春秋传》曰：“吾子疆理天下。”沟，穿地为阻固也。封，起土界也。社稷，后土及田正之神。壝，坛与埒埒也。田主，田神，后土、田正之所依也。诗人谓之田祖。所宜木，谓若松柏栗也。若以松为社者，则名松社之野，以别方面。**以土会之法辨五地之物生。一曰山林，其动物宜毛物，其植物宜皂物，其民毛而方。二曰川泽，其动物宜鳞物，其植物宜膏物，其民黑而津。三曰丘陵，其动物宜羽物，其植物宜核物，其民专而长。四曰坟衍，其动物宜介物，其植物宜荚物，其民晳而瘠。五曰原隰，其动物宜裸物，其植物宜丛物，其民丰肉而庳。**会，计也。以土计贡税之法，因别此五者也。毛物，貂狐貒貉之属，缛毛者也。鳞物，鱼龙之属。津，润也。羽物，翟雉之属。核物，李梅之属。专，圜也。介物，龟鳖之属，水居陆生者。荚物，荠荚王棘之属。晳，白也。瘠，臞也。裸物，虎豹貔貙之属，浅毛者。丛物，萑苇之属。丰，犹厚也。庳，犹短也。杜子春读生为性。郑司农云：“植物，根生之属。皂物，柞栗之属，今世间谓柞实为皂斗。膏物，谓杨柳[2]之属，理致且白如膏。”玄谓膏，当为櫜，字之误也。莲芡之实有櫜

[1] “设其社稷之壝而树之田主各以其野之所宜木”，于鬯云“田主”当属下读。

[2] “杨柳”，底本漫漶，据阮本补。

韬。**因此五物者民之常，而施十有二教焉。一曰以祀礼教敬，则民不苟；二曰以阳礼教让，则民不争；三曰以阴礼教亲，则民不怨；四曰以乐礼**[1]**教和，则民不乖；五曰以仪辨等，则民不越；六曰以俗教安，则民不愉；七曰以刑教中，则民不虣；八曰以誓教恤，则民不怠；九曰以度教节，则民知足；十曰以世事教能，则民不失职；十有一曰以贤制爵，则民慎德；十有二曰以庸制禄，则民兴功。**阳礼，谓乡射饮酒之礼也。阴礼，谓男女之礼。昏姻以时，则男不旷，女不怨。仪，谓君南面臣北面，父坐子伏之属。俗，谓土地所生习也。愉，谓朝不谋夕。恤，谓灾危相忧。民有凶患，忧之，则民不解怠。度，谓宫室车服之制。世事，谓士农工商之事。少而习焉，其心安焉，因教以能，不易其业。慎德，谓矜其善德，劝为善也。庸，功也。爵以显贤，禄以赏功。故书仪或为义。杜子春读为仪，谓九仪。**以土宜之法辨十有二土之名物，以相民宅，而知其利害，以阜人民，以蕃鸟兽，以毓草木，以任土事。**十二土分野十二邦，上系十二次，各有所宜也。相，占视也。阜，犹盛也。蕃，蕃息也。育，生也。任，谓就地所生，因民所能。**辨十有二壤之物，而知其种，以教稼穑树蓺。**壤，亦土也，变言耳。以万物自生焉则言土，土，犹吐也，以人所耕而树蓺焉则言壤，壤，和缓之貌。《诗》云："树之榛栗。"又曰："我蓺黍稷。"蓺，犹莳也。**以土均之法辨五物九等，制天下之地征，以作民职，以令地贡，以敛财赋，以均齐天下之**

---

❶ "礼"，王引之引王念孙云此衍。

政。均，平也。五物，五地之物也。九等，骍刚赤缇之属。征，税也。民职，民九职也。地贡，贡地所生，谓九谷。财，谓泉谷。赋，谓九赋及军赋。**以土圭之法测土深，正日景，以求地中。日南则景短，多暑；日北则景长，多寒；日东则景夕，多风；日西则景朝，多阴**。土圭，所以致四时日月之景也。测，犹度也，不知广深故曰测。故书求为救[1]。杜子春云："当为求。"郑司农云："测土深，谓南北东西之深也。日南，谓立表处大南，近日也。日北，谓立表处大北，远日也。景夕，谓日跌景乃中，立表处大东[2]，近日也。景朝，谓日未中而景中，立表处大西，远日也。"玄谓昼漏半而置土圭，表阴阳，审其南北。景短于土圭谓之日南，是地于日为近南也。景长于土圭谓之日北，是地于日为近北也。东于土圭谓之日东，是地于日为近东也。西于土圭谓之日西，是地于日为近西也。如是则寒暑阴风偏而不和，是未得其所求。凡日景于地，千里而差一寸。**日至之景尺有五寸，谓之地中，天地之所合也，四时之所交也，风雨之所会也，阴阳之所和也，然则百物阜安，乃建王国焉，制其畿方千里而封树之**。景尺有五寸者，南戴日下万五千里，地与星辰四游升降于三万里之中，是以半之，得地之中也。畿方千里，取象于日一

---

❶ "救"，阮校引《九经古义》云当作"求"，古文"求"字。《说文》引《虞书》云"旁救僝功"，蔡邕《石经·般庚》云"器非救旧"，皆以"救"为"求"。

❷ "立表处大东"，闽本、毛本、阮本"表"下有"之"，阮校云嘉靖本无"处"，"处"字误衍。

寸为正。树，树木沟[1]上，所以表助阻固也。郑司农云："土圭之长尺有五寸，以夏至之日，立八尺之表，其景适与土圭等，谓之地中。今颍川阳城地为然。"**凡建邦国，以土圭土其地而制其域。诸公之地，封疆方五百里，其食者半；诸侯之地，封疆方四百里，其食者参之一；诸伯之地，封疆方三百里，其食者参之一；诸子之地，封疆方二百里，其食者四之一；诸男之地，封疆方百里，其食者四之一。**土其地，犹言度其地。郑司农云："土其地，但为正四方耳。其食者半，公所食租税得其半耳，其半皆附庸小国也，属天子。参之一者亦然。故《鲁颂》曰：'锡之山川，土田[2]附庸，奄有龟蒙，遂荒大东，至于海邦。'《论语》曰：'季氏将伐颛臾，孔子曰："先王以为东蒙主，且在邦域之中，是社稷之臣。"'此非七十里所能容。然则方五百里、四百里，合于《鲁颂》《论语》之言。诸男食者四之一[3]，适方五十里，独此与今《五经》家说合耳。"玄谓其食者半、参之一、四之一者，土均均邦国地贡轻重之等。其率之也，公之地以一易，侯伯之地以再易，子男之地以三易，必足其国礼俗、丧纪、祭祀之用，乃贡其余，若今度支经用，余为司农谷矣。大国贡重，正之也。小国贡轻，字之也。凡诸侯为牧正帅长及有德者，乃有附庸，为其有禄者当取焉。公无附庸，侯附庸九同，伯附庸

---

[1] "沟"，底本作"蒋"，据阮本改。

[2] "田"，闽本、毛本、殿本、阮本作"地"，今《鲁颂》作"田"。

[3] "诸男食者四之一"，岳本作"诸子诸男食者四之一"。阮校云惠校本"诸男"上增"诸子"二字，云"余本无"，按称，贾疏本亦无"诸子"二字，直举男地而言，惠以意增，非。

七同，子附庸五同，男附庸三同。进则取焉，退则归焉。鲁于周法不得有附庸，故言锡之也。地方七百里者包附庸，以大言之也。附庸二十四，言得兼此四等矣。**凡造都鄙，制其地域而封沟之。以其室数制之。不易之地家百亩，一易之地家二百亩，再易之地家三百亩。**都鄙，王子弟、公、卿、大夫采地。其界曰都。鄙，所居也。《王制》曰："天子之县内，方百里之国九，七十里之国二十有一，五十里之国六十有三。"此盖夏时采地之数，周未闻矣。《春秋传》曰："迁郑焉而鄙留。"城郭之宅曰室。《诗》云："嗟我妇子，曰为改岁，入此室处。"以其室数制之，谓制丘甸之属。《王制》曰："凡居民，量地以制邑，度地以居民，地邑民居，必参相得。"郑司农云："不易之地，岁种之，地美，故家百亩。一易之地，休一岁乃复种，地薄，故家二百亩。再易之地，休二岁乃复种，故家三百亩。"**乃分地职、奠地守、制地贡，而颁职事焉，以为地法而待政令。**分地职，分其九职所宜也。定地守，谓衡麓虞候之属。制地贡，谓九职所税也。颁职事者，分命使各为其所职之事。**以荒政十有二聚万民：一曰散利，二曰薄征，三曰缓刑，四曰弛力，五曰舍禁，六曰去几，七曰眚礼，八曰杀哀，九曰蕃乐，十曰多昏，十有一曰索鬼神，十有二曰除盗贼。**荒，凶年也。郑司农云："救饥之政，十有二品。散利，贷种食也。薄征，轻租税也。弛力，息繇役也。去几，关市不几也。眚礼，《掌客职》所谓凶荒杀礼者也。多昏，不备礼而娶昏者多也。索鬼神，求废祀而修之，《云汉》之诗所谓'靡神不举，靡爱斯牲'者也。除盗贼，急其刑以除之，饥馑则盗贼多，不可不除也。"杜子春读蕃乐为藩乐，谓闭藏乐器而不作。玄谓去几，去其税耳。舍禁，若公无禁利。眚礼，谓杀吉礼也。杀哀，谓省凶礼。**以保息六养万民：一曰慈幼，二曰养老，三曰振穷，四曰恤贫，五曰宽疾，六曰安富。**保息，谓安之使蕃息也。慈幼，谓爱幼少也。产子三人与之母，二人与之饩，十四以下不从征。养老，七十养于乡，五十异粻之属。振穷，抍救天民之穷者也。穷者有四：曰矜，曰寡，曰孤，曰独。恤贫，贫无财业禀贷之。宽疾，若今癃不可事，不筭卒，可事者半之也。安富，平其繇役，不专取。**以本俗六安万民：一曰媺宫室，二曰族坟墓，三曰联兄弟，四曰联师儒，五曰联朋友，六曰同衣服。**本，犹旧也。美，善也。谓约椓攻坚，风雨攸除，各有攸宇。族，犹类也。同宗者，生相近，死相迫。连，犹合也。兄弟，昏姻嫁娶也。师儒，乡里教以道艺者。同师曰朋，同志曰友。同，犹齐也。民虽有富者，衣服不得独异。**正月之吉，始和布教于邦国都鄙，乃县教象之法于象魏，使万民观教象，挟日而敛之，乃施教法于邦国都鄙，使之各以教其所治民。**正月之吉，周正月朔日也。司徒以布王教，至正岁又书教法而县焉。**令五家为比，使之相保；五比为闾，使之相受；四闾为族，使之相葬；五族为党，使之相救；五党为州，使之相赒；五州为乡，使之相宾。**此所以劝民者也。使之者，皆谓立其长而教令使之。保，犹任也。救，救凶灾也。宾，宾客其贤者。故书受为授。杜子春云："当为受，谓民移徙所到则受之，所去则出之。"又云："赒，当为纠，谓纠其恶。"玄谓受者，宅舍有故，相受寄托也。赒者，谓礼物不备相给足也。闾二十五家，族百家，党五百家，州二千五百家，乡万二千五百家。**颁职事十有二于邦国都鄙，使以登万民。一曰稼穑，二曰树蓺[1]，三曰作材，四曰阜蕃，五曰饬材，六曰通财，七曰化材，八曰敛材，九曰生材，十曰学艺，十有一曰世事，十有二曰服事。**郑司农云：“稼穑，谓三农生九谷也。树蓺，谓园圃育草木。作材，谓虞衡作山泽之材。阜蕃，谓薮牧养蕃鸟兽。饬材，谓百工饬化八材。通财，谓商贾阜通货贿。化材，谓嫔妇化治丝枲。敛材，谓臣妾聚敛疏材。生材，谓闲民无常职，转移执事。学艺，谓学道艺。世事，谓以世事教能，则民不失职。服事，谓为公家服事者。”玄谓生材，养竹木者。**以乡三物教万民而宾兴之。一曰六德，知、仁、圣、义、忠、和；二曰六行，孝、友、睦、姻、任、恤；三曰六艺，礼、乐、射、御、书、数。**物，犹事也。兴，犹举也。民三事教成，乡大夫举其贤者能者，以饮酒之礼宾客之，既则献其书于王矣。知，明于事。仁，爱人以及物。圣，通而先识。义，能断时宜。忠，言以中心。和，不刚不柔。善于父母为孝，善于兄弟为友。睦，亲于九族。姻，亲于外亲。任，信于友道。恤，振忧贫者。礼，五礼之义。乐，六乐之歌舞。射，五射之法。御，五御之节。书，六书之品。数，九数之计。**以乡八刑纠万民：一曰不孝之刑，二曰不睦之刑，三曰不姻之刑，四曰不弟之刑，五曰不任之刑，六曰不恤之刑，七曰造言之刑，八曰乱民之刑。**纠，犹割察也。不弟，不敬

---

[1] “蓺”，阮校云唐石经、监本、毛本作“艺”。唐人之例，“树蓺”如此作，“道艺”“六艺”如此作。

师长。造言，讹言惑众。乱民，乱名改作，执左道以乱政也。郑司农云：“任，谓朋友相任，恤，谓相忧。”**以五礼防万民之伪，而教之中；**礼所以节止民之侈伪，使其行得中。郑司农云：“五礼，谓吉、凶、宾、军、嘉。”**以六乐防万民之情，而教之和。**乐所以荡正民之情思，使其心应和也。郑司农云：“六乐，谓《云门》《咸池》《大韶》《大夏》《大濩》《大武》。”**凡万民之不服教而有狱讼者，与有地治者听而断之，其附于刑者，归于士。**不服教，不厌服于十二教，贪冒者也。争罪曰狱，争财曰讼。有地治者，谓乡州及治都鄙者也。附，丽也。士，司寇士师之属。郑司农云：“与有地治者听而断之，与其地部界所属吏共听断之。士，谓主断刑之官。《春秋传》曰：‘士荣为大士。’或谓归于圜土，圜土，谓狱也，狱城圜。”**祀五帝，奉牛牲，羞其肆，**牛能任载，地类也。奉，犹进也。郑司农云：“羞，进也。肆，陈骨体也。”玄谓进所肆解骨体，《士丧礼》曰：“肆解去蹄。”**享先王亦如之。大宾客，令野修道委积。**令，令遗人使为之也。少曰委，多曰积，皆所以给宾客。**大丧，帅六乡之众庶，属其六引，而治其政令。**众庶，所致役也。郑司农云：“六引，谓引丧车索也。六乡主六引，六遂主六绋。”**大军旅，大田役，以旗致万民，而治其徒庶之政令。**旗，画熊虎者也。征众，刻日树旗，期于其下。**若国有大故，则致万民于王门，令无节者不行于天下。**大故，谓王崩及寇兵也。节，六节。有节乃得行，防奸私。**大荒、大札，则令邦国移民、通财、舍禁、弛力、薄征、缓刑。**大荒，大凶年也。大札，大疫病也。移民，辟灾就贱。其有守不可移者，则输之谷。《春秋》定五年，夏，归粟于蔡是也。**岁终，则令教官正治而致事。**岁终，自[1]周季冬也。教官，其属六十。正治，明处其文书。致事，上其计簿。**正岁，令于教官曰："各共尔职，修乃事，以听王命。其有不正，则国有常刑。"**正岁，夏正月朔日。

小司徒之职，掌建邦之教法，以稽国中及四郊都鄙之夫家九比[2]之数，以辨其贵贱、老幼、废疾，凡征役之施舍，与其祭祀、饮食、丧纪之禁令。稽，犹考也。夫家，犹言男女也。郑司农云："九比，谓九夫为井。"玄谓九比者，《冢宰职》出九赋者之人数也。贵，谓为卿大夫。贱，谓占会贩卖者。废疾，谓癃病也。施，当为弛。**乃颁比法于六乡之大夫，使各登其乡之众寡、六畜、车辇，辨其物，以岁时入其数，以施政教，行征令。**登，成也，成，犹定也。众寡，民之多少。物，家中之财。岁时入其数，若今四时言事。**及三年，则大比，大比则受邦国之比要。**大比，谓使天下更简阅民数及其财物也。受邦国之比要，则亦受乡遂矣。郑司农云："五家为比，故以比为名，今时八月案比是也。要，谓其簿。"**乃会万民之卒伍而用之。五人为伍，五伍为两，四两为卒，五卒为旅，五旅为师，五师为军。以起军旅，以作田役，以比追胥，以令贡赋。**用，谓使民事之。伍、两、卒、旅、师、军，皆众之名。两二十五人，卒

---

[1] "自"，阮校引浦镗云"是"误，卢文弨疑"目"误，阮按当为"者"之误。孙诒让云《天官·宰夫职》注可证"自"不误。

[2] "九比"，王引之云疑为"人民"之误。

百人，旅五百人，师二千五百人，军万二千五百人。此皆先王所因农事而定军令者也。欲其恩足相恤，义足相救，服容相别，音声相识。作，为也。役，功力之事。追，逐寇也。《春秋》庄十八年夏，公追戎于济西。胥，伺捕盗贼也。贡，嫔妇百工之物。赋，九赋也。乡之田制与遂同。**乃均土地以稽其人民而周知其数。上地家七人，可任也者家三人；中地家六人，可任也者二家五人；下地家五人，可任也者家二人。**均，平也。周，犹遍也。一家男女七人以上，则授之以上地，所养者众也。男女五人以下，则授之以下地，所养者寡也。正以七人、六人、五人为率者，有夫有妇然后为家，自二人以至于十，为九等，七、六、五者为其中。可任，谓丁强任力役之事者。出老者一人，其余男女强弱相半，其大数。**凡起徒役，毋过家一人，以其余为羡，唯田与追胥竭作。**郑司农云："羡，饶也。田，谓猎也。追，追寇贼也。竭作，尽行。"**凡用众庶，则掌其政教与其戒禁，听其辞讼，施其赏罚，诛其犯命者。**命，所以誓告之。**凡国之大事，致民；大故，致余子。**大事，谓戎事也。大故，谓灾寇也。郑司农云："国有大事，当征召会聚百姓，则小司徒召聚之。余子，谓羡也。"玄谓余子，卿大夫之子当守于王宫者也。**乃经土地而井牧其田野，九夫为井，四井为邑，四邑为丘，四丘为甸，四甸为县，四县为都，以任地事而令贡赋，凡税敛之事。**此谓造都鄙也。采地制井田，异于乡遂，重立国。小司徒为经之，立其五沟五涂之界，其制似井之字，因取名焉。《孟子》曰："夫仁政必自经界始。经界不正，井田不均，贡禄不平，是故暴君奸吏必慢其经界。经界既正，分田制禄可坐而定也。”郑司农云：“井牧者，《春秋传》所谓井衍沃、牧隰皋者也。”玄谓隰皋之地，九夫为牧，二牧而当一井。今造都鄙，授民田，有不易，有一易，有再易，通率二而当一，是之谓井牧。昔夏少康在虞思，有田一成，有众一旅。一旅之众而田一成，则井牧之法先古然矣。九夫为井者，方一里，九夫所治之田也。此制小司徒经之，匠人为之沟洫，相包乃成耳。邑丘之属相连比，以出田税。沟洫为除水害。四井为邑，方二里。四邑为丘，方四里。四丘为甸，甸之言乘也，读如“衷甸”之甸，甸方八里，旁加一里，则方十里，为一成。积百井，九百夫。其中六十四井，五百七十六夫，出田税；三十六井，三百二十四夫，治洫。四甸为县，方二十里。四县为都，方四十里。四都方八十里，旁加十里，乃得方百里，为一同也。积万井，九万夫。其四千九十六井，三万六千八百六十四夫，出田税；二千三百四井，二万七百三十六夫，治洫；三千六百井，三万二千四百夫，治浍。井田之法，备于一同。今止[1]于都者，采地食者皆四之一。其制三等：百里之国凡四都，一都之田税入于王；五十里之国凡四县，一县之田税入于王；二十五里之国凡四甸，一甸之田税入于王。地事，谓农牧衡虞也，贡，谓九谷山泽之材也，赋，谓出车徒给繇役也。《司马法》曰：“六尺为步，步百为亩，亩百为夫，夫三为屋，屋三为井，井十为通。通为匹马，三十家，士一人，徒二人。通十为成，成百井，三百家，革车一乘，士十人，徒二十人。十成为终，终千井，三千家，

[1] “止”，底本漫漶，据阮本补。

革车十乘，士百人，徒二百人。十终为同，同方百里，万井，三万家，革车百乘，士千人，徒二千人。”**乃分地域而辨其守，施其职而平其政。**分地域，谓建邦国，造都鄙，制乡遂也。辨其守，谓衡虞之属。职，谓九职也。政，税也。政，当作征。故书域为邦。杜子春云：“当为域。”**凡小祭祀，奉牛牲，羞其肆。**小祭祀，王玄冕所祭。**小宾客，令野修道委积。**小宾客，诸侯之使臣。**大军旅，帅其众庶；**帅，师[1]而致于大司徒。**小军旅，巡役，治其政令。**巡役，小力役之事则巡行之。**大丧，帅邦役，治其政教。**丧役，正棺、引窆、复土。**凡建邦国，立其社稷，正其畿疆之封。**畿，九畿。**凡民讼，以地比正之；**郑司农云：“以田畔所与比，正断其讼。”**地讼，以图正之。**地讼，争疆界者。图，谓邦国本图。**岁终，则考其属官之治成而诛赏，**治成，治事之计。**令群吏正要会而致事。正岁，则帅其属而观教法之象，徇以木铎，曰：“不用法者，国有常刑。”令群吏宪禁令，修法纠职以待邦治。**宪，表县之。**及大比六乡四郊之吏，平教治，正政事，考夫屋及其众寡、六畜、兵器，以待政令。**四郊之吏，吏在四郊之内主民事者。夫三为屋，屋三为井，出地贡者三三相任。

乡师之职，各掌其所治乡之教，而听其治。听，谓平察之。**以国比之法，以时稽其夫家众寡，辨其老幼、贵**

---

[1] “师”，岳本作“帅”。阮校引浦镗云“帅师”误“帅帅”。孙诒让读上“帅”绝句，谓“帅，帅而致于大司徒”，释经“帅”字也，经不云“帅师”，浦校大误。

贱、废疾、马牛之物，辨其可任者与其施舍者，掌其戒令纠禁，听其狱讼。施舍，谓应复免，不给繇役。**大役，则帅民徒而至，治其政令；既役，则受州里之役要，以考司空之辟，以逆其役事。**而至，至作部曲也。既，已也。役要，所遣民徒之数。辟，功作章程。逆，犹钩考也。郑司农云："辟，法也。"**凡邦事，令作秩叙。**事，功力之事。秩，常也。叙，犹次也。事有常次，则不逼匮。**大祭祀，羞牛牲，共茅蒩。**杜子春云："蒩，当为菹，以茅为菹，若葵菹也。"郑大夫读蒩为藉，谓祭前藉也。《易》曰："藉用白茅，无咎。"玄谓蒩，《士虞礼》所谓"苴刌茅，长五寸，束之"者是也。祝设于几东席上，命佐食取黍稷，祭于苴，三，取肤祭，祭如初。此所以承祭，既祭，盖束而去之。《守祧职》云"既祭藏其隋"是与？**大军旅、会同，正治其徒役与其輂辇，戮其犯命者。**輂，驾马。辇，人挽行。所以载任器也，止以为蕃营。《司马法》曰："夏后氏谓辇曰余车，殷曰胡奴车，周曰辎辇。辇，一斧，一斤，一凿，一梩，一锄。周辇加二版二筑。"又曰："夏后氏二十人而辇，殷十八人而辇，周十五人而辇。"故书辇作连。郑司农云："连，读为辇。"**大丧用役，则帅其民而至，遂治之。**治，谓监督其事。**及葬，执纛，以与匠师御匶而治役。**匠师，事官之属，其于司空，若乡师之于司徒也。乡师主役，匠师主众匠，共主葬引。《杂记》曰："升正柩，诸侯执綍五百人，四綍，皆衔枚，司马执铎，左八人，右八人，匠人执翿以御柩。"天子六引，礼依此云。郑司农云："翿，羽葆幢[1]也。《尔雅》曰：'纛，翳也。'以指麾挽柩之役，正其行列进退。"**及窆，执斧以莅匠师。**匠师主丰碑之事，执斧以莅之，使戒其事。故书莅作立。郑司农云："窆，谓葬下棺也。《春秋传》曰'日中而塴'，《礼记》所谓封者。立，读为莅，莅，谓临视也。"**凡四时之田，前期，出田法于州里，简其鼓铎、旗物、兵器，修其卒伍；**田法，人徒及所当有。**及期，以司徒之大旗致众庶，而陈之以旗物，辨乡邑而治其政令刑禁，巡其前后之屯而戮其犯命者，断其争禽之讼。**司徒致众庶者，以熊虎之旗，此又以之，明为司徒致之。大夫致众，当以鸟隼之旗。陈之以旗物，以表正其行列。辨，别异也。故书巡作述，屯或为臀。郑大夫读屯为课殿。杜子春读为在后曰殿，谓前后屯兵也。玄谓前后屯，车徒异部也。今书多为屯，从屯。**凡四时之征令有常者，以木铎徇于市朝。**征令有常者，谓田狩及正月命修封疆，二月命雷且发声。**以岁时巡国及野，而赒万民之艱厄，以王命施惠。**岁时者，随其事之时，不必四时也。艱厄，饥乏也。郑司农云："赒，读为'周急'之周。"**岁终，则考六[2]乡之治，以诏废置。正岁，稽其乡器，比共吉凶二服，闾共祭器，族共丧器，党共射器，州共宾器，乡共吉凶礼乐之器。**吉服者，祭服也。凶服者，吊服也。比长主集为之。祭器者，簠簋鼎俎之属，闾

[1] "幢"，阮校云当从叶钞《释文》作"橦"。

[2] "六"，王引之云"六"当为"亣"，"亣"，古"其"字。《乡大夫职》"岁终，则令六乡之吏"之"六"字同。

胥主集为之。丧器者，夷槃、素俎、揭[1]豆、輁轴之属，族师主集为之。此三者民所以相共也。射器者，弓矢楅中之属，党正主集为之，为州长或时射于此党也。宾器者，尊俎笙瑟之属，州长主集为之，为乡大夫或时宾贤能于此州也。吉器，若闾祭器者也；凶器，若族丧器者也；礼乐之器，若州党宾射之器者。乡大夫备集此四者，为州党族闾有故而不共也。此乡器者，旁使相共，则民无废事，上下相补，则礼行而教成。**若国大比，则考教、察辞、稽器、展事，以诏诛赏**。考教，视贤能以知道艺与不。察辞，视吏言事，知其情实不。展，犹整具。

乡大夫之职，各掌其乡之政教禁令。郑司农云："万二千五百家为乡。"**正月之吉，受教法于司徒，退而颁之于其乡吏，使各以教其所治，以考其德行，察其道艺**。其乡吏，州长以下。**以岁时登其夫家之众寡，辨其可任者。国中自七尺以及六十，野自六尺以及六十有五，皆征之。其舍者，国中贵者、贤者、能者、服公事者、老者、疾者皆舍。以岁时入其书**。登，成也，定也。国中，城郭中也。晚赋税而早免之，以其所居复多役少。野，早赋税而晚免之，以其复少役多。郑司农云："征之者，给公上事也。舍者，谓有复除舍不收役事也。贵者，谓若今宗室及关内侯皆复也。服公事者，谓若今吏有复[2]除也。老者，谓若今八十九十复羡卒也。疾者，谓若今癃不可事者复之。"玄谓

---

[1] "揭"，岳本、阮本作"楬"。

[2] "复"，八行本作"服"。

入其书者，言于大司徒。**三年则大比，考其德行道艺，而兴贤者能者，乡老及乡大夫帅其吏与其众寡**[1]**，以礼礼宾之。**贤者，有德行者。能者，有道艺者。众寡，谓乡人之善者无多少也。郑司农云："兴贤者，谓若今举孝廉。兴能者，谓若今举茂才。宾，敬也，宾[2]所举贤者能者。"玄谓变举言兴者，谓合众而尊宠之，以乡饮酒之礼，礼而宾之。**厥明，乡老及乡大夫、群吏献贤能之书于王，王再拜受之，登于天府，内史贰之。**厥，其也。其宾之明日也。献，犹进也。王拜受之，重得贤者。王上其书于天府。天府，掌[3]祖庙之宝藏者。内史，副写其书者，当诏王爵禄之时。**退而以乡射之礼五物询众庶：一曰和，二曰容，三曰主皮，四曰和容，五曰兴舞。**以，用也。行乡射之礼，而以五物询于众民。郑司农云："询，谋也。问于众庶，宁复有贤能者。和，谓闺门之内行也。容，谓容貌也。主皮，谓善射，射所以观士也。"故书舞为无。杜子春读和容为和颂，谓能为乐也；无，读为舞，谓能为六舞。玄谓和载六德，容包六行也。庶民无射礼，因田猎分禽则有主皮。主皮者，张皮射之，无侯也。主皮、和容、兴舞，则六艺之射与礼乐与？当射之时，民必观焉，因询之也。孔子射于矍相之圃，盖观者如堵墙。射至于司马，使子路执弓矢，出誓射者。又使公罔之裘、序点扬觯而语。询众庶之仪若是乎？**此谓使民兴贤，出使长之；**

---

❶ "寡"，俞樾云此字衍，"则各帅其乡之众寡而至于朝"之"寡"同。

❷ "宾"，殿本、阮本作"敬"，阮校云作"宾"非。

❸ "掌"，底本下半残缺，据阮本补。

使民兴能，入使治之。言是乃所谓使民自举贤者，因出之而使之长民，教以德行道艺于外也。使民自举能者，因入之而使之治民之贡赋田役之事于内也。言为政以顺民为本也。《书》曰："天聪明自我民聪明，天明威自我民明威。"《老子》曰："圣人无常心，以百姓心为心。"如是则古今未有遗民而可为治。**岁终，则令六乡之吏皆会政致事。**会，计也。致事，言其岁尽文书。**正岁，令群吏考法于司徒以退，各宪之于其所治。国大询于众庶，则各帅其乡之众寡而致于朝。**大询者，询国危，询国迁，询立君。郑司农云："大询于众庶，《洪范》所谓'谋及庶民'。"**国有大故，则令民各守其闾，以待政令。**使民皆聚于闾胥所治处。**以旌节辅令，则达之。**民虽以征令行，其将之者无节，则不得通。

州长，各掌其州之教治政令之法。郑司农云："二千五百家为州。《论语》曰：'虽州里行乎哉！'《春秋传》曰：'乡取一人焉以归，谓之夏州。'"**正月之吉，各属其州之民而读法，以考其德行道艺而劝之，以纠其过恶而戒之。**属，犹合也，聚也。因聚众而劝戒之者，欲其善。**若以岁时祭祀州社，则属其民而读法，亦如之。春秋以礼会民而射于州序。**序，州党之学也。会民而射，所以正其志也。《射义》曰："射之为言绎也。绎者，各绎己之志。"**凡州之大祭祀、大丧，皆莅其事。**大祭祀，谓州社稷也。大丧，乡老、乡大夫于是卒者也。莅，临也。**若国作民而师田行役之事，则帅而致之，掌其戒令与其赏罚。**致之，致之于司徒也。掌其戒令赏罚，则是于军因为师帅。**岁终，则**

会其州之政令；正岁，则读教法如初。虽以正月读之，至正岁犹复读之，因此四时之正重申之。三年大比，则大考州里以赞乡大夫废兴。废兴，所废退，所兴进也。郑司农云："赞，助也。"

党正，各掌其党之政令教治。郑司农云："五百家为党。《论语》曰：'孔子于乡党。'又曰：'阙党童子。'"及四时之孟月吉日，则属民而读邦法，以纠戒之。以四孟之月朔日读法者，弥亲民者于教亦弥数。春秋祭禜，亦如之。禜，谓雩禜水旱之神。盖亦为坛位，如祭社稷云。国索鬼神而祭祀，则以礼属民，而饮酒于序，以正齿位：壹命齿于乡里，再命齿于父族，三命而不齿。国索鬼神而祭祀，谓岁十二月大蜡之时，建亥之月也。正齿位者，《乡饮酒义》所谓"六十者坐，五十者立侍。六十者三豆，七十者四豆，八十者五豆，九十者六豆"是也。必正之者，为民三时务农，将阙于礼，至此农隙而教之尊长养老，见孝弟之道也。党正饮酒礼亡，以此事属于乡饮酒之义，微失少矣。凡射饮酒，此乡民虽为卿大夫[1]，必来观礼，《乡饮酒》《乡射记》"大夫乐作不入，士既旅不入"是也。齿于乡里者，以年与众宾相次也。齿于父族者，父族有为宾者，以年与之相次。异姓虽有老者，居于其上。不齿者，席于尊东，所谓遵。凡其党之祭祀、丧纪、昏冠、饮酒，教其礼事，掌其戒禁。其党之民。凡作民而师田、行役，则以其法治其政事。亦于军因

[1] "卿大夫"，阮校云毛本作"乡大夫"，贾疏引注作"此乡民虽为卿大夫"，作"乡大夫"者误也。

为旅师[1]。**岁终，则会其党政，帅其吏而致事。正岁，属民读法而书其德行道艺。**书，记之。**以岁时莅校比。**莅，临也。郑司农云："校比，《族师职》所谓'以时属民，而校登其族之夫家、众寡，辨其贵贱、老幼、废疾可任者，及其六畜、车辇'。如今小案比。"**及大比，亦如之。**

族师，各掌其族之戒令政事。政事，邦政之事。郑司农云："百家为族。"**月吉，则属民而读邦法，书其孝弟睦姻有学者。**月吉，每月朔日也。故书上句或无"事"字。杜子春云："当为正月吉。"书亦或为"戒令政事，月吉则属民而读邦法"。**春秋祭酺，亦如之。**酺者，为人物灾害之神也。故书酺或为步。杜子春云："当为酺。"玄谓《校人职》又有冬祭马步，则未知此世所云蝝螟之酺与？人鬼之步与？盖亦为坛位如雩禜云。族长无饮酒之礼，因祭酺，而与其民以长幼相献酬焉。**以邦比之法，帅四闾之吏，以时属民而校，登其族之夫家众寡，辨其贵贱、老幼、废疾、可任者，及其六畜车辇。**登，成也，定也。**五家为比，十家为联；五人为伍，十人为联；[2]四闾为族，八闾为联：使之相保相受，刑罚庆赏相及相共，以受邦职，以役国事，以相葬埋[3]。**相共，犹相救、相赒。**若作民而师田行役，则合其卒伍，简其兵器，以鼓铎旗物帅而至，掌其治令、戒禁、刑**

---

❶ "师"，阮本作"帅"。

❷ "五人为伍十人为联"，俞樾云当作"五比为闾，十比为联"。于鬯云原文不误，俞说非。

❸ "埋"，阮校云《释文》"埋，本或作'狸'"。经当用"狸"字，此浅人以俗字改之。

罚。亦于军因为卒长。**岁终，则会政致事。**

闾胥，各掌其闾之征令。郑司农云："二十五家为闾。"**以岁时各数其闾之众寡，辨其施舍。凡春秋之祭祀、役政、丧纪之数[1]，聚众庶；既比，则读法，书其敬敏任恤者。**祭祀，谓州社、党禜、族酺也。役，田役也。政若州射党饮酒也。丧纪，大丧之事也。四者及比皆会聚众民，因以读法以敕戒之。故书既为暨[2]。杜子春读政为征，暨为既。**凡事，掌其比觵挞罚之事。**觵挞者，失礼之罚也。觵用酒，其爵以兕角为之。挞，扑也。故书或言"觵挞之罚事"。杜子春云："当言觵挞罚之事。"

比长，各掌其比之治。五家相受相和亲，有罪奇邪，则相及。邪，犹恶也。**徙于国中及郊，则从而授之。**徙，谓不便其居也。或国中之民出徙郊，或郊民入徙国中，皆从而付所处之吏，明无罪恶。**若徙于他，则为之旌节而行之。**徙于他，谓出居异乡也。授之者有节乃达。**若无授无节，则唯圜土内之。**乡中无授，出乡无节，过所则呵[3]问，系之圜土，考辟之也。圜土者，狱城也。狱[4]必圜者，规主仁，以仁心求其情，古之治狱，闵于出之。

封人，掌设王之社壝，为畿，封而树之。壝，谓坛及

---

[1] "数"，王引之云当"事"误。

[2] "故书既为暨"，阮校引《汉读考》作"故书暨为既"，下作"杜子春读既为暨"。经"既比"作"暨比"，今本系以注改经，又以经改注，误甚。注以"及"训"暨"，则段玉裁是，"既"不训"及"。

[3] "呵"，阮校引叶钞《释文》作"荷"，云嘉靖本"呵"字剜改，盖本作"荷"。

[4] "狱"，底本漫漶，据阮本补。

埒埒也。畿上有封，若今时界矣。不言稷者，稷，社之细也。**凡封国，设其社稷之壝，封其四疆。**封国，建诸侯，立其国之封。**造都邑之封域者，亦如之。令**[1]**社稷之职。**将祭之时，令诸有职事于社稷者也。《郊特牲》曰："唯为社事单出里，唯为社田国人毕作，唯为社丘乘共粢盛，所以报本反始也。"**凡祭祀，饰其牛牲，设其楅衡，置其絼，共其水稿**[2]**，**饰，谓刷治洁清之也。郑司农云："楅衡，所以楅持牛也。絼，著牛鼻绳，所以牵牛者，今时谓之雉，与古者名同。皆谓夕牲时也。"杜子春云："楅衡所以持牛，令不得抵触人。"玄谓楅设于角，衡设于鼻，如椵状也。水稿，给杀时洗荐牲也。絼字当以豸为声。**歌舞牲及毛炮之豚。**谓君牵牲入时，随歌舞之，言其肥香以歆神也。毛炮豚者，爓去其毛而炮之，以备八珍。郑司农云："封人主歌舞其牲，云博硕肥腯。"**凡丧纪、宾客、军旅、大盟，则饰其牛牲。**大盟，会同之盟。

鼓人，掌教六鼓四金之音声，以节声乐，以和军旅，以正田役。音声，五声合和者。**教为鼓而辨其声用，**教为鼓，教击鼓者大小之数，又别其声所用之事。**以雷鼓鼓神祀，**雷鼓，八面鼓也。神祀，祀天神也。**以灵鼓鼓社祭，**灵鼓，六面鼓也。社祭，祭地祇也。**以路鼓鼓鬼享，**路鼓，四面鼓也。鬼享，享宗庙。**以鼖鼓鼓军事，**大鼓谓之鼖，鼖鼓

---

[1] "令"，于鬯云当读为"总领"之"领"。

[2] "稿"，阮本作"槁"，下同。

长八尺。**以鼖鼓鼓役事**[1]**，**鼖鼓长丈二尺。**以晋鼓鼓金奏，**晋鼓长六尺六寸。金奏，谓乐作击编钟。**以金錞和鼓，**錞，錞于也。圜如碓头，大上小下。乐作，鸣之与鼓相和。**以金镯节鼓。**镯，钲也，形如小钟，军行鸣之，以为鼓节。《司马职》曰："军行鸣镯。"**以金铙止鼓，**铙如铃，无舌有秉，执而鸣之，以止击鼓。《司马职》曰："鸣铙且却。"**以金铎通鼓。**铎，大铃也。振之以通鼓。《司马职》曰："司马振铎。"**凡祭祀百物之神，鼓兵舞帗舞者。**兵，谓干戚也。帗，列五采缯为之，有秉。皆舞者所执。**凡军旅，夜鼓鼜，**鼜，夜戒守鼓也。《司马法》曰："昏鼓四通为大鼜，夜半三通为晨戒，旦明五通为发昫。"**军动，则鼓其众，**动且行。**田役亦如之。救日月，则诏王鼓，**救日月食，王必亲击鼓者，声大异。《春秋传》曰："非日月之眚，不鼓。"**大丧，则诏大仆鼓。**始崩及窆时也。

舞师，掌教兵舞，帅而舞山川之祭祀；教帗舞，帅而舞社稷之祭祀；教羽舞，帅而舞四方之祭祀；教皇舞，帅而舞旱暵之事。羽，析白羽为之，形如帗也。四方之祭祀，谓四望也。旱暵之事，谓雩也。暵，热气也。郑司农云："皇舞，蒙羽舞。书或为䍿，或为义。"玄谓皇，析五采羽为之，亦如帗。**凡野舞，则皆教之。**野舞，谓野人欲学舞者。**凡小祭祀，则不兴舞。**小祭祀，王玄冕祭者[2]。兴，犹作也。

---

[1] "以鼖鼓鼓役事"，阮校云《说文》引作"皋鼓"。

[2] "王玄冕祭者"，八行本、岳本、阮本作"王玄冕所祭者"。

牧人，掌牧六牲而阜蕃其物，以共祭祀之牲牷。六牲，谓牛、马、羊、豕、犬、鸡。郑司农云："牷，纯也。"玄，谓牷，体完具。**凡阳祀，用骍牲毛之；阴祀，用黝牲毛之；望祀，各以其方之色牲毛之。**骍牲，赤色。毛之，取纯毛也。阴祀，祭地北郊及社稷也。望祀，五岳、❶四镇、四渎也。郑司农云："阳祀，春夏也。黝，读为幽。幽，黑也。❷"玄谓阳祀，祭天于南郊及宗庙。**凡时祀之牲，必用牷物。**时祀，四时所常祀，谓山川以下至四方百物。**凡外祭毁事，用尨可也。**外祭，谓表貉及王行所过山川用事者。故书毁为甈，尨作龙。杜子春云："甈，当为毁，龙，当为尨。尨谓杂色不纯，毁谓副辜侯禳❸毁除殃咎之属。"**凡祭祀，共其牺牲，以授充人系之。**牺牲，毛羽完具也。授充人者，当殊养之。周景王时，宾起见雄鸡自断其尾，曰："鸡惮其为牺。"**凡牲不系者，共奉之。**谓非时而祭祀者。

牛人，掌养国之公牛以待国之政令。公犹官也。**凡祭祀，共其享牛、求牛，以授职人而刍之。**郑司农云："享牛，前祭一日之牛也。求牛，祷于鬼神，祈❹求福之牛也。"玄谓享，献也。献神之牛，谓所以祭者也。求，终也。终事之

---

❶"望祀五岳"，阮校云贾疏本"望祀"下有"四望"二字。

❷"黝读为幽幽黑也"，阮校云《汉读考》作"幽，读为黝，黝，黑也"，经"黝牲"作"幽牲"，今本是经注互改之故。

❸"禳"，八行本、岳本、阮本作"禳"。

❹"祈"，阮校云上云"求牛祷于鬼神"，此复云"祈求福祠"，意烦复。宋本作"所"是也。孙诒让云宋本非。

牛，谓所以绎者也。宗庙有绎者，孝子求神非一处。职，读为枳。枳谓之杙，可以系牛。枳人者，谓牧人、充人与？刍，牲之刍。牛人择于公牛之中而以授养之。**凡宾客之事，共其牢礼积膳之牛；**牢礼，飧饔也。积，所以给宾客之用，若《司仪职》曰“主国五积”者也。膳，所以间礼宾客，若《掌客》云“殷膳太牢”。**飨食、宾射，共其膳羞之牛；**羞，进也，所进宾之膳。《燕礼》，小臣谓执幂者与羞膳者，至献宾而膳宰设折俎。王之膳羞亦犹此。**军事，共其犒[1]牛；**郑司农云：“犒师之牛。”**丧事，共其奠牛。**谓殷奠、遣奠也。丧所荐馈曰奠。**凡会同、军旅、行役，共其兵车之牛，与其牵徬，以载公任器。**牵徬，在辕外挽牛也。人御之，居其前曰牵，居其旁曰徬。任，犹用也。**凡祭祀，共其牛牲之互与其盆簝，以待事。**郑司农云：“互，谓楅衡之属。盆、簝，皆器名。盆所以盛血。簝，受肉笼也。”玄谓互，若今屠家县肉格。

充人，掌系祭祀之牲牷。祀五帝，则系于牢，刍之三月。牢，闲也。必有闲者，防禽兽触啮。养牛羊曰刍。三月，一时，节气成。**享先王，亦如之。凡散祭祀之牲，系于国门，使养之。**散祭祀，谓司中、司命、山川之属。国门，谓城门司门之官。郑司农云：“使养之，使守门者养之。”**展牲，则告牷；**郑司农云：“展，具也。具牲，若今时选牲

---

[1] “犒”，唐石经、阮本作“槁”，阮校云经注皆从木作“槁”，当据以订正。贾疏云“谓将帅在军枯槁之赐牛，谓之槁牛”，此经文从木明证。《序官·槁人》疏亦云：“以在朝之人不得归家，亦枯槁以须槁劳之，故名其官为槁人。”

也。充人主以牲牷告展牲者也。"玄谓展牲，若今夕牲也。《特牲馈食之礼》曰"宗人视牲告充，举兽尾告备"，近之。**硕牲，则赞。**赞，助也。君牵牲入，将致之，助持[1]之也。《春秋传》曰："故奉牲以告曰：博硕肥腯。"

---

❶ "持"，底本作"特"，据阮本改。

卷第四

地官司徒下

载师，掌任土之法，以物地事，授地职，而待其政令。任土者，任其力势所能生育，且以制贡赋也。物，物色之，以知其所宜之事，而授农牧衡虞，使职之。**以廛里任国中之地，以场圃任园地，以宅田、士田、贾田任近郊之地，以官田、牛田、赏田、牧田任远郊之地，以公邑之田任甸地，以家邑之田任稍❶地，以小都之田任县地，以大都之田任畺地。**故书廛或作坛，郊或为蒿，稍或作削❷。郑司农云："坛，读为廛。廛，市中空地未有肆，城中空地未有宅者。民宅曰宅。宅田者，以备益多也。士田者，士大夫之子得而耕之田也。贾田者，吏为县官卖财与之田。官田者，公家之所耕田。牛田者，以养公家之牛。赏田者，赏赐之田。牧田者，牧六畜之田。《司马法》曰：'王国百里为郊，二百里为州，三百里为野，四百里为县，五百里为都。'"杜子春云："蒿，读为郊。五十里为近郊，百里为远郊。"玄谓廛里

---

❶ "稍"，阮校引《说文》"鄁，国甸，大夫稍稍所食邑，从邑肖声。《周礼》曰'任鄁地'，在天子三百里之内"。许君以稍稍训"削"，则"稍地"字当以从邑作"鄁"为正。稍，其义训也。

❷ "削"，阮校引《汉读考》云《说文·邑部》引《周礼》"任鄁地"，疑"削"即"鄁"之讹。

者，若今云邑居里[1]矣。廛，民居之区域也。里，居也。圃，树果蓏之属，季秋于中为场。樊圃谓之园。宅田，致仕者之家所受田也。《士相见礼》曰："宅者在邦则曰市井之臣，在野则曰草茅之臣。"士，读为仕。仕者亦受田，所谓圭田也。《孟子》曰："自卿以下，必有圭田，圭田五十亩。"贾田，在市贾人其家所受田也。官田，庶人在官者其家所受田也。牛田、牧田，畜牧者之家所受田也。公邑，谓六遂余地，天子使大夫治之，自此以外皆然。二百里、三百里，其大夫如州长；四百里、五百里，其大夫如县正。是以或谓二百里为州，四百里为县云。遂人亦监焉。家邑，大夫之采地。小都，卿之采地。大都，公之采地，王子弟所食邑也。畺，五百里王畿界也。皆言任者，地之形实不方平如图，受田邑者，远近不得尽如制，其所生育赋贡，取正于是耳。以廛里任国中，而《遂人职》授民田，夫一廛，田百亩，是廛里不谓民之邑居在都城者与？凡王畿内方千里，积百同，九百万夫之地也。有山陵、林麓、川泽、沟渎、城郭、宫室、涂巷，三分去一，余六百万夫。又以田不易、一易、再易上中下相通，定受田者三百万家也。远郊之内，地居四同，三十六万夫之地也。三分去一，其余二十四万夫。六乡之民七万五千家，通不易、一易、再易，一家受二夫，则十五万夫之地，其余九万夫。廛里也，场圃也，宅田也，士田也，贾田也，官田也，牛田也，赏田也，牧田也，九者亦通受一夫焉，则半农人也，定受田十二万家

[1] "邑居里"，阮本作"邑里居"，阮校云"里"为衍文，下"民之邑居在都城者"可证。孙诒让云《王制》疏引亦作"邑居里"。

也。《食货志》云："农民户一人已受田，其家众男为余夫，亦以口受田如比。士工商家受田，五口乃当农夫一人。"今余夫在遂地之中，如此则士工商以事入在官，而余夫以力出耕公邑。甸稍县都合居九十六同，八百六十四万夫之地。城郭宫室差少，涂巷又狭，于三分所去六而存一焉，以十八分之十三率之，则其余六百二十四万夫之地，通上中下六家而受十三夫，定受田二百八十八万家也。其在甸七万五千家为六遂，余则公邑。**凡任地，国宅无征，园廛二十而一，近郊十一，远郊二十而三，甸、稍、县、都皆无过十二，唯其漆林**[1]**之征二十而五。**征，税也。言征者，以共国政也。郑司农云："任地，谓任土地以起税赋也。国宅，城中宅也。无征，无税也。"故书漆林为桼林。杜子春云："当为漆林。"玄谓国宅，凡官所有宫室，吏所治者也。周税轻近而重远，近者多役也。园、廛亦轻之者，廛无谷，园少利也。古之宅必树，而畺埸有瓜。**凡宅不毛者，有里布；凡田不耕者，出屋粟；凡民无职事者，出夫家之征。**郑司农云："宅不毛者，谓不树桑麻也。里布者，布参印书，广二寸，长二尺，以为币，贸易物。《诗》云'抱布贸丝'，抱此布也。或曰：布，泉也。《春秋传》曰：'买之百两一布。'又《廛人职》：'掌敛市之次布、儳布、质布、罚布、廛布。'《孟子》曰：'廛无夫里之布，则天下之民皆说而愿为其民矣。'故曰宅不毛者有里

---

[1] "漆林"，阮校引《释文》"桼林，本又作'漆'"，《汉读考》云经当作"桼林"，注当作"故书'桼林'为'漆林'，杜子春云当为'桼林'"。

布，民无职事出夫家之征，欲令宅树桑麻，民就四业，则无税赋以劝之也。故《孟子》曰：‘五亩之宅，树之以桑，则五十者可以衣帛。’不知言布参印书者何，见旧时说也。”玄谓宅不毛者，罚以一里二十五家之泉，空田者罚以三家之税粟，以共吉凶二服及丧器也。民虽有闲无职事者，犹出夫税家税也。夫税者，百亩之税。家税者，出士徒车辇，给繇役。**以时征其赋。**

闾师，掌国中及四郊之人民、六畜之数，以任其力，以待其政令，以时征其赋。国中及四郊，是所王[1]数六乡之中，自廛里至远郊也。掌六畜数者，农事之本也。赋谓九赋及九贡。**凡任民：任农以耕事，贡九谷；任圃以树事，贡草木；任工以饬材事，贡器物；任商以市事，贡货贿；任牧以畜事，贡鸟兽；任嫔以女事，贡布帛；任衡以山事，贡其物；任虞以泽事，贡其物。**贡草木，谓葵韭果蓏之属。**凡无职者出夫布。**独言无职者，掌其九赋。**凡庶民，不畜者祭无牲，不耕者祭无盛，不树者无椁，不蚕者不帛，不绩者不衰。**掌罚其家事也。盛，黍稷也。椁，周棺也。不帛，不得衣帛也。不衰，丧不得衣衰也。皆所以耻不勉。

县师，掌邦国都鄙稍甸郊里之地域，而辨其夫家、人民、田莱之数及其六畜车辇之稽。三年大比，则以考群吏而以诏废置。郊里，郊所居也。自邦国以及四郊之内，是所主数周天下也。莱，休不耕者。郊内谓之易，郊外谓之莱，善言近。**若将有军旅、会同、田役之戒，则受法于司马，**

---

❶ “王”，岳本、阮本作“主”，闽本作“生”。

以作其众庶及马牛车辇，会其车人之卒伍，使皆备旗鼓兵器，以帅而至。受法于司马者，知所当征众寡。**凡造都邑，量其地，辨其物，而制其域。**物，谓地所有也。名山大泽不以封。**以岁时征野之赋贡。**野，谓甸、稍、县、都也。所征赋贡与闾师同。

遗人，掌邦之委积，以待施惠。乡里之委积，以恤民之囏厄；门关之委积，以养老孤；郊里之委积，以待宾客；野鄙之委积，以待羁旅；县都之委积，以待凶荒。委积者，廪人、仓人计九谷之数足国用，以其余共之，所谓余法用也。职内邦之移用，亦如此也，皆以余财共之。少曰委，多曰积。乡里，乡所居也。艰厄，犹困乏也。门关以养老孤，人所出入，易以取饩廪也。羁旅，过行寄止者。待凶荒，谓邦国所当通给者也。故书艰厄作槿厄，羁作寄。杜子春云："槿厄，当为艰厄。寄，当为羁。"**凡宾客、会同、师役，掌其道路之委积。凡国野之道，十里有庐，庐有饮食；三十里有宿，宿有路室，路室有委；五十里有市，市有候馆，候馆有积。**庐，若今野候，徒有庌也。宿，可止宿，若今亭，有室矣。候馆，楼可以观望者也。一市之间，有三庐一宿。**凡委积之事，巡而比之，以时颁之。**

均人，掌均地政，均地守，均地职，均人民、牛马、车辇之力政。政，读为征。地征，谓地守、地职之税也。地守，衡虞之属。地职，农圃之属。力征，人民则治城郭、涂巷、沟渠，牛马车辇则转委积之属。**凡均力政，以岁上下。丰年则公旬用三日焉，中年则公旬用二日焉，无年则公旬用一日焉。**丰年，人食四鬴之岁也。人食三鬴为中岁。人食二鬴为无岁，岁无赢储也。公，事也。旬，均也，读如“畇畇原隰”之畇。《易》“坤为均”，今书亦有作旬者。**凶札则无力政，无财赋，**无力政，恤其劳也。无财赋，恤其乏困也。财赋，九赋也。**不收地守、地职，不均地政。**不收山泽及地税，亦不平计地税也。非凶札之岁当收税，乃均之耳。**三年大比，则大均。**有年无年，大平计之。若久不修，则数或阙。

师氏，掌以媺诏王。告王以善道也。《文王世子》曰：“师也者，教之以事而谕诸德者也。”**以三德教国子：一曰至德，[1]以为道本；二曰敏德，以为行本；三曰孝德，以知逆恶。教三行：一曰[2]孝行，以亲父母；二曰友行，以尊贤良；三曰顺行，以事师长。**德行，内外之称。在心为德，[3]施之为行。至德，中和之德，覆焘持载含容者也。孔子曰：“中庸之为德，其至矣乎！”敏德，仁义顺[4]时者也。《说命》曰：“敬孙务时敏，厥修乃来。”孝德，尊祖爱亲，守其所以生者也。孔子曰：“武王、周公[5]其达孝矣乎！夫孝者，善继人之志，善述人之事者也。”孝在三德之下，三行之上，德有广于[6]孝，而行莫尊焉。国子，公、卿、大夫之子弟，师氏教之，而世子亦齿焉，学君臣、父子、长幼之道[7]。

---

❶“子一曰至德”，底本原残，据阮本补。
❷“三行一曰”，底本原残，据阮本补。
❸“德行内外之称在心为德”，底本原残，据阮本补。
❹“德仁义顺”，底本原残，据阮本补。
❺“王周公”，底本原残，据阮本补。
❻“广于”，底本原残，据阮本补。
❼“之道”，底本原残，据阮本补。

居[1]**虎门之左，司王朝。**虎门，路寝门也。王日视朝于路寝门外，画虎焉以明勇猛，于守[2]宜也。司，犹察也。察王之视朝，若有善道可行者，则当前以诏王[3]。**掌国中失之事，以教国子弟。**教之者，使识旧事也。中，中礼者也。失，失礼者也。故书中为得。杜子春云："当为得，记君得失，若《春秋》是也。"**凡国之贵游子弟**[4]**学焉。**贵游子弟，王公之子弟。游，无官司者。杜子春云："游，当为犹，言虽贵犹学。"**凡祭祀、宾客、会**[5]**同、丧纪、军旅，王举则从。**举，犹行也。故书举为与。杜子春云："当为与，谓王与会同丧纪之事。"**听治，亦如之。**谓王举于野外[6]以听朝。**使其属帅四夷之隶，各以其兵服守王之门外，且跸。**兵服，旃布弓[7]剑不同也。门[8]外，中门之外。跸，止行人不得迫王宫也。故书隶或作肆。郑司农云："读为隶。"**朝在野外，则守内列。**内列，蕃营之在内者也。其属亦[9]帅四夷之隶守之，如守王宫[10]。

保氏，掌谏王恶。谏者，以礼义正之。《文王世子》曰："保也者，慎其身以辅翼之，而归诸道者也。"**而养国**

---

[1] "居"，底本原残，据阮本补。
[2] "于守"，底本原残，据阮本补。
[3] "诏王"，底本原残，据阮本补。
[4] "子弟"，于鬯云二字衍。
[5] "客会"，底本原残，据阮本补。
[6] "谓王举于野外"，底本原残，据阮本补。
[7] "旃布弓"，底本原残，据阮本补。
[8] "同也门"，底本原残，据阮本补。
[9] "其属亦"，底本原残，据阮本补。
[10] "王宫"，底本原残，据阮本补。

子以道，乃教之[1]六艺：一曰五礼，二曰六乐，三曰五射，四曰五驭，五曰六书，六曰九数。乃[2]教之六仪：一曰祭祀之容，二曰宾客之容，三曰朝廷之容，四曰丧纪之容，五曰军旅之容，六曰车马之容。养国子以道者，以师氏之德行审谕之，而后教之以艺仪也，五礼，吉、凶、宾、军、嘉也。六乐，《云门》《大咸》《大韶》《大夏》《大濩》《大武》也。郑司农云："五射，白矢、参连、剡注、襄尺、井仪也。五驭，鸣和鸾、逐水曲、过君[3]表、舞交衢、逐禽左。六书，象形、会意、转注、处事、假借、谐声也。九数，方田、粟米、差分、少广、商功、均输、方程、赢不足、旁要。今有重差、夕桀、句股也。[4]祭祀之容，穆穆皇皇；宾客之容[5]，严恪矜庄；朝廷之容，济济跄跄；丧纪之容，涕涕翔翔；军旅之容，阚阚仰仰；车马之容，颠颠堂[6]堂。"玄谓

---

❶"之"，底本原残，据阮本补。

❷"乃"，底本原残，据阮本补。

❸"君"，阮校引浦镗云"军"误"君"，疏同。孙诒让云"君"不误。

❹"今有重差夕桀句股也"，阮校引《释文》云"夕桀"二字非郑注。《经义杂记》曰疏云"马氏注以为今有重差、夕桀，夕桀亦筭术之名，与郑异。今《九章》以句股替旁要"，《礼记·少仪》正义引此注云"今有重差、句股"，马融、干宝等更云"今有夕桀"，未知所出。据此知郑注本云"今有重差、句股"，马、干注云"今有重差、夕桀"，郑有"句股"无"夕桀"，马、干有"夕桀"无"句股"，沈重、陆德明本则与马、干同。《释文》云此二字非郑注，是宋以来校者之辞，非陆语。盖后人据贾疏本以校《释文》而附著之。今注疏中"句股"上有"夕桀"二字，又后人据《释文》所加。《困学纪闻》所据本已如是。

❺"容"，底本原残，据阮本补。

❻"颠颠堂"，底本原残，据阮本补。

祭祀之容，齐齐皇皇；宾客之容，穆穆皇皇；朝廷之容，济济翔翔；丧纪之容，累累颠颠；军旅之容，暨暨詻詻；车马之容，匪匪翼翼。**凡祭祀、宾客、会❶同、丧纪、军旅，王举则从。听治，亦如之。使其属守王闱。**闱，宫中之巷门。

司谏，掌纠万民之德而劝之朋友，正其行而强之道艺，巡问而观察之，❷以时书其德行道艺，辨其能而可任于国事者。朋友，相切磋以善道也。强，犹劝也。《学记》曰："强而弗抑则易。"巡问，行问民间也。可任于国事，任吏职。**以考乡里之治，以诏废置，以行赦宥。**因巡问劝强万民，而考乡里吏民罪过，以告王所当罪不。

司救，掌万民之邪恶过失而诛让之，以礼防禁而救之。邪恶，谓侮慢长老、语言无忌而未丽于罪者。过失，亦由邪恶酗醟好讼，若抽拔兵器，误以行伤害人丽于罪者。诛，诛责也。古者重刑，且责怒之，未即罪也。**凡民之有邪恶者，三让而罚，三罚而士加明刑，耻诸嘉石，役诸司空。**罚，谓挞击之也。加明刑者，去其冠饰，而书其邪恶之状，著之背也。嘉石，朝士所掌，在外朝之门左，使坐焉以耻辱之。既而役诸司空，使事官作之也。坐役之数，存于司寇。**其有过失者，三让而罚，三罚而归于圜土。**圜土，狱城也。过失近罪，昼日任之以事而收之，夜藏于狱，亦加明刑以耻之。不使坐嘉石，其罪已著，未忍刑之。**凡岁时有天患民病，则以节**

---

❶ "客会"，底本原残，据阮本补。

❷ "掌纠万民之德而劝之朋友正其行而强之道艺巡问而观察之"，于鬯云当断作"掌纠万民之德而劝之，朋友正其行而强之，道艺巡问而观察之"。

巡国中及郊野，而以王命施惠。天患，谓灾害也。节，旌节也。施惠，赒恤之。

调人，掌司万民之难而谐和之。难，相与为仇雠。谐，犹调也。**凡过而杀伤人者，以民成之。**过，无本意也。成，平也。郑司农云："以民成之，谓立证佐成其罪也。一说以乡里之民共和解之，《春秋传》曰'惠伯成之'之属。"**鸟兽，亦如之。**过失杀伤人之畜产者。**凡和难，父之仇，辟诸海外；兄弟之仇，辟诸千里之外；从父兄弟之仇，不同国；君之仇视父，师长之仇视兄弟，主友之仇视从父兄弟。**和之使辟于此，不[1]得就而仇之。九夷、八蛮、六戎、五狄，谓之四海。主，大夫君也。《春秋传》曰："晋荀偃卒，而视，不可含，宣子盥而抚之曰：'事吴敢不如事主。'"**弗辟，则与之瑞节而以[2]执之。**瑞节，玉节之剡圭[3]也。和之而不肯辟者，是不从王命也。王以剡圭使调人执之，治其罪。**凡杀人有反杀者，使邦国交仇[4]之。**反，复也。复杀之者，此欲除害弱敌也。邦国交仇之，明不和，诸侯得者即诛之。郑司农云："有反杀者，谓重杀也。"**凡杀人而义者，不同国，令勿仇，仇之则死。**义，宜也。谓父母兄弟师长尝辱焉而杀之者，如是为得其宜，虽所杀者人之父兄，不得仇也。使

---

❶ "不"，底本原残，据阮本补。

❷ "而以"，底本原残，据阮本补。

❸ "剡圭"，阮校云当依《典瑞》《玉人》作"玉圭"，此非经用古字、注用今字例，直是伪字，下"王以剡圭"同。

❹ "交仇"，底本原残，据阮本补。

之不同国而已。**凡有斗怒[1]者，成之；不可成者，则书之，先动者诛之。**斗怒，辩讼者也。不可成，不可平也。书[2]之，记其姓名、辩本也。郑司农云："成之[3]，谓和之也。和之，犹今二千石以令解仇怨，后复相报，移徙之。此其类也。"玄谓上言"立证佐成其罪"，似非。

媒氏，掌万民之判。判，半也。得耦为合，主合其半，成夫妇也。《丧服传》曰："夫妻判合。"郑司农云："主万民之判合。"**凡男女，自成名[4]以上，皆书年月日名焉。**郑司农云："成名谓子生三月，父名之。"**令男三十而娶，女二十而嫁[5]。**二三者，天地相承覆之数也。《易》曰"参天两地而倚[6]数"焉。**凡娶判妻入子者，皆书之。**书之者，以别未成昏礼者[7]。郑司农云："入子者，谓嫁女[8]者也。"玄谓言入子者，容媵侄娣不聘之者。**中春之月，令会男女，**中春，阴阳交，以成昏礼，顺天时也。**于是时也，奔者不[9]禁。**重天时，权许之也。**若无故而不用令者，罚之。**无故，谓无丧祸之变也。有丧祸者娶，得[10]用非中春之月。《杂记》

---

[1] "怒"，底本原残，据阮本补。
[2] "书"，底本原残，据阮本补。
[3] "之"，底本原残，据阮本补。
[4] "成名"，底本原残，据阮本补。
[5] "而嫁"，底本原残，据阮本补。
[6] "倚"，岳本、阮本作"奇"，阮校云就奇数之中天三度生，地二度生，象天三覆地二，则作"倚"非也。
[7] "昏礼者"，底本原残，据阮本补。
[8] "谓嫁女"，底本原残，据阮本补。
[9] "者不"，底本原残，据阮本补。
[10] "娶得"，底本原残，据阮本补。

曰："己虽小功，既卒[1]哭，可以冠子娶妻。"**司男女之无夫家者而会之。**司，犹察也。无夫家，谓男女之鳏寡者。**凡嫁子娶妻，入币[2]纯帛，无过五两。**纯，实缁字也。古缁以才为声。纳币用缁，妇人阴也。凡于娶礼，必用其类[3]。五两，十端也。必言两者，欲得其配合之名。十者，象五行十日相成也。士[4]大夫乃以玄纁束帛，天子加以谷圭，诸侯加以大璋。《杂记》曰："纳币一束，束五两，两五寻。"然则每端二丈。**禁迁葬者与嫁殇者。**迁葬，谓生时非[5]夫妇，死既葬，迁之使相从也。殇，十九以下未嫁而死者。生不以礼相接，死而合之，是亦乱人伦者也。郑司农云："嫁殇者，谓嫁死人也。今时娶会是也。"**凡男女之阴[6]讼，听之于胜国之社；其附于刑者，归之于士。**阴讼，争中冓之事以触法者[7]。胜国，亡国也。亡国之社，奄其[8]上而栈其下，使无所通。就之以听阴讼之情，明不当宣露。其罪不在赦宥者，直归士而刑之[9]，不复以听。士，司寇之属。《诗》云："墙有茨，不可扫也。中冓之言，不可道也。所可道也，言之丑也[10]。"

司市，掌市之治教、政刑、量度、禁令。量，豆、

---

❶ "既卒"，底本原残，据阮本补。
❷ "入币"，底本原残，据阮本补。
❸ "其类"，底本原残，据阮本补。
❹ "士"，底本原残，据阮本补。
❺ "葬谓生时非"，底本原残，据阮本补。
❻ "之阴"，底本原残，据阮本补。
❼ "触法者"，底本原残，据阮本补。
❽ "社奄其"，底本原残，据阮本补。
❾ "士而刑之"，底本原残，据阮本补。
❿ "之丑也"，底本原残，据阮本补。

区、斗、斛之属。度，丈尺也。**以次叙分地而经❶市，**次，谓吏所治舍，思次、介次也。若今市亭然。叙，肆行列也。经，界也。**以陈肆辨物而平市，**陈，犹列也。辨物，物异肆也。肆异则市平。**以政❷令禁物靡而均市，**物靡者，易售而无用，禁之则市均。郑司农云："靡谓侈靡也。"**以商贾阜货而行布，**通物曰商❸，居❹卖物曰❺贾。阜，犹盛也。郑司农云："布，谓泉也。"**以量度成贾而征儥，**征，召也。儥，买也。物有定贾则买者来也。**以质剂结信而止讼，**质剂，谓两书一札而别之也。若今下手书，言保物要还矣。郑司农云："质剂，月平。"**以贾民禁伪而除诈，**贾民，胥师、贾师之属。必以贾民为之者，知物之情伪与实诈。**以刑罚禁虣而去盗，**刑罚，宪、徇、扑。**以泉府同货而敛赊。**同，共也。同者，谓民货不售，则为敛而买之；民无货，则赊贯而予之。**大市，日昃而市，百族为主；朝市，朝时而市，商贾为主；夕市，夕时而市，贩夫贩妇为主。**日昃，昳中也。市，杂聚之处。言主者，谓其多者也。百族必容来去，商贾家于市城，贩夫贩妇朝资夕卖，因其便而分为三时之市，所以了物极众。郑司农云："百族，百姓也。"**凡市入，则胥执鞭度守门。市之群吏平肆、展成奠贾，上旌于思次以令市。市师莅焉，而听大治、大讼；胥师、贾师莅于介次，而**

---

❶"而经"，底本原残，据阮本补。
❷"以政"，底本原残，据阮本补。
❸"曰商"，底本原残，据阮本补。
❹"居"，底本原残，据阮本补。
❺"物曰"，底本原残，据阮本补。

听小治、小讼。凡市入，谓三时之市市者入也。胥，守门察伪诈也。必执鞭度❶，以威正人众也。度，谓殳也，因刻丈尺耳。群吏，胥师以下也。平肆，平卖物者之行列，使之正也。展之言整也。成，平也，会平成市物者也。奠，读为定，整敕会者，❷使定物贾，防诳豫也。上旌者，以为众望也，见旌则知当市也。思次，若今市亭也。市师，司市也。介次，市亭之属别，小者也。故书莅作立。杜子春云："奠，当为定。"郑司农云："思，辞也。次，市中候楼也。立，当为莅。莅，视也。"玄谓思当为司字，声之误也。**凡万民之期于市者，辟布者、量度者、刑戮者，各于其地之叙。**期，谓欲卖买期决于市也。量度者，若今处斗斛及丈尺也。故书辟为辞。郑司农云："辞布，辞讼泉物者也。"玄谓辟布，市之群吏考实诸泉入及有遗忘。**凡得货贿、六畜者亦如之，三日而举之。**得遗物者，亦使置其地，货于货之肆，马于马之肆，则主求之易也。三日而无识认者，举之没入官。**凡治市之货贿、六畜、珍异，亡者使有，利者使阜，害者使亡，靡者使微。**利，利于民，谓物实厚者。害，害于民，谓物行苦❸者。使有使阜，起其贾以征之也。使亡使微，抑其贾以却之也。侈靡细好，使富民好奢，微之而已。郑司农云："亡者使有，无此物则开利其道，使之有。"**凡通货贿，以玺节出入之。**玺节，印章，如今斗检封矣。使人执之以通商。以出货贿者，王之

---

❶"鞭度"，底本漫漶，据阮本补。
❷"奠读为定整敕会者"，阮校云宋本"定"下空缺一字。
❸"苦"，八行本、岳本作"沽"。

司市也；以内货贿者，邦国之司市也。**国凶、荒、札、丧，则市无征，而作布。**有灾害，物贵，市不税，为民乏困也。金铜无凶年，因物贵，大铸泉以饶民。**凡市伪饰之禁，在民者十有二，在商者十有二，在贾者十有二，在工者十有二。**郑司农云："所以俱十有二者，工不得作，贾不得粥，商不得资，民不得畜。"玄谓《王制》曰："用器不中度，不粥于市；兵车不中度，不粥于市；布帛精粗不中数，幅广狭不中量，不粥于市；奸色乱正色，不粥于市；五谷不时，果实未孰，不粥于市；木不中伐，不粥于市；禽兽鱼鳖不中杀，不粥于市。"亦其类也。于四十八则未闻数十二焉。**市刑，小刑宪罚，中刑徇罚，大刑扑罚。其附于刑者，归于士。**徇，举以示其地之众也。扑，挞也。郑司农云："宪罚，播其肆也。"故书附为柎[1]。杜子春云："当为附。"**国君过市，则刑人赦；夫人过市，罚一幕；世子过市，罚一帟；命夫过市，罚一盖；命妇过市，罚一帷。**谓诸侯及夫人、世子过其国之市，大夫、内子过其都之市也。市者，人之所交利而行刑之处，君子无故不游观焉。若游观则施惠以为说也。国君则赦其刑人。夫人、世子、命夫、命妇则使之出罚，异尊卑也。所罚，谓宪徇扑也。必罚幕帟盖帷，市者众也。此四物者，在众之用也。此王国之市而说国君以下过市者，诸侯之于其国，与王同，以其足以互明之。**凡会同、师役，市司帅贾师而从，治其市政，掌其卖儥之事。**市司，司市也。儥，买

---

[1] "柎"，八行本作"拊"，闽本作"祔"。

也。[1]会同师役必有市者[2]，大众所在，来物以备之。

质人，掌成市之货贿、人民、牛马、兵器、珍异。成，平也。会者平物贾而来，主成其[3]平也。人民，奴婢也。珍异，四时食物。[4]**凡[5]卖儥者质剂焉，大市以质，小市以剂。**郑司农云："质剂，月平贾也。质大贾，剂小贾。[6]"玄谓质剂者，为之券，藏之也。大市，人民、马牛[7]之属，用长券；小市，兵器[8]、珍异之物，用短券。**掌稽市之书契，同其度量，壹其淳制，巡而考之，犯禁[9]者举而罚之。**稽，犹考也，治也。书契，取予市物之券也。其券之象，书两札刻其侧。杜子[10]春云："淳，当为纯。纯，谓幅广，制，谓匹长也。皆当中度量。"玄谓淳读如"淳尸盟"之淳[11]。**凡治质剂者，国中一旬，郊二旬，野三旬，都三月，邦国期[12]。期内听，期[13]外不听。**谓赍券契者来讼也，以期内来则治之，

---

❶"也儥买也"，底本漫漶，据阮本补。

❷"必有市者"，底本漫漶，据阮本补。

❸"物贾而来主成其"，底本原残部分字，据阮本补。

❹"也珍异四时食物"，底本原残部分字，据阮本补。

❺"凡"，底本原残，据阮本补。

❻"贾也质大贾剂小贾"，底本原残，据阮本补。

❼"藏之也大市人民马牛"，底本原残，据阮本补。

❽"器"，底本漫漶，据阮本补。

❾"制巡而考之犯禁"，底本原残，据阮本补。

❿"其侧杜子"，底本原残，据阮本补。

⓫"读如淳尸盟之淳"，底本原残部分字，据阮本补。

⓬"期"，阮校云《释文》作基，"本或作'期'"，《士虞礼》注云"古文'期'皆作'基'"，《周礼》古文与《仪礼》正同，此当从陆本。

⓭"期内听期"，底本原残，据阮本补。

后期则不治，所以绝民之好讼，且息文书也。郊，远郊也。野，甸稍也。都，小都、大都。

廛人，掌敛市絘布[1]**、总布、质布、罚布、廛布，而入于泉府。**布，泉也。郑司农云："絘布，列肆之税布。"杜子[2]春云："总，当为儳，谓无肆立持者之税也。"玄谓总，读如"租稯"之稯。稯布，谓守斗斛铨衡者之税[3]也。质布者，质人所罚犯质剂者之泉也。罚布者，犯市令者之泉也。廛布者，货贿诸物邸舍之[4]税。**凡屠者，敛其皮、角、筋、骨，入于玉府。**以当税，给作器物也。其无皮角及筋骨不中用，亦税之。**凡珍异之**[5]**有滞者，敛而入于膳府。**故书滞或作廛。郑司农云："谓滞货不售者，官为居之。货物沈[6]滞于廛中，不决，民待其直以给丧疾，而不可售贾贱者也。廛，[7]谓市中之地未有肆而可居以畜藏货物者也。《孟子》曰：'市廛而不征，法而不廛，则天下之商[8]皆说而愿藏于其市矣。'谓货物贮藏于市中而不租税也，故曰'廛而不征'。其有

---

[1] "掌敛市絘布"，"絘"，阮校引《释文》"絘布，音次，本或作'次'"。经当作"絘"，注当作"次"。王引之引王念孙云"市"下脱"之"。

[2] "也郑司农云絘布列肆之税布杜子"，底本原残部分字，据阮本补。

[3] "斛铨衡者之税"，底本原残，据阮本补。

[4] "贿诸物邸舍之"，底本原残，据阮本补。

[5] "凡珍异之"，底本原残，据阮本补。

[6] "居之货物沈"，底本原残，据阮本补。

[7] "贾贱者也廛"，底本原残，据阮本补。

[8] "则天下之商"，底本原残，据阮本补。

货物久滞于[1]廛而不售者，官以法为居取之，故曰'法而不廛'。"玄谓滞读如"沈滞"之滞。珍异，四时食物也。不售而在廛，久则将瘦腥腐败。为买之入膳夫之府，所以纾民事而官不失实。

胥师，各掌其次之政令，而平其货贿，宪刑禁焉。宪，表县之。**察其诈伪、饰行[2]、儥慝者，而诛罚之。**郑司农云："儥，卖也。慝，恶也。谓行且卖奸伪恶物者。"玄谓饰行、儥慝，谓使人行卖恶物于市，巧饰之，令欺诳买者。**听其小治、小讼而断之。**

贾师，各掌其次之货贿之治，辨其物而均平之，展其成而奠其贾，然[3]后令市。辨，别也。**凡天患，禁贵儥者，使有恒贾，**恒，常也。谓若贮米谷棺木，而睹久[4]雨疫病者贵卖之，因天灾害厄民[5]，使之重困。**四时之珍异，亦如之。**荐宗庙之物。**凡国之卖儥，各帅其属而嗣掌其月。**儥，买也。故书卖为买。郑司农云："谓官有所斥卖，贾师帅其属而更相代直月，为官卖之，均劳逸。"**凡师役、会同，亦如之。**

司虣，掌宪市之禁令，禁其斗嚣者，与其虣乱者、出入相陵犯者、以属游饮食于市者。嚣，讙也。郑司农云："以属游饮食，群饮食者。"**若不可禁，则搏而戮之。**

---

❶ "物久滞于"，底本原残，据阮本补。
❷ "行"，底本原残，据阮本补。
❸ "其贾然"，底本原残，据阮本补。
❹ "久"，底本原残，据阮本补。
❺ "民"，底本原残，据阮本补。

司稽，掌巡市，而察其犯禁者与其不物者而搏之，不物，衣服视占不与众同及所操物不如品式。掌执市之盗贼，以徇，且刑之。

胥，各掌其所治之政，执鞭度而巡其前，掌其坐作出入之禁令，袭其不正者。作，起也。坐起[1]禁令，当市而不得空守之属。故书袭为习。杜子春云："当为袭，谓掩捕其不正者。"凡有罪者，挞戮而罚之。罚之，使出布。

肆长，各掌其肆之政令。陈其货贿，名相近者相远也，实相近者相尔也，而平正之。尔，亦近也。俱是物也，使恶者远善，善自相近。郑司农云："谓若珠玉之属，俱名为珠，俱名为玉，而贾或百万，或数万，恐农夫愚民见欺，故别异令相远，使贾人不得杂乱以欺人。"敛其总布，掌其戒禁。杜子春云："总，当为儳。"

泉府，掌以市之征布，敛市之不售、货之滞于民用者，以其贾买之，物楬而书之，以待不时而买者。买者各从其抵，都鄙从其主，国人、郊人从其有司，然后予之。故书滞为癉。杜子春云："癉，当为滞。"郑司农云："物楬而书之，物物为揃书，书其贾，楬著其物也。不时买者谓急求者也。抵，故贾也。主者，别治大夫也。然后予之，为封符信，然后予之。"玄谓抵实柢字。柢，本也。本谓所属吏主有司是。凡赊者，祭祀无过旬日，丧纪无过三月。郑司农云："赊，贳也。以祭祀、丧纪，故从官贳买物。"凡民之贷者，与其有司辨而授之，以国服为之息。有司，其所

---

[1] "起"，底本原残，据阮本补。

属吏也。与之别其贷民之物，定其贾以与之。郑司农云：“贷者，谓从官借本贾也，故有息，使民弗利，以其所贾之国所出为息也。假令其国出丝絮，则以丝絮偿；其国出絺葛，则以絺葛偿。”玄谓以国服为之息，以其于国服事之税为息也。于国事受园廛之田而贷万泉者，则期出息五百。王莽时民贷以治产业者，但计赢所得受息，无过岁什一。**凡国事之财用，取具焉，岁终，则会其出入而纳其余。**会，计也。纳，入也。入余于职币。

司门，掌授管键，以启闭国门。郑司农云：“键，读为蹇。[1]管，谓籥也。键，谓牡。”**几出入不物者，正其货贿，凡财物犯禁者举之，**不物，衣服视占不与众同及所操物不如品式者。正，读为征。征，税也。犯禁，谓商所不资者，举之没入官。**以其财养死政之老与其孤。**财，所谓门关之委积也。死政之老，死国事者之父母也。孤，其子。**祭祀之牛牲系焉，监门养之。**监门，门徒。**凡岁时之门，受其余。**郑司农云：“受祭门之余。”**凡四方之宾客造焉，则以告**[2]。造，犹至也。告，告于王而止客以俟逆。

司关，掌国货之节，以联门市。货节，谓商本所发司市之玺节也。自外来者，则案其节，而书其货之多少，通之国

---

[1] “键读为蹇”，阮校引《汉读考》云经本作“蹇”，注本作“蹇，读为键”，此以注改经，复以经改注之一也。此易“蹇”为“键”，故下云“键谓牡”，贾疏云“先郑读为蹇者，欲取其蹇涩之意”。然则唐初本已误。

[2] “告”，底本漫漶，据阮本补。

门，国门通之司市。自内出者[1]，司市为之玺节，通之国门，国门通之[2]关门。参相联以检猾商。**司货贿之出入者，掌其治禁与其征廛。**征廛者，货贿之[3]税与所止邸舍也。关下亦有邸客舍[4]，其出布如市之廛。**凡货不出于关者，举其货，罚其人。**不出于关，谓从私道出辟税者[5]，则没其财[6]而挞其人。**凡所达货贿者，则以节传出之。**商或取货于民间，无玺节者至关，关为之玺节及传出之。其有玺节亦为[7]之传。传，如今[8]移过所文书。**国凶札，则无关门之征，犹几。**郑司农云："凶，谓凶年饥荒也。札，谓疾疫死亡也。越人谓死为札。《春秋传》曰'札[9]瘥夭昏'。无关门之征者，出入关门无租税。犹几，谓无租税犹苛察，不得令奸人出入。《孟子》曰：'关几而不征，则天下之行旅皆说而愿出于其涂。'"**凡四方之宾客叩关，则为之告。**谓朝聘者也。叩关，犹谒关人也。郑司农说以《国语》曰："周之秩官有之曰：'敌国宾至，关尹以告，行理以节逆之。'"**有外内之送令，则以节传出内之。**有送令，谓奉贡献及文书，以常事往来。环人之职，所送迎通宾客。来至关，则为之节与传以通之。

---

❶ "出者"，底本漫漶，据阮本补。

❷ "门通之"，底本漫漶，据阮本补。

❸ "者货贿之"，底本漫漶，据阮本补。

❹ "亦有邸客舍"，底本部分字漫漶，据阮本补。"客舍"，阮校引段玉裁云当作"舍客"，谓以邸舍客也。

❺ "出辟税者"，底本漫漶，据阮本补。

❻ "其财"，底本漫漶，据阮本补。

❼ "亦为"，底本漫漶，据阮本补。

❽ "今"，底本漫漶，据阮本补。

❾ "札"，底本漫漶，据阮本补。

掌节，掌守邦节而辨其用，以辅王命。邦节者，珍圭、牙璋、谷圭、琬圭、琰[1]圭也。王有命，则别其节之用，以授使者。辅王命者，执以行为信。**守邦国者用玉节[2]，守都鄙者用角节。**谓诸侯于其国中，公、卿、大夫、王子弟于其采邑，有命者亦自有节以辅之。玉节之制，如王为之，以命数为小大。角用犀角，其制未闻。**凡邦国之使节，山国用虎节，土国用人节，泽国用龙节，[3]皆金也，以英荡[4]辅之。**使节，使卿大夫聘于天子诸侯，行道所执之信也。土，平地也。山多虎，平地多人，泽多龙。以金为节，铸象焉。必自以其国所多者，于以相别，为信明也。今汉有铜虎符。杜子春云："荡，当为帑，谓以函器盛此节。或曰：英荡，画函。"**门关用符节，货贿用玺节，道路用旌节，皆有期以反节。**门关，司门、司关也。货贿者，主通货贿之官，谓司市也。道路者，主治五涂之官，谓乡遂大夫也。凡民远出至于邦国，邦国之民若来，入由门者，司门为之节；由关[5]者，司关为之节。其商则司市为之节，其以[6]征令及家徙，则乡遂大夫为之节。唯时事而行不出关，不用节也。变司市言货贿者，玺[7]节

---

[1] "琰"，八行本作"琝"，阮本作"琰"。

[2] "守邦国者用玉节"，阮校云《说文》引作"守国者用玉卩"，云"卩象相合之形"。

[3] "山国用虎节土国用人节泽国用龙节"，阮校云《说文》引此语"国"字皆作"邦"。

[4] "荡"，《通典》卷七五引作"簜"。

[5] "关"，原作"関"，据阮本改，下同。

[6] "节其以"，底本漫漶，据阮本补。

[7] "玺"，底本漫漶，据阮本补。

主以通货贿，货贿非必由市，或资于民家焉。变乡遂言道路者，容公邑及小都、大都之吏[1]皆主治五涂，亦有民也。符节者，如今宫中诸官诏符也。玺节者，今之印章也。旌节，今使者所[2]拥节是也，将送者执此节以送行者，皆以道里日时课，如今邮行有程矣。以防容奸，擅有所通也。凡节有法式，藏于掌节。**凡通达于天下者，必有节，以传辅之。**必有节，言远行无有不得节而出者也。辅之以传者，节为信耳，传说所赍操及所适。**无节者，有几则不达。**圜土内之。

遂人，掌邦之野。郊外曰野。此野，谓甸、稍、县、都。**以土地之图经田野，造县鄙形体之法。五家为邻，五邻为里，四里为酂，五酂为鄙，五鄙为县，五县为遂，皆有地域，沟树之，使各掌其政令刑禁，以岁时稽其人民，而授之田野，简其兵器，教之稼穑。**经、形体，皆谓制分界也。邻、里、酂、鄙、县、遂，犹郊内比、闾、党、族、[3]州、乡也。郑司农云："田野之居，其比伍之名，与国中异制，故五家为邻。"玄谓异其名者，示相变耳。遂之军法，追胥起徒役，如六乡。**凡治野，以下剂致甿[4]，以田里安甿，以乐昏扰甿，以土宜教甿稼穑，以兴锄利甿，以时器劝甿，以强予任甿，以土均平政。**变民言甿，异外内

---

[1] "吏"，底本漫漶，据阮本补。

[2] "所"，底本漫漶，据阮本补。

[3] "党族"，八行本、阮本作"族党"，岳本误作"旅党"。

[4] "甿"，阮校引《汉读考》云宋本《周礼音义》、《诗·卫风》正义、《白帖》宋刻卷廿二、廿三引《周礼》"甿"皆作"氓"，知《开成石经》作"甿"，以"氓"为亡民而改之也。

也。甿，犹懵，懵，无知皃也。致，犹会也。民虽受上田、中田、下田，及会之，以下剂为率，谓可任者家二人。乐昏，劝其昏姻，如媒氏会男女也。扰，顺也。时器，铸作耒耜钱镈之属。强予，谓民有余力，复予之田，若余夫然。政，读为征。土均掌均平其税。郑大夫读锄为藉。杜子春读锄为助，谓起民人，令相佐助。**辨其野之土，上地、中地、下地，以颁田里。上地，夫一廛，田百亩，莱五十亩，余夫亦如之；中地，夫一廛，田百亩，莱百亩，余夫亦如之；下地，夫一廛，田百亩，莱二百亩，余夫亦如之。**莱，谓休不耕者。郑司农云："户计一夫一妇而赋之田，其一户有数口者，余夫亦受此田也。廛，居也。杨子云有田一廛，谓百亩之居也。"玄谓廛，城邑之居，《孟子》所云"五亩之宅，树之以桑麻"者也。六遂之民奇受一廛，虽上地[1]犹有莱，皆所以饶远也。王莽时，城郭中，宅不树者为不毛，出三夫之布。**凡治野，夫间有遂，[2]遂上有径；十夫有沟，沟上有畛；百夫有洫，洫上有涂；千夫有浍，浍上有道；万夫有川，川上有路，以达于畿。**十夫，二邻之田。百夫，一酂之田。千夫，二鄙之田。万夫，四县之田。遂、沟、洫、浍，皆所以通水于川也。遂，广深各二尺，沟倍之，洫倍沟。浍，广二寻，深二仞。径、畛、涂、道、路，皆所以通车徒于国都也。径容牛马，畛容大车，涂容乘车一轨，道容二轨，路容三轨。都之野涂与环涂同，可也。万夫者，方三十三里少半里，九而方一

---

❶ "地"，原作"也"，据八行本、岳本、阮本改。

❷ "凡治野夫间有遂"，王引之引王念孙云"野"下脱"田"。

同。以南亩图之，则遂从沟横，洫从浍横，九浍而川，周其外焉。去山陵、林麓、川泽、沟渎、城郭、宫室、涂巷三分之制，其余如此，以至于畿，则中虽有都鄙，遂人尽主其地。**以岁时登其夫家之众寡及其六畜车辇，辨其老幼废疾与其施舍者**[1]**，以颁职作事，以令贡赋，以令师田，以起政役。**登，成也，犹定也。夫家，犹言男女也。施，读为弛。职，谓民九职也。分其农牧衡虞之职，使民为其事也。《载师职》云“以物地事授地职”，互言矣。贡，九贡也。赋，九赋也。政役，出士徒役。**若起野役，则令各帅其所治之民而至，以遂之大旗致之，其不用命者诛之。**役，谓师田，若有功作也。遂之大旗，熊、虎。**凡国祭祀，共野牲，令**[2]**野职。**共野牲，入于牧人以待事也。野职，薪炭之属。**凡宾客，令修野道而委积。**委积于庐宿市。**大丧，帅六遂之役而致之，掌其政令。及葬，帅而属六綍。及窆，陈役。**致役，致于司徒，给墓上事及窆也。綍，举棺索也。葬举棺者，谓载与说时也。用綍旁六执者[3]，天子其千人与？陈役者，主陈列之耳，匠师帅监之，乡师以斧莅焉。大丧之正棺、殡、启[4]、朝及引，六乡役之；载及窆，六遂役之，亦即远相终始也。郑司农云：“窆，谓下棺时。遂人主陈役也。《礼记》谓之封，

---

❶ “辨其老幼废疾与其施舍者”，王引之云“与其施舍者”上脱“可任者”。

❷ “令”，俞樾云疑乃“入”之误。

❸ “用綍旁六执者”，“六”，底本漫漶作“大”，据八行本、岳本、阮本改。八行本、岳本、阮本“执”下有“之”。

❹ “启”，底本漫漶，据阮本补。

《春秋》谓之塴，皆葬下棺也。声相似。”**凡事，致野役，而师田作野民，帅而至，掌其政治禁令。**

遂师，各掌其遂之政令戒禁。以时登其夫家之众寡、六畜、车辇，辨其施舍与其可任者。经牧其田野，辨其可食者，周知其数而任之，以征[1]财征。作役事则听其治讼[2]。施，读亦弛也[3]。经牧，制田界与井也。可食，谓今年所当耕者也。财征，赋税之事。**巡其稼穑，而[4]移用其民，以救其时事。**移用其民，使转相助，救时急事也。四时耕耨、敛艾、芟地之宜，晚早不同，而有天期地泽风雨之急。**凡国祭祀，审其誓戒，共其野牲。**审，亦听也。**入野职、野赋于玉府。**民所入货贿，以当九职[5]、九赋，中玉府之用者。**宾客，则巡其道修，庀[6]其委积。**巡其道修，行治道路也。故书庀为比。郑司农云：“比，读为庀。庀，具也。”**大丧，使帅其属以幄帟先，道野役；及窆，抱磿[7]，共丘笼**

[1] “以征”，底本漫漶，据阮本补。

[2] “作役事则听其治讼”，唐石经“作”上有“以”。孙诒让引严可均云各本夺。孙按疏述经亦无“以”字，疑《石经》误，非今本夺。

[3] “读亦弛也”，阮校云“亦”下当脱“为”。《土均》注云“施读亦为弛也”可证。浦改作“施，读为弛”，非。此承上《遂人》注“施，读为弛”言之，故云“亦”。

[4] “穑而”，底本漫漶，据阮本补。

[5] “职”，底本漫漶，据阮本补。

[6] “庀”，唐石经作“庇”。

[7] “磿”，八行本、岳本、阮本作“磨”，阮校云当为“磿”，叶钞《释文》“抱磿，刘音历”。《困学纪闻》云“《遂师》抱磿，音历。《史记》乐毅书‘故鼎反乎磿室’，徐广注‘磿，历也’。《战国策》《新序》作‘历’室，盖古字通用”。

及蜃车之役。使以幄帟先者，大宰[1]也。其余，司徒也。幄帟先，所以为葬窆之间先张神坐也。道野役，帅以至墓也。丘笼之役，窾复土也。其器曰笼。蜃车，柩路[2]也。柩路载柳，四轮迫地而行，有似于蜃，因取名焉。行至圹，乃说，更复载以龙辅。蜃，《礼记》或作[3]槫，或作辁。役，谓执綍者。郑司农云："抱磨，磨下车也。"玄谓磨者，適历执綍者名也。遂人主陈之，而遂师以名行校之。**军旅田猎，平野民，掌其禁令，比叙其事而赏罚。**平，谓正其行列部伍也。郑司农云："比，读为庀。"

遂大夫，各掌其遂之政令。以岁时稽其夫家之众寡、六畜、田野，辨其可任者与其可施舍者，以教稼穑，以稽功事，掌其政令、戒禁，听其治讼。施，读亦为弛。功事，九职之事，民所以为功业。**令为邑者，岁终则会政致事。**不言其遂之吏，而言为邑者，容公邑及卿大夫、王子弟之采邑政令戒禁，遂大夫亦施焉。**正岁简稼器，修稼政。**简，犹阅也。稼器，耒耜、镃其之属。稼政，孟春之《月令》所云皆修封疆，审端径术，善相丘陵阪险原隰土地所宜，五谷所殖，以教道民，必躬亲之。**三岁大比，则帅其吏而兴甿，明其有功者，属其地治者。**兴甿，举民贤者能者，如六乡之为也。兴，犹举也。属，犹聚也。又因举吏治有功者，而聚敕其余以职事。**凡为邑者，以四达戒其功事，而诛赏废兴之。**

---

❶ "大宰"，底本漫漶，据阮本补。
❷ "柩路"，底本漫漶，据阮本补。
❸ "或作"，底本漫漶，据阮本补。

四达者，治民之事，大通者有四：夫家众寡也，六畜车辇也，稼穑耕耨也，旗鼓兵革也。

县正，各掌其县之政令征比，以颁田里，以分职事，掌其治讼，趋其稼事而赏罚之。征，征召也。比，案比。若将用野民师田、行役、移执事，则帅而至，治其政令。移执事，移用其民。郑司农云："谓转相佐助。"既役，则稽功会事而诛赏。

鄙师，各掌其鄙之政令、祭祀。祭祀，祭禜也。凡作民，则掌其戒令。作民，谓起役也。以时数其众庶，而察其嬍恶而诛赏。时，四时也。岁终，则会其鄙之政而致事。

酂长，各掌其酂之政令，以时校登其夫家，比其众寡，以治其丧纪、祭祀之事。校，犹数也。若作其民而用之，则以旗鼓兵革帅而至。若岁时简器，与有司数之。简器，简稼器也。兵器亦存焉。有司，遂大夫。凡岁时之戒令皆听之，趋其耕耨，稽其女功。听之，受而行之也。女功，丝枲之事。

里宰，掌比其邑之众寡与其六畜、兵器，治其政令。邑，犹里也。以岁时合耦于锄，以治稼穑，趋其耕耨，行其秩叙，以待有司之政令，而征敛其财赋。《考工记》曰："耜广五寸，二耜为耦。"此言两人相助耦而耕也。郑司农云："锄，读为藉。"杜子春云："锄[1]，读为助，谓相佐助也。"玄谓锄者，里宰治处也，若今街弹之室。于此合耦，

---

[1] "锄"，底本漫漶，据阮本补。

使相佐助，因放而为[1]名。季冬之《月令》："命农师计耦耕事，修耒耜，具田器。"是其岁时与？合人耦，则牛耦亦可知也。秩叙，受耦相佐助之次第。

邻长，掌相纠、相受。相纠，相举察。**凡邑中之政，相赞。**长短使相补助。**徙于他邑，则从而授之。**从，犹随也。授，犹付也。

旅师，掌聚野之锄粟、屋粟、闲粟，野，谓远郊之外也。锄粟，民相助作，一井之中所[2]，出九夫之税粟也。屋粟，民有田不耕，所罚三夫之税粟。闲粟，闲民无职事者所出一夫之征粟。**而用之，以质剂致民，平颁其兴积，施其惠，散其利，而均其政令。**而，读为若，声之误也。若用之，谓恤民之艰厄，委积于野，如遗人于乡里也。以质剂致民，案入税者名，会而贷之。兴积，所兴之积，谓三者之粟也。平颁之，不得偏颇有多少。县官征聚物曰兴，今云"军兴"是也。是粟县师征之，旅师[3]敛之而用之。以赒衣食曰惠，以作事业曰利。均其政令者，皆以国服为之息。**凡用粟，春颁而秋敛之。**困时施之，饶时收之。**凡新甿之治皆听之，使无征役，以地之媺恶为之等。**新甿，新徙来者也。治，谓有所求乞也。使无征[4]役，复之也。《王制》曰："自诸侯来徙于家[5]，期不从政。"以地美恶为之等，七人以

---

❶ "为"，底本漫漶，据阮本补。
❷ "所"，底本漫漶，据阮本补。
❸ "旅师"，底本漫漶，据阮本补。
❹ "征"，原作"政"，据阮本改。
❺ "自诸侯来徙于家"，闽本、殿本、阮本无"于"。

上授以上地，六口授以中地，五口以下授以下地，与旧民同。旅师掌敛地税，而又施惠散利，是以属用新民焉。

稍人，掌令丘乘之政令。丘乘，四丘为甸。甸，读与“惟禹敶之”之敶同，其训曰乘，由是改云。是掌令都鄙修治井邑丘甸县都之沟涂。云丘甸者，举中言之。沟涂之人名，井别邑异，则民之家数存焉。**若有会同、师田、行役之事，则以县师之法作其同徒[1]、輂辇，帅而以至，治其政令，以听于司马。**有军旅、会同、田役之戒，县师受[2]法于司马，邦国都鄙稍甸郊里，唯司马所调。以其法作其众庶及马牛车辇，会其车人之卒伍，使皆备旗鼓兵器，以帅而至，是以书令之耳。其所调若在家邑、小都、大都，则稍人用县[3]师所受司马之法作之[4]，帅之以致于司马也。同徒，司马所调之同。凡用役者，不必一时，皆遍以人数调之，使劳逸递焉。**大丧，帅蜃车与其役以至，掌其政令，以听于司徒。**蜃车及役，遂人共之。稍人者野监，是以帅而致之。《既夕礼》曰：“既正柩，宾出，遂匠纳车于阶间。”则天子以至于士，柩路皆从遂来。

委人，掌敛野之赋，敛薪刍，凡疏材、木材，凡畜聚之物。野，谓远郊以外也。所敛野之赋，谓野之园圃、山泽之赋也。凡疏材，草木有实者也。凡畜聚之物，瓜瓠葵芋，御冬之具也。野之农赋，旅师敛之。工商、嫔妇，遂师以入玉府。

---

[1] “同徒”，俞樾云疑乃“调徒”之误。
[2] “受”，底本漫漶，据阮本补。
[3] “县”，底本漫漶，据阮本补。
[4] “之”，底本原残，据阮本补。

其牧，则遂师又以共野牲。**以稍聚待宾客，以甸聚待羇旅，**聚，凡畜聚之物也。故书羇作奇。杜子春云："当为羇。"**凡其余聚以待颁赐。**余，当为馀，声之误也。馀，谓县都畜聚之物。**以式法共祭祀之薪蒸、木材；宾客，共其刍薪；丧纪，共其薪蒸、木材；军旅，共其委积薪刍，凡疏材；共野委兵器，与其野囿财用。**式法，故事之多少也。薪蒸，给炊及燎。粗者曰薪，细者曰蒸。木材给张事。委积薪刍者，委积之薪刍也。军旅又有疏材以助禾粟。野委，谓庐宿止之薪刍也。其兵器，谓守卫陈兵之器也。野囿之财用者，苑囿藩罗[1]之材。**凡军旅之宾客馆焉。**馆，舍也。必舍此者，就牛马之用。

土均，掌平土地之政，以均地守，以均地事，以均地贡。政，读为征。所平之税，邦国都鄙也。地守，虞衡之属。地事，农圃之职。地贡，诸侯之九贡。**以和邦国都鄙之政令刑禁与其施舍，礼俗、丧[2]纪、祭祀，皆以地媺恶为轻重之法而行之，掌其禁令。**施，读亦为弛也。礼俗，邦国都鄙民之所行，先王旧礼也。君子行礼不求变俗，随其土地厚薄，为之制丰省之节耳。《礼器》曰："礼也者，合于天时，设于地财，顺于鬼神，合于人心，理万物。"

草人，掌土化之法以物地，相其宜而为之种。土化之法，化之使美，若氾胜之术也。以物地，占其形色为之种，黄

---

❶ "罗"，岳本、闽本、毛本作"萝"。阮校云《释文》作"藩萝"，云"本亦作罗"。

❷ "丧"，底本漫漶，据阮本补。

白宜以种禾之属。**凡粪种，骍刚用牛，赤缇用羊，坟壤用麋，渴泽用鹿，咸潟用貆**❶**，勃壤用狐，埴垆用豕，强檃用蕡，轻爂**❷**用犬。**凡所以粪种者，皆谓煮取汁也。赤❸缇，縓色也。渴泽，故水处也。潟，卤也。❹貆，貒也。勃壤，粉解者。埴垆，黏疏者。强檃，强坚者。轻爂，轻脆者。故书骍为挈，坟作盆。杜子春挈❺读为骍，谓地色赤而土刚强也。郑司农云："用牛，以牛骨汁渍其种也，谓之粪种。坟壤，多盆鼠也。❻壤，白色。蕡，麻也。"玄谓坟壤，润解。

稻人，掌稼下地。以水泽之地种谷也。谓之稼者，有似嫁女相生。**以猪畜水，以防止水，以沟荡水，以遂均水，以列舍水，以浍写水，以涉扬其芟作田。**郑司农说猪防以《春秋传》曰"町❼原防，规偃猪"。以列舍水，列者非一，道以去水也。以涉扬其芟，以其水写，故得行其田中，举其芟钩也。杜子春读荡为和荡，谓以沟行水也。玄谓偃猪者，畜流水之陂也。防，猪旁堤也。遂，田首受水小沟也。列，田之畦畤也。浍，田尾去水大沟。作，犹治也。开遂舍水于列中，因涉之，扬去前年所芟之草，而治田种稻。**凡稼泽，夏以水殄**

---

❶ "貆"，底本漫漶，据阮本补。

❷ "爂"，阮校云当从《释文》作"㶣"。

❸ "也赤"，底本漫漶，据阮本补。

❹ "潟卤也"，底本漫漶，据阮本补。

❺ "挈"，底本漫漶，据阮本补。

❻ "坟壤多盆鼠也"，"坟壤"，阮校引《汉读考》作"盆壤"，云司农依故书作"盆"，如其字解之，故云"多盆鼠"。今各本云"坟壤"，误，郑君则依今书作"坟"。"鼠"，底本漫漶，据阮本补。

❼ "町"，底本漫漶，据阮本补。

草而芟夷之。殄，病也，绝也。郑司农说芟夷以《春秋传》曰“芟夷薀崇之”。今时谓禾下麦为夷[1]下麦，言芟刈其禾，于下种麦也。玄谓将以泽地为稼者，必于夏六月之时，大雨时行，以水病绝草之后生者，至秋水涸，芟之，明年乃稼。**泽草所生，种之芒种。**郑司农云：“泽草之所生，其地可种芒种。芒种，稻麦也。”**旱暵，共其雩敛。**稻人共雩敛，稻急水者也。郑司农云：“雩事所发敛。”**丧纪，共其苇事。**苇以闉圹，御湿之物。

土训，掌道地图，以诏地事。道，说也。说地图，九州形势山川所宜，告王以施其事也。若云荆扬地宜稻，幽并地宜麻。**道地慝，以辨地物而原其生，以诏地求。**地慝，若障[2]蛊然也。辨其物者，别其所有所无。原其生，生有时也。以此二者告王之求也。地所无及物未生，则不求也。郑司农云：“地慝，地所生恶物害人者，若虺蝮之属。”**王巡守，则夹王车。**巡狩，行视所守也。天子以四海为守。

诵训，掌道方志，以诏观事。说四方所识久远之事，以告王观，博古所识，若鲁有大庭氏之库，殽之二陵。**掌道方慝，以诏辟忌，以知地俗。**方慝，四方言语所恶也。不辟其忌，则其方以为苟于言语也。知地俗，博事也。郑司农云：“以诏辟忌，不违其俗也。《曲礼》曰：‘君子行礼，不求变俗。’”**王巡守，则夹王车。**

山虞，掌山林之政令，物为之厉而为之守禁。物为之

---

❶“夷”，阮本作“薙”。

❷“障”，阮校云宋本、闽本、监本、毛本改“瘴”。

厉，每物有蕃界也。为之守禁，为守者设禁令也。守者，谓其地之民占伐林木者也。郑司农云：“厉，遮列守之。”**仲冬斩阳木，仲夏斩阴木。**郑司农云：“阳木，春夏生者。阴木，秋冬生者，若松柏之属。”玄谓阳木，生山南者；阴木，生山北者。冬斩阳，夏斩阴，坚濡调。**凡服耜，斩季材，以时入之。**季，犹稚也。服与耜宜用稚材，尚柔刃也。服，牝服，车之材。**令万民时斩材，有期日。**时斩材，斩材之时也。有期日，入出有日数，为久尽物。**凡邦工入山林而抡材，不禁。**抡，犹择也。不禁者，山林国之有，不拘日也。**春秋之斩木不入禁，**非冬夏之时，不得入所禁之中斩木也。斩四野之木可。**凡窃木者，有刑罚。**窃，盗也。**若祭山林，则为主，而修除且跸。**为主，主辨护之也。修除，治道路场坛。**若大田猎，则莱山田之野，及弊田，植虞旗于中，致禽而珥焉。**莱，除其草莱也。弊田，田者止也。植，犹树也。田止树旗，令获者皆致其禽而校其耳，以知获数也。山虞有旗，以其主山，得画熊虎，其仞数则短也。郑司农云：“珥者，取禽左耳，以效功也。《大司马职》曰：获者取左耳。”

林衡，掌巡林麓之禁令，而平其守，平其守者，平其地之民，守林麓之部分。**以时计林麓而赏罚之。**计林麓者，计其守之功也。林麓蕃茂，民不盗窃则有赏，不则罚之。**若斩木材，则受法于山虞，而掌其政令。**法，万民入出时日之期。

川衡，掌巡川泽之禁令，而平其守，以时舍其守，犯禁者执而诛罚之。舍其守者，时案视守者，于其舍申戒之。**祭祀、宾客，共川奠。**川奠，笾豆之实，鱼鱐蜃蛤之属。

泽虞，掌国泽之政令，为之厉禁。使其地之人守其财物，以时入之于玉府，颁其余于万民。其地之人占取泽物者，因以部分使守之。以时入之于玉府，谓皮角珠贝也。入之以当邦赋，然后得取其余以自为也。入出亦有时日之期。凡祭祀、宾客，共泽物之奠。泽物之奠，亦笾豆之实，芹茆菱芡之属。丧纪，共其苇蒲之事。苇以闉圹，蒲以为席。若大田猎，则莱泽野，及弊田，植虞旌以属禽。属禽，犹致禽而珥焉。泽虞有旌，以其主泽，泽鸟所集，故得注析羽。

迹人，掌邦田之地政，为之厉禁而守之。田之地，若今苑也。凡田猎者受令焉。令，谓时与处也。禁麛卵者与其毒矢射者。为其夭物且害心多也。麛，麋鹿子。

丱人，掌金玉锡石之地，而为之厉禁以守之。锡，鈏也。[1]若以时取之，则物其地，图而授之。物地，占其形色，知咸淡也。授之，教取者之处。巡其禁令。行其禁，明其令。

角人，掌以时征齿角凡骨物于山泽之农，以当邦赋之政令。山泽出齿角骨物，大者犀象，其小者麋鹿。以度量受之，以共财用。骨入漆浣[2]者，受之以量。其余以度度所中。

羽人，掌以时征羽翮之政于山泽之农，以当邦赋之政令。翮，羽本。凡受羽，十羽为审，百羽为抟，十抟为缚。审、抟、缚，羽数束名也。《尔雅》曰："一羽谓之箴，十羽谓之缚，百羽谓之緷。"其名音相近也。一羽则有名，盖

❶ "锡鈏也"，底本下有"二"字，据阮本删。

❷ "浣"，阮校引段玉裁云乃"垸"之讹。

失之矣。

掌葛，掌以时征絺绤之材于山农，凡葛征，征草贡之材于泽农，以当邦赋之政令。草贡出泽，苘纻之属可缉绩者。**以权度受之。**以知轻重长短也。故书受或为授。杜子春云："当为受。"

掌染草，掌以春秋敛染草之物，染草，茅蒐、橐芦、豕首、紫茢之属。**以权量受之，以待时而颁之。**权量，以知轻重多少。时，染夏之时。

掌炭，掌灰物炭物之征令，以时入之。灰、炭，皆山泽之农所出也。灰给浣练。炭之所共多。**以权量受之，以共邦之用，凡炭灰之事。**

掌荼，掌以时聚荼，以共丧事。共丧事者，以著物也。《既夕礼》曰："茵著用荼。"**征野疏材之物，以待邦事，凡畜聚之物。**荼，茅莠，疏材之类也，因使掌焉。征者，征于山泽，入于委人。

掌蜃，掌敛互物、蜃物，以共闉圹之蜃。互物，蚌蛤之属。闉，犹塞也。将井椁，先塞下以蜃御湿也。郑司农说以《春秋传》曰"始用蜃炭"，言僭天子也。**祭祀，共蜃器之蜃。**饰祭器之属也。《鬯人职》曰："凡四方山川用蜃器。"《春秋》定十四年秋，"天王使石尚来归蜃"。蜃之器以蜃饰，因名焉。郑司农云："蜃可以白器，令色白。"**共白盛之蜃。**盛，犹成也。谓饰墙使白之蜃也。今东莱用蛤，谓之义灰云。

囿人，掌囿游之兽禁，囿游，囿之离宫小苑观处也。养兽以宴乐视之。禁者，其蕃卫也。郑司农云："囿游之兽，游牧之兽。”**牧百兽。**备养众物也。今掖庭有鸟兽，自熊虎孔雀，至于狐狸凫鹤备焉。**祭祀、丧纪、宾客，共其生兽、死兽之物。**

场人，掌国之场圃，而树之果蓏珍异之物，以时敛而藏之。果，枣李之属。蓏，瓜瓠之属。珍异，蒲桃、枇杷之属。**凡祭祀、宾客，共其果蓏，享亦如之。**享，纳牲。

廪人，掌九谷之数，以待国之匪颁、赒赐、稍食。匪，读为分。分颁，谓委人之职诸委积也。赒赐，谓王所赐予，给好用之式也。稍食，禄廪❶。**以岁之上下数邦用，以知足否，以诏谷用，以治年之凶丰。**数，犹计也。**凡万民之食食者，人四鬴，上也；人三鬴，中也；人二鬴，下也。**此皆谓一月食米也。六斗四升曰鬴。**若食不能人二鬴，则令邦移民就谷，诏王杀邦用。**就谷，就都鄙之有者。杀，犹减也。**凡邦有会同师役之事，则治其粮与其食。**行道曰粮，谓糒也。止居曰食，谓米也。**大祭祀，则共其接盛。**❷接，读为“壹❸扱再祭”之扱。扱以授舂人舂之。大祭祀之谷，藉田之收藏于神仓者也，不以给小用。

舍人，掌平宫中之政，分其财守，以法掌其出入。政，谓用谷之政也。分其财守者，计其用谷之数，分送宫正、内宰，使守而颁之也。而行出于廪人，其有空缺，则计之还

---

❶ “廪”，阮校云嘉靖本作“禀”，疏引注亦作“禀”，当据正。

❷ “大祭祀则共其接盛”，阮校云《释文》“则接，依注音扱”，陆本则“共其”二字为衍。

❸ “壹”，阮本作“一”，阮校云“壹”非，郑于注中皆不用古字，《释文》作“一扱”可证。

入。**凡祭祀，共簠簋，实之，陈之。**方曰簠，圆曰簋，盛黍稷稻粱[1]器。**宾客，亦如之，共其礼：车米、筥米、刍禾。**礼，致饔饩之礼。**丧纪，共饭米、熬谷。**饭所以实口，不忍虚也。君用粱，大夫用稷，士用粱，皆四升，实者唯盈。熬谷者，错于棺旁，所以惑蚍蜉也。《丧大记》曰："熬，君四种八筐，大夫三种六筐，士二种四筐，加鱼腊焉。"**以岁时县穜稑之种，以共王后之春献种。**县之者，欲其风气燥达也。郑司农云："春王当耕于藉，则后献其种也。后献其种，见《内宰职》。"**掌米粟之出入，辨其物。**九谷、六米别为书。**岁终，则会计其政。**政，用谷之多少。

仓人，掌粟入之藏。九谷尽藏焉，以粟为主。**辨九谷之物，以待邦用。若谷不足，则止余法用；有余，则藏之，以待凶而颁之。**止，犹杀也。杀余法用，谓道路之委积，所以丰优宾客之属。**凡国之大事，共道路之谷积、食饮之具。**大事，谓丧、戎。

司禄阙。

司稼，掌巡邦野之稼，而辨穜稑之种，周知其名与其所宜地，以为法，而县于邑闾。周，犹遍也。遍知种所宜之地，县以示民，后年种谷用为法也。**巡野观稼，以年之上下出敛法。**敛法者，丰年从正，凶荒则损[2]。若今十伤二三，实除减半。**掌均万民之食，而赒其急，而平其兴。**均，谓度

---

❶ "粱"，底本误"梁"，据阮本改。

❷ "凶荒则损"，阮校引浦镗云《大司徒职》疏两引皆作"俭有所杀"。

其多少。赒，禀其艰厄。兴，所征赋。

舂人，掌共米物。米物，言非一米。**祭祀，共其齍盛之米。**齍[1]盛，谓黍稷稻粱之属，可盛以为簠簋实。**宾客，共其牢礼之米。**谓可以实筐筥。**凡飨食[2]，共其食米。**飨有食米，则飨礼兼燕与食。**掌凡米事。**

饎人，掌凡祭祀共盛。炊而共之。**共王及后之六食。**六食，六谷之饭。**凡宾客，共其簠簋之实。**谓致飧饔。**飨食，亦如之。**

槁人，掌共外内朝冗食者之食。外朝，司寇断狱弊讼之朝也。今司徒府中，有百官朝会之殿，云天子与丞相旧决大事焉。是外朝之存者与？内朝，路门外之朝也。冗食者，谓留治文书，若今尚书之属，诸直上者。**若飨耆老、孤子、士庶子，共其食。**士庶子，卿大夫、士之子弟宿卫王宫者。**掌豢祭祀之犬。**养犬豕曰豢。不于饎人言者，言其共至尊，虽其潘瀾戋余，不可亵也。

---

[1] “齍”，阮校云经作“齍”，注作“粢”，此当作“粢”。
[2] “凡飨食”，阮本无“食”。

卷第五

春官宗伯第三

惟王建国，辨方正位，体国经野，设官分职，以为民极。乃立春官宗伯，使帅其属而掌邦礼，以佐王和邦国。礼，谓曲礼五，吉、凶、宾、军、嘉，其别三十有六。郑司农云："宗伯，主礼之官，故《书·尧典》曰：'帝曰："咨！四岳，有能典朕三礼？"佥曰："伯夷。"帝曰："俞，咨伯，女作秩宗。"'宗官又主鬼神，故《国语》曰：'使名姓之后，能知四时之生，牺牲之物，玉帛之类，采服之宜，彝器之量，次主之度，屏摄之位，坛场之所，上下之神祇，氏姓之所出，而率旧典者为之宗。'《春秋》'禘于大庙，跻僖公'，而《传》曰'夏父弗忌为宗人'，又曰'使宗人衅夏献其礼'。《礼[1]·特牲》曰：'宗人升自西阶，视壶濯及豆笾。'然则唐虞历三代，以宗官典国之礼与其祭祀，汉之大常是也。"**礼官之属：大宗伯，卿一人。小宗伯，中大夫二人。肆师，下大夫四人；上士八人，中士十有六人，旅下士三十有二人；府六人，史十有二人，胥十有二人，徒百有二十人。**肆，犹陈也。肆师佐宗伯，陈列祭祀之位及牲器粢盛。

---

[1] "礼"，原文误作"郊"，据岳本、阮本改。

郁人，下士二人；府二人，史一人，徒八人。郁，郁金香草，宜以和鬯。

鬯人，下士二人；府一人，史一人，徒八人。鬯，酿秬为酒，芬香条畅于上下也。秬如黑黍，一稃二米。

鸡人，下士一人；史一人，徒四人。

司尊彝，下士二人；府四人，史二人，胥二人，徒二十人。彝，亦尊也。郁鬯曰彝。彝，法也，言为尊之法。

司几筵，下士二人；府二人，史一人，徒八人。筵，亦席也。铺陈曰筵❶，藉之曰席。然其言之筵席通矣。

天府，上士一人，中士二人；府四人，史二人，胥二人，徒二十人。府，物所藏。言天者，尊此所藏，若天物然。

典瑞，中士二人；府二人，史二人，胥一人，徒十人。瑞，节信也。典瑞若今符玺郎。

典命，中士二人；府二人，史二人，胥一人，徒十人。命，谓王迁秩群臣之书。

司服，中士二人；府二人，史一人，胥一人，徒十人。

典祀，中士二人❷，下士四人；府二人，史二人，胥四人，徒四十人。

守祧，奄八人，女祧每庙二人，奚四人。远庙曰祧，

---

❶ “铺陈曰筵”，阮校云《释文》作“铺之”，释曰“所云筵席，惟据铺之先后为名”，则贾本亦作“铺之”矣，今本作“陈”，非。孙诒让云贾疏两见“铺陈”，此说未确。

❷ “中士二人”，于鬯云此四字衍。

周为文王、武王庙，迁主藏焉。奄，如今之宦者。女祧，女奴有才知者。天子七庙，三昭三穆。奚，女奴也。

世妇，每宫卿二人；下大夫四人；中士八人；女府二人，女史二人，奚十有六人。世妇，后宫官也。王后六宫。汉始大长秋、詹事、中少府、大仆亦用士人。女府、女史，女奴有才知者。

内宗，凡内女之有爵者。内女，王同姓之女，谓之内宗。有爵，其嫁于大夫及士者。凡，无常数之言。

外宗，凡外女之有爵者。外女，王诸姑姊妹之女，谓之外宗。

冢人，下大夫二人；中士四人；府二人，史四人，胥十有二人，徒百有二十人。冢，封土为丘垄，象[1]冢而为之。

墓大夫，下大夫二人；中士八人；府二人，史四人，胥二十人，徒二百人。墓，冢茔之地，孝子所思慕之处。

职丧，上士二人，中士四人，下士八人；府二人，史四人，胥四人，徒四十人。职，主也。

大司乐，中大夫二人。乐师，下大夫四人；上士八人，下士十有六人；府四人，史八人，胥八人，徒八十人。大司乐，乐官之长。

大胥，中士四人。小胥，下士八人；府二人，史四人，徒四十人。胥，有才知之称。《礼记·文王世子》曰："小乐正学干，大胥佐之。"

---

[1] "象"，底本漫漶，据阮本补。

大师，下大夫二人。小师，上士四人。瞽蒙，上瞽四十人，中瞽百人，下瞽百有六十人。视瞭，三百人，府四人，史八人，胥十有二人，徒百有二十人。凡乐之歌，必使瞽蒙为焉。命其贤知者以为大师、小师。晋杜蒯云："旷也，大师也。"视，读为[1]"虎视"之视。瞭，目明者。郑司农云："无目眹谓之瞽，有目眹而无见谓之蒙，有目无眸子谓之瞍。"

典同，中士二人；府一人，史一人，胥二人，徒二十人。同，阴律也。不以阳律名官者，因其先言耳。《书》曰："协时月，正日，同律度量衡。"《大师职》曰："执同律以听军声。"

磬师，中士四人，下士八人；府四人，史二人，胥四人，徒四十人。

钟师，中士四人，下士八人；府二人，史二人，胥六人，徒六十人。

笙师，中士二人，下士四人；府二人，史二人，胥一人，徒十人。

镈师，中士二人，下士四人；府二人，史二人，胥二人，徒二十人。镈，如钟而大。

韎师，下士二人；府一人，史一人，舞者十有六人，徒四十人。郑司农说[2]以《明堂位》曰"昧[3]，东夷之乐"，

---

[1] "为"，岳本作"如"。
[2] "说"，阮本作"云"。
[3] "昧"，八行本、岳本、闽本、毛本、阮本作"韎"。

读如“味食饮”之味。杜子春读韎为“菋茎著”之菋。玄谓读如“韎韐”之韎。

旄人，下士四人；舞者众寡无数，府二人，史二人，胥二人，徒二十人。旄，旄牛尾，舞者所持以指麾。

籥师，中士四人；府二人，史二人，胥二人，徒二十人。籥，舞者所吹。《春秋》宣八年：“壬午，犹绎，《万》入去籥。”《传》曰：“去其有声者，废其无声者。”《诗》云：“左手执籥，右手秉翟。”

籥章，中士二人，下士四人；府一人，史一人，胥二人，徒二十人。籥章，吹籥以为诗章。

鞮鞻❶氏，下士四人；府一人，史一人，胥二人，徒二十人。鞻，读如❷屦也。鞮屦，四夷舞者所屝也。❸今时倡蹋鼓沓行者，自有屝。

典庸器，下士四人；府四人，史二人，胥八人，徒八十人。庸，功也。郑司农云：“庸器，有功者铸器铭其功。《春秋传》曰：‘以所得于齐之兵，作林钟而铭鲁功焉。’”

司干，下士二人；府二人，史二人，徒二十人。干，舞者所持，谓盾也。《春秋传》曰：“万者何？干舞也。”

大卜，下大夫二人。卜师，上士四人。卜人，中士

---

❶ “鞮鞻”，阮校云《说文》作“趧娄”。

❷ “如”，阮校云岳本作“为”，当据正。

❸ “鞮屦四夷舞者所屝也”，“屦”，阮本作“履”。阮校云《文选·魏都赋》注引此无“所”字，自是古本。孙诒让云无“所”字自是古本，段氏《汉制考》亦谓不当有“所”字。

八人，下士十有六人；府二人，史二人，胥四人，徒四十人。问龟曰卜。大卜，卜筮官之长。

龟人，中士二人；府二人，史二人，工四人，胥四人，徒四十人。工，取龟、攻龟。

菙氏，下士二人；史一人，徒八人。燋焌用荆菙之类。

占人，下士八人；府一人，史二人，徒八人。占蓍龟之卦，兆吉凶。

簭人，中士二人；府一人，史二人，徒四人。问蓍曰筮，其占《易》。

占梦，中士二人；史二人，徒四人。

视祲，中士二人；史二人，徒四人。祲，阴阳气相侵，渐成祥者。鲁史梓慎云："吾见赤黑之祲。"

大祝，下大夫二人；上士四人。大祝，祝官之长。[1]

小祝，中士八人，下士十有六人；府二人，史四人，胥四人，徒四十人。

丧祝，上士二人，中士四人，下士八人；府二人，史二人，胥四人，徒四十人。

甸祝，下士二人；府一人，史一人，徒四人。甸之言田也，田狩之祝。

诅祝，下士二人；府一人，史一人，徒四人。诅，谓祝之使沮败也。

司巫，中士二人；府一人，史一人，胥一人，徒十

---

[1] "大祝祝官之长"，此注原误"小祝"下。

人。司巫，巫官之长。

男巫，无数。

女巫，无数。其师，中士四人；府二人，史四人，胥四人，徒四十人。巫，能制神之处位次主者。

大史，下大夫二人；上士四人。大史，史官之长。[1]

小史，中士八人，下士十有六人；府四人，史八人，胥四人，徒四十人。

冯相氏，中士二人，下士四人；府二人，史四人，徒八人。冯，乘也。相，视也。世登高台，以视天文之次序。天文属大史。《月令》曰："乃命大史，守典奉法，司天日月星辰之行，宿离不贷[2]。"

保章氏，中士二人，下士四人；府二人，史四人，徒八人。保，守也。世守天文之变。

内史，中大夫一人，下大夫二人；上士四人，中士八人，下士十有六人；府四人，史八人，胥四人，徒四十人。

外史，上士四人，中士八人，下士十有六人；胥二人，徒二十人。

御史，中士八人，下士十有六人；其史百有二十人，府四人，胥四人，徒四十人。御，犹侍也，进也。其史百有二十人，以掌赞书人多也。

巾车，下大夫二人；上士四人，中士八人，下士十

---

❶ "大史史官之长"，此注原误"小史"下。

❷ "贷"，阮校云《释文》作"貣"是。

有六人；府四人，史八人，工百人，胥五人，徒五十人。巾，犹衣也。巾车，车官之长。

典路，中士二人，下士四人；府二人，史二人，胥二人，徒二十人。路，王之所乘车。

车仆，中士二人，下士四人；府二人，史二人，胥二人，徒二十人。

司常，中士二人，下士四人；府二人，史二人，胥四人，徒四十人。司常，主王旌旗。

都宗人，上士二人，中士四人；府二人，史四人，胥四人，徒四十人。都，谓王子弟所封及公卿所食邑。

家宗人，如都宗人之数。家，谓大夫所食采邑❶。

凡以神士者无数，以其艺为之贵贱之等。以神士者，男巫之俊，有学问才知者。艺，谓礼、乐、射、御、书、数。高者为上士，次之为中士，又次之为下士。

大宗伯之职，掌建邦之天神、人鬼、地示❷之礼，以佐王建保邦国。建，立也。立天神地祇人鬼之礼者，谓祀之，祭之，享之。礼，吉礼是也。保，安也。所以佐王立安邦国者，王❸谓凶礼、宾礼、军礼、嘉礼也。目吉礼于上，承以立安邦国者，互以相成，明尊鬼神，重人事。以吉礼事邦国之鬼神示，事，谓祀之，祭之，享之。故书吉或为告，杜子春云："书为告礼者，非是。当为吉礼，书亦多为吉礼。"

---

❶ "邑"，八行本作"地"。

❷ "示"，阮校云经作"示"，注作"祇"，通书准此。

❸ "王"，八行本、岳本、阮本作"主"。

吉礼之别十有二。**以禋祀祀昊天上帝，以实柴祀日、月、星、辰，槱燎祀司中、司命、风师、雨师。**禋之言烟，周人尚臭，烟，气之臭闻者。槱，积也。《诗》曰："芃芃棫朴，薪之槱之。"三祀皆积柴实牲体焉，或有玉帛，燔燎而升烟，所以报阳也。郑司农云："昊天，天也。上帝，玄天也。昊天上帝，乐以《云门》。实柴，实牛柴上也。故书实[1]柴或为宾柴。司中，三能三阶也。司命，文昌宫星。风师，箕也。雨师，毕也。"玄谓昊天上帝，冬至于圆丘所祀天皇大帝。星，谓五纬。辰，谓日月所会十二次。司中、司命，文昌第五第四星，或曰中能、上能也。祀五帝亦用实柴之礼云。**以血祭祭社稷、五祀、五岳，以狸沉祭山林、川泽，以疈辜祭四方百物，**不言祭地，此皆地祇，祭地可知也。阴祀自血起，贵气臭也。社稷，土谷之神，有德者配食焉。共工氏之子曰句龙，食于社；有厉山氏之子曰柱，食于稷。汤迁之而祀弃。故书祀作禩，疈为罢。郑司农云："禩，当为祀，书亦或作祀。五祀，五色之帝于王者宫中，曰五祀。罢辜，披磔牲以祭，若今时磔狗祭以止风。"玄谓此五祀者，五官之神在四郊，四时迎五行之气于四郊，而祭五德之帝，亦食此神焉。少昊氏之子曰重，为句芒，食于木；该为蓐收，食于金；修及熙为玄冥，食于水。颛顼氏之子曰黎，为祝融、后土，食于火土。五岳，东曰岱宗，南曰衡山，西曰华山，北曰恒山，中曰嵩高山。不见四窦者，四窦，五岳之匹，或省文。祭山林曰埋，川泽曰沈，顺其性之含藏。疈，疈牲胸也。疈而磔之，

---

[1] "实"，底本漫漶，据阮本补。

谓磔攘及蜡祭。《郊特牲》曰："八蜡以记四方，四方年不顺成，八蜡不通，以谨民财也。"又曰："蜡之祭也，主先啬而祭司啬也，祭百种以报啬也。飨农及邮表畷、禽兽，仁之至、义之尽也。"**以肆献祼享先王，以馈食享先王，以祠春享先王，以禴夏享先王，以尝秋享先王，以烝冬享先王。**宗庙之祭，有此六享。肆献祼，馈食，在四时之上，则是祫也，禘也。肆者，进所解牲体，谓荐孰时也。献，献醴，谓荐血腥也。祼之言灌，灌以郁鬯，谓始献尸求神时也。《郊特牲》曰："魂气归于天，形魄归于地，故祭所以求诸阴阳之义也。殷人先求诸阳，周人先求诸阴。"灌是也。祭必先灌，乃后荐腥荐孰。于祫逆言之者，与下共文，明六享俱然。祫言肆献祼，禘言馈食者，著有黍稷，互相备也。鲁礼，三年丧毕，而祫于大祖；明年春，禘于群庙。自尔以后，五年而再殷祭[1]，一祫一禘。**以凶礼哀邦国之忧，**哀，谓救患分灾。凶礼之别有五。**以丧礼哀死亡，**哀，谓亲者服焉，疏者含襚。**以荒礼哀凶札，**荒，人物有害也。《曲礼》曰："岁凶，年谷不登，君膳不祭肺，马不食谷，驰道不除，祭事不县，大夫不食粱，士饮酒不乐。"札，读为截。截，谓疫厉。**以吊礼哀祸灾，**祸灾，谓遭水火。"宋大水，鲁庄公使人吊焉，曰：'天作淫雨，害于粢盛，如何不吊。'""厩焚，孔子拜乡人为火来者，拜之，士一，大夫再。亦相吊之道。"**以禬礼哀围**

---

❶ "五年而再殷祭"，岳本、闽本、毛本、阮本"五"上有"率"。阮校云《释文》大书"率五"二字为音，是陆本有"率"字。释曰"云'自尔以后，五年而再殷祭'者，《公羊传》文"，是贾本无"率"字。孙诒让云《王制》注亦无"率"。

败，同盟者合会[1]财货，以更其所丧。《春秋》襄三十年冬，会于澶渊，宋灾故，是其类。**以恤礼哀寇乱。**恤，忧也。邻国相忧。兵作于外为寇，作于内为乱。**以宾礼亲邦国：**亲，谓使之相亲[2]附。宾礼之别有八。**春见曰朝，夏见曰宗，秋见曰觐，冬见曰遇，时见曰会，殷见曰同。**此六礼者，以诸侯见王为文。六服之内，四方以时分来，或朝春，或宗夏，或觐秋，或遇冬，名殊礼异，更递而遍。朝，犹朝也，欲其来之早。宗，尊也，欲其尊王。觐之言勤也，欲其勤王之事。遇，偶也，欲其若不期而俱[3]至。时见者，言无常期，诸侯有不顺服者，王将有征讨之事，则既朝觐，王为坛于国外，合诸侯而命事焉。《春秋传》曰"有事而会，不协而盟"是也。殷，犹众也。十二岁王如不巡守，则六服尽朝，朝礼既毕，王亦为坛，合诸侯以命政焉。所命之政，如王巡守。殷见，四方四时分来，终岁则遍。**时聘曰问，殷覜曰视。**时聘者，亦无常期，天子有事乃聘之焉。竟外之臣，既非朝岁，不敢渎为小礼。殷覜，谓一服朝之岁，以朝者少，诸侯乃使卿以大礼众聘焉。一服朝在元年、七年、十一年。**以军礼同邦国：**同，谓威其不协僭差者。军礼之别有五。**大师之礼，用众也；**用其义勇。**大均之礼，恤众也；**均其地政、地守、地职之赋，

---

❶ "合会"，阮校云闽本、监本、毛本作"会合"，与贾疏本同。
❷ "谓使之相亲"，底本漫漶，据阮本补。
❸ "俱"，阮校云闽本、监本、毛本作"偶"，贾疏引注亦作俱。

所以忧民。**大田之礼，简众[1]也；**古者因田习兵，阅其车徒之数。**大役之礼，任众也；**筑宫邑，所以事民力强弱。**大封之礼，合众也。**正封疆沟涂之固，所以合聚其民。**以嘉礼亲万民：**嘉，善也。所以因人心所善[2]者，而为之制。嘉礼之别有六。**以饮食之礼亲宗族兄弟，**亲者，使之相亲。人君有食宗族饮酒之礼，所以亲之也。《文王世子》曰："族食世降一等。"《大传》曰："系之以姓而弗别，缀之以食而弗殊，百世而昏姻不通者，周道然也。"**以昏冠之礼，亲成男女；**亲其恩，成其性。**以宾射之礼，亲故旧朋友；**射礼，虽王，亦立宾主也。王之故旧朋友，为世子时，共在学者。天子亦有友诸侯之义。武王誓曰"我友邦冢君"是也。《司寇职》有议故之辟，议宾之辟。**以飨燕之礼，亲四方之宾客；**宾客，谓朝聘者。**以脤膰之礼，亲兄弟之国；**脤膰，社稷宗庙之肉，以赐同姓之国，同福禄也。兄弟，有共先王者。鲁定公十四年，天王使石尚来归脤。**以贺庆之礼，亲异姓之国。**异姓，王昏姻甥舅。**以九仪之命，正邦国之位：**每命异仪，贵贱之位乃正。《春秋传》曰："名位不同，礼亦异数。"**壹命受职，**始见命为正吏，谓列国之士，于[3]子男为大夫，王之下士亦一命[4]。郑司农云："受职，治职事。"**再命受服，**郑司农云：

---

❶ "简众"，阮校云《释文》"阅众，音悦"。释曰："简，阅也。"此或音注"阅其车徒之数"而误涉经文。孙诒让云此盖注"阅其"作"阅众"。

❷ "善"，底本漫漶，据阮本补。

❸ "于"，底本漫漶，据阮本补。

❹ "命"，底本漫漶，据阮本补。

“受服，受祭衣服，为上士。”玄谓此受玄冕之服，列国之大夫再命，于子男为卿。卿大夫自玄冕而下，如孤之服。王之中士亦[1]再命，则爵弁服[2]。**三命受位，**郑司农云：“受下大夫之位。”玄谓此列国之卿，始有列位于王，为王之臣也。王之上士亦三命。**四命受器，**郑司农云：“受祭器为[3]上大夫。”玄谓此公之孤始得有祭器者也。《礼运》曰：“大夫具官，祭器不假，声乐皆具，非礼也。”王之下大夫亦四命。**五命赐则，**郑司农云：“则者，法也。出为子男。”玄谓则，地未成国之名。王之下大夫四命，出封加一等，五命，赐之以方百里、二百里之地者，方三百里以上为成国。王莽时以二十五成为则，方五十里，合今俗说子男之地，独刘子骏等识古有此制焉。**六命赐官，**郑司农云：“子男入为卿，治一官也。”玄谓此王六命之卿赐官者，使得自置其臣，治家邑如诸侯。《春秋》襄十八年冬，晋侯以诸侯围齐，荀偃为君祷河，既陈齐侯之罪，而曰曾臣彪将率诸侯以讨焉，其官臣偃实先后之。**七命赐国，**王之卿六命，出封加一等者。郑司农云：“出就侯伯之国。”**八命作牧，**谓侯伯有功德者，加命得专征伐于诸侯。郑司农云：“一州之牧。王之三公亦八命。”**九命作伯。**上公有功德者，加命为二伯，得征五侯九伯者。郑司农云：“长诸侯为方伯。”**以玉作六瑞，以等邦国：**等，犹齐

---

[1] “士亦”，底本漫漶，据阮本补。

[2] “则爵弁服”，阮校引浦镗云“则”上脱“士”。释曰“云‘士则爵弁服’者，凡言士者，无问天子士、诸侯士，例皆爵弁以助祭也”。此贾疏本有“士”字之明证。

[3] “为”，底本漫漶，据阮本补。

等也。**王执镇圭，**镇，安也，所以安四方。镇圭者，盖以四镇之山为琢[1]饰，圭长尺有二寸。**公执桓圭，**公，二王之后及王之上公。双植谓之桓。桓，宫室之象，所以安其上也。桓圭盖亦以桓为琢饰，圭长九寸。**侯执信圭，伯执躬圭，**信，当为身，声之误也。身圭、躬圭，盖皆象以人形为琢饰，文有粗缛耳。欲其慎行以保身。圭皆长七寸。**子执谷璧，男执蒲璧。**谷所以养人，蒲为席，所以安人。二玉盖或以谷为饰[2]，或以蒲为琢饰。璧皆径五寸。不执圭者，未成国也。**以禽作六挚，以等诸臣：**挚之言至，所执以自致。**孤执皮帛，卿执羔，大夫执雁，士执雉，庶人执鹜，工商执鸡。**皮帛者，束帛而表以皮为之饰。皮，虎豹皮。帛，如今璧色缯也。羔，小羊，取其群而不失其类。雁取其候时而行。雉取其守介而死，不失其节。鹜取其不飞迁。鸡取其守时而动。《曲礼》曰“饰羔雁者以缋”，谓衣之以布而又画之者。自雉以下，执之无饰。士相见之礼，卿大夫饰挚以布，不言缋。此诸侯之臣与天子之臣异也。然则天子之孤饰挚以虎皮，公之孤饰挚以豹皮与？此孤、卿、大夫、士之挚，皆以爵，不以命数。凡挚无庭实。**以玉作六器，以礼天地四方：**礼，谓始告神时荐于神坐。《书》曰“周公植璧秉圭”是也。**以苍璧礼天，以黄琮礼地，以青圭礼东方，以赤璋礼南方，以白琥礼西方，以玄璜礼北方。**此礼天以冬至，谓天皇大帝，在北极者也。礼

---

[1] “琢”，岳本、阮本作“瑑”，此卷内同。

[2] “二玉盖或以谷为饰”，阮校引段玉裁云“为”下脱“瑑”字。

地以夏至，谓神在昆仑者也。礼东方以立春，为❶苍精之帝，而大昊、句芒食焉。礼南方以立夏，谓赤精之帝，而炎帝、祝融食焉。礼西方以立秋，谓白精之帝，而少昊、蓐收食焉。礼北方以立冬，谓黑精之帝，而颛顼、玄冥食焉。礼神者必象其类：璧圜，象天；琮八方，象地；圭锐，象春物初生；半圭曰璋，象夏物半死；琥猛，象秋严；半璧❷曰璜，象冬闭藏，地上无物，唯天半见。**皆有牲币，各放其器之色。**币以从爵，若人饮酒有酬币。**以天产作阴德，以中礼防之。以地产作阳德，以和乐防之。**郑司农云："阴德，谓男女之情，天性生而自然者。过时则奔随，先时则血气未定，圣人为制其中，令民三十而娶，女二十而嫁，以防其淫泆，令无失德。情性隐而不露，故谓之阴德。阳德，谓分地利以致富。富者之失，不骄奢则吝啬，故以和乐防之。乐所以涤荡❸邪秽，道人之正性者也。一说：地产谓土地之性各异，若齐性舒缓，楚性急悍，则以和乐防其失，令无失德，乐所以移风易俗者也。此皆露见于外，故谓之阳德。阳德阴德不失其正，则民和而物各得其理，故曰以谐万民，以致百物。"玄谓天产者动物，谓六牲之属；地产者植物，谓九谷之属。阴德，阴气在人者。阴气虚，纯之则劣，故食动物，作之使动，过则伤性，制中礼以节之。阳德，阳气在人者。阳气盈，纯之则躁，故食植物，作之使静，过则伤性，制和乐以节之。如是，然后阴阳平，情性和，而能育其类。**以礼乐合天地**

❶ "为"，阮本作"谓"，疏引注同。
❷ "半璧"，底本漫漶，据阮本补。
❸ "涤荡"，阮校云《释文》作"荡涤"，今本误倒。

之化、百物之产，以事鬼神，以谐万民，以致百物。礼济虚，乐损盈，并行则四者乃得其和。能生非类曰化，生其种曰产。**凡祀大神、享大鬼、祭大示，帅执事而卜日，宿，视涤濯，莅玉鬯，省牲[1]镬，奉玉齍，诏大号，治其大礼，诏相王之大礼。**执事，诸有事于祭者。宿，申戒[2]也。涤濯，溉祭器也。玉，礼神之[3]玉也。始莅之，祭又奉之。镬，亨牲器也。大号，六号之大者，以诏大祝，以为祝辞。治，犹简习也。豫简习大礼，至祭，当以诏相王。群臣[4]礼为小礼。故书莅作立。郑司农读为莅。莅，视也。**若王[5]不与祭祀，则摄位。**王有故，代行其祭事。**凡大祭祀，王后不与，则摄而荐豆笾，彻。**[6]荐彻豆笾，王后之事。**大宾客，则摄而载果。**载，为也。果，读为祼。代王祼宾客以鬯。君无酌臣之礼[7]，言为者，摄酌献耳，拜送则王也。郑司农云："王不亲为[8]主。"**朝觐会同，则为上相。大丧，亦如之。王哭诸侯，亦如之。**相，诏王礼也。出接[9]宾曰摈，入诏礼曰相。相者五人，卿为上摈。大丧，王后及世子也。哭诸侯者，谓薨于国，为位而哭之。《檀弓》曰："天子之哭诸侯也，爵弁，绖，紂衣。"**王命诸侯，则傧。**傧，进之也。王

---

❶ "牲"，底本漫漶，据阮本补。

❷ "宿申戒"，底本漫漶，据阮本补。

❸ "礼神之"，底本漫漶，据阮本补。

❹ "群臣"，阮校引《汉读考》云乃"群神"之误，对大神、大鬼、大祇言也，《小宗伯》注云"小礼群神之礼"亦可证。贾疏依误立说，不可从。

❺ "若王"，底本漫漶，据阮本补。

❻ "荐豆笾彻"，王引之引王念孙云当为"荐彻豆笾"。

❼ "礼"，底本漫漶，据阮本补。

❽ "为"，底本漫漶，据阮本补。

❾ "接"，底本漫漶，据阮本补。

将出命，假祖庙，立依前，南乡。傧者进，当命者延之，命使登。内史由王右以策命之。降，再拜稽首，登，受策以出。此其略也。诸侯爵禄其臣，则于祭焉。**国有大故，则旅上帝及四望。**故，谓凶灾。旅，陈也。陈其祭事以祈焉，礼不如祀之备也。上帝，五帝也。郑司农云："四望，日、月、星、海。"玄谓四望，五岳、四镇、四渎。**王大封，则先告后土。**后土，土神也，黎所食者。**乃颁祀于邦国、都家、乡邑。**颁，读为班。班其所当祀及其礼。都家之乡邑，谓王子弟及公卿大夫所食采地。

小宗伯之职，掌建国之神位，右社稷，左宗庙。库门内、雉门外之左右。故书位作立。郑司农立读为位❶，古者立、位同字。古文《春秋经》公即位为公即立。**兆❷五帝于四郊，四望、四类亦如之。**兆，为坛之营域。五帝，苍曰灵威仰，大昊食焉；赤曰赤熛怒，炎帝食焉；黄曰含枢纽，黄帝食焉；白曰白招拒，少昊食焉；黑曰汁光纪，颛顼食焉。黄帝亦于南郊。郑司农云："四望，道气出入。四类，三皇、五帝、九皇、六十四民咸祀之。"玄谓四望，五岳、四镇、四窦。四类，日、月、星、辰，运行无常，以气类为之位。兆日于东郊，兆月与风师于西郊，兆司中司命于南郊，兆雨师于北郊。**兆山川、丘陵、坟衍，各因其方。**顺其所在。**掌五礼之**

---

❶ "郑司农立读为位"，岳本、阮本农下有云。

❷ "兆"，阮校引《说文·土部》云"垗，畔也。为四畤界，祭其中。《周礼》曰'垗五帝于四郊'，从土兆声"。许君盖读兆为垗。《说文》"兆，分也"，《周礼》故书用假借字，故作"兆"。许所据《周礼》实作"垗"，非改字，今亦未辨"兆"为故书与今书，凡若此类，不可臆决。

禁令与其用等。用等，牲器尊卑之差。郑司农云：“五礼，吉、凶、宾、军、嘉。”**辨庙祧之昭穆。**祧，迁主所藏之庙。自始祖之后，父曰昭，子曰穆。**辨吉凶之五服、车旗、宫室之禁。**五服，王及公、卿、大夫、士之服。**掌三族之别，以辨亲疏。其正室皆谓之门子，掌其政令。**三族，谓父子孙，人属之正名。《丧服小记》曰：“亲亲以三为五，以五为九。”正室，適子也，将代父当门者也。政令，谓役守之事。**毛六牲，辨其名物，而颁之于五官，使共奉之。**毛，择毛也。郑司农云：“司徒主牛，宗伯主鸡，司马主马及羊，司寇主犬，司空主豕。”**辨六齍之名物与其用，使六宫之人共奉之。**齍，读为粢。六粢，谓六谷：黍、稷、稻、粱、麦、苽。**辨六彝之名物，以待果将。**六彝，鸡彝、鸟彝、斝彝、黄彝、虎彝、蜼彝。果，读为祼。**辨六尊之名物，以待祭祀、宾客。**待者，有事则给之。郑司农云：“六尊，献尊、象尊、壶尊、著尊、大尊、山尊。”**掌衣服、车旗、宫室之赏赐。**王以赏赐有功者。《书》曰：“车服以庸。”**掌四时祭祀之序事与其礼。**序事，卜日、省牲[1]、视涤濯、饔爨之事，次序之时。**若国大贞，则奉玉帛以诏号。**号，神号，币号。郑司农云：“大贞，谓卜立君，卜大封。”**大祭祀，省牲，视涤濯。祭之日，逆齍，省镬，告时于王，告备于王。**逆齍，受饎人之盛以入。省镬，视亨腥孰，时荐陈之晚早。备谓馔具。**凡祭祀、宾客，以时将瓒果。**将，送也，犹奉也。祭祀，以时奉而授王；宾客，以时奉而授宗伯。

---

❶“省牲”，底本漫漶，据阮本补。

天子圭瓒，诸侯璋瓒。**诏相祭祀之小礼。凡大礼，佐大宗伯。**小礼，群臣之礼。**赐卿、大夫、士爵，则傧。**赐，犹命也。傧之，如命诸侯之仪。《春秋》文元年，天王使毛伯来锡公命。《传》曰："锡者何？赐也。命者何？加我服也。"

小祭祀，掌事，如大宗伯之礼。大宾客，受其将币之赍。谓所赍来贡献之财物。**若大师，则帅有司而立军社、奉主车。**有司，大祝也。王出军，必先有事于社及迁庙，而以其主行。社主曰军社，迁主曰祖。《春秋传》曰："军行祓社衅鼓，祝奉以从。"《曾子问》曰："天子巡守，以迁庙主行，载于齐车，言必有尊也。"《书》曰："用命赏于祖，不用命戮于社。"社之主盖用石为之。奉，谓将行。**若军将有事，则与祭有司将事于四望。**[1] 军将有事，将与敌合战也。郑司农云："则与祭，谓军祭表祃军社之属，小宗伯与其祭事。"玄谓与祭有司，谓大祝之属，盖司马之官实典焉。**若大甸，则帅有司而馌兽于郊，遂颁禽。**甸，读曰田。有司，大司马之属。馌，馈也。以禽馈四方之神于郊，郊有群神之兆。颁禽，谓以予群臣。《诗传》曰："禽虽多，择取三十焉，其余以予大夫士，以习射于泽宫而分之。"**大灾，及执事祷祠于上下神示。**执事，大祝及男巫、女巫也。求福曰祷，得求曰祠。诔曰："祷尔于上下神祇。"郑司农云："小宗伯与执事共祷祠。"**王崩，大肆，以秬鬯渳；**郑司农云："大肆，大浴也。杜子春读渳为泯。以秬鬯，浴尸。"玄谓大肆，始陈尸，伸之。**及执事莅大敛、小敛，**

---

[1] "若军将有事则与祭有司将事于四望"，王引之云"于四望"三字当在"若军将有事"之下。俞樾云"有司将事"四字衍。

帅异族而佐。执事，大祝之属。莅，临也。亲敛者盖事官之属为之。《丧大记》曰："小敛，衣十九称，君大夫士一也。大敛，君百称，大夫五十称，士三十称。"异族佐敛，疏者可以相助。**县衰冠之式于路门之外。**制色宜齐同。**及执事视葬献器[1]，遂哭之。**执事，盖梓匠之属。至将葬，献明器之材，又献素献成，皆于殡门外。王不亲哭，有官代之。**卜葬兆，甫竁，亦如之。**兆，墓茔域。甫，始也。郑大夫读竁皆为穿，杜子春读竁为毳[2]，皆谓葬穿圹也。今南阳名穿地为竁，声如腐脆之脆。**既葬，诏相丧祭之礼。**丧祭，虞祔也。《檀弓》曰："葬日虞，弗忍一日离也。是日也，以虞易奠。卒哭曰成事，是日也，以吉祭易丧祭。明日祔于祖父。"**成葬而祭墓，为位。**成葬，丘已封也。天子之冢，盖不一日而毕。位，坛位也。先祖形体托于此地，祀其神以安之。《冢人职》曰："大丧既有日，请度，甫竁遂为之尸。"**凡王之会同、军旅、甸役之祷祠，肄仪为位。**肄，习也。故书肄为肆，仪为义。杜子春读肆当为肄，义为仪，谓若今时肄司徒府也，小宗伯主其位。**国有祸灾，则亦如之。**谓有所祷祈。**凡天地之大灾，类社稷宗庙，则为位。**祷祈礼轻。类者，依其正礼而为之。**凡国之大礼，佐大宗伯。凡小礼，掌事，如大宗伯之仪。**

肆师之职，掌立国祀之礼，以佐大宗伯。佐，助也。

---

❶ "及执事视葬献器"，于鬯云此句当以"及执事视"为读，"葬"为读。

❷ "读竁为毳"，阮校引《汉读考》作"读毳为竁"，谓经文亦本作"甫毳"。

立大祀，用玉帛、牲牷。立次祀，用牲币。立小祀，用牲。郑司农云："大祀，天地。次祀，日月星辰。小祀，司命已下。"玄谓大祀又有宗庙，次祀又有社稷、五祀、五岳，小祀又有司中、风师、雨师、山川、百物。**以岁时序其祭祀及其祈珥。**序，第次其先后大小。故书祈为几。杜子春读几当为祈，珥为饵[1]。玄谓祈当为"进禨"之"禨"，珥当为衈。禨衈者，衅礼之事。《杂记》曰："成庙则衅之。雍人举羊升屋，自中，中屋南面，刲羊，血流于前，乃降。门、夹[2]室皆用鸡，其衈皆于屋下。割鸡，门、当门，夹室、中室。"然则是禨谓羊血也。《小子职》曰"掌珥于社稷，祈于五祀"是也。亦谓其宫兆始成时也。《春秋》僖十九年夏，"邾人执鄫子，用之"。《传》曰："用之者何？盖叩其鼻以衈社也。"**大祭祀，展牺牲，系于牢，颁于职人。**展，省阅也。职，读为枳。枳，可以系牲者。此枳人，谓充人及监门人。**凡祭祀之卜日、宿、为期，诏相其礼，视涤濯亦如之。**宿，先卜祭之夕[3]。**祭之日，表齍盛，告洁；展器陈，告备；及果，筑鬻。相治小礼，诛其慢怠者。**粢，六谷也，在器曰盛。陈，陈列也。果筑鬻者，所筑鬻以祼也。故书表为剽。剽表皆谓徽识也。郑司农云："筑煮，筑[4]香草，煮以为鬯。"

---

[1] "珥为饵"，阮校引《礼说》云《杂记》"衅庙衈于屋下"；《东山经》曰"祠毛用一犬祈聃"，注云"聃音饵，以血涂祭为聃也"；《公羊传》"盖叩其鼻以聃社"，今本《公羊》误作"血社"，《穀梁》作"衈社"；《周礼》皆作"珥"，古文少，假借多。

[2] "夹"，阮校云叶钞《释文》作"侠"。

[3] "夕"，八行本作"日"。

[4] "筑"，底本漫漶，据阮本补。

掌兆中、庙中之禁令。兆，坛茔域。**凡祭祀礼成，则告事毕。大宾客，莅筵几，筑鬻，**此王所以礼宾客。**赞果将。**酌郁鬯，授大宗伯载祼。**大朝觐，佐傧。**为承傧。**共设匪瓮之礼。**设于宾客之馆。《公食大夫礼》曰："若不亲食，使大夫以侑币致之。豆实实于瓮，簋实实于筐。"匪，其筐字之误与？"礼不亲飨，则以酬币致之"，或者匪以致飨。**飨食，授祭。**授宾[1]祭肺。**与祝侯禳于畺及郊。**侯禳，小祝职也。畺五百里，远郊百里，近郊五十里。**大丧，大渳以鬯，则筑鬻。**筑香[2]草，煮以为鬯，以浴尸。香草，郁也。**令外内命妇序哭。**序，使相次秩。**禁外内命男女之衰不中法者，且授之杖。**外命男，六乡以出也。内命男，朝廷卿、大夫、士也。其妻为外命女。丧服，为夫之君齐衰不杖。内命女，王之三夫人以下。不中法，违升数与裁制者。郑司农云："三日授子杖，五日授大夫杖，七日授士杖，此旧说也。《丧大记》曰：'君之丧，三日，子、夫人杖，五日既殡，授大夫、世妇杖。'无七日授士杖文。"玄谓授[3]杖日数，王丧依诸侯与？七日授士杖，《四制》云。**凡师甸，用牲于社宗，则为位。**社，军社也。宗，迁主也。《尚书传》曰："王升舟入水，鼓钟亚，观台亚，将舟亚，宗庙亚。"故书位为莅。杜子春云："莅，当为位，书亦或为位。宗，谓宗庙。"**类造上帝，封于大神，祭兵于山川，亦如之。**造，犹即也。为兆以类礼，

[1] "授宾"，底本漫漶，据阮本补。
[2] "筑香"，底本漫漶，据阮本补。
[3] "授"，阮本作"受"。

即祭上帝也。类礼，依郊祀而为之者。封，谓坛也。大神，社及方岳也。山川，盖军之所依止。《大传》曰："牧之野，武王之大事也。既事而退，柴于上帝，祈于社，设奠于牧室。"**凡师不功，则助牵主车。**助，助大司马也。故书功为工。郑司农工读为功。古者工与功同字。谓师无功，肆师助牵之，恐为敌所得。**凡四时之大甸猎，祭表貉，则为位。**[1]貉，师祭也。貉，读为[2]"十百"之百。于所立表之处，为师祭造军法者[3]，祷气势之增倍也。其神盖蚩蚘，或曰黄帝。**尝之日，莅卜来岁之芟。**芟，芟草，除田也。古之始耕者，除田种谷。尝者，尝新谷，此芟之功也。卜者，问后岁宜芟不。《诗》云："载芟载柞，其耕泽泽。"**狝之日，莅卜来岁之戒。**秋田为狝，始习兵，戒不虞也。卜者，问后岁兵寇之备。**社之日，莅卜来岁之稼。**社，祭土，为取财焉。卜者，问后岁稼所宜。**若国有大故，则令国人祭。**大故，谓水旱凶荒。所令祭者，社及禜酺。**岁时之祭祀亦如之。**《月令》"仲春命民社"，此其一隅。**凡卿大夫之丧，相其礼。**相其適子。**凡国之大事，治其礼仪，以佐宗伯。**治，谓如今每事者更奏白王，礼也。故书仪为义。郑司农义读为仪。古者书仪但为义，今时所谓义为谊。**凡国之小事，治其礼仪而掌其事，如宗**

---

[1] "凡四时之大甸猎祭表貉则为位"，王引之云"祭"字乃注文"为师祭祭造军法者"误入。

[2] "读为"，孙诒让云《王制》疏引作"读如"，亦通。

[3] "为师祭造军法者"，阮校引孙志祖云《尔雅》疏引注重一"祭"字，较明。孙诒让云《诗·桓》疏引亦重"祭"字，《皇矣》疏引"祭造军法者"以"祭"属下，明当有二"祭"字，《王制》疏引不重，与《诗》疏异。

伯之礼。

郁人，掌祼[1]**器。**祼器，谓彝及舟与瓒。**凡祭祀、宾客之祼事，和郁鬯，以实彝而陈之。**筑郁金，煮之以和鬯酒。郑司农云："郁，草名，十叶为贯，百二十贯为筑，以煮之鐎中，[2]停于祭前。郁为草若兰。"**凡祼玉，濯之陈之，以赞祼事。**祼玉，谓圭瓒、璋瓒。**诏祼将之仪与其节。**节，谓王奉玉送祼早晏之时。**凡祼事，沃盥。大丧之渳，共其肆器；**肆器，陈尸之器。《丧大记》曰："君设大盘造冰焉，大夫设夷盘造冰焉，士并瓦盘，无冰，设床襢笫，有枕。"此之谓肆器。天子亦用夷盘。**及葬，共其祼器，遂狸之。**遣奠之彝与瓒也，狸之于祖庙阶间，明奠终于此。**大祭祀，与量人受举斝之卒爵而饮之。**斝，受福之嘏，声之误也。王酳尸，尸嘏王，此其卒爵也。《少牢馈食礼》："主人受嘏诗怀之，卒爵，执爵以兴，出。宰夫以笾受啬黍，主人尝之，乃还献祝。"此郁人受王之卒爵，亦王出房时也。必与量人者，郁人赞祼尸，量人制从献之脯膰，事相成。

鬯人，掌共秬鬯而饰之。秬鬯，不和郁者。饰之，谓设巾。**凡祭祀，社壝用大罍，**壝，谓委土为墠坛，所以祭也。大罍，瓦罍。**禜门用瓢赍，**禜，谓营酂所祭。门，国门

---

❶"祼"，阮校云唐石经及诸本同。《大宗伯》《小宗伯》《肆师》三职皆经作"果"，注作"祼"，此亦当同。今经不作"果"者，盖因注言"祼器"，浅人遂据注以改经。

❷"十叶为贯百二十贯为筑以煮之鐎中"，阮校引《释文》作"焦中"，云"本又作'鐎'"。《汉读考》云《说文》"郁"字下曰"芳草，十叶为贯，百廿贯筑以煮之为郁"。许说同先郑。此"筑"上"为"字误衍。且《周礼》经文言筑鬻多矣，安得云"百二十贯为筑"也？

也。《春秋传》曰："日月星辰之神，则雪霜风雨之不时，于是乎禜之；山川之神，则水旱厉疫之不时，于是乎禜之。"鲁庄二十五年秋，大水，鼓用牲于门。故书瓢作剽。郑司农读剽为瓢。杜子春读赍为粢[1]。瓢，谓瓠蠡也。粢，盛也。玄谓赍，读为齐，取甘瓠，割去柢，以齐为尊。**庙用修。凡山川四方用蜃，凡祼事用概，凡疈事用散。**祼，当为埋，字之误也。故书蜃或为谟[2]。杜子春云："谟，当为蜃，书亦或为蜃，蜃，水中蜃也。"郑司农云："修、谟、概、散，皆器名。"玄谓庙用修者，谓始禘时，自馈食始。修、蜃、概、散，皆漆尊也。修，读曰卣。卣，中尊，谓献象之属。尊者彝为上，罍为下。蜃，画为蜃形。蚌曰合浆[3]，尊之象。概，尊以朱带者。无饰曰散。**大丧之大渳，设斗，共其衅鬯。**斗，所以沃尸也。衅尸以鬯酒，使之香美者。郑司农云："衅，读为徽。"**凡王之齐事，共其秬鬯。**给淬浴。**凡王吊临，共介[4]鬯。**以尊适卑曰临。《春秋传》曰："照临弊邑。"郑司农云："鬯，香草，王行吊丧被之，故曰介。"玄谓《曲礼》曰："挚，天子鬯。"王至尊，介为执致之[5]，以礼于鬼神

---

[1] "杜子春读赍为粢"，阮校引《释文》"赍，杜音资"。《汉读考》云据《释文》，则知注本作"资"，"资，盛也"者，资取藉意，谓藉以盛酒也。

[2] "谟"，王引之云疑当"謓"之误。

[3] "合浆"，阮校引《释文》作"合将"，云"本又作'含浆'"。贾疏、惠校本、今《尔雅》作"含浆"。

[4] "介"，俞樾云因"其"字从古文作"亣"，传写误为"介"字。

[5] "介为执致之"，阮校云嘉靖本作"以介为挚致之"。《释文》出"为执"二字，贾疏云"天子至尊，不自执，使介为执致之"，衍"以"字、"执"误"挚"，非也。

与？《檀弓》曰："临诸侯，畛于鬼神，曰有天王某父。"此王适四方，舍诸侯祖庙，祝告其神之辞，介于是进鬯。

鸡人，掌共鸡牲，辨其物。物，谓毛色也。辨之者，阳祀用骍，阴祀用黝。**大祭祀，夜呼旦以嘂百官。**夜，夜漏未尽，鸡鸣时也。呼旦，以警起百官，使夙兴。**凡国之大宾客、会同、军旅、丧纪，亦如之。凡国事为期，则告之时。**象鸡知时也。告其有司主事者。《少牢》曰："宗人朝服北面曰：'请祭期。'主人曰：'比于子。'宗人曰：'旦明行事。'"告时者，至此旦，明而告之。**凡祭祀，面禳，衅，共其鸡牲。**衅，衅庙之属。衅庙以羊，门、夹室皆用鸡。郑司农云："面禳，四面禳也。衅，读为徽。"

司尊彝，掌六尊、六彝之位，诏其酌，辨其用与其实。位，所陈之处。酌，泲之使可酌，各异也。用，四时祭祀所用亦不同。实，郁及醴齐之属。**春祠、夏禴，祼用鸡彝、鸟彝，皆有舟；其朝践用两献尊，其再献用两象尊，皆有罍，诸臣之所昨也。秋尝、冬烝，祼用斝彝、黄彝，皆有舟；其朝献用两著尊，其馈献用两壶尊，皆有罍，诸臣之所昨也。凡四时之间祀追享朝享，祼用虎彝、蜼彝，皆有舟；其朝践用两大尊，其再献用两山尊，皆有罍，诸臣之所昨也。**祼，谓以圭瓒酌郁鬯，始献尸也。后于是以璋瓒酌亚祼。《郊特牲》曰："周人尚臭，灌用鬯臭，郁合鬯臭，阴达于渊泉，灌以圭璋，用玉气也。既灌，然后迎牲，致阴气也。"朝践，谓荐血腥、酌醴，始行祭事。后于是荐朝事之豆笾，既又酌献。其变朝践为朝献者，尊相因也。朝献，谓尸卒食，王酳之。再献者，王酳尸之后，后酌亚献，诸臣为宾，又次后酌盎齐，备卒食三献也。于后亚献，内宗荐加豆笾。其变再献为馈献者，亦尊相因。馈献，谓荐孰时。后于是荐馈食之豆笾。此凡九酌，王及后各四，诸臣一，祭之正也。以今祭礼《特牲》《少牢》言之，二裸为奠，而尸饮七矣，王可以献诸臣。《祭统》曰："尸饮五，君洗玉爵献卿。"是其差也。《明堂位》曰："灌用玉瓒、大圭，爵用玉盏，加用璧角、璧散。"又《郁人职》曰："受举斝之卒爵而饮之。"则王酳尸以玉爵也。王酳尸用玉爵，而再献者用璧角、璧散可知也。鸡彝、鸟彝，谓刻而画之为鸡凤皇之形。皆有舟，皆有罍，言春夏秋冬及追享朝享有之同。昨，读为酢，字之误也。诸臣献者，酌罍以自酢，不敢与王之神灵共尊。郑司农云："舟，尊下台，若今时承槃。献，读为牺。牺尊，饰以翡翠。象尊以象凤皇，或曰以象骨饰尊。《明堂位》曰：'牺象，周尊也。'《春秋传》曰：'牺象不出门。'尊以裸神。罍，臣之所饮也。《诗》曰：'瓶之罄矣，维罍之耻。'斝，读为稼。稼彝，画禾稼也。黄彝，黄目尊也。《明堂位》曰：'夏后氏以鸡彝，殷以斝，周以黄目。'《尔雅》曰：'彝、卣、罍，器也。'著尊者，著略尊也，或曰著尊，著地无足。《明堂位》曰：'著，殷尊也。'壶者，以壶为尊。《春秋传》曰：'尊以鲁壶。'追享，朝享，谓禘祫也。在四时之间，故曰间祀。蜼，读为[1]'蛇虺'之虺，或读为'公用射隼'之隼。大尊，大古之瓦尊。山尊，山罍也。《明堂位》曰：'泰，有虞氏之尊也。山罍，夏后氏之尊。'故书践作饯，杜子春云'饯，当

---

[1] "为"，岳本作"曰"。

为践'。"玄谓黄目，以黄金为目。《郊特牲》曰："黄目，郁气之上尊也。黄者，中也。目者，气之清明者也。言酌于中而清明于外。"追享，谓追祭迁庙之主，以事有所请祷。朝享，谓朝受政于庙。《春秋传》曰："闰月不告朔，犹朝于庙。"蜼，禺属，卬鼻而长尾。山罍，亦刻而画之，为山云之形。**凡六彝、六尊之酌，郁齐献酌，醴齐缩酌，盎齐涚酌，凡酒修酌。**故书缩为数，齐为齍[1]。郑司农云："献，读为仪。仪酌，有威仪多也。涚酌者，涚拭勺而酌也。修酌者，以水洗勺而酌也。齍，读皆为'齐和'之齐。"杜子春云："数，当为缩，齐[2]，读皆为粢。"玄谓《礼运》曰："玄酒在室，醴盏在户，粢醍在堂，澄酒在下。"以五齐次之，则盏酒盎齐也。《郊特牲》曰："缩酌用茅，明酌也。盏酒涚于清，汁献涚于盏酒，犹明清与盏酒于旧泽之酒也。"此言转相泲成也。献，读为"摩莎"之莎，齐语声之误也。煮郁和秬鬯，以盏酒摩莎泲之，出其香汁也。醴齐尤浊，和以明酌，泲之以茅，缩去滓也。盎齐差清，和以清酒，泲之而已。其余三齐，泛从醴，缇、沈从盎。凡酒，谓三酒也。修，读如[3]"涤濯"之涤。涤酌，以水和而泲之，今齐人命浩酒曰涤。明酌，酌取事酒之上也。泽，读曰醳。明酌、清酒、盏酒，泲之，皆以旧醳之酒。凡此四者，祼用郁齐，朝用醴齐，馈用盎齐，诸臣自酢，用凡酒。唯大事于大庙，备五齐三酒。**大丧，存**

---

❶ "为齍"，阮校云叶钞《释文》作"为赍"。
❷ "齐"，阮校云《汉读考》"齐"作"齍"，本故书，此误。
❸ "读如"，阮校云贾疏引注作"读为"，《汉制考》同，当订正。

奠彝。存，省也。谓大遣时奠者，朝夕乃彻也。**大旅，亦如之**。旅者，国有大故之祭也。亦存其奠彝，则陈之，不即彻。

司几筵，掌五几、五席之名物，辨其用与其位。五几，左右玉、雕、彤、漆、素。五席，莞、藻[1]、次、蒲、熊。用位，所设之席及其处。**凡大朝觐、大飨射，凡封国、命诸侯，王位设黼依，依前南乡，设莞筵[2]纷纯，加缫席画纯，加次席黼纯，左右玉几**。斧谓之黼，其绣白黑采[3]，以绛帛为质。依，其制如屏风然。于依前为王设席，左右有几，优至尊也。郑司农云："纷，读为豳，又读为'和粉'之粉，谓白绣也。纯，读为'均服'之均[4]。纯，缘也。缫，读为'藻率'之藻。次席，虎皮为席。《书·顾命》曰：'成王将崩，命大保芮伯、毕公等被冕服，冯玉几。'"玄谓纷如绶，有文而狭者。缫席，削蒲蒻，展之，编以五采，若今合欢矣。画，谓云气也。次席，桃枝席，有次列成文。**祀先王、昨席，亦如之**。郑司农云："昨席，于主阶设席，王所坐也。"玄谓昨读曰酢，谓祭祀及王受酢之席。尸卒食，王酳之，卒爵，祝受之，又酌授尸，尸酢王，于是席王于户内，后、诸臣致爵，乃设席。**诸侯祭祀席蒲筵缋纯，加莞席纷纯，右雕几**。缋，画文也。不莞席加缫者，缫柔𦡀，不如莞

---

❶ "莞藻"，阮校云《释文》"莞藻，本又作'缫'"。经作"缫"，司农读为"藻"，郑君则仍用"缫"字，今本作"藻"，非。

❷ "筵"，阮校云唐石经作"席"，涉下文而误。《通典》卷七四、《初学记》卷二五皆引作"席"。

❸ "采"，阮校云闽本作"文"，贾疏引注亦作"文"。

❹ "纯读为均服之均"，阮校引《汉读考》云此读如拟其音，今本作"读为"，误。贾疏亦云"均即准，音与经（阮本误作纯）同"。

清坚，又于鬼神宜。**昨席莞筵纷纯，加缫席画纯。筵国宾于牖前亦如之，左彤几。**昨，读亦曰酢。郑司农云："《礼记》：国宾，老臣也。为布筵席于牖前。"玄谓国宾，诸侯来朝，孤、卿、大夫来聘。后言几者，使不蒙"如"也。朝者雕几，聘者彤几。**甸役，则设熊席，右漆几。**谓王甸有司祭表貉所设席。**凡丧事，设苇席，右素几。其柏席用萑黼纯，诸侯则纷纯，每敦一几。**丧事，谓凡奠也。萑，如苇而细者。郑司农云："柏席，迫地之席，苇居其上。或曰柏席，载黍稷之席。"玄谓柏，椁字磨灭之余。椁席，藏中神坐之席也。敦，读曰焘。焘，覆也。棺在殡则椁焘，既窆则加见，皆谓覆之。周礼，虽合葬及同时在殡，皆异几，体实不同。祭于庙，同几，精气合。**凡吉事变几，凶事仍几。**故书仍为乃。郑司农云："变几，变更其质，谓有饰也。乃，读为仍，仍，因也，因其质，谓无饰也。《尔雅》曰：'儴，仍，因也。'《书·顾命》曰：'翌日乙丑，成王崩。癸酉，牖间南向，西序东向，东序西向，皆仍几。'"玄谓吉事，王祭宗庙，祼于室，馈食于堂，绎于祊，每事易几，神事文，示新之也。凶事，谓凡奠几，朝夕相因，丧礼略。

天府，掌祖庙之守藏与其禁令。祖庙，始祖后稷之庙。其宝物世传守之，若鲁宝玉、大弓者。**凡国之玉镇、大宝器藏焉。若有大祭、大丧，则出而陈之；既事，藏之。**玉镇大宝器，玉瑞玉器之美者，禘祫及大丧，陈之以华国也。故书镇作瑱。郑司农云："瑱，读为镇。《书·顾命》曰：'翌日乙丑，王崩。丁卯，命作册度。越七日癸酉，陈宝：赤刀、大训、弘璧、琬、琰，在西序。大玉、夷玉、天球、《河图》，在东序。胤之舞衣、大贝、鼖[1]鼓，在西房。兑之戈、和之弓、垂之竹矢，在东房。’此其行事见于经。”**凡官府、乡州及都鄙之治中，受而藏之，以诏王察群吏之治。**察，察其当黜陟者。郑司农云：“治中，谓其治职簿书之要。”**上春，衅宝镇及宝器。**上春，孟春也。衅，谓杀牲以血血之。郑司农云：“衅，读为徽，或曰‘衅鼓’之衅。”**凡吉凶之事，祖庙之中沃盥，执烛。**吉事，四时祭也。凶事，后王丧朝于祖庙之奠。**季冬，陈玉，以贞来岁之媺恶。**问事之正曰贞。问岁之美恶，谓问于龟，大卜职大贞之属。陈玉，陈礼神之玉。凡卜筮实问于鬼神，龟筮能出其卦兆之占耳。龟有天地四方，则玉有六器者与？言陈者，既事藏之，不必狸之也。郑司农云：“贞，问也。《易》曰：‘师，贞，丈人吉。’问于丈人。《国语》曰：‘贞于阳卜。’”**若迁宝，则奉之。**奉，犹送也。**若祭天之司民、司禄而献民数、谷数，则受而藏之。**司民，轩辕角也。司禄，文昌第六星，或曰下能也。禄之言谷也。年谷登乃后制禄。祭此二星者，以孟冬既祭之，而上民谷之数于天府。

典瑞，掌玉瑞、玉器之藏，辨其名物与其用事，设其服饰。人执以见曰瑞，礼神曰器。瑞，符信也。服饰，服玉之饰，谓缫藉。**王晋大圭，执镇圭，缫藉五采五就，以朝日。**缫有五采文，所以荐玉，木为中干，用韦衣而画之。就，成也。王朝日者，示有所尊，训民事君也。天子常春分朝日，秋分夕月。《觐礼》曰：“拜日于东门之外。”故书镇

---

[1] “鼖”，阮校云《释文》作“贲”。

作瑱。郑司农云："晋，读为'搢绅'之搢，谓插之于绅带之间，[1]若带剑也。瑱，读为镇。《玉人职》曰：'大圭长三尺，杼上，终葵首，天子服之；镇圭尺有二寸，天子守之。'缫，读为'藻率'之藻。五就，五匝也。一匝为一就。"**公执桓圭，侯执信圭，伯执躬圭，缫皆三采三就。子执谷璧，男执蒲璧，缫皆二采再就。以朝觐、宗遇、会同于王。**三采，朱、白、苍。二采，朱、绿也。郑司农云："以圭璧见于王，《觐礼》曰：'侯氏入门右，坐奠圭，再拜稽首。'侯氏见于天子，春曰朝，夏曰宗，秋曰觐，冬曰遇，时见曰会，殷见曰同。"**诸侯相见，亦如之。**郑司农云："亦执圭璧以相见，故邾隐公朝于鲁，《春秋传》曰：'邾子执玉高，其容仰。'"**瑑圭、璋、璧、琮，缫皆二采一就，以覜聘。**璋以聘后夫人，以琮享之也。大夫众来曰覜，寡来曰聘。郑司农云："瑑有沂鄂瑑起。"**四圭有邸，以祀天、旅上帝。**郑司农云："于中央为璧，圭著其四面，一玉俱成。《尔雅》曰：'邸，本也。'圭本著于璧，故四圭有邸，圭末四出故也。或说四圭有邸，有四角也。邸，读为'抵欺'之抵。上帝，玄天。"玄谓祀天，夏正郊天也。上帝，五帝，所郊亦犹五帝，殊言天者，尊异之也。《大宗伯职》曰："国有大故，则旅上帝及四望。"**两圭有邸，以祀地、旅四望。**两圭者，以象地数二也。僢而同邸。祀地，谓所祀于北郊神州之神。**祼圭**

[1] "晋读为搢绅之搢谓插之于绅带之间"，阮本"插"下无"之"，阮校云余本、闽本、监本、毛本同。《释文》"搢绅"作"荐申"，"插"作"臿"。贾疏引注有"之"，"插"为正字，"臿"为假借字。

有瓒，以肆先王，以祼宾客。郑司农云："于圭头为器，可以挹鬯祼祭，谓之瓒。故《诗》曰：'卹[1]彼玉瓒，黄流在中。'《国语》谓之鬯圭。以肆先王，灌先王祭也。"玄谓肆解牲体以祭，因以为名。爵行曰祼。《汉礼》，瓒槃大五升，口径八寸，下有槃，口径一尺。**圭璧，以祀日月星辰。**圭其邸为璧，取杀于上帝。**璋邸射，以祀山川，以造赠宾客。**璋有邸而射，取杀于四望。郑司农云："射，剡也。"**土圭以致四时日月，封国则以土地。**以致四时日月者，度其景至不至，以知其行得失也。冬夏以致日，春秋以致月。土地，犹度地也。封诸侯以土圭度日景，观分寸长短，以制其域所封也。郑司农说以《玉人职》曰："土圭尺有五寸，以致日，以土地。"所[2]求地中，故谓之土圭。**珍圭以征守，以恤凶荒。**杜子春云："珍，当为镇，书亦或为镇。以征守者，以征召守国诸侯，若今时征郡守以竹使符也。镇者，国之镇，诸侯亦一国之镇，故以镇圭征之也。凶荒则民有远志，不安其土，故以镇圭镇安之。"玄谓珍圭，王使之瑞节，制大小当与琬琰相依。王使人征诸侯、忧凶荒之国，则授之，执以往，致王命焉，如今时使者持节矣。恤者，闿府库振救之。凡瑞节，归又执以反命。**牙璋以起军旅，以治兵守。**郑司农云："牙璋，瑑以为牙。牙齿，兵象，故以牙璋发兵，若今时以铜虎符发兵。"玄谓牙璋，亦王使之瑞节。兵守，用兵所守，

---

[1] "卹"，阮校引《释文》又作"邺"，《说文》"邺""卹"皆从"阝"。

[2] "所"，岳本、阮本作"以"。

若齐人戍遂，诸侯戍周。**璧羡以起度。**郑司农云："羡，长也。此璧径长尺，以起度量。《玉人职》曰：'璧羡度尺以为度。'"玄谓羡，不圜之貌。盖广径八寸，袤一尺也。**驵圭、璋、璧、琮、琥、璜之渠眉，疏璧琮以敛尸。**郑司农云："驵，外有捷卢也。驵，读为'驵疾'之驵。疏，读为沙。谓圭、璋、璧、琮、琥、璜，皆为开渠为眉瑑，沙除以敛尸，令汁得流去也。"玄谓以敛尸者，于大敛焉加之也。驵，读为组，与组马同，声之误也。渠眉，玉饰之沟瑑也。以组穿联六玉沟瑑之中，以敛尸，圭在左，璋在首，琥在右，璜在足，璧在背，琮在腹，盖取象方明，神之也。疏璧琮者，通于天地。**谷圭以和难，以聘女。**谷圭，亦王使之瑞节。谷，善也。其饰若粟文然。难，仇雠。和之者，若《春秋》宣公及齐侯平莒及郯，晋侯使瑕嘉平戎于王。其聘女则以纳征焉。**琬圭以治德，以结好。**琬圭，亦王使之瑞节。诸侯有德，王命赐之。及诸侯使大夫来聘，既而为坛会之，使大夫执以命事焉。《大行人职》曰："时聘以结诸侯之好。"郑司农云："琬圭无锋芒，故治德以结好。"**琰圭以易行，以除慝。**琰圭，亦王使之瑞节。郑司农云："琰圭有锋芒，伤害征伐诛讨之象，故以易行除慝。易恶行令为善者，以此圭责让喻告之也。"玄谓除慝，亦于诸侯使大夫来覜，既而使大夫执而命事于坛。《大行人职》曰："殷覜以除邦国之慝。"**大祭祀、大旅，凡宾客之事，共其玉器而奉之。**玉器，谓四圭祼圭之属。**大丧，共饭玉、含玉、赠玉。**饭玉，碎玉以杂米也。含玉，柱左右齻[1]及在口中者。《杂记》曰“含者，执璧将命”，则是璧形而小耳。赗玉，盖璧也。赗有束帛，六币璧以帛。**凡玉器出，则共奉之。**玉器出，谓王所好赐也。奉之，送以往。远则送于使者。

典命，掌诸侯之五仪、诸臣之五等之命。五仪，公、侯、伯、子、男之仪。五等，谓孤以下四命、三命、再命、一命、不命也。或言仪，或言命，互文也。故书仪作义。郑司农义读为仪。**上公九命为伯，其国家、宫室、车旗、衣服、礼仪，皆以九为节。侯伯七命，其国家、宫室、车旗、衣服、礼仪，皆以七为节。子男五命，其国家、宫室、车旗、衣服、礼仪，皆以五为节。**上公，谓王之三公有德者，加命为二伯。二王之后，亦为上公。国家，国之所居，谓城方也。公之城盖方九里，宫方九百步；侯伯之城盖方七里，宫方七百步；子男之城盖方五里，宫方五百步。《大行人职》则有诸侯圭藉、冕服、建常、樊缨、贰车、介、牢礼、朝位之数焉。**王之三公八命，其卿六命，其大夫四命。及其出封，皆加一等。其国家、宫室、车旗、衣服、礼仪亦如之。**四命，中下大夫也。出封，出畿内封于八州之中。加一等，褒有德也。大夫为子男，卿为侯伯，其在朝廷则亦如命数耳。王之上士三命，中士再命，下士一命。**凡诸侯之適子，誓于天子，摄其君，则下其君之礼一等；未誓，则以皮帛继子男。**誓，犹命也。言誓者，明天子既命以为之嗣，树子不易

---

[1] “齻”，阮校云监本、毛本作“颠”。《释文》作“颠”，云《仪礼》作“齻”。“齻”字不古，当是《仪礼》本作“颠”，谓齿之尽处牙车也。

也。《春秋》桓九年，曹伯使其世子射姑来朝，行国君之礼是也。公之子如侯伯而执圭，侯伯之子如子男而执璧，子男之子与未誓者，皆次小国之君，执皮帛而朝会焉，其宾之皆以上卿之礼焉。**公之孤四命，以皮帛视小国之君，其卿三命，其大夫再命，其士壹命，其宫室、车旗、衣服、礼仪各视其命之数。侯伯之卿、大夫、士亦如之。子男之卿再命，其大夫壹命，其士不命，其宫室、车旗、衣服、礼仪，各视其命之数。**视小国之君者，列于[1]卿大夫之位而礼如子男也。郑司农云："九命上公，得置孤卿一人。《春秋传》曰：'列国之卿，当小[2]国之君，固周制也。'"玄谓《王制》曰："大国三卿，皆命于天子，下大夫五人，上士二十七人。次国三卿，二卿命于天子，一卿命于其君，下大夫五人，上士二十七人。小国二卿，皆命于其君，下大夫五人，上士二十七人。"

司服，掌王之吉凶衣服，辨其名物与其用事。用事，祭祀、视朝、甸、凶吊之事，衣服各有所用。**王之吉服，祀昊天、上帝，则服大裘而冕，祀五帝亦如之。享先王，则衮冕。享先公、飨、射，则鷩冕。祀四望、山川，则毳冕。祭社稷、五祀，则希冕。祭群小祀，则玄冕。**六服同冕者，首饰尊也。先公，谓后稷之后，大王之前，不窋至诸盩。飨、射，飨食[3]宾客与诸侯射也。群小祀，林泽、坟衍、

---

❶ "于"，底本漫漶，据阮本补。
❷ "小"，底本漫漶，据阮本补。
❸ "食"，底本漫漶，据阮本补。

四方百物之属。郑司农云："大裘，羔裘也[1]。衮，卷龙衣也。鷩，裨衣也。毳，罽衣也。"玄谓《书》曰："予欲观古人之象，日、月、星辰、山、龙、华虫作缋，宗彝、藻、火、粉米、黼、黻希绣。"此古天子冕服十二章，舜欲观焉。华虫，五色之虫。《缋人职》曰"鸟兽蛇杂四时五色以章之"，谓是也。希，读为絺，或作黹，字之误也。[2]王者相变，至周而以日月星辰画[3]于旌旗，所谓"三辰旂旗，昭其明也"。而冕服九章，登龙于山，登火于宗彝，尊其神明也。九章，初[4]一曰龙，次二曰山，次三曰华虫，次四曰火，次五曰宗彝，皆画以为缋；次六曰藻，次七曰粉米，次八曰黼，次九曰黻，皆希以为绣，则衮之衣五章，裳四章，凡九也。鷩画以雉，谓华虫也，其衣三章，裳四章，凡七也。毳画虎蜼，谓宗彝也，其衣三章，裳二章，凡五也。希刺粉米，无画也，其衣一章，裳二章，凡三也。玄者衣无文，裳刺黻而已，是以谓玄焉。凡冕服皆玄衣纁裳。**凡兵事，韦弁服。**韦弁，以韎韦为弁，又以为衣裳。《春秋传》曰"晋郤至衣韎韦之跗注"是也。今时伍[5]伯缇衣，古兵服之遗色。**视朝，则皮弁服。**视朝，

---

❶ "也"，底本漫漶，据阮本补。

❷ "希读为絺或作黹字之误也"，阮校云贾疏引《书》注"郑君读希为黹，黹，紩也"。《汉读考》据此谓当云"希读为黹，或作'絺'，字之误也"。以作"絺"为字误，郑所不从。下文"希以""希刺"二"希"皆当作"黹"。

❸ "画"，底本漫漶，据阮本补。

❹ "初"，底本漫漶，据阮本补。

❺ "伍"，阮校云闽本、监本、毛本改"五"，贾疏引注作"伍伯"。云"伍，行也。伯，长也"。然则今本作"五伯"，非。

视内外朝之事。皮弁之服，十五升白布衣，积素以为裳。王受诸侯朝觐于庙，则衮冕。**凡甸，冠弁服。**甸，田猎也。冠弁，委貌，其服缁布衣，亦积素以为裳。诸侯以为视朝之服。《诗·国风》曰“缁衣之宜兮”，谓王服此以田。王卒食而居则玄端。**凡凶事，服弁服。**服弁，丧冠也。其服，斩衰、齐衰。**凡吊事，弁绖服。**弁绖者，如爵弁而素加环绖。《论语》曰：“羔裘玄冠不以吊。”绖大如缌之绖。其服锡衰、缌衰、疑衰。诸侯及卿大夫亦以锡衰为吊服。《丧服小记》曰“诸侯吊必皮弁锡衰”，则变其冠耳。丧服旧说，以为士吊服素委貌冠，朝服，此近庶人吊服，而衣犹非也。士当事弁绖疑衰，变其裳❶以素耳。国君于其臣弁绖，他国之臣则皮弁。大夫士有朋友之恩，亦弁绖。故书弁作絣。郑司农絣读为弁。弁而加环绖，❷环绖即弁绖服。**凡丧，为天王斩衰，为王后齐衰。**王后，小君也。诸侯为之不杖期。**王为三公六卿锡衰，为诸侯缌衰，为大夫、士疑衰，其首服皆弁绖。**君为臣服吊服也。郑司农云：“锡，麻之滑易者，十五升去其半，有事其布，无事其缕。缌亦十五升去其半，有事其缕，无事其布。疑衰，十四升衰。”玄谓无事其缕，哀在内；无事其布，哀在外。疑之言拟也，拟于吉。**大札、大荒、大灾，素服。**大札，疫病也。大荒，饥馑也。大灾，水火为害。君臣素服缟冠，若晋伯宗哭梁山之崩。**公之服，自衮冕而下，如王之服。侯伯之服，自鷩冕而下，如公之服。子男之服，自毳**

❶ “裳”，原作“棠”，据阮本改。

❷ “郑司农絣读为弁弁而加环绖”，闽本、阮本“弁”字不重。

冕而下，如侯伯之服。孤之服，自希冕而下，如子男之服。卿大夫之服，自玄冕而下，如孤之服，其凶服加以大功、小功。士之服，自皮弁而下，如大夫之服，其凶服亦如之。其齐服有玄端、素端。自公之衮冕，至卿大夫之玄冕，皆其朝聘天子及助祭之服。诸侯非二王后，其余皆玄冕而祭于己。《杂记》曰："大夫冕而祭于公，弁而祭于己。士弁而祭于公，冠而祭于己。"大夫爵弁自祭家庙，唯孤尔，其余皆玄冠，与士同。玄冠自祭其庙者，其服朝服玄端。诸侯之自相朝聘，皆皮弁服，此天子日视朝之服。丧服，天子诸侯齐斩而已，卿大夫加以大功小功，士亦如之，又加缌焉。士齐有素端者，亦为札荒有所祷请。变素服言素端者，明异制。郑司农云："衣有襦裳者为端。"玄谓端者，取其正也。士之衣袂，皆二尺二寸而属幅，是广袤等也。其袪尺二寸。大夫已上侈之。侈之者，盖半而益一焉。半而益一，则其袂三尺三寸，袪尺八寸。**凡大祭祀、大宾客，共其衣服而奉之。**奉，犹送也。送之于王所。**大丧，共其复衣服、敛衣服、奠衣服、廞衣服，皆掌其陈序。**奠衣服，今坐上魂衣也。故书廞为淫。郑司农云："淫，读为廞。廞，陈也。"玄谓廞衣服，所藏于椁中❶。

典祀，掌外祀之兆守，皆有域，掌其禁令。外祀，谓所祀于四郊者。域，兆表之茔域。**若以时祭祀，则帅其属而修除，征役于司隶而役之。**属，其属，胥徒也。修除，芟扫之。征，召也。役之，作使之。**及祭，帅其属而守其厉禁而跸之。**郑司农云："遮列禁人，不得令入。"

---

❶"中"，底本漫漶，据阮本补。

守祧，掌守先王、先公之庙祧，其遗衣服藏焉。庙，谓大祖之庙及三昭三穆❶。迁主所藏曰祧。先公之迁主，藏于后稷之庙；先王之迁主，藏于文、武之庙。遗衣服，大敛之余也。故书祧作濯。郑司农濯读为祧。此王者之宫而有先公，谓大王以前为诸侯。**若将祭祀，则各以其服授尸。**尸当服卒者之上服，以象生时。**其庙，则有司修除之；其祧，则守祧黝垩之。**庙，祭❷此庙也。祧，祭迁主。有司，宗伯也。修除、黝垩，互言之，有司恒主修除，守祧恒主黝垩。郑司农云："黝，读为幽。幽，黑也。❸垩，白也。《尔雅》曰：'地谓之黝，墙谓之垩。'"**既祭，则藏其隋与其服。**郑司农云："隋，谓神前所沃灌器名。"玄谓隋，尸所祭肺脊黍稷之属。藏之以依神。

世妇，掌女宫之宿戒及祭祀，比其具。女宫，刑女给宫中事者。宿戒，当给事豫告❹之齐戒也。比，次也。具，所灌概❺及粢盛之爨❻。郑司农："比，读为庀。庀，具也。"**诏王后之礼事。**荐彻之节。**帅六宫之人共齍盛。**帅世妇、女御。**相外内宗之礼事。**同姓异姓之女有爵佐后者。**大宾客之飨食，亦如之。**比、帅、诏、相，其事同。**大丧，比外内命**

---

❶ "穆"，底本漫漶，据阮本补。

❷ "庙祭"，底本漫漶，据阮本补。

❸ "黝读为幽幽黑也"，阮校引《汉读考》谓当作"幽，读为黝，黝，黑也"，以上经注"黝"字皆当作"幽"。此亦以注改经，复以经改注之一。

❹ "豫告"，底本漫漶，据阮本补。

❺ "概"，阮本作"溉"。

❻ "爨"，底本漫漶，据阮本补。

妇之朝莫哭不敬者，而苛罚之。苛，谴也。凡王后有拜事于妇人，则诏相。郑司农云：“谓爵妇人。”玄谓拜，拜谢之也。《丧大记》曰：“夫人亦拜寄公夫人于堂上。”凡内事有达于外官者，世妇掌之。主通之，使相共授。

内宗，掌宗庙之祭祀，荐加豆笾。加爵之豆笾。故书为笾豆。郑司农云：“谓妇人所荐。”杜子春云：“当为豆笾。”及以乐彻，则佐传豆笾。佐传，佐外宗。宾客之飨食，亦如之。王后有事，则从。大丧，序哭者。次序外内宗及命妇哭王。哭诸侯亦如之。凡卿大夫之丧，掌其吊临。王后吊临诸侯而已，是以言掌卿大夫云。

外宗，掌宗庙之祭祀，佐王后荐玉豆，视豆笾，及以乐彻，亦如之。视，视[1]其实。王后以乐羞齍，则赞。赞，犹佐也。凡王后之献，亦如之。献，献酒于尸。王后不与，则赞宗伯。后有故不与祭，宗伯摄其事。小祭祀，掌事。宾客之事，亦如之。小祭祀，谓在宫中。大丧，则叙外内朝莫哭者。哭诸侯，亦如之。内，内外宗及外命妇。

冢人，掌公墓之地，辨其兆域而为之图。先王之葬居中，以昭穆为左右。公，君也。图，谓画其地形及丘垄所处而藏之。先王，造茔者。昭居左，穆居右，夹处东西。凡诸侯居左右以前，卿、大夫、士居后，各以其族。子孙各就其所出王，以尊卑处其前后，而亦并昭穆。凡死于兵者，不入兆域。战败无勇，投诸茔外以罚之。凡有功者，居前。居王墓之前，处昭穆之中央。以爵等为丘封之度与其树数。别尊

[1] “视视”，底本漫漶，据阮本补。

卑也。王公曰丘，诸臣曰封。《汉律》曰："列侯坟高四丈，关内侯以下至庶人各有差。"**大丧既有日，请度甫竁，遂为之尸。**甫，始也。请量度所始竁之处地。为尸者，成葬为祭墓地之尸也。郑司农云："既有日，既有葬日也。始竁时，祭以告后土，冢人为之尸。"**及竁，以度为丘隧，共丧之窆器。**隧，羡道也。度丘与羡道广袤所至。窆器，下棺丰碑之属。《丧大记》曰："凡封，用綍，去碑，负引，君封以衡，大夫以咸。"**及葬，言鸾车象人。**鸾车，巾车所饰遣车也，亦设鸾旗。郑司农云："象人，谓以刍为人。言，言问其不如法度者。"玄谓言，犹语也。语之者，告当行，若于生存者，于是巾车行之。孔子谓为刍灵者善，谓为俑者不仁，非作象人者，不殆于用生乎。**及窆，执斧以莅。**临下棺也。**遂入，藏凶器。**凶器，明器。**正墓位，跸墓域，守墓禁。**位，谓丘封所居前后也。禁，所为茔限。**凡祭墓，为尸。**祭墓为尸，或祷祈焉。郑司农云："为尸，冢人为尸。"**凡诸侯及诸臣葬于墓者，授之兆，为之跸，均其禁。**

墓大夫，掌凡邦墓之地域，为之图。凡邦中之墓地，万民所葬地。**令国民族葬，而掌其禁令。**族葬，各从其亲。[1]**正其位，掌其度数，**位，谓昭穆也。度数，爵等之大小。**使皆有私地域。**古者万民墓地同处，分其地使各有区域，得以族葬后相容。**凡争墓地者，听其狱讼。**争墓地，相侵区域。**帅其属而巡墓厉，居其中之室以守之。**厉，茔限遮列处。郑司农云："居其中之室，有官寺在墓中。"

---

❶ "族葬各从其亲"，阮校云惠校本"葬"下有"谓"。

职丧，掌诸侯之丧及卿、大夫、士凡有爵者之丧，以国之丧礼莅其禁令，序其事。国之丧礼，《丧服》《士丧》《既夕》《士虞》今存者，其余则亡。事，谓小敛、大敛、葬也。**凡国有司以王命有事焉，则诏赞主人。**有事，谓含禭赠赗之属。诏赞者，以告主人，佐其受之。郑司农云："凡国，谓诸侯国。有司，谓王有司也。以王命有事，职丧主诏赞主人。"玄谓凡国有司，有司从王国以王命往。**凡其丧祭，诏其号，治其礼。**郑司农云："号，谓谥号。"玄谓祭[1]以牲号、齍号之属，当以祝之。**凡公有司之所共，职丧令之，趣其事。**令，令其当共物者给事之期也。有司，或言公，或言国。言国者，由其君所来。居其官曰公。谓王遣使奉命有赠之物，各从其官出，职丧当催督也。

---

❶ "祭"，岳本、阮本作"告"。

卷第六

春官宗伯下

大司乐，掌成均之法，以治建国之学政，而合国之子弟焉。郑司农云："均，调也。乐师主调其音，大司乐主受此成事已调之乐。"玄谓董仲舒云："成均，五帝之学。"成均之法者，其遗礼可法者。国之子弟，公、卿、大夫之子弟当学者谓之国子。《文王世子》曰："于成均以及取爵于上尊。"然则周人立此学之宫。**凡有道者、有德者，使教焉，死则以为乐祖，祭于瞽宗。**道，多才艺者。德，能躬行者。若舜命夔典乐教胄子[1]是也。死则以为乐之祖，神而祭之。郑司农云："瞽，乐人，乐人所共宗也。或曰：祭于瞽宗，祭于庙中。《明堂位》曰：'瞽宗，殷学也。泮宫，周学也。'以此观之，祭于学宫中。"**以乐德教国子：中、和、祗、庸、孝、友。**中，犹忠也。和，刚柔适也。祗，敬。庸，有常也。善父母曰孝，善兄弟曰友。**以乐语教国子：兴、道、讽、诵、言、语。**兴者，以善物喻善事。道，读曰导。导者，言古以剀今也。倍文曰讽，以声节之曰诵，发端曰言，

---

[1] "教胄子"，阮校云《释文》作"育子"，云"本亦作'胄'"。《九经古义》云《说文》引《虞书》曰"教育子，云养子使善也"。《尔雅》"育""胄"皆训长，故马注《尚书》云"胄，长也，教长天下之子弟"。注当与《说文》同作"教育子"，陆本是也。

答述曰语。**以乐舞教国子：舞《云门》《大卷》《大咸》《大磬❶》《大夏》《大濩》《大武》。**此周所存六代之乐。黄帝曰《云门》《大卷》，黄帝能成名万物，以明民共财，言其德如云之所出，民得以有族类。《大咸》《咸池》，尧乐也。尧能殚❷均刑法以仪民，言其德无所不施。《大磬》，舜乐也。言其德能绍尧之道也。《大夏》，禹乐也。禹治水傅土，言其德能大中国也。《大濩》，汤乐也。汤以宽治民，而除其邪，言其德能使天下得其所也。《大武》，武王乐也。武王伐纣以除其害，言其德能成武功。**以六律、六同、五声、八音、六舞，大合乐，以致鬼神示，以和邦国，以谐万民，以安宾客，以说远人，以作动物。**六律，合阳声者也。六同，合阴声者也。此十二者以铜为管，转而相生。黄钟为首，其长九寸，各因而三分之，上生者益一分，下生者去一焉。《国语》曰："律，所以立均出度也。古之神瞽，考中声而量之，以制度律均钟。"言以中声定律，以律立钟之均。大合乐者，谓遍作六代之乐，以冬日至作之，致天神人鬼；以夏日至作之，致地祇物魅。动物，羽裸之属。《虞书》云："夔曰：戛击鸣球、搏拊、琴瑟以咏，祖考来格，虞宾在位，群

---

❶ "磬"，阮校引《汉读考》云经典舜乐字皆作"韶"，《说文·革部》"鞀"或作"鞉"，或作"鼗"，籀文作"磬"，是则《周礼》为古文假借字。

❷ "殚"，阮校云余本、岳本、嘉靖本作"禅"，余本、岳本载《音义》同，作"禅"是。贾疏引注"尧能殚均刑法以仪民"。

后德让，下管鼗鼓，合止柷敔，笙镛[1]以间，鸟兽跄跄，《箫韶》九成，凤皇来仪。”夔又曰：“於！予击石拊石，百兽率舞，庶尹允谐。”此其于宗庙九奏效应。**乃分乐而序之，以祭，以享，以祀。**分，谓各用一代之乐。**乃奏黄钟，歌大吕，舞《云门》，以祀天神。**以黄钟之钟、大吕之声为均者，黄钟，阳声之首，大吕为之合，奏之，以祀天神，尊之也。天神，谓五帝及日月星辰也。王者又各以夏正月祀其所受命之帝于南郊，尊之也。《孝经说》曰“祭天南郊，就阳位”是也。**乃奏大蔟，歌应钟，舞《咸池》，以祭地示。**大蔟，阳声第二，应钟为之合。《咸池》，《大咸》也。地祇，所祭于北郊，谓神州之神及社稷。**乃奏姑洗，歌南吕，舞《大磬》，以祀四望。**姑洗，阳声第三，南吕为之合。四望，五岳、四镇、四窦。此言祀者，司中、司命、风师、雨师。或亦用此乐与？**乃奏蕤宾，歌函钟，舞《大夏》，以祭山川。**蕤宾，阳声第四，函钟为之合。函钟，一名林钟。**乃奏夷则，歌小吕，舞《大濩》，以享先妣。**夷则，阳声第五，小吕为之合。小吕，一名中吕。先妣，姜嫄也。姜嫄履大人迹，感神灵而生后稷，是周之先母也。周立庙自后稷为始祖，姜嫄无所妃，是以特立庙而祭之，谓之閟宫。閟，神之。**乃奏无射，歌夹钟，舞《大武》，以享先祖。**无射，阳声之下也，夹钟为之合。夹钟，一名圜钟。先祖，谓先王、

[1] “笙镛”，阮校引《汉读考》作“笙庸”，贾疏释此注云“庸，功也，西方物孰有成功，亦谓之颂，颂亦是颂其成也”。然则贾本、郑注本作“庸”字。

先公。**凡六乐者，文之以五声，播之以八音。**六者，言其均，皆待五声八音乃成也。播之言被也。故书播为藩，杜子春云："藩，当为播，读如'后稷播百谷'之播。"**凡六乐者，一变而致羽物及川泽之示，再变而致裸物及山林之示，三变而致鳞物及丘陵之示，四变而致毛物及坟衍之示，五变而致介物及土示，六变而致象物及天神。**变，犹更也。乐成则更奏也。此谓大蜡索鬼神而致百物，六奏乐而礼毕。东方之祭则用大蔟、姑洗，南方之祭则用蕤宾，西方之祭则用夷则、无射，北方之祭则用黄钟为均焉。每奏有所感，致和以来之。凡动物敏疾者，地祇高下之甚者易致，羽物既飞又走，川泽有孔窍者，蛤蟹走则迟，坟衍孔窍则小矣，是其所以舒疾之分。土祇，原隰及平地之神也。象物，有象在天，所谓四灵者。天地之神，四灵之知，非德至和则不至。《礼运》曰："何谓四灵？麟凤龟龙谓之四灵。龙以为畜，故鱼鲔不淰；凤以为畜，故鸟不獝；麟以为畜，故兽不狘；龟以为畜，故人情不失。"**凡乐，圜钟为宫，黄钟为角，大蔟为徵，姑洗为羽，雷鼓雷鼗，孤竹之管，云和之琴瑟，《云门》之舞，冬日至，于地上之圜丘奏之，若乐六**[1]**变，则天神皆降，可得而礼矣。凡乐，函钟为宫，大蔟为角，姑洗为徵，南吕为羽，灵鼓灵鼗，孙竹之管，空桑之琴瑟，《咸池》之舞，夏日至，于泽中之方丘奏之，若乐八变，则**

---

❶"六"，于鬯云当作"七"，与上下文"六变""八变"通。盖或因上文六变已言致天神，故改七为六，不知正为上文言六变，则此文当言七变。六变致天神，七变则天神皆降。

地示皆出，可得而礼矣。凡乐，黄钟为宫，大吕为角，大蔟为徵，应钟为羽，路鼓路鼗，阴竹之管，龙门之琴瑟，《九德》之歌，《九磬》[1]之舞，于宗庙之中奏之，若乐九变，则人鬼可得而礼矣。此三者，皆禘大祭也。天神则主北辰，地祇则主昆仑，人鬼则主后稷，先奏是乐以致其神，礼之以玉而祼焉，乃后合乐而祭之。《大传》曰："王者必禘其祖之所自出。"《祭法》曰："周人禘喾而郊稷。"谓此祭天圜丘，以喾配之。圜钟，夹钟也。夹钟生于房心之气，房心为大辰，天帝之明堂。函钟，林钟也。林钟生于未之气，未，坤之位，或曰天社在东井舆鬼之外，天社，地神也。黄钟生于虚危之气，虚危为宗庙。以此三者为宫，用声类求之，天宫夹钟，阴声，其相生从阳数，其阳无射。无射上生中吕，中吕与地宫同位，不用也。中吕上生黄钟，黄钟下生林钟，林钟地宫，又不用。林钟上生大蔟，大蔟下生南吕，南吕与无射同位，又不用。南吕上生姑洗。地宫林钟，林钟上生大蔟，大蔟下生南吕，南吕上生姑洗。人宫黄钟，黄钟下生林钟，林钟地宫，又辟之。林钟上生大蔟，大蔟下生南吕，南吕与天宫之阳同位，又辟之。南吕上生姑洗，姑洗南吕之合，又辟之。姑洗下生应钟，应钟上生蕤宾，蕤宾地宫，林钟之阳也，又辟之。

[1] "九磬"，阮校云《释文》"九磬，依字九音大，诸书所引皆依字"。《困学纪闻》云《山海经》"夏后开得《九辩》《九歌》以下，始歌《九招》于大穆之野"。《史记》"禹乃兴《九招》之乐"，《索隐》曰"即舜乐箫韶九成"。《吕氏春秋》"帝喾命咸墨作为舞声，歌《九招》《六列》《六英》，帝舜令质修《九招》《六列》《六英》，以明帝德"。然则《九招》作于帝喾，舜修而用之。

蕤宾上生大吕。凡五声，宫之所生，浊者为角，清者为徵、羽。此乐无商者，祭尚柔，商坚刚也。郑司农云："雷鼓、雷鼗，皆谓六面有革可击者也。云和，地名也。灵鼓、灵鼗，四面。路鼓、路鼗，皆两面[1]。九德之歌，《春秋传》所谓水、火、金、木、土、谷谓之六府，正德、利用、厚生谓之三事。六府三事谓之九功，九功之德皆可歌也，谓之九歌也。"玄谓雷鼓、雷鼗八面，灵鼓、灵鼗六面，路鼓、路鼗四面。孤竹，竹特生者。孙竹，竹枝根之末生者。阴竹，生于山北者。云和、空桑、龙门皆山名。九磬，读当为大韶，字之误。**凡乐事，大祭祀，宿县，遂以声展之。**叩听其声，具陈次之，以知完不。**王出入，则令奏《王夏》；尸出入，则令奏《肆夏》；牲出入[2]，则令奏《昭夏》。**三《夏》，皆乐章名。**帅国子而舞。**当用舞者帅以往。**大飨不入牲，其他皆如祭祀。**大飨，飨宾客也。不入牲，牲不入，亦不奏《昭夏》也。其他，谓王出入、宾客出入亦奏《王夏》《肆夏》。**大射，王出入，令奏《王夏》；及射，令奏《驺虞》。**《驺虞》，乐章名，在《召南》之卒章。王射以《驺虞》为节。**诏诸侯以弓矢舞。**舞，谓执弓挟矢揖让进退之仪。**王大食，三宥，皆令奏钟鼓。**大食，朔月[3]月半以乐宥食时也。宥，犹劝也。**王师大献，则令奏恺乐。**大献，献捷于祖。

---

[1] "皆两面"，八行本、岳本、阮本无"皆"。

[2] "牲出入"，王引之云"出"字衍。

[3] "朔月"，阮校云嘉靖本作"朔日"，引浦镗云下疑脱"加牲"二字。孙诒让云"朔月"本《玉藻》，嘉靖本误，"加牲"二字贾疏所加，不可以补注，《玉藻》疏引此注亦作"朔月"。

恺乐，献功之乐。郑司农说以《春秋》晋文公败楚于城濮，《传》曰“振旅，恺以入于晋”。**凡日月食，四镇、五岳崩，大傀异灾，诸侯薨，令去乐。**四镇，山之重大者，谓扬州之会稽，青州之沂山，幽州之医无闾，冀州之霍山。五岳，岱在兖州，衡在荆州，华在豫州，岳在雍州，恒在并州。傀，犹怪也。大怪异灾，谓天地奇变，若星辰奔霣及震裂为害者。去乐，藏之也。《春秋传》曰：“壬午，犹绎，《万》入去籥。”《万》言入，则去者不入，藏之可知。**大札、大凶、大灾、大臣死，凡国之大忧，令弛县。**札，疫疠也。凶，凶年也。灾，水火也。弛，释下之。若今休兵鼓之为。**凡建国，禁其淫声、过声、凶声、慢声。**淫声，若郑、卫也。过声，失哀乐之节。凶声，亡国之声，若桑间、濮上。慢声，惰慢不恭。**大丧，莅廞乐器。**莅，临也。廞，兴也。临笙师、镈师之属，兴乐器也。兴，谓作之也。**及葬，藏乐器，亦如之。**

乐师，掌国学之政，以教国子小舞。谓以年幼少时教之舞，《内则》曰：“十三舞《勺》，成童舞《象》，二十舞《大夏》。”**凡舞，有帗[1]舞，有羽舞，有皇舞，有旄舞，有干舞，有人舞。**故书皇作翌。郑司农云：“帗舞者，全羽；羽舞者，析羽。皇舞者，以羽冒覆头上，衣饰翡翠之羽。旄舞者，牦牛之尾。干舞者，兵舞。人舞者，手舞。社稷

[1] “帗”，阮校引《汉读考》云《说文》作“翇”，疑今注有脱误，当云“故书帗作翇，皇作翌”。郑司农云“翇舞者，全羽，社稷以翇”。盖大郑从故书与许同，后郑从今书作“帗”，《地官·舞师职》当亦然。

以帗，宗庙以羽，四方以皇，辟痈以旄，兵事以干，星辰以人舞，翌，读为皇，书亦或为皇。”玄谓帗，析五采缯，今灵星舞子持之是也。皇，杂五采羽如凤皇色，持以舞。人舞无所执，以手袖为威仪。四方以羽，宗庙以人，山川以干，旱暵以皇。**教乐仪，行以《肆夏》，趋以《采荠》，车亦如之。环拜[1]，以钟鼓为节。**教乐仪，教王以乐出入于大寝朝廷之仪。故书趋作跢。郑司农云：“跢，当为趋，书亦或为趋。《肆夏》《采荠》皆乐名，或曰皆逸诗。谓人君行步，以《肆夏》为节；趋疾于步，则以《采荠》为节。若今时行礼于大学，罢出，以《鼓陔》为节。环，谓旋也。拜，直拜也。”玄谓行者，谓于大寝之中，趋，谓于朝廷。《尔雅》曰：“堂上谓之行，门外谓之趋。”然则王出既服，至堂而《肆夏》作，出路门而《采荠》作。其反，入至应门路门亦如之。此谓步迎宾客。王如有车出之事，登车于大寝西阶之前，反降于阼阶之前。《尚书传》曰：“天子将出，撞黄钟之钟，右五钟皆应；入则撞蕤宾之钟，左五钟皆应，大师于是奏乐。”**凡射，王以《驺虞》为节，诸侯以《狸首》为节，大夫以《采蘋》为节，士以《采蘩》为节。**《驺虞》《采蘋》《采蘩》皆乐章名，在《国风·召南》。唯《狸首》在《乐记》。《射义》曰：“《驺虞》者，乐官备也。《狸首》者，乐会时也。《采蘋》者，乐循法也。《采蘩》者，乐不失职也。是故天子以备官为节，诸侯以时会为节，卿大夫以循法为节，士以不失职为节。”郑司农说以《大射礼》曰：“乐正命大师曰：‘奏《狸

---

[1] “拜”，俞樾云当为“佩”。

首》，间若一。’大师不兴，许诺，乐正反位，奏《狸首》以射。”《狸首》，《曾孙》。**凡乐，掌其序事，治其乐政。**序事，次序用乐之事。**凡国之小事用乐者，令奏钟鼓，**小事，小祭祀之事。**凡乐成，则告备。**成，谓所奏一竟。《书》曰：“箫韶九成。”《燕礼》曰：“大师告于乐正曰，正歌备。”**诏来瞽皋舞，**郑司农云：“瞽，当为鼓。皋，当为告。呼击鼓者，又告当舞者持鼓与舞俱来也。鼓字或作瞽，诏来瞽，或曰：来，敕也。敕尔瞽，率尔众工，奏尔悲诵，肃肃雍雍，毋怠毋凶。”玄谓诏来瞽，诏视瞭扶瞽者来入也。皋之言号，告国子当舞者舞。**及彻，帅学士而歌彻，**学士，国子也。郑司农云：“谓将彻之时自有乐，故帅学士而歌彻。”玄谓彻者歌《雍》，《雍》在《周颂·臣工之什》。**令相。**令视瞭扶工。郑司农云：“告当相瞽师者，言当罢也，瞽师、盲者皆有相道之者。故师冕见，及阶曰阶也，及席曰席也，皆坐，曰某在斯，某在斯。曰相师之道与？”**飨食诸侯，序其乐事，令奏钟鼓，令相，如祭之仪。燕射，帅射夫以弓矢舞。**射夫，众耦也。故书燕为舞，帅为率，射夫为射矢。郑司农云：“舞，当为燕。率，当为帅。[1]射矢，书亦或为射夫。”**乐[2]出入，令奏钟鼓。**乐出入，谓笙歌舞者及其器。**凡军大献，教恺歌，遂倡之。**故书倡为昌，郑司农云：“乐

---

[1] “率当为帅”，阮校引《汉读考》云“率”与“帅”今人混用，而汉人分别，《毛诗》“率时农夫”，《韩诗》作“帅时农夫”。《周礼》“帅都建旗”，《说文》作“率都建旗”。《聘礼》注曰“古今帅皆作率”，凡《周礼》“帅”字，故书当皆作“率”。

[2] “乐”，俞樾云疑乃“王”之误。

师主倡也。昌，当为倡，书亦或为倡。”**凡丧，陈乐器，则帅乐官，**帅乐官往陈之。**及序哭，亦如之。**哭此乐器亦帅之。**凡乐官，掌其政令，听其治讼。**

大胥，掌学士之版，以待致诸子。郑司农云：“学士，谓卿大夫诸子学舞者。版，籍也。今时乡户籍，世谓之户版。大胥主此籍[1]，以待当召聚学舞者卿大夫之诸子，则案此籍以召之。《汉大乐律》曰：‘卑者之子不得舞宗庙之酎。除吏二千石到六百石，及关内侯到五大夫子，先取適子，高七尺已上，年十二[2]到年三十，颜色和顺，身体修治者，以为舞人。’与古用卿大夫子同义。”**春，入学，舍采，合舞。**春始以学士入学宫而学之。合舞，等其进退，使应节奏。郑司农云：“舍采，谓舞者皆持芬香之采[3]。或曰：古者士见于君，以雉为挚。见于师，以菜为挚。菜，直谓疏食菜羹之菜。或曰：学者皆人君卿大夫之子，衣服采饰，舍采者，减损解释盛服，以下其师也。《月令》，仲春之月上丁，命乐正习舞，释采；仲丁，又命乐正入学习乐。”玄谓舍，即释也；采，读为菜。始入学必释菜，礼先师也。菜，蘋蘩之属。**秋，颁学，合声。**春使之学，秋颁其才艺所为。合声，亦等其曲折，使应节奏。**以六乐之会正舞位，**大同六乐之节奏，正其位，使相应也。言为大合乐习之。**以序出入舞者，**以长幼次

---

❶ “籍”，底本作“藉”，据阮本改。

❷ “十二”，岳本作“二十”，阮校云余本、嘉靖本同作“二十”，贾疏云“‘十二’者误，当云‘二十至三十’”。然则旧本皆作“十二”，作“二十”者，据贾疏改也。惠士奇云刘昭引此亦作“十二”，似非误。

❸ “采”，阮校引《汉读考》云当作“菜”。

之，使出入不纰错。**比乐官，**比，犹校也。杜子春云：“次比乐官也。”郑大夫读比为庀。庀，具也，录具乐官。**展乐器。**展，谓陈数之。**凡祭祀之用乐者，以鼓征学士。**击鼓以召之。《文王世子》曰：“大昕鼓征，所以警众。”**序宫中之事。**

小胥，掌学士之征令而比之，觵其不敬者。比，犹校也。不敬，谓慢期不时至也。觵，罚爵也。《诗》云：“兕觵其觩。”**巡舞列而挞其怠慢者。**挞，犹抶也。抶以荆扑。**正乐县之位，王宫县，诸侯轩县，卿大夫判县，士特县，辨其声。**乐县，谓钟磬之属县于笱虡者。郑司农云：“宫县四面县，轩县去其一面，判县又去其一面，特县又去其一面，四面象宫室四面有墙，故谓之宫县。轩县三面，其形曲，故《春秋传》曰‘请曲县繁缨以朝’，诸侯之礼也。故曰唯器与名不可以假人。”玄谓轩县去南面，辟王也。判县左右之合，又空北面。特县县于东方，或于阶间而已。**凡县钟磬，半为堵，全为肆。**钟磬者，编县之二八十六枚，而在一虡，谓之堵。钟一堵，磬一堵，谓之肆。半之者，谓诸侯之卿大夫士也。诸侯之卿大夫，半天子之卿大夫，西县钟，东县磬，士亦半天子之上，县磬而已。郑司农云[1]：“以《春秋传》曰：歌钟二肆。”

大师，掌六律、六同，以合阴阳之声。阳声：黄钟、大蔟、姑洗、蕤宾、夷则、无射。阴声：大吕、应钟、南吕、函钟、小吕、夹钟。皆文之以五声：宫、商、角、

---

[1] “郑司农云”，阮校引段玉裁云当作“郑司农说”。

徵、羽。皆播之以八音：金、石、土、革、丝、木、匏、竹。以合阴阳之声者，声之阴阳各有合。黄钟，子之气也，十一月建焉，而辰在星纪。大吕，丑之气也，十二月建焉，而辰在玄枵。大蔟，寅之气也，正月建焉，而辰在娵訾。应钟，亥之气也，十月建焉，而辰在析木。姑洗，辰之气也，三月建焉，而辰在大梁。南吕，酉之气也，八月建焉，而辰在寿星。蕤宾，午之气也，五月建焉，而辰在鹑首。林钟，未之气也，六月建焉，而辰在鹑火。夷则，申之气也，七月建焉，而辰在鹑尾。中吕，巳之气也，四月建焉，而辰在实沈。无射，戌之气也，九月建焉，而辰在大火。夹钟，卯之气也，二月建焉，而辰在降娄。辰与建交错贸处如表里然，是其合也。其相生，则以阴阳六体为之。黄钟初九也，下生林钟之初六，林钟又上生大蔟之九二，大蔟又下生南吕之六二，南吕又上生姑洗之九三，姑洗又下生应钟之六三，应钟又上生蕤宾之九四，蕤宾又上生大吕之六四，大吕又下生夷则之九五，夷则又上生夹钟之六五，夹钟又下生无射之上九，无射又上生中吕之上六。同位者象夫妻，异位者象子母，所谓律取妻而吕生子也。黄钟长九寸，其实一籥，下生者三分去一，上生者三分益一，五下六上，乃一终矣。大吕长八寸二百四十三分寸之一百四；大蔟长八寸；夹钟长七寸二千一百八十七分寸之千七十五；姑洗长七寸九分寸之一；中吕长六寸万九千六百八十三分寸之万二千九百七十四；蕤宾长六寸八十一分寸之二十六；林钟长六寸；夷则长五寸七百二十九分寸之四百五十一；南吕长五寸三分寸之一；无射长四寸六千五百六十一分寸之六千五百二十四；应钟长四寸二十七分寸之二十。文之者，以调五声，使之相次，如锦绣之有文章。播，犹扬也，扬之以八音，乃可得而观之矣。金，钟镈也。石，磬也。土，埙也。革，鼓鼗也。丝，琴瑟也。木，柷敔也。匏，笙也。竹，管箫也。**教六诗：曰风，曰赋，曰比，曰兴，曰雅，曰颂。**教，教瞽蒙也。风，言贤圣治道之遗化也。赋之言铺，直铺陈今之政教善恶。比，见今之失，不敢斥言，取比类以言之。兴，见今之美，嫌于媚谀，取善事以喻劝之。雅，正也，言今之正者，以为后世法。颂之言诵也，容也，诵今之德，广以美之。郑司农云："古而自有风雅颂之名，故延陵季子观乐于鲁时，孔子尚幼，未定《诗》《书》，而曰[1]'为之歌《邶》《鄘》《卫》'，曰'是其《卫风》乎'，又为之歌《小雅》《大雅》，又为之歌《颂》。《论语》曰：'吾自卫反鲁，然后乐正，《雅》《颂》各得其所。'时礼乐自诸侯出，颇有谬乱不正，孔子正之。曰比曰兴，比者，比方于物也。兴者，托事于物。"**以六德为之本，**所教诗必有知、仁、圣、义、忠、和之道，乃[2]后可教以乐歌。**以六律为之音。**以律视其人为之音，知其宜何歌。子贡见师乙而问，曰："赐也闻乐歌各有宜，若赐者宜何歌？"此问人性也。本人之性，莫善于律。

---

❶ "曰"，闽本、毛本、阮本作"因"。
❷ "乃"，阮校云闽本、监本作"然"。

大祭祀，帅瞽登歌，令[1]**奏击拊，**击拊，瞽乃歌也。故书拊为付，郑司农云："登歌，歌者在堂也。付字当为拊，书亦或为拊。乐或当击，或当拊。登歌下管，贵人声也。"玄谓拊形如鼓，以韦为之，著之以糠。**下管，播乐器，令奏鼓朄。**鼓朄，管乃作也。特言管者，贵人气也。郑司农云："下管，吹管者在堂下。朄，小鼓也。先击小鼓，乃击大鼓。小鼓为大鼓先引，故曰朄。朄，读为'道引'之引。"玄谓鼓朄，犹言击朄。《诗》云："应朄县鼓。"**大飨，亦如之。大射，帅瞽而歌射节。**射节，王歌《驺虞》。**大师，执同律以听军声，而诏吉凶。**大师，大起军师。《兵书》曰："王者行师出军之日，授将弓矢，士卒振旅，将张弓大呼，大师吹律合音。商则战胜，军士强；角则军扰多变，失士心；宫则军和，士卒同心；徵则将急数怒，军士劳；羽则兵弱，少威明。"郑司农说以师旷曰："吾骤歌北风，又歌南风，南风不竞，多死声，楚必无功。"**大丧，帅瞽而廞，**[2]**作匶，谥。**廞，兴也，兴言王之行，谓讽诵其治功之诗。故书廞为淫，郑司农云："淫，陈也。陈其生时行迹，为作谥。"**凡国之瞽蒙，**

---

❶ "令"，阮校引浦镗云此"令"及下"令奏鼓朄"之"令"字，郑注《乐记》"会守拊鼓"下引作"合"，以证"会"义。经如作"令"，则当音力呈反，如《小师职》注"大师令奏"是。今《释文》无音，明本不作"令"。孔氏正义本作"合"，故云"谓大师合奏乐之时，先击拊而合奏之"，又云"合奏时，亲击朄以奏之"。宋本《礼记注疏》二"合"字皆改作"令"，非。贾疏"令奏鼓朄"云"欲令奏乐器之时，亦先击朄导之也"，当本作"合奏乐器"。孙诒让云"令"字不误，今本《乐记》注作"合"，乃传写之误。胡氏《研六室文钞》辨之详矣。

❷ "大丧帅瞽而廞"，于鬯云据贾疏云"大丧"前当有"凡"字。

正焉。从大师之政教。

小师，掌教鼓鼗、柷、敔、埙、箫、管、弦、歌。教，教瞽蒙也。出音曰鼓。鼗如鼓而小，持其柄摇之，旁耳还自击。埙，烧土为之，大如雁卵。箫，编小竹管，如今卖饴饧所吹者。弦，谓琴瑟也。歌，依咏诗也。郑司农云："柷如漆筩[1]，中有椎。敔，木虎也。埙，六孔。管，如篪，六孔。"玄谓管如篴而[2]小，并两[3]而吹之，今大予乐官有焉。**大祭祀，登歌，击拊，**亦自有拊击之，佐大师令奏。郑司农云："拊者，击石。"**下管，击应鼓，**应，鼙也。应与鞞及朔，皆小鼓也。其所用别未闻。**彻，歌。**于有司彻而歌《雍》。**大飨，亦如之。大丧，与廞。**从大师。**凡小祭祀、小乐事，鼓鞞。**如大师。郑司农云："鞞，小鼓名。"**掌六乐声音之节与其和。**和，錞于。

瞽蒙，掌播鼗、柷、敔、埙、箫、管、弦、歌。播，谓发扬其音。**讽诵诗，世奠系，鼓琴瑟。**讽诵诗，谓暗读之，不依咏也。故书奠或为[4]帝。郑司农云："讽诵诗，主诵诗以刺君过，故《国语》曰'瞍赋蒙诵'，谓诗也。"杜子春云："帝，读为定，其字为奠，书亦或为奠。世奠系，谓帝系，诸侯卿大夫世本之属是也。小史主次序先王之世，昭穆之系，述其德行。瞽

---

❶ "柷如漆筩"，孙诒让云贾疏述注作"柷状如漆筩"。

❷ "而"，阮校引孙志祖云《诗·周颂·有瞽》疏引郑注作"形"。

❸ "两"，阮校云惠校本无。孙诒让云《释文》云"并而"，无"两"，《诗·有瞽》笺云"并而吹"，亦无"两"字，而孔疏引此注则与今本同。

❹ "为"，岳本作"作"。

蒙主诵诗，并诵世系，以戒劝人君也。故《国语》曰‘教之世，而为之昭明德而废幽昏焉，以怵惧[1]其动’。”玄谓讽诵诗，主谓廞作柩谥时也。讽诵王治功之诗，以为谥。世之而定其系，谓书于世本也。虽不歌，犹鼓琴瑟，以播其音，美[2]之。**掌《九德》《六诗》之歌，以役大师。**役，为之使。

视瞭，掌凡乐事播鼗，击颂磬、笙磬。视瞭播鼗又击磬。磬在东方曰笙，笙，生也；在西方曰颂。颂，或作庸，庸，功也。《大射礼》曰：“乐人宿县于阼阶东，笙磬西面，其南笙钟，其南镈，皆南陈。”又曰：“西阶之西，颂磬东面，其南钟，其南镈，皆南陈。”**掌大师之县。**大师当县则为之。**凡乐事，相瞽。**相，谓扶工。**大丧，廞乐器，大旅亦如之。**旅，非常祭。于时乃兴造其乐器。**宾射，皆奏其钟鼓。**击朄以奏之。其登歌，大师自奏之。**鼜、恺献，亦如之。**恺献，献功恺乐也。杜子春读鼜为“忧戚”之戚，谓戒守鼓也。击鼓声疾数，故曰戚。

典同，掌六律、六同之和，以辨天地四方阴阳之声，以为乐器。阳声属天，阴声属地，天地之声，布于四方。为，作也。故书同作铜。郑司农云：“阳律以竹为管，阴律以铜为管。竹，阳也。铜，阴也。各顺其性，凡十二律，故《大师职》曰：‘执同[3]律以听军声。’”玄谓律，述气者也。同

---

❶“怵惧”，阮校引《释文》“怵惧，北本作‘休’”，《国语·楚语》作“休”，韦昭训“嘉”，北本是。贾疏引《国语》亦作“休”。

❷“音美”，八行本作“美音”。

❸“同”，阮校云《汉读考》作“铜”，此据先郑本耳，今《大师职》作“同”，从后郑本也。

助阳宣气，与之同。皆以铜为。**凡声，高声䃔，正声缓，下声肆，陂声散，险声敛，达声赢，微声韽，回声衍，侈声筰，弇声郁，薄声甄，厚声石。**故书䃔或为❶硍。杜子春读䃔❷为“铿鎗”之铿，高，谓钟形容高也。韽，读为“暗不明”之暗，筰，读为“行扈唶唶”之唶，石，如磬石之声。郑大夫读䃔为“衮冕”之衮，陂，读为“人短罢”之罢，韽，读为❸“鹑鹌”之鹌。郑司农云：“钟形下当𨁼。正者，不高不下。钟形上下正傭。”玄谓高，钟形大上，上大也。高则声上藏，衮然旋如里❹。正，谓上下直正，则声缓无所动。下，谓钟形大下，下大也。下则声出去放肆。陂，读为“险陂”之陂，陂，谓偏侈，陂则声离散也。险，谓偏弇也，险则声敛不越也。达，谓其形微大也，达则声有余若大放也。微，谓其形微小也。韽，读为“飞钻涅韽”之韽，❺韽声小不成也。回，谓其形微圜也，回则其声淫衍无鸿杀也。侈，谓中央约也，侈则声迫筰出去疾也。弇，谓中央宽也，弇则声郁勃不出也。

---

❶ “为”，八行本、岳本、阮本作“作”。

❷ “䃔”，阮校引《汉读考》作“硍”，云“此杜从作‘硍’之本，而易为‘铿’字，今本作‘读䃔’，误”。《音义》硍、铿皆苦耕反，陆时盖未误也。

❸ “为”，阮校引《汉读考》云当作“如”。

❹ “里”，八行本、岳本作“裹”。阮校云“衮”“裹”一声之转，故读从之。“衮”亦与“卷”通，卷旋即裹义也，盖作“裹”是。释曰“言旋如里，谓声周旋如在里”，是贾本作“里”字。

❺ “韽读为飞钻涅韽之韽”，阮校云《释文》作“飞钻”，贾疏作“飞钳”，《集韵》引《鬼谷》篇有“飞钻涅暗”，段玉裁云《集韵》所本是。注当作“涅暗”之“暗”。孙诒让云《集韵》二十一侵“钻”字注仍作“飞钻涅韽”，则段说未确。

甄，读为“甄耀[1]”之甄，甄，犹掉也。钟微薄则声掉，钟大厚则如石，叩之无声。**凡为乐器，以十有二律为之数度，以十有二声为之齐量。**数度，广长也。齐量，侈弇之所容。**凡和乐，亦如之。**和，谓调其故器也。

磬师，掌教击磬，击编钟。教，教视瞭也。磬亦编，于钟言之者，钟有不编，不编者钟师击之。杜子春读编为“编书”之编[2]。**教缦乐、燕乐之钟磬。**杜子春读缦为“怠慢”之慢。玄谓缦读为“缦锦”之缦，谓杂声之和乐[3]者也。《学记》曰：“不学操缦，不能安弦。”燕乐，房中之乐，所谓阴声也。二乐皆教其钟磬。**凡祭祀，奏缦乐。**

钟师，掌金奏。金奏，击金以为奏乐之节。金，谓钟及镈。**凡乐事，以钟鼓奏《九夏》：《王夏》《肆夏》《昭夏》《纳夏[4]》《章夏》《齐夏》《族夏》《祴夏》《骜夏》。**以钟鼓者，先击钟，次击鼓以奏《九夏》。夏，大也，乐之大歌有九。故书纳作内，杜子春云：“内，当为纳，祴，读为‘陔鼓’之陔。王出入奏《王夏》，尸出入奏《肆夏》，牲出入奏《昭夏》，四方宾来奏《纳夏》，臣有功奏

---

❶ “耀”，阮校云余本、嘉靖本、闽本、监本作“濯”，贾疏本作“耀”。“甄耀”即“震耀”，古人“震”多读平声，古本作“濯”者，亦当读为“耀”。

❷ “书之编”，底本原残，据阮本补。

❸ “和乐”，底本原残，据阮本补。

❹ “纳夏”，阮校引《释文》作“夏纳”，云“本或作‘纳夏’”。《经义杂记》曰《左传》襄四年“金奏《肆夏》之三”，杜注“四曰纳夏”，《释文》作“夏纳”，云“本或作‘纳夏’”，误。又《春秋正义》曰“定本‘纳夏’为‘夏纳’”，依陆氏之书，知旧本是“夏纳”，今《周礼》作“纳夏”，非也。

《章夏》，夫人祭奏《齐夏》，族人侍奏《族夏》，客醉而出奏《陔夏》，公出入奏《骜夏》。《肆夏》，诗也。”《春秋传》曰：“穆叔如晋，晋侯享之，金奏《肆夏》三[1]，不拜；工歌《文王》之三，又不拜；歌《鹿鸣》之三，三拜，曰：‘《三夏》，天子所以享元侯也，使臣不敢与闻。’《肆夏》与《文王》《鹿鸣》俱称三，谓其三章也。以此知《肆夏》诗也。《国语》曰：‘金奏《肆夏》《繁遏》《渠》，天子所以享元侯。’《肆夏》《繁遏》《渠》，所谓《三夏》矣。”吕叔玉云：“《肆夏》《繁遏》《渠》，皆《周颂》也。《肆夏》，《时迈》也。《繁遏》，《执傹》也。《渠》，《思文》也[2]。肆，遂也。夏，大也。言遂于大位，谓王位也，故《时迈》曰‘肆于时夏，允王保之’。繁，多也。遏，止也。言福禄止于周之多也，故《执傹》曰‘降福穰穰，降福简简，福禄来反’。渠，大也，言以后稷配天王道之大也。故《思文》曰‘思文后稷，克配彼天’。故《国语》谓之曰‘皆昭令德以合好也’。”玄谓以《文王》《鹿鸣》言之，则《九夏》皆诗篇名，颂之族类也。此歌之大者，载在乐章，乐崩亦从而亡，是以颂不能具。**凡祭祀、飨食，奏燕乐。**以钟鼓奏之。**凡射，王奏《驺虞》，诸侯奏《狸首》，卿大夫奏《采蘋》，士奏《采蘩》。**郑司农云：“驺虞，圣兽。”**掌鼙，鼓缦乐。**鼓，读如“庄王鼓”之鼓。[3]玄谓作缦乐，击鼙以

---

[1] “金奏肆夏三”，阮校引浦镗云“夏”下脱“之”。

[2] “也”，原文缺，据八行本补。

[3] “鼓读如庄王鼓之鼓”，阮校引《汉读考》云依宣十二年《公羊传》，当云“庄王鼓之之鼓”，今脱一“之”字。

和之。

笙师，掌教吹竽、笙、埙、籥、箫、篪、篴、管，舂[1]**牍、应、雅，以教祴乐。**教，教视瞭也。郑司农云：“竽，三十六簧。笙，十三簧。篪，七空[2]。舂牍，以竹大五六寸，长七尺，短者一二尺，其端有两空，髹画，以两手筑地。应长六尺五寸，其中有椎。雅，状如漆筩而弇口，大二围，长五尺六寸，以羊韦鞔之，有两纽，疏画。”杜子春读篴为[3]“荡涤”之涤，今时所推[4]五空竹篴。玄谓籥如篴，三空。祴乐，《祴夏》之乐。牍、应、雅教其舂者，谓以筑地。笙师教之，则三器在庭可知矣。宾醉而出，奏《祴夏》，以此三器筑地，为之行节，明不失礼。**凡祭祀、飨、射，共其钟笙之乐，**钟笙，与钟声相应之笙。**燕乐亦如之。大丧，廞其乐器；及葬，奉而藏之。**廞，兴也，兴，谓作之。奉，犹送。**大旅，则陈之。**陈于馔处而已，不莅其县。

镈师，掌金奏之鼓。谓主击晋鼓，以奏其钟镈也。然则击镈者亦视瞭。**凡祭祀，鼓其金奏之乐，飨食、宾射，亦如之。军大献，则鼓其恺乐。凡军之夜三鼜，皆鼓之。守鼜，亦如之。**守鼜，备守鼓也。鼓之以鼖鼓。杜子春云：“一夜三击，备守鼜也。《春秋传》所谓宾将趋者，音声相

---

[1] “舂”，八行本作“舂”。

[2] “空”，阮校云余本作“孔”，下仍作“空”。当并作“孔”。《释文》“七空，音孔”，经注本作“空”者，据《释文》本改也。贾疏亦作“空”。孙诒让云“空”“孔”古今字，似当以作“空”为是。

[3] “为”，阮校引《汉读考》云当作“如”。

[4] “推”，八行本、岳本、阮本作“吹”。

似。”**大丧，廞其乐器，奉而藏之。**

韎师，掌教韎乐。祭祀，则帅其属而舞之。舞之以东夷之舞。**大飨，亦如之。**

旄人，掌教舞散乐，舞夷乐，散乐，野人为乐之善者，若今黄门倡矣，自有舞。夷乐，四夷之乐，亦皆有声歌及舞。**凡四方之以舞仕者属焉。凡祭祀、宾客，舞其燕乐。**

籥师，掌教国子舞羽吹籥。文舞有持羽吹籥者，所谓籥舞也。《文王世子》曰："秋冬学羽籥。"《诗》云："左手执籥，右手秉翟。"**祭祀，则鼓羽籥之舞。**鼓之者，恒为之节。**宾客、飨食，则亦如之。大丧，廞其乐器，奉而藏之。**

籥章，掌土鼓、豳籥。杜子春云："土鼓，以瓦为匡，以革为两面，可击也。"郑司农云："豳籥，豳国之地竹，《豳诗》亦如之。"玄谓豳籥，豳人吹籥之声章，《明堂位》曰："土鼓蒯桴苇籥，伊耆氏之乐。"**中春，昼击土鼓，吹《豳诗》，以逆暑。**《豳诗》，《豳风·七月》也。吹之者，以籥为之声。《七月》言寒暑之事，迎气歌其类也。此《风》也，而言《诗》，《诗》总名也。迎暑以昼，求诸阳。**中秋，夜迎寒，亦如之。**迎寒以夜，求诸阴。**凡国祈年于田祖，吹《豳雅》，击土鼓，以乐田畯。**祈[1]年，祈丰年也。田祖，始耕田者，谓神农也。《豳雅》，亦《七月》也。《七月》又有于耜举趾，馌彼南亩之事，是亦歌其类。谓之雅者，以其言男女之正。郑司农云："田畯，古之

---

[1] "祈"，孙诒让云《诗·甫田》疏引作"求"。

先教田者。”《尔雅》曰：“畯，农夫也。”**国祭蜡，则吹《豳颂》，击土鼓，以息老物。**故书蜡为蚕[1]，杜子春云：“蚕，当为蜡。《郊特牲》曰：‘天子大蜡八，伊耆氏始为蜡。岁十二月，而合聚万物而索飨之也。蜡之祭也，主先啬而祭司啬也。’‘黄衣黄冠而祭，息田夫也。’‘既蜡而收，民息已。’”玄谓十二月，建亥之月也。求万物而祭之者，万物助天成岁事，至此为其老而劳，乃祀而老息之，于是国亦养老焉，《月令》“孟冬，劳农以休息之”是也。《豳颂》，亦《七月》也。《七月》又有“获稻作酒，跻彼公堂，称彼兕觥，万寿无疆”之事[2]，是亦歌其类也。谓之颂者，以其言岁终人功之成。

鞮鞻氏，掌四夷之乐与其声歌。四夷之乐，东方曰《韎》，南方曰《任》[3]，西方曰《株离》，北方曰《禁》。《诗》云“以《雅》以《南》”是也。王者必作四夷之乐，一天下也。言与其声歌，则云乐者主于舞。**祭祀，则吹而歌之，燕亦如之。**吹之以管籥为之声。

典庸器，掌藏乐器、庸器。庸器，伐国所获之器，若崇鼎、贯鼎及以其兵物所铸铭也。**及祭祀，帅其属而设笋虡，陈庸器。**设笋虡，视瞭当以县乐器焉。陈功器，以华国

---

❶ “故书蜡为蚕”，王引之云“蚕”与“蜡”形声俱不相近，盖“蜡”字古或作“蝱”，故讹为“蚕”。

❷ “七月又有获稻作酒跻彼公堂称彼兕觥万寿无疆之事”，阮校云据《释文》，盖陆本作“跻堂称觥（原本作觵），万寿无疆之事”，注约举其事，非引《诗》全文。惠校本删“彼公”“彼兕”四字。

❸ “南方曰任”，阮校云《释文》曰“任音壬”，叶钞本作“音任”，则陆本注当作“南方曰壬”。

也。杜子春云："筍，读为'博选'之选，横者为筍，从者为鐻[1]。"**飨食、宾射，亦如之。大丧，廞筍虡。**廞，兴也，兴谓作之。

司干，掌舞器。舞器，羽籥之属。**祭祀，舞者既陈，则授舞器，既舞则受之。**既，已也。受取藏之。**宾、飨亦如之。大丧，廞舞器，及葬，奉而藏之。**

大卜，掌《三兆》之法，一曰《玉兆》，二曰《瓦兆》，三曰《原兆》。兆者，灼龟发于火，其形可占者。其象似玉瓦原之亹[2]罅[3]，是用名之焉。上古以来，作其法可用者有三，[4]原，原田也。杜子春云："《玉兆》，帝颛顼之兆。《瓦兆》，帝尧之兆。《原兆》，有周之兆。"**其经兆之体，皆百有二十，其颂皆千有二百。**颂，谓繇也。三法体繇之数同，其名占异耳。百二十每体十繇，体有五色，又重之以墨坼也。五色者，《洪范》所谓曰雨、曰济、曰圛、曰蟊、曰克。**掌《三易》之法，一曰《连山》，二曰《归藏》，三曰《周易》。**易者，揲蓍变易之数，可占者也。名

---

❶ "鐻"，阮校云《释文》"为鐻，音距，旧本作此字，今或作'虡'"。经作"虡"，注作"鐻"，此亦段玉裁经作古字、注作今字之证也。"鐻"在汉为今字。

❷ "亹"，阮校云监本、毛本改"璺"，《释文》作"亹"，云"依字作'璺'"，则本不作"璺"可知。

❸ "罅"，岳本、阮本作"鏬"，阮校云叶钞《释文》作"呼"。

❹ "上古以来作其法可用者有三"，阮校云贾疏引注作"上古以来，其作法可用者有三"，读亦异。孙诒让云《士丧礼》疏引仍作"其法"，此疏疑传写之误。

曰《连山》，似山出内气也[1]。《归藏》者，万物莫不归而藏于其中。杜子春云："《连山》，宓戏。《归藏》，黄帝。"**其经卦皆八，其别皆六十有四。**《三易》卦别之数亦同，其名占异也。每卦八，别者，重之数。**掌《三梦》之法**[2]**，一曰《致梦》，二曰《觭梦》，三曰《咸陟》。**梦者，人精神所寤可占者。致梦，言梦之所至，夏后氏作焉。咸，皆也。陟之言得也，读如"王德翟人"之德。言梦之皆得，周人作焉。杜子春云："觭，读为'奇伟'之奇，其字直当为奇。"玄谓觭读如[3]"诸戎掎"之掎，掎亦得也。亦言梦之所得，殷人作焉。**其经运十，其别九十。**运，或为緷，当为辉，[4]是视祲所掌十辉也。王者于天，日也。夜有梦，则昼视日旁之气，以占其吉凶。凡所占者十辉，每辉九变。此术今亡。**以邦事作龟之八命，一曰征，二曰象，三曰与，四曰谋，五曰果，六曰至，七曰雨，八曰瘳。**国之大事待蓍龟而决者有八。定作其辞，于将卜以命龟也。郑司农云："征，谓征伐人也。象，谓灾变云物，如众赤乌之属有所象似。《易》曰'天垂象见吉凶'，《春秋传》曰'天事恒象'，皆是也。与，谓

---

❶ "似山出内气也"，闽本、阮本"气"下有"变"字。阮校引臧礼堂云《春秋》襄九年正义引此注作"出内云气也"，今本作"气变"，误。贾疏云"云气出内于山，故名《易》为《连山》"，是贾疏本本作"云气"，当据正。

❷ "掌三梦之法"，阮校云《释文》作"三𢤧"，不成字，盖《说文》"㝱"字之讹耳。"㝱"者，正字，"梦"者，假借字。

❸ "读如"，阮校云《汉读考》作"读为"。下云"掎亦得也"，可知郑之易字矣。今本作"读如"，非。

❹ "运或为緷当为辉"，阮校云《释文》出"作緷""为辉"四字，则上"为"当是"作"。

予人物也。谋，谓谋议也。果，谓事成与不也。至，谓至不也。雨，谓雨不也。瘳，谓疾瘳不也。”玄谓征亦云行，巡守也。象，谓有所造立也，《易》曰：“以制器者尚其象。”与，谓所与共事也。果，谓以勇决为之，若吴伐楚，楚司马子鱼卜战，令龟曰“鲋也以其属死之，楚师继之，尚大克之”，吉，是也。**以八命者赞《三兆》《三易》《三梦》之占，以观国家之吉凶，以诏救政。**郑司农云：“以此八事，命卜筮蓍龟，参之以梦，故曰以八命者赞《三兆》《三易》《三梦》之占。《春秋传》曰：‘筮袭于梦，武王所用。’”玄谓赞，佐也。诏，告也。非徒占其事，吉则为，否则止，又佐明其繇之占，演其意，以视国家余事之吉凶，凶则告王救其政。**凡国大贞，卜立君，卜大封，则视高作龟。**卜立君，君无冢適，卜可立者。卜大封，谓竟界侵削，卜以兵征之，若鲁昭元年秋，叔弓帅师疆郓田是也。视高，以龟骨高者可灼处示宗伯也。大事宗伯莅卜，卜用龟之腹骨，骨近足者其部高。郑司农云：“贞，问也。国有大疑，问于蓍龟。作龟，谓凿龟令可爇也。”玄谓贞之为问，问于正者，必先正之，乃从问焉。《易》曰：“师贞，丈人吉。”作龟，谓以火灼之，以作其兆也。春灼后左，夏灼前左，秋灼前右，冬灼后右。《士丧礼》曰：“宗人受卜人龟，示高莅卜，受视反之。”又曰：“卜人坐作龟。”**大祭祀，则视高命龟。**命龟，告龟以所卜之事。不亲作龟者，大祭祀轻于大贞也。《士丧礼》曰：“宗人即席西面坐，命龟。”**凡小事，莅卜。**代宗伯。**国大迁、大师，则贞龟。**正龟于卜位也。《士丧礼》曰“卜人抱龟燋，先奠龟，西面[1]”是也。又不亲命龟，亦大迁、大师轻于大祭祀。**凡旅，陈龟。**陈龟于馔处也。《士丧礼》曰“卜人先奠龟于西塾上，南首”是也。不亲贞龟，亦以卜旅祭非常，轻于大迁大师。**凡丧事，命龟。**重丧礼，次大祭祀也。《士丧礼》则筮宅、卜日，天子卜葬兆。凡大事，大卜陈龟、贞龟、命龟、视高，其他以差降焉。

卜师，掌开龟之四兆，一曰方兆，二曰功兆，三曰义兆，四曰弓兆。开，开出其占书也。经兆百二十体，此[2]言四兆者，分之为四部，若《易》之二篇。《书·金縢》曰“开籥见书”，是谓与？其云方、功、义、弓之名，未闻。**凡卜事，视高，**示莅卜也。**扬火以作龟，致其墨。**扬，犹炽也。致其墨者，孰灼之，明其兆。**凡卜，辩龟之上下、左右、阴阳，以授命龟者而诏相之。**所卜者当各用其龟也。大祭祀、丧事，大卜命龟，则大贞小宗伯命龟，其他卜师命龟，卜人作龟。卜人作龟，则亦辩龟，以授卜师。上，仰者也。下，俯者也。左，左倪也。右，右倪也。阴，后弇也。阳，前弇也。诏相，告以其辞及威仪。

龟人，掌六龟之属，各有名物。天龟曰灵属，地龟曰绎属，东龟曰果属，西龟曰雷属，南龟曰猎属，[3]北龟曰若属。各以其方之色与其体辩之。属，言非一也。色，谓天龟玄，地龟黄，东龟青，西龟白，南龟赤，北龟黑。龟

---

[1] “面”，八行本、岳本作“南”。
[2] “此”，闽本、毛本、阮本作“今”。
[3] “西龟曰雷属南龟曰猎属”，于鬯云“西”“南”二字疑互误。

俯者灵，仰者绎，前弇果，后弇猎，左倪雷，右倪若，是其体也。东龟南龟长前后，在阳，象经也；西龟北龟长左右，在阴，象纬也。天龟俯，地龟仰，东龟前，南龟却，西龟左，北龟右，各从其耦也。杜子春读果为裸。**凡取龟用秋时，攻龟用春时，各以其物入于龟室。**六龟各异室也。秋取龟，及万物成也。攻，治也。治龟骨以春，是时干解不发伤也。**上春衅龟，祭祀先卜。**衅者，杀牲以血之，神之也。郑司农云："祭祀先卜者，卜其日与其牲。"玄谓先卜，始用卜筮者，言祭言祀，尊焉天地之也。《世本》作曰"巫咸作筮"。卜，未闻其人也。是上春者，夏正建寅之月，《月令·孟冬》云"衅祠龟策"，相互矣。秦以十月建亥为岁首，则《月令》秦世之书，亦或欲以岁首衅龟耳。**若有祭事，则奉龟以往。**奉，犹[1]送也。送之所当于卜。**旅亦如之，丧亦如之。**

菙氏，掌共燋契，以待卜事。杜子春云："燋，读为'细目燋'之燋，或曰如'薪樵'之樵，[2]谓所爇灼龟之木也，故谓之燋。契，谓契龟之凿也。《诗》云：'爰始爰谋，爰契我龟。'"玄谓《士丧礼》曰："楚焞置于燋，在龟东。"楚焞，即契所用灼龟也。燋，谓炬，其存火。**凡卜，以明火爇燋，遂吹其焌契[3]，以授卜师，遂役之。**杜子春

---

❶ "犹"，原文误作"由"，据八行本、岳本、阮本改。

❷ "燋读为细目燋之燋或曰如薪樵之樵"，阮校云《汉读考》云"为"当作"如"，"细目燋"读同焦，其字不当从火，转写误也。"曰如"当作"读为"。

❸ "遂吹其焌契"，阮校云《说文》"焌，然火也，从火夋声。《周礼》曰'遂籥其焌'，焌火在前，以焞焯龟"。今本"籥"作"吹"者，从炊省也。《说文》"籥，从龠炊声"。

云："明火，以阳燧取火于日。焌，读为'英俊'之俊。书亦或为俊。"玄谓焌读如"戈镈"之镈，谓以契柱燋火而吹之也。契既然，以授卜师，用作龟也。役之，使助之。

占人，掌占龟，以八簭占八颂，以八卦占簭之八故，以视吉凶。占人亦占簭，言掌占龟者，筮短龟长，主于长者。以八筮占八颂，谓将卜八事，先以筮筮之。言颂者，同于龟占也。以八卦占筮之八故，谓八事不卜而徒筮之也。其非八事，则用九筮，占人亦占焉。**凡卜簭，君占体，大夫占色，史占墨，卜人占坼。**体，兆象也。色，兆气也。墨，兆广也。坼，兆舋也。体有吉凶，色有善恶，墨有大小，坼有微明。尊者视兆象而已，卑者以次详其余也。周公卜武王，占之曰"体，王其无害"。凡卜象[1]吉，色善，墨大，坼明，则逢吉。**凡卜簭，既事，则系币以比其命。岁终，则计其占之中否。**杜子春云："系币者，以帛书其占，系之于龟也。"玄谓既卜筮，史必书其命龟之事及兆于策，系其礼神之币，而合藏焉。《书》曰："王与大夫尽弁，开金縢之书，乃得周公所自以为功，代武王之说。"是命龟书。

簭人，掌《三易》，以辨九簭之名，一曰《连山》，二曰《归藏》，三曰《周易》。九簭之名，一曰巫更，二曰巫咸，三曰巫式，四曰巫目，五曰巫易，六曰巫比，七曰巫祠，八曰巫参，九曰巫环，以辨吉凶。此九巫，读

[1] "象"，阮校引浦镗云"体"误"象"，疏同。孙诒让云《士丧礼》疏引正作"体"，则此自是传写之误。

皆当为筮，字之误也。更，谓筮迁[1]都邑也。咸，犹佥也，谓筮众心欢不也。式，谓[2]筮制作法式也。目，谓事众筮其要所当也。易，谓民众不说，筮所改易也。比，谓筮与民和比也。祠，谓筮牲与日也。参，谓筮御与右也。环，谓筮可致师不。**凡国之大事，先筮而后卜。**当用卜者，先筮之，即事有渐也[3]。于筮之凶，则止不卜。**上春，相簭。**相，谓更选择其蓍也，蓍龟岁易者与？**凡国事，共簭。**

占梦，掌其岁时，观天地之会，辨阴阳之气，其岁时，今岁四时也。天地之会，建厌所处之日辰。阴阳之气，休王前后。**以日、月、星、辰占六梦之吉凶。**日月星辰，谓日月之行及合辰所在。《春秋》昭三十一年，十二月辛亥朔，日有食之，是夜也，晋赵简子梦童子倮而转以歌，旦而日食，占诸史墨。对曰："六年及此月也，吴其入郢乎，终亦弗克。入郢必以庚辰，日月在辰尾。庚午之日，日始有谪。火胜金，故弗克。"此以日月星辰占梦者。其术则今八会其遗象也，用占梦则亡。**一曰正梦，**无所感动，平安自梦。**二曰噩梦[4]，**杜子春云："噩，当为'惊愕'之愕[5]，谓惊愕而梦。"三

---

[1] "迁"，底本漫漶，据阮本补。

[2] "谓"，底本漫漶，据阮本补。

[3] "即事有渐也"，八行本无"有"。

[4] "噩梦"，阮校云《说文》引《周礼》作"㖾寎"，盖许读噩为㖾。"㖾"即今"咢"字，杜云"惊愕"是也。许所据《周礼》实作"㖾"，杜本盖同。

[5] "愕"，阮校云叶钞《释文》作"鄂"，是也。

曰思梦，觉时所思念之而梦。**四曰寤梦，**觉时道之而梦[1]。**五曰喜梦，**喜说而梦。**六曰惧梦。**恐惧而梦。**季冬，聘王梦，献吉梦于王，王拜而受之。**聘，问也。梦者，事之祥。吉凶之占，在日月星辰。季冬，日穷于次，月穷于纪，星回于天，数将几终，于是发币而问焉，若休庆之云尔。因献群臣之吉梦于王，归美焉。《诗》云："牧人乃梦，众维鱼矣，旐维旟矣。"此所献吉梦。**乃舍萌于四方，以赠恶梦，**杜子春读萌为明，又云："其字当为明。明，谓驱[2]疫也。谓岁竟逐疫，置四方。书亦或为明。"玄谓舍读为释，舍萌，犹释采也。古书释采、释奠多作舍字。萌，菜始生也。赠，送也。欲以新善去故恶。**遂令始难驱疫。**令，令方相氏也。难，谓执兵以有难却也。方相氏蒙熊皮，黄金四目，玄衣朱裳，执戈扬盾，帅百隶为之驱疫疠鬼也。故书难或为傩。杜子春傩读为"难问"之难，其字当作难。《月令》：季春之月，命国傩[3]，九门磔攘，以毕春气。仲秋之月，天子乃傩，以达秋气。季冬之月，命有司大傩，旁磔，出土牛，以送寒气。

视祲，掌十辉之法，以观妖祥，辨吉凶。妖祥，善恶之征，郑司农云："辉，谓日光炁也。"**一曰祲，二曰象，三曰鑴，四曰监，五曰闇，六曰瞢，七曰弥，八曰叙，九曰隮，十曰想。**故书弥作迷，隮作资。郑司农云："祲，阴阳气相侵也。象者，如赤乌也。鑴，谓日旁气四面反乡，如

---

[1] "觉时道之而梦"，阮校云《广韵》引此"时"下有"所"字，上"思梦"注云"觉时所思念之而梦"，则此亦当有"所"字，今本脱也。

[2] "驱"，原文误作"欧"，据八行本改。

[3] "傩"，阮校云闽本、监本、毛本作"难"，当据以订正。

辉[1]状也。监，云气临日也。闇，日月食也。瞢，日月瞢瞢无光也。弥者，白虹弥天也。叙者，云有次序如山在日上也。隮者，升气也。想者，辉光也。”玄谓鑴读如“童子佩鑴”之鑴，谓日旁气刺日也。监，冠珥也。弥，气贯日也。隮，虹也。《诗》云：“朝隮于西。”想，杂气有似可形想。**掌安宅叙降。**宅，居也。降，下也。人见妖祥则不安，主安其居处也。次序其凶祸所下，谓禳移之。**正岁，则行事。**占梦以季冬赠恶梦，此正月而行安宅之事，所以顺民。**岁终，则弊其事。**弊，断也，谓计其吉凶然否多少。

大祝，掌六祝之辞，以事鬼神示，祈福祥，求永贞。一曰顺祝，二曰年祝，三曰吉祝，四曰化祝，五曰瑞祝，六曰策祝。永，长也。贞，正也。求多福，历年得正命也。郑司农云：“顺祝，顺丰年也。年祝，求永贞也。吉祝，祈福祥也。化祝，弭灾兵也。瑞祝，逆时雨、宁风旱也。策祝，远罪疾。”**掌六祈，以同鬼神示，一曰类，二曰造，三曰禬，四曰禜，五曰攻，六曰说。**祈，嘄也，谓为有灾变，号呼告神以求福。天神、人鬼、地祇不和，则六疠作见，故以祈礼同之。故书造作灶，杜子春读灶为“造次”之造，书亦或为造。造，祭于祖也。郑司农云：“类、造、禬、禜、攻、说，皆祭名也。类，祭于上帝，《诗》曰：‘是类是祃。’《尔雅》曰：‘是类是祃，师祭也。’又曰：‘乃立冢土，戎丑攸行。’《尔雅》曰：‘起大事，动大众，必先有事乎社而

[1] “辉”，阮校引《释文》云“如晕，本亦作‘辉’，音同”，又云日旁气字当作“晕”，今本作“辉”，非。

后出，谓之宜。’故曰：‘太师宜于社，造于祖，设军社，类上帝。’《司马法》曰：‘将用师，乃告于皇天上帝、日月星辰，以祷于后土、四海神祇、山川冢社，乃造于先王，然后冢宰征师于诸侯曰：某国为不道，征之，以某年某月某日，师至某国。’禜，日月星辰山川之祭也。《春秋传》曰：‘日月星辰之神，则雪霜风雨之不时，于是乎禜之；山川之神，则水旱疠疫之灾[1]，于是乎禜之[2]。’”玄谓类、造，加诚肃，求如志。禬、禜，告之以时有灾变也。攻、说，则以辞责之。禜，如日食以朱丝萦[3]社，攻如其鸣鼓然。董仲舒救日食，祝曰“炤炤大明，瀸灭无光，奈何以阴侵阳，以[4]卑侵尊”。是之谓说也。禬，未闻焉。造、类、[5]禬、禜皆有牲，攻、说用币而已。**作六辞，以通上下、亲疏、远近，一曰祠[6]，二曰命，三曰诰，四曰会[7]，五曰祷，六曰诔。**郑司农云：“祠，当为辞，谓辞令也。命，《论语》所谓为命裨谌[8]草创

---

[1] “则水旱疠疫之灾”，阮校引孙志祖云“据疏当作‘水旱疠疫之不时’，兼有《鬯人》注可证。今本作‘灾’，是从人据《左传》改”。段玉裁亦云当作“不时”。

[2] “之”，底本漫漶，据阮本补。

[3] “萦”，底本漫漶，据阮本补。

[4] “以”，阮校云《汉制考》无。

[5] “造类”，孙诒让云贾疏述注作“类造”，《礼记·祭法》疏引此注同，与正文叙次合，疑今本误。

[6] “祠”，阮校引《汉读考》云当是“词”之误。《大行人》“协辞命”注“故书‘协辞命’作‘汁词命’，郑司农云‘词当为辞’，玄谓‘辞命，六辞之命也’”。是故书“辞”作“词”之证。

[7] “会”，王引之云疑为“譮”假借，譮，古“话”字，与“诰”相近。

[8] “裨谌”，底本漫漶，据阮本补。

之。诰，谓《康诰》《盘庚之诰》之属也。盘庚将迁于殷，诰[1]其世臣卿大夫，道其先祖之善功，故曰以通上下、亲疏、远近。会，谓王官之伯，命事于会，胥命于蒲，主为其命也。祷，谓祷于天地、社稷、宗庙，主为其辞也。《春秋传》曰，铁之战，卫大子祷曰：'曾孙蒯聩敢昭告皇祖文王、烈祖康叔、文祖襄公：郑胜乱从，晋午在难，不能治乱，使鞅讨之。蒯[2]聩不敢自佚，备持矛焉。敢告无绝筋，无破骨，无面夷，无作三祖羞。大命不敢请，佩玉不敢爱[3]。'若此之属。诔，谓积累生时德行，以赐之命，主为其辞也。《春秋传》曰：'孔子卒，哀公诔之曰：闵天[4]不淑，不憖遗一老，俾屏余一人以在位，嬛嬛予在疚[5]。呜呼哀哉尼父！无自律。'此皆有文雅辞[6]令，难为者也，故大祝官主作六辞，或曰诔，《论语》所谓'诔曰祷尔于上下神祇'。"杜子春云："诰，当[7]为告，书亦或为告。"玄谓一曰祠[8]者，交接之辞。《春秋传》曰："古者诸侯相见，号辞必称先君以相[9]接。"辞之辞

---

❶ "诰"，底本漫漶，据阮本补。

❷ "蒯"，底本漫漶，据阮本补。

❸ "敢爱"，底本漫漶，据阮本补。

❹ "闵天"，底本漫漶，据阮本补。

❺ "嬛嬛予在疚"，阮校云《释文》出"嬛嬛""在疚"，陆本或无"予"字。《左传》"予"作"余"，此注"余一人"亦作"余"。孙诒让云《说文》女部"嬛"字注引《春秋传》正作"嬛嬛在疚"，无"予"字。

❻ "雅辞"，底本漫漶，据阮本补。

❼ "诰当"，底本漫漶，据阮本补。

❽ "祠"，阮校云贾疏引此作"辞"，郑君从司农改"祠"为"辞"，故下云"辞之辞也"，此仍作"祠"，非。

❾ "相"，底本漫漶，据阮本补。

也。会，谓会同盟誓之辞。祷，贺庆言福祚之辞。晋赵文子成室，晋大夫发焉。张老曰："美哉轮焉！美哉奂焉！歌于斯，哭于斯，聚国族于斯。"文子曰："武也得歌于斯，哭于斯，聚国族于[1]斯，是全要领以从先大夫于九京也。"北面再拜稽首，君子谓之善颂善祷。祷是[2]之辞。**辨六号，一曰神号，二曰鬼号，三曰示号，四曰牲号，五曰齍号，六曰币号。**号，谓尊其名，更为美称焉。神号，若云皇天上帝。鬼号，若云皇祖伯某。祇号，若云后土地祇。币号，若玉云嘉玉，币云量币。郑司农云："牲号，为牺牲皆有名号。《曲礼》曰：'牛曰一元大武，豕曰刚鬣，羊曰柔毛，鸡曰翰音。'粢号，谓黍稷皆有名号也。《曲礼》曰：'黍曰香合，粱[3]曰香萁，稻曰嘉疏。'《少牢馈食礼》曰：'敢用柔毛刚鬣。'《士虞礼》曰：'敢用洁牲刚鬣香合。'"**辨九祭，一曰命祭，二曰衍祭，三曰炮祭，四曰周祭，五曰振祭，六曰擩[4]祭，七曰绝祭，八曰缭祭，九曰共祭。**杜子春云："命祭，祭有所主命也。振祭，振，读为慎，礼家读振为'振旅'之振。擩祭，擩，读为'虞芮'之

---

[1] "于"，底本漫漶，据阮本补。

[2] "祷是"，岳本、闽本作"是祷"。

[3] "粱"，原作"梁"，据阮本改。

[4] "擩"，阮校云《汉读考》"擩"字经注皆作"抰"，云《仪礼》"抰"字屡见，《开成石经》以下《特牲》《少牢》作"抰"，不误。《公食大夫》《士虞》及《周礼》误作"擩"，以子春读如"芮"。今本《说文》作"擩，染也"，引《周礼》"擩祭"，则并其原本改之，以致《五经文字》云"抰，字书无此字，见《礼经》"。然则当张参时《说文》《字林》《玉篇》皆已有"擩"无"抰"矣。

芮。[1]”郑司农云：“衍祭羡之道中，如今祭殇[2]，无所主命。周祭，四面为坐也。炮祭，燔柴也。《尔雅》曰：‘祭天曰燔柴。’擩祭，以肝肺菹擩盐醢中以祭也。缭祭，以手从肺本[3]，循之至于末，乃绝以祭也。绝祭，不循其本，直绝肺以祭也。重肺贱肝，故初祭绝肺以祭，谓之绝祭；至祭之末，礼杀之后，但擩肝盐中振之，拟之若祭状，弗祭，谓之振祭。《特牲馈食礼》曰：‘取菹擩于醢，祭于豆间。’《乡射礼》曰：‘取肺坐，绝祭。’《乡饮酒礼》曰：‘右取肺，左却手执本，坐，弗缭，右绝末以祭。’《少牢》曰：‘取肝擩于盐，振祭。’”玄谓九祭，皆谓祭食者。命祭者，《玉藻》曰“君若赐之食，而君客之，则命之祭，然后祭”是也。衍字当为延，炮字当为包，声之误也。延祭者，《曲礼》曰“客若降等，执食兴辞，主人兴辞于客，然后客坐，主人延客祭”是也。包，犹兼也。兼祭者，《有司》曰“宰夫赞者取白黑以授尸，尸受兼祭于豆祭”是也。周，犹遍也。遍祭者，《曲礼》曰“殽之序，遍祭之”是也。振祭、擩祭本同，不食者擩则祭之，将食者既擩必振乃祭也。绝祭、缭祭亦本同，礼多者缭之，礼略者绝则祭之。共，犹授也。王祭食，宰夫授祭。《孝经说》曰：“共绥执

---

❶ “擩读为虞芮之芮”，“读为”，阮校引《汉读考》云当作“读如”，拟其音如芮耳。经注“擩”字皆“揳”之误。

❷ “殇”，阮校引《汉读考》云当为“禓”，《说文》训“道上祭也”，正司农所谓羡之道中无所主命也。

❸ “以手从肺本”，阮校云《释文》出“从持肺”三字，云“今本或无‘持’字”。贾疏本亦无“持”字。

授。”**辨九拜，一曰稽首，二曰顿首，三曰空首，四曰振动，五曰吉拜，六曰凶拜，七曰奇拜，八曰褒拜，九曰肃拜，以享右祭祀。**稽首，拜头至地也。顿首，拜头叩地也。空首，拜头至手，所谓拜手也。吉拜，拜而后稽颡，谓齐衰不杖以下者。言吉者，此殷之凶拜，周以其拜与顿首相近，故谓之吉拜云。凶拜，稽颡而后拜，谓三年服者。杜子春云：“振，读为‘振铎’之振。动，读为‘哀恸[1]’之恸。奇，读为‘奇偶’之奇，谓先屈一膝，今雅拜是也。或云：奇，读曰倚，倚拜谓持节、持戟拜，身倚之以拜。”郑大夫云：“动，读为董，书亦或为董。振董，以两手相击也。[2]奇拜，谓一拜也。褒，读为报，报拜，再拜是也。”郑司农云：“褒拜，今时持节拜是也。肃拜，但俯下手，今时撎是也。介者不拜，故曰‘为事故，敢肃使者’。”玄谓振动，战栗变动之拜。《书》曰：“王动色变[3]。”一拜，答臣下拜。再拜，拜神与尸。享，献也，谓朝献馈献也。右，读为侑。侑劝尸食而拜。**凡大禋祀，肆享、祭示，则执明水火而号祝。**明水火，司烜所共日月之气，以给烝享。执之如以六号祝，明此圭絜也。禋祀，祭天神也。肆享，祭宗庙也。故书祇为祊，杜子春云：“祊，当为祇。”**隋衅、逆**

---

❶ “哀恸”，阮校云叶钞《释文》作“哀动”，余本载《音义》同，今通志堂本作“哀恸”。

❷ “书亦或为董振董以两手相击也”，阮校云疏云“书亦或为董振之董者，读从左氏‘董之以威’，是董振之董”。《汉读考》云“书亦或为董”句绝，疏误。

❸ “色变”，阮校云余本作“变色”。

牲、逆尸，令钟鼓，右亦如之。隋衅，谓荐血也。凡血祭曰衅。既隋衅，后言逆牲，容逆鼎。右，读亦当为侑。**来瞽，令皋舞。**皋，读为“卒嗥呼”之嗥。来，嗥者，皆谓呼之入。**相尸礼。**延其出入，诏其坐作。**既祭，令彻。大丧，始崩，以肆鬯渳尸，相饭，赞敛，彻奠，**肆鬯，所为陈尸设鬯也。郑司农云：“渳尸，以鬯浴尸。”**言甸人读祷；付、练、祥，掌国事。**郑司农云：“甸人主设复梯[1]，大祝主言问其具梯物。”玄谓言，犹语也。祷，六辞之属祷也。甸人丧事代王受眚灾，大祝为祷辞语之，使以祷于藉田之神也。付，当为祔，祭于先王，以祔后死者。掌国事，办护之。**国有大故、天灾，弥祀社稷，祷祠。**大故，兵寇也。天灾，疫疠水旱也。弥，犹遍也。遍祀社稷及诸所祷，既则祠之以报焉。**大师，宜于社，造于祖，设军社，类上帝，国将有事于四望，及军归献于社，则前祝。**郑司农说设军社以《春秋传》曰所谓“君以师行，祓社衅鼓，祝奉以从”者也。则前祝，大祝自前祝也。玄谓前祝者，王出也，归也，将有事于此神，大祝居前，先以祝辞告之。**大会同，造于庙，宜于社，过大山川，则用事焉；反行，舍奠。**用事，亦用祭事告行也。《王人职》有宗祝以黄金勺前马之礼，是谓过大山川与？《曾子问》曰：“凡告必用牲币，反亦如之。”**建邦国，先告后土，用牲币。**后土，社神也。**禁督逆祀命者。**督，正也。正王之所命，诸侯之所祀。有逆者，则刑罚焉。**颁祭号于邦国都鄙。**祭号，六号。

---

❶“梯”，闽本、阮本作“祶”。

小祝，掌小祭祀将事侯、禳、祷、祠之祝号，以祈福祥，顺丰年，逆时雨，宁风旱，弥灾兵，远罪疾。侯之言候也，候嘉庆，祈福祥之属。禳，禳却凶咎，宁风旱之属。顺丰年而顺为之祝辞。逆，迎也。弥，读曰敉。敉，安也。**大祭祀，逆齍盛，送逆尸，沃尸盥，赞隋，赞彻，赞奠。**隋，尸之祭也。奠，奠爵也。祭祀奠先彻后，反言之者，明所佐大祝非一。**凡事，佐大祝。**唯大祝所有事。**大丧，赞渳，**故书渳为摄，杜子春云："当为渳，渳，谓浴尸。"**设熬，置铭。**铭，今书或作名。郑司农云："铭[1]，书死者名于旌，今谓之柩。《士丧礼》曰：'为铭，各以其物。亡则以缁，长半幅；赪末，长终幅，广三寸。书名于末，曰某氏某之柩。竹杠长三尺，置于西阶上。'重木置于中庭，参分庭一在南。粥余饭，盛以二鬲，县于重，幂用苇席。取铭置于重。"杜子春云："熬，谓重也。《檀弓》曰：'铭，明旌也。以死者为不可别，故以其旗识之[2]，爱之斯录之矣，敬之斯尽其道焉尔。重主道也。殷主缀重焉，周主彻重焉，奠以素器，以主人有哀素之心也。'"玄谓熬者，棺既盖，设于其旁，所以惑蚍蜉也。《丧大记》曰："熬，君四种八筐，大夫三种六筐，士二种四筐，加鱼腊焉。"《士丧礼》曰："熬，黍稷各二筐，有鱼腊，馔于西坫南。"又曰："设熬，旁一筐，乃涂。"**及**

---

❶ "铭"，阮校云《汉读考》作"名"，云此司农从今书作"名"也，今本作"铭"，非是。

❷ "故以其旗识之"，阮校云《释文》"旗识"下重"识"字。《汉读考》云子春所引《檀弓》与郑注《士丧》皆云"故以旗识识之"，今本《周礼》注少一"识"字。

葬，设道赍之奠，分祷五祀。杜子春云："赍，当为粢。道中祭也。汉仪每街路辄祭。"玄谓赍，犹送也。送道之奠，谓遣奠也。分其牲体以祭五祀，告王去此宫中，不复反，故兴祭祀也。王七祀，祀五者，司命、大厉，平生出入不以告。**大师，掌衅祈号祝**[1]。郑司农云："衅，谓衅鼓也。《春秋传》曰：君以军行，祓社衅鼓，祝奉以从。"**有寇戎之事，则保郊，祀于社。**故书祀或作禩。郑司农云："谓保守郊祭诸祀及社，无令寇侵犯之。"杜子春读禩为祀，书亦或为祀。玄谓保祀互文，郊社皆守而祀之，弥灾兵。**凡外内小祭祀、小丧纪、小会同、小军旅，掌事焉。**

丧祝，掌大丧劝防之事。郑司农云："劝防，引柩也。"杜子春云："防，当为披。"玄谓劝，犹倡帅前引者。防，谓执披备倾戏[2]。**及辟，令启。**郑司农云："辟，谓除菆涂椁也。令启，谓丧祝主命役人开之也。《檀弓》曰：'天子之殡也，菆涂龙輴以椁，加斧于椁上，毕涂屋，天子之礼也。'"**及朝，御匶，乃奠。**郑司农云："朝，谓将葬，朝于祖考之庙而后行，则丧祝为御柩也。《檀弓》曰：'丧之朝也，顺死者之孝心也。其哀离其室也，故至于祖考之庙而后行。殷朝而殡于祖，周朝而遂葬。'故《春秋传》曰：'凡夫人不殡于庙，不祔于姑，则弗致也。''晋文公卒，将殡于曲沃'，就宗庙。晋宗庙在曲沃，故曰'曲沃，君之宗也'，又曰'丙午，入于曲沃，丁未，朝于武宫'。"玄谓乃奠，朝庙

---

[1] "号祝"，于鬯云当作"祝号"。

[2] "戏"，八行本作"亏"。

奠。**及祖，饰棺，乃载，遂御。**[1]郑司农云："祖，谓将葬祖于庭，象生时出则祖也，故曰事死如事生，礼也。《檀弓》曰：'饭于牖下，小敛于户内，大敛于阼，殡于客位，祖于庭，葬于墓，所以即远也。'祖时，丧祝主饰棺乃载，遂御之，丧祝为柩车御也。或谓及祖，至祖庙也。"玄谓祖为行始。饰棺，设柳池纽之属。其序，载而后饰，既饰当还车乡外，丧祝御之。御之者，执翿居前，却行为节度。**及葬，御匶出宫，乃代。**丧祝二人相与更也。**及圹，说载，除饰。**郑司农云："圹，谓穿中也。说载，下棺也。除饰，去棺饰也。四翣之属。令可举移安错之。"玄谓除饰，便其窆尔。周人之葬，墙置翣。**小丧，亦如之。掌丧祭祝号。**丧祭，虞也。《檀弓》曰："葬日虞，不忍一日离也，是日也，以虞易奠。卒哭曰成事，是日也，以吉祭易丧祭。"**王吊，则与巫前。**郑司农云："丧祝与巫以桃厉执戈在王前。《檀弓》曰：'君临臣丧，以巫祝桃苅执戈[2]，恶之也，所以异于生也。'《春秋传》曰：'楚人使公亲襚，公使巫以桃苅先祓殡，楚人弗禁，既而悔之。'君临臣丧之礼，故悔之。"**掌胜国邑之社稷之祝号，以祭祀祷祠焉。**胜国邑，所诛讨者。社稷者，若亳社是矣。存之者，重神也。盖奄其上而栈其下，为北牖。**凡卿、大夫之丧，掌事，而敛饰棺焉。**

甸祝，掌四时之田表貉之祝号。杜子春读貉为"百尔

---

[1] "及祖饰棺乃载遂御"，王引之引王念孙云"御"下当有"之"字，唐石经始误。

[2] "以巫祝桃苅执戈"，阮校云段玉裁云此及下二"苅"字当本同上作"厉"。《释文》"厉"云"记作苅"，正谓与此注不同也。

所思”之百，书亦或为祃。貉，兵祭也。甸[1]以讲武治兵，故有兵祭。《诗》曰：“是类是祃。”《尔雅》曰：“是类是祃，师祭也。”玄谓田者，习兵之礼，故亦祃祭，祷气埶之十百而多获。**舍奠于祖庙，祢亦如之。**舍，读为释。释奠者，告将时田，若将征伐。郑司农云：“祢，父庙。”**师甸，致禽于虞中，乃属禽。及郊，馌兽，舍奠于祖祢，乃敛禽。禂牲、禂马，皆掌其祝号。**师田，谓起大众以田也。致禽于虞中，使获者各以其禽来致于所表之处。属禽，别其种类。馌，馈也。以所获兽馈于郊，荐于四方群兆，入又以奠于祖祢，荐且告反也。敛禽，谓取三十入腊人也。杜子春云：“禂，祷也。为马祷无疾，为田祷多获禽牲。《诗》云：‘既伯既祷。’《尔雅》曰：‘既伯既祷，马祭也。’”玄谓禂读如“伏诛”之诛，今侏[2]大字也。为牲祭，求肥充；为马祭，求肥健。

诅祝，掌盟、诅、类、造、攻、说、禬、禜之祝号。八者之辞，皆所以告神明也。盟诅主于要誓，大事曰盟，小事曰诅。**作盟诅之载辞，以叙国之信用，以质邦国之剂信。**载辞，为辞而载之于策，坎用牲，加书于其上也。国，谓王之国；邦国，诸侯国也。质，正也，成也。文王修德，而虞、芮质厥成。郑司农云[3]载辞以《春秋传》曰：“使祝为载书。”

司巫，掌群巫之政令。若国大旱，则帅巫而舞雩。

---

[1] “甸”，孙诒让云《周颂·恒》疏引作“田”。

[2] “侏”，阮校云《说文》无此字，当是“俦”之异体。

[3] “云”，阮校云当作“说”。

雩，旱祭也。天子于上帝，诸侯于上公之神。郑司农云："鲁僖公欲焚巫尪，以其舞雩不得雨。"**国有大灾，则帅巫而造巫恒。**杜子春云："司巫帅巫官之属，会聚常处以待命也。"玄谓恒，久也。巫久者，先巫之故事。造之当案视所施为。**祭祀，则共匰主及道布及蒩馆。**杜子春云："蒩，读为锄。[1]匰，器名。主，谓木主也。道布，新布三尺也。锄，藉也。馆，神所馆止也。书或为蒩馆，或为租饱。或曰：布者，以为席也。租饱，茅裹肉也。"玄谓道布者，为神所设巾，《中霤礼》曰"以功布为道布，属于几"也。蒩之言藉也，祭食有当藉者。馆所以承蒩，谓若今筐也。主先匰，蒩后馆，互言之者，明共主以匰，共蒩以筐，大祝取其主、蒩，陈之，器则退也。《士虞礼》曰："苴刌茅长五寸，实于筐，馔于西坫上。"又曰："祝盥，取苴降，洗之，升，入设于几东席上，东缩。"**凡祭事，守瘗。**瘗，谓若祭地祇有埋牲玉者也。守之者，以祭礼未毕，若有事然。祭礼毕则去之。**凡丧事，掌巫降之礼。**降，下也。巫下神之礼。今世或死既敛，就巫下禓[2]，其遗礼。

男巫，掌望祀、望衍授号，旁招以茅。杜子春云："望衍，谓衍祭也。授号，以所祭[3]之名号授之。旁招以茅，招四方之所望祭者。"玄谓衍读为延，声之误也。望祀，谓有

---

❶ "蒩读为锄"，阮校云《汉读考》作"锄读为蒩"，云经文作"锄"，杜子春易为"蒩"，训为"藉"也。今本以注改经，复以经改注，不可通。

❷ "禓"，八行本作"禓"。

❸ "祭"，底本漫漶，据阮本补。

牲粢盛者。延，进也。谓但用币致其神。二者诅祝所授类造攻说禬禜之神号，男巫为之招。**冬堂赠，无方无筭。**故书赠为矰，杜子春云："矰，当为赠。堂赠，谓逐疫也。无方，四方为可也。无筭，道里无数，远益善也。"玄谓冬岁终，以礼送不祥及恶梦，皆是也。其行必由堂始。巫与神通言，当东则东，当西则西，可近则近，可远则远，无常数。**春招弭，以除疾病。**招，招福也。杜子春读弭如"弥兵"之弥。玄谓弭读为敉，[1]字之误也。敉，安也，安凶祸也。招、敉，皆有祀衍之礼。**王吊，则与祝前。**巫祝前王也。故书前为先。郑司农云："为先，非是也。"

女巫，掌岁时祓除、衅浴。岁时祓除，如今三月上巳如水上之类。衅浴，谓以香薰草药沐浴。**旱暵，则舞雩。**使女巫舞旱祭，崇阴也。郑司农云："求雨以女巫，故《檀弓》曰：岁旱，缪公召县子而问焉，曰：'吾欲暴巫而奚若？'曰：'天则不雨，而望之愚妇人，无乃已疏乎！'"**若王后吊，则与祝前。**女巫与祝前后，如王礼。**凡邦之大灾，歌哭而请。**有歌者，有哭者，冀以悲哀感神灵也。

大史，掌建邦之六典，以逆邦国之治。掌法以逆官府之治，掌则以逆都鄙之治。典、则，亦法也。逆，迎也。六典、八法、八则，冢宰所建，以治百官，大史又建焉，以为王迎受其治也。大史，日官也。《春秋传》曰："天子有日官，诸侯有日御，日官居卿以底日，礼也。日御不失日，以授百官

[1] "杜子春读弭如弥兵之弥玄谓弭读为敉"，阮校云《汉读考》云"如"当作"为"，"读为"应作"当为"。

于朝。”居，犹处也。言建六典以处六卿之职。**凡辨法者考焉，不信者刑之。**谓邦国、官府、都鄙以法争讼来正之者。**凡邦国都鄙及万民之有约剂者，藏焉，以贰六官，六官之所登。**[1]约剂，要盟之载辞及券书也。贰，犹副也。藏法与约剂之书，以为六官之副。其有后事，六官又登焉。**若约剂乱，则辟法，不信者刑之。**谓抵冒盟誓者。辟法者，考案读其然不。**正岁年[2]以序事，颁之于官府及都鄙，**中数曰岁，朔数曰年。中朔大小不齐，正之以闰，若今时作历日矣。定四时，以次序授民时之事。《春秋传》曰："闰以正时，时以作事，事以厚生，生民之本，于是乎在。"**颁告朔于邦国。**天子颁朔于诸侯，诸侯藏之祖庙，至朔，朝于庙，告而受行之。郑司农云："颁，读为班。班，布也。以十二月朔，布告天下诸侯，故《春秋传》曰：'不书日，官失之也。'"**闰月，诏王居门终月[3]。**门，谓路寝门也。郑司农云："《月令》十二月分在青阳、明堂、总章、玄堂左右之位，唯闰月无所居，居于门，故于文'王'在'门'谓之闰。"**大祭祀，与执事卜日。**执事，大卜之属。与之者，当视墨。**戒及宿之日，与群执事读礼书而协事。**协，合也。合谓习录所当共之事也。故书协作叶，杜子春云："叶，协也。书亦或为协，或

❶ "以贰六官六官之所登"，俞樾云下"六官"当作"六府"。郑注断句亦误，当依"以贰六官六府之所登"。

❷ "年"，俞樾云疑此字衍。

❸ "诏王居门终月"，阮校云《说文》引《周礼》"门"下有"中"字。

为汁[1]。”**祭之日，执书以次位常，**谓校[2]呼之，教其所当居之处。**辨事者考焉，不信者诛之。**谓抵冒其职事。**大会同、朝觐，以书协礼事。**亦先习录之也。**及将币之日，执书以诏王。**将，送也。诏王，告王以礼事。**大师，抱天时，与大师同车。**郑司农云：“大出师，则大史主抱式，以知天时，处吉凶。史官主知天道，故《国语》曰：‘吾非瞽史，焉知天道。’《春秋传》曰：‘楚有云如众赤乌，夹日以飞，楚子使问诸周大史。’大史主天道。”玄谓瞽即大师。大师，瞽官之长。**大迁国，抱法以前。**法，司空营国之法也。抱之以前，当先王至，知诸位处。**大丧，执法以莅劝防，**郑司农云：“劝防，引六绋。”**遣之日，读诔。**遣谓祖庙之庭大奠，将行时也。人之道终于此。累其行而读之，大师又帅瞽廞之而作谥。瞽史知天道，使共其事，言王之诔谥成于天道。**凡丧事，考焉。**为有得失。**小丧，赐谥。**小丧，卿大夫也。**凡射事，饰中，舍筭，执其礼事。**舍，读曰释。郑司农云：“中，所以盛筭也。”玄谓设筭于中，以待射时而取之，中则释之。《乡射礼》曰：“君国中射则皮竖中，于郊则闾中，于竟则虎中。大夫兕中，士鹿中。”天子之中，未闻。

小史，掌邦国之志，奠系世，辨昭穆[3]。若有事，

---

[1] “汁”，阮校云嘉靖本、监本作“叶”。

[2] “校”，阮校云毛本作“挍”，《六经正误》云当作“挍”，考挍之挍从手，栏校之校从木。

[3] “辨昭穆”，阮校云唐石经及诸本同。《释文》“昭穆，或作‘佋’，音韶”，《小宗伯》“辨庙祧之昭穆”，叶钞《释文》亦作“佋”，《周礼》古文经常并作“佋”，因注作“昭”，遂据以改经。“佋”即《说文》“卲”字。

则诏王之忌讳。郑司农云："志，谓记也，《春秋传》所谓《周志》，《国语》所谓《郑书》之属是也。史官主书，故韩宣子聘于鲁，观书大史氏。系世，谓帝系、世本之属是也。小史主定之，瞽蒙讽诵之。先王死日为忌，名为讳。"故书奠为帝，杜子春云："帝，当为奠，奠，读为定，书帝亦或为奠。"玄谓王有事祈祭于其庙。**大祭祀，读礼法，史以书叙昭穆之俎簋[1]。**读礼法者，大史与群执事。史，此[2]小史也。言读礼法者，小史叙俎簋以为节。故书簋或为几。郑司农云："几，读为轨，[3]书亦或为簋，古文也。[4]大祭祀，小史主叙其昭穆，以其主定系世。祭祀，史主叙其昭穆，次其俎簋，故齐景公疾，欲诛于祝史。"玄谓俎簋，牲与黍稷，以书次之，校比之。**大丧、大宾客、大会同、大军旅，佐大史。凡国事之用礼法者，掌其小事。卿大夫之丧，赐谥，读诔。**其读诔亦以大史赐谥为节，事相成。

冯相氏，掌十有二岁、十有二月、十有二辰、十日、二十有八星之位，辨其叙事，以会天位。岁，谓大岁。岁星与日同次之月，斗所建之辰。《乐说》说岁星与日常应大岁月建以见，然则今历大岁非此也。岁日月辰星宿之位，谓方面

---

[1] "簋"，阮校引《汉读考》云当作"轨"。

[2] "史此"，阮校云惠校本作"此史"。

[3] "故书簋或为几郑司农云几读为轨"，阮校云《汉读考》云当作"故书轨或为九，郑司农云'九读为轨'"。

[4] "书亦或为簋古文也"，阮校云《汉读考》云，"或为"下当有"轨"字，句绝，"簋古文也"四字句绝，谓此"轨"字乃"簋"之古文，不径易"九"为"轨"者。"簋"，秦时小篆，必从周人作"轨"也。

所在。辩其叙事，谓若仲春辩秩东作，仲夏辩秩南讹[1]，仲秋辩秩西成，仲冬辩在朔易。会天位者，合此岁月日辰星宿五者，以为时事之候，若今历日大岁在某月某日某甲朔日直某也。《国语》曰："王合位于三五。"《孝经说》曰："故敕以天期四时，节有晚早，趣勉趣时，无失天位。"皆由此术云。**冬夏致日，春秋致月，以辩四时之叙。**冬至，日在牵牛，景丈三尺；夏至，日在东井，景尺五寸，此长短之极。极则气至，冬无愆阳，夏无伏阴。春分日在娄，秋分日在角，而月弦于牵牛、东井，亦以其景知气至不。春秋冬夏气皆至，则是四时之叙正矣。

保章氏，掌天星，以志星辰日月之变动，以观天下之迁，辨其吉凶。志，古文识，识，记也。星谓五星。辰，日月所会。五星有赢缩圜角，日有薄食晕珥，月有亏盈朓侧匿之变。七者右行列舍，天下祸福变移所在皆见焉。**以星土辨九州之地，所封封域，皆有分星，以观妖祥。**星土，星所主土也。封，犹界也。郑司农说星土以《春秋传》曰"参为晋星""商主大火"，《国语》曰"岁之所在，则我有周之分野"之属是也。玄谓大界则曰九州，州中诸国中之封域，于星亦有分焉。其书亡矣。堪舆虽有郡国所入度，非古数也。今其存可言者，十二次之分也。星纪，吴越也；玄枵，齐也；娵訾，卫也；降娄，鲁也；大梁，赵也；实沈，晋也；鹑首，秦也；鹑火，周也；鹑尾，楚也；寿星，郑也；大火，宋也；

[1] "南讹"，阮校云叶钞《释文》作"南伪"，余本载《音义》同，此本及闽本、监本"伪"字皆剜改，盖本作"伪"。

析木，燕也。此分野之妖祥，主用客星彗孛之气为象。**以十有二岁之相，观天下之妖祥。**岁，谓大岁。岁星与日同次之月，斗所建之辰也。岁星为❶阳，右行于天，大岁为阴，左行于地，十二岁而小周。其妖祥之占，《甘氏岁星经》，其遗象也。郑司农云："大岁所在，岁星所居。《春秋传》曰'越得岁而吴伐之，必受其凶'之属是也。"**以五云之物，辨吉凶、水旱降丰荒之祲象。**物，色也。视日旁云气之色。降，下也，知水旱所下之国。郑司农云："以二至二分观云色，青为虫，白为丧，赤为兵荒，黑为水，黄为丰。故《春秋传》曰：'凡分至启闭，必书云物，为备故也。'故曰凡此五物，以诏救政。"**以十有二风察天地之和，命乖别之妖祥。**十有二辰皆有风，吹其律以知和不，其道亡矣。《春秋》襄十八年，楚师伐郑，师旷曰："吾骤歌北风，又歌南风，南风不竞，多死声，楚必无功。"是时楚师多冻，其命乖别审矣。**凡此五物者，以诏救政，访序❷事。**访，谋也。见其象则当豫❸为之备，以诏王救其政，且谋今岁天时占相所宜，次序其事。

内史，掌王之八枋之法，以诏王治。一曰爵，二曰禄，三曰废，四曰置，五曰杀，六曰生，七曰予，八曰夺。大宰既以诏王，内史又居中贰之。**执国法及国令之贰，以考政事，以逆会计。**国法，六典、八法、八则。**掌叙事**

---

❶ "为"，底本漫漶，据阮本补。
❷ "序"，阮校云当作"叙"。
❸ "豫"，阮校云闽本、监本、毛本改"预"。

之法，受纳访，以诏王听治。叙，六叙也。纳访，纳谋于王也。六叙六曰以叙听其情。**凡命诸侯及孤卿、大夫，则策命之。**郑司农说以《春秋传》曰："王命内史兴父策命晋侯为侯伯。"策，谓以简策书王命。其文曰："王谓叔父，敬服王命，以绥四国，纠逖王慝。"晋侯三辞，从命，受策以出。**凡四方之事书，内史读之。**若今尚书入省事。**王制禄，则赞为之，以方出之。**赞为之，为之辞也。郑司农云："以方出之，以方版书而出之。上农夫食九人，其次食八人，其次食七人，其次食六人，下农夫食五人。庶人在官者，其禄以是为差。诸侯之下士视上农夫，禄足以代其耕也。中士倍下士，上士倍中士，下大夫倍上士，卿四大夫禄，君十卿禄。"杜子春云："方，直谓今时牍也。"玄谓《王制》曰："王之三公视公侯，卿视伯，大夫视子男，元士视附庸。"**赏赐，亦如之。内史掌书王命，遂贰之。**副写藏之。

外史，掌书外令，王令下畿外。**掌四方之志，**志，记也。谓若鲁之《春秋》，晋之《乘》，楚之《梼杌》。**掌三皇、五帝之书，**楚灵王所谓《三坟》《五典》。**掌达书名于四方。**谓若《尧典》《禹贡》，达此名使知之。或曰：古曰名，今曰字，使四方知书之文字，得能读之。**若以书使于四方，则书其令。**书王令以授使者。

御史，掌邦国、都鄙及万民之治令，以赞冢宰。王所以治之令，冢宰掌王治。**凡治者受法令焉。**为书写其治之法令，来受则授之。**掌赞书。**王有命，当以书致之，则赞为辞，若今尚书作诏文。**凡数**❶**从政者。**自公卿以下至胥徒凡数，及其见在空缺者。郑司农读言“掌赞书数”。书数者，经礼三百，曲礼三千，法度皆在。玄以为不辞，故改之云。

巾车，掌公车之政令，辨其用与其旗物而等叙之，以治其出入。公，犹官也。用，谓祀宾之属。旗物，大常以下。等叙之，以封同姓异姓之次叙。**王之五路：一曰玉路，钖，樊缨十有再就，建大常十有二斿，以祀；**王在焉曰路。玉路，以玉饰诸末。钖，马面当卢刻金为之，所谓镂钖也。樊，读如“鞶带”之鞶，谓今马大带也。郑司农云：“缨，谓当胸，《士丧礼下篇》曰‘马缨三就’。礼家说曰：缨当胸，以削革为之；三就，三重三匝也。”玄谓缨，今马鞅，玉路之樊及缨，皆以五采罽饰之十二就。就，成也。大常，九旗之画日月者，正幅为縿❷，斿则属焉。**金路，钩，樊缨九就，建大旂，以宾，同姓以封；**金路，以金饰诸末。钩，娄颔之钩也。金路无钖有钩，亦以金为之。其樊及缨以五采罽饰之而九成。大旂，九旗之画交龙者。以宾，以会宾客。同姓以封，谓王子母弟率以功德出封。虽为侯伯，其画服❸犹如上公，若鲁、卫之属。其无功德，各以亲疏食采畿内而已。故书钩为拘。杜子春读为钩。**象路，朱，樊缨七就，建大赤，以朝，**❹**异姓以封；**象路，以象饰诸末。象路无钩，以

---

❶ “凡数”，阮校云《释文》作“数凡”。于鬯云本作“数凡”。

❷ “为縿”，阮校云叶钞《释文》作“为幓”。

❸ “画服”，阮校云孙志祖云《诗·无衣》正义引注“画服”作“车服”，是。

❹ “建大赤以朝”，俞樾云疑“朝”下当有“夕”字。

朱饰勒而已。其樊及缨以五采罽饰之而七成。大赤，九旗之通帛。以朝，以日视朝。异姓，王甥舅。**革路，龙勒，条缨五就，建大白，以即戎，以封四卫；**革路，鞔之以革而漆之，无他饰。龙，駹也。以白黑饰韦杂色为勒。条，读为绦。其樊及缨，以绦丝饰之而五成。不言樊字，盖脱尔。以此言绦，知玉路、金路、象路饰樊缨皆不用金玉象矣。大白，殷之旗，犹周大赤，盖象正色。即戎，谓兵事。四卫，四方诸侯守卫者，蛮服以内。**木路，前樊鹄缨，建大麾，以田，以封蕃国。**木路，不鞔以革，漆之而已。前，读为“缁翦”之翦。翦，浅黑也。木路无龙勒，以浅黑饰韦为樊，鹄色饰韦为缨。不言就数，饰与革路同。大麾不在九旗中，以正色言之则黑，夏后氏所建。田，四时田猎。蕃国，谓九州之外夷服、镇服、蕃服。杜子春云：“鹄，或为结。”**王后之五路：重翟，锡面朱总；厌翟，勒面缋总；安车，雕面鹥总，皆有容盖；**重翟，重翟雉之羽也。厌翟，次其羽使相迫也。勒面，谓以如王龙勒之韦，为当面饰也。雕者，画之，不龙其韦。安车，坐乘车，凡妇人车皆坐乘。故书朱总为䌷，鹥或作緊。郑司农云：“锡，马面锡。䌷，当为总，书亦或为总。鹥，读为‘凫鹥’之鹥。[1]鹥总者，青黑色，以缯为之，总著马勒直两耳与两镳。容，谓幨车，山东谓之裳帏，或曰潼容。”玄谓朱总、缋总，其施之如鹥总，车衡輨亦宜有焉。缋，画文也。盖，如今小车盖也。皆有容有盖，则重翟厌翟谓蔽也。重翟，后从王

---

❶ “鹥读为凫鹥之鹥”，阮校云《汉读考》上“鹥”作“緊”，今本误。

祭祀所乘。厌翟，后从王宾飨诸侯所乘。安车无蔽，后朝见于王所乘，谓去饰也。《诗·国风·硕人》曰“翟蔽以朝”，谓诸侯夫人始来，乘翟蔽之车，以朝见于君，盛之也。此翟蔽盖厌翟也。然则王后始来乘重翟乎？**翟车，贝面组总，有握**[1]**；**翟车，不重不厌，以翟饰车之侧尔。贝面，贝饰勒之当面也。有握，则此无盖矣，如今軿车是也。后所乘以出桑。**辇车**[2]**，组挽，有翣，羽盖。**辇车不言饰，后居宫中从容所乘，但漆之而已。为辁轮，人挽之以行。有翣，所以御风尘。以羽作小盖，为翳日也。故书翣为毦，杜子春云："当为翣，书亦或为髭。"**王之丧车五乘：木车，蒲蔽，犬幦**[3]**，尾櫜，疏饰，小服皆疏；**木车，不漆者。郑司农云："蒲蔽，谓蠃兰车以蒲为蔽，天子丧服之车，汉仪亦然。犬幦，以犬皮为覆笭。"故书疏为揟。杜子春读揟为沙。玄谓蔽，车旁御风尘者。犬，白犬皮，既以皮为覆笭，又以其尾为戈戟之弢。粗

---

❶ “有握”，阮校云唐石经及诸本同。《释文》“有握，干、马皆作‘幄’”。《汉读考》云《说文》有“楃”字，训“木帐”，“楃”字盖出《巾车职》，各本从手，非。

❷ “辇车”，阮校云唐石经及诸本同。《释文》作“连车”，云“音辇，本亦作‘辇’”。《说文》“连，负车也”。古经当以“连”为“辇”，后人援注改之。

❸ “幦”，阮校云《说文》引《周礼》作“幦”，《仪礼·既夕》《礼记·玉藻》《少仪》皆作“幦”。盖故书作“幦”，今书作“幦”，郑从故书，许从今书也。

布饰二物之侧为之缘，若摄服云。服，读为菔，[1]小菔，刀剑短兵之衣。此始遭丧所乘，为君之道尚微，备奸臣也。《书》曰“以虎贲百人逆子钊”，亦为备焉。**素车，棼蔽，犬䄠，素饰，小服皆素；**素车，以白土垩车也。棼，读为䕯，䕯麻以为蔽。其䄠服以素缯为缘。此卒哭所乘，为君之道益著，在车可以去戈戟。**藻车，藻蔽，鹿浅䄠，革饰；**故书藻作䡌。杜子春䡌读为“华藻”之藻[2]，直谓华藻也。玄谓藻，水草，苍色。以苍土垩车，以苍缯为蔽也。鹿浅䄠，以鹿夏皮为覆笭，又以所治去毛者缘之，此既练所乘。**駹车，雚[3]蔽，然䄠，髹饰[4]；**故书駹作龙，髹为軟。杜子春云：“龙[5]，读为駹。軟，读为‘桼垸’之桼，直谓髹桼也。”玄谓駹车，

---

[1] “服读为菔”，“菔”，闽本、监本、毛本、阮本作“箙”。阮校云《释文》“摄菔，音服”，当是此注“为菔，音服”之误。上“摄服”字，见《既夕礼》，诸本并同，不作“菔”也。惠校本疏中亦作“菔”，此从竹，俗字。《汉读考》云“刀剑短兵之衣，字正当作‘服’，《既夕记》‘犬服’‘摄服’字只作‘服’是也。郑君何缘易为从草之菔，盖此经作菔，注易为‘服’，由经、注互改之倒置”。

[2] “杜子春䡌读为华藻之藻”，阮校云《汉读考》云疑当作“读为藻率之藻”，与《典瑞》《司几筵》“缫”注同。下文“直谓华藻也”乃竟伸其义。

[3] “雚”，阮校云唐石经原刻“雚”，后磨改“萑”，《释文》叶钞本作“萑”。

[4] “髹饰”，阮校云《汉读考》作“桼饰”，云“古音次，同桼”，《列女传》“漆室之女”或作“次室”，故书作“軟”，盖本无车旁，转写误加耳。杜氏易“次”为“桼”，乃以“髹”“桼”训其义。郑君释“髹”曰“赤多黑少”，此释杜语，如《诗》笺多释毛语，非经文作“髹”也。浅人改经作“髹”，误本流传自唐以前，然矣。

[5] “龙”，阮校云《说文》引此作“駹”，与杜读同。

边侧有漆饰也。萑，细苇席也。以为蔽者，漆则成蕃[1]，即吉也。然，果然也。髹，赤多黑少之色韦也。此大祥所乘。**漆车，藩蔽，豻禊，雀饰。**漆车，黑车也。藩，今时小车藩，漆席以为之。豻，胡犬。雀，黑多赤少之色韦也。此禫所乘。**服车五乘：孤乘夏篆[2]，卿乘夏缦，大夫乘墨车，士乘栈车，庶人乘役车。**服车，服事者之车。故书夏篆为夏缘[3]，郑司农云："夏，赤也[4]。缘，绿色。或曰：夏篆，篆，读为[5]'圭瑑'之瑑，夏篆，毂有约也。"玄谓夏篆，五[6]采画毂约也。夏缦，亦五采画，无瑑尔。墨车不画也。栈车不革挽[7]而漆之。役车，方箱，可载任器以共役。**凡良车、散车不在等者，其用无常。**给游燕及恩惠之赐。不在等者，谓若今辎车后户之属。作之有功有沽。**凡车之出入，岁终则会之，**计其完败多少。**凡赐阙之，**完败不计。**毁折，入赍于职币。**计所伤败入其直。杜子春云："赍，读为资。资，谓财也。乘官车毁折者，入财以偿缮治之直。"**大丧，饰遣车，遂廞之、行之；**廞，兴也。谓陈驾之。行之，使人以次举之以如

---

❶ "蕃"，岳本作"藩"。阮校云余本、监本、毛本作"藩"，贾疏作"藩"，引下经"藩蔽"释之，余本是也。

❷ "篆"，阮校云《说文》引此作"軎"。

❸ "夏缘"，阮校云《汉读考》云故书作"绿"字，故司农云"夏，赤色；绿，绿色"。今各本作"缘"，此正同《内司服》注之误。三"缘"字皆当作"绿"。

❹ "也"，阮校云当"色"讹。

❺ "读为"，阮校云《汉读考》云疑当作"读如"。

❻ "五"，原文重"五"。

❼ "挽"，阮校云嘉靖本、闽本、监本、毛本作"鞔"，阮按"鞔"是。

墓也。遣车一曰鸾车。**及葬，执盖从车，持旌；**从车，随柩路。持盖与旌者，王平生时车建旌，雨则有盖。今蜃车无盖，执而随之，象生时有也。所执者铭旌。**及墓，呼启关，陈车。**关[1]，墓门也。车，贰车也。《士丧礼下篇》曰："车至道左，北面立，东上。"**小丧，共匶路与其饰。**柩路，载柩车也。饰，棺饰也。**岁时更续，共其弊[2]车。**故书更续为受读，杜子春云："受，当为更。读，当为续。更续，更受新。共其弊车，归其故弊车也。"玄谓俱受新耳。更，易其旧。续，续其不任用。共其弊车，巾车既更续之，取其弊车，共于车人，材或有中用之。**大祭祀，鸣铃以应鸡人。**鸡人主呼旦，鸣铃以和之，声且[3]警众。必使鸣铃者，车有和鸾相应和之象。故书铃或作軨，杜子春云："当为铃。"

典路，掌王及后之五路，辨其名物与其用说。用，谓将有朝祀之事而驾之。郑司农云："说，谓舍车也。《春秋传》曰：'鸡鸣而驾，日中而说。'用，谓所宜用。"**若有大祭祀，则出路，赞驾说。**出路，王当乘之。赞驾说，赞仆与趣马也。**大丧、大宾客，亦如之。**亦出路当陈之。郑司农说以《书·顾命》曰："成王崩，康王既陈先王宝器，又曰：'大路在宾阶面，赘路在阼阶面，先路在左塾之前，次路在右塾之前。'汉朝《上计律》，陈属车于庭。故曰大丧、大宾客亦如之。"**凡会同、军旅、吊于四方，以路从。**王出于事

❶ "关"，原作"関"，据阮本改。
❷ "弊"，阮校云叶钞《释文》作"敝"。
❸ "且"，阮校引段玉裁云当是"旦"之误。

无常，王乘一路，典路以其余路从行，亦以华国。

车仆，掌戎路之萃，广车之萃，阙车之萃，苹车之萃，轻车之萃。萃，犹副也。此五者皆兵车，所谓五戎也。戎路，王在军所乘也。广车，横陈之车也。阙车，所用补阙之车也。苹，犹屏也，所用对敌自蔽隐之车也。轻车，所用驰敌致师之车也。《春秋传》曰“公丧戎路”，又曰“其君之戎，分为二广”，则诸侯戎路、广车也。又曰“帅斿阙四十乘”。《孙子》八陈有苹车之陈，又曰“驰车千乘”。五者之制及萃数，未尽闻也。《书》曰：“武王戎车三百两。”故书苹作平，杜子春云：“苹车，当为骈❶车。其字当为萃❷，书亦或为萃。”**凡师，共革车，各以其萃，**五戎者共其一，以为王，优尊者所乘也，而萃各从其元焉。**会同，亦如之。**巡守及兵车之会，则王乘戎路。乘车之会，王虽乘金路，犹共以从，不失备也。**大丧，廞革车。**言兴革车，则遣车不徒戎路，广、阙、苹、轻皆有焉。**大射，共三乏。**郑司农云：“乏，读为‘匮乏’之乏。”

司常，掌九旗之物名，各有属，以待国事。日月为常，交龙为旂，通帛为旜❸，杂帛为物，熊虎为旗，鸟隼为旟，龟蛇为旐，全羽为旞，析羽为旌。物名者，所画异物则异名也。属，谓徽识也，《大传》谓之徽号。今城门仆射

---

❶ “骈”，八行本、岳本、阮本作“軿”。

❷ “萃”，阮校云此经五“萃”字当本作“卒”，今本盖出后人删改。

❸ “通帛为旜”，阮校云《说文》引此作“通帛为旃”，又旜、旃或从亶。

所被及亭长著绛衣，皆其旧象。通帛，谓大赤，从周正色，无饰。杂帛者，以帛素饰其侧。白，殷之正色。全羽、析羽，皆五采，系之于旞旌之上，所谓注旄于干首也。凡九旗之帛皆用绛。**及国之大阅，赞司马颁旗物：王建大常，诸侯建旂，孤卿建旜，大夫、士建物，师都建旗**[1]**，州里建旟，县鄙建旐，道车载旞，斿车载旌**[2]**，**仲冬教大阅，司马主其礼。自王以下治民者，旗画成物之象。王画日月，象天明也。诸侯画交龙，一象其升朝，一象其下复也。孤卿不画，言奉王之政教而已。大夫士杂帛，言以先王正道佐职也。师都，六乡六遂大夫也。谓之师都，都，民所聚也。画熊虎者，乡遂出军赋，象其守猛，莫敢犯也。州里、县鄙，乡遂之官，互约言之。鸟隼，象其勇捷也。龟蛇，象其扞难辟害也。道车，象路也。王以朝夕燕出入。斿车，木路也。王以田以鄙。全羽、析羽五色，象其文德也。大阅，王乘戎路，建大常焉。玉路、金路不出。**皆画其象焉，官府各象其事，州里各象其名，家各象其号。**事、名、号者，徽识，所以题别众臣[3]，树之于位，朝各就焉。《觐礼》曰："公、侯、伯、子、男，皆就其旂而立。"此其类也。或谓之事，或谓之名，或谓之号，异外内也。三者旌旗之细也。《士丧礼》曰："为铭，各以其

---

❶ "师都建旗"，阮校云《说文》引此作"率都建旗"。作"率"者故书，作"帅"者今书也，见《乐师》注。《聘礼》注曰"古文帅皆作率"。王引之引王念孙云"师"乃"帅"之讹，下《大司马》"师都载旜"中"师"亦当为"帅"。

❷ "斿车载旌"，阮校云《说文》作"游车载旌"。

❸ "众臣"，阮校引卢文弨云《诗·六月》正义引此作"众官"，"官"字是。孙诒让云"题"，《诗》疏作"显"，"官"字未必是。

物。亡则以缁长半幅，赪末长终幅，广三寸，书名于末。”此盖其制也。徽识之书，则云某某之事，某某之名，某某之号。今大阅礼象而为之。兵，凶事，若有死事者，亦当以相别也。杜子春云：“画，当为书。”玄谓画，画云气也。异于在国，军事之饰。**凡祭祀，各建其旗。**王祭祀之车则玉路。**会同、宾客，亦如之，置旌门。**宾客、朝觐、宗遇，王乘金路，巡守、兵车之会，王乘戎路，皆建其大常。《掌舍职》曰：“为帷宫，设旌门。”**大丧，共铭旌，**铭旌，王则大常也。《士丧礼》曰：“为铭各以其物。”**建廞车之旌，及葬，亦如之。**葬云建之，则行廞车解说之。**凡军事，建旌旗；及致民，置旗，弊之。**始置旗以致民，民至仆之，诛后至者。**甸，亦如之。凡射，共获旌。**获旌，获者所持旌。**岁时共更旌。**取旧予新。

都宗人，掌都祭祀之礼。凡都祭祀，致福于国。都或有山川及因国无主九皇六十四民之祀，王子弟则立其祖王之庙，其祭祀王皆赐禽焉。主其礼者，警戒之，纠其戒具。其来致福，则帅而以造祭仆。**正都礼与其服。**禁督其违失者。服，谓衣服及宫室车旗。**若有寇戎之事，则保群神之壝。**守山川、丘陵、坟衍之坛域。**国有大故，则令祷祠；既祭，反命于国。**令，令都之有司也。祭，谓报塞也。反命，还白王。

家宗人，掌家祭祀之礼。凡祭祀，致福。大夫采地之所祀，与都同。若先王之子孙，亦有祖庙。**国有大故，则令祷祠，反命。祭亦如之。**以王命令祷祠，归白王；于获福，又以王命令祭之，还又反命。**掌家礼与其衣服、宫室、车**

旗之禁令。掌，亦正也。不言寇戎保群神之壝，则都家自保之，都宗人所保者谓王所祀，明矣。

凡以神仕者，掌三辰之法，以犹鬼神示之居，辨其名物。犹，图也。居，谓坐也。天者，群神之精，日月星辰其著位也。以此图天神、人鬼、地祇之坐者，谓布祭众寡与其居句。《孝经说》郊祀之礼曰："燔燎扫地，祭牲茧栗，或象天酒旗、坐星、厨、仓，具黍稷、布席，极敬心也。"言郊之布席，象五帝坐。礼祭宗庙，序昭穆，亦又有似虚危。则祭天圜丘象北极，祭地方泽象后妃，及社稷之席皆有明法焉。《国语》曰："古者民之精爽不携贰者，而又能齐肃中正，其知能上下比义，其圣能光远宣朗，其明能光照之，其聪能听彻之，如是则神明降之，在男曰觋，在女曰巫，是之使制神之处位次主，而为之牲器时服。"巫既知神如此，又能居以天法，是以圣人用之。今之巫祝，既暗其义，何明之见？何法之行？正神不降，或于淫厉，苟贪货食，遂诬人神，令此道灭，痛矣。**以冬日至致天神、人鬼，以夏日至致地示、物魅，以禬国之凶荒、民之札丧。**天、人，阳也。地、物，阴也。阳气升而祭鬼神，阴气升而祭地祇、物魅，所以顺其为人与物也。致人鬼于祖庙，致物魅于墠坛，盖用祭天地之明日。百物之神曰魅。《春秋传》曰："螭魅魍魉。"杜子春云："禬，除也。"玄谓此禬读如[1]"溃痈[2]"之溃。

---

[1] "读如"，阮校云《汉读考》云疑当作"读为"。

[2] "痈"，闽本、毛本、阮本作"痈"。孙诒让云"疡医""庶氏"注"痈"并作"痈"，汉人隶变之字也。

卷第七

夏官司马第四

惟王建国，辨方正位，体国经野，设官分职，以为民极。乃立夏官司马，使帅其属而掌邦政，以佐王平邦国。政，正也，政所以正不正者也。《孝经说》曰："政者，正也，正德名以行道。"政官之属：大司马，卿一人。小司马，中大夫二人。军司马，下大夫四人。舆司马，上士八人。行司马，中士十有六人，旅下士三十有二人；府六人❶，史十有六人，胥三十有二人，徒三百有二十人。舆，众也。行，谓军行列。晋作六军而有三行，取名于此。凡制军，万有二千五百人为军。王六军，大国三军，次国二军，小国一军。军将皆命卿。二千有五百人为师，师帅皆中大夫。五百人为旅，旅帅皆下大夫。百人为卒，卒长皆上士。二十五人为两，两司马皆中士。五人为伍，伍皆有长。军、师、旅、卒、两、伍，皆众名也。伍一比，两一闾，卒一族，旅一党，师一州，军一乡，家所出一人。将、帅、长、司马者，其师吏也。言军将皆命卿，则凡军帅不特置，选于六官、六乡之吏。自乡以下，德任者使兼官焉。郑

❶ "府六人"，于鬯云依《周礼》府数半史数之例，疑"六"当作"八"。

司农云："王六军，大国三军，次国二军，小国一军，故《春秋传》有大国、次国、小国。又曰：'成国不过半天子之军。周为六军，诸侯之大者三军可也。'《诗·大雅·常武》曰：'赫赫明明，王命卿士，南仲大祖，大师皇父，整我六师，以修我戎，既儆既戒，惠此南国。'《大雅·文王》曰：'周王于迈，六师及之。'此周为六军之见于经也。《春秋传》曰：'王使虢公命曲沃伯以一军为晋侯。'此小国一军之见于传也。百人为卒，二十五人为两，故《春秋传》曰：'广有一卒，卒偏之两。'"**一军则二府，六史，胥十人，徒百人。**

司勋，上士二人，下士四人；府二人，史四人，胥二人，徒二十人。故书勋作勛。郑司农云："勛，读为勋。勋，功也。此官主功赏，故曰掌六乡赏地之法以等其功。"

马质，中士二人；府一人，史二人，贾四人，徒八人。质，平也。主买马，平其大小之贾直。

量人，下士二人；府一人，史四人，徒八人。量，犹度也，谓以丈尺度地。

小子，下士二人；史一人，徒八人。小子主祭祀之小事。

羊人，下士二人；史一人，贾二[1]人，徒八人。

司爟，下士二人；徒六人。故书爟为燋。杜子春云："燋，当为爟，书亦或为爟，爟为私火。"玄谓爟读如"予若

[1] "二"，唐石经作"一"。

观火”之观。今燕俗名汤热为观[1]，则爟火谓热火与？

掌固，上士二人，下士八人；府二人，史四人，胥四人，徒四十人。固，国所依阻者也。国曰固，野曰险。《易》曰：“王公设险，以守其国[2]。”

司险，中士二人，下士四人；史二人，徒四十人。

掌疆，中士八人；史四人，胥十有六人，徒百有六十人。疆，界也。

候人，上士六人，下士十有二人；史六人，徒百有二十人。候，候迎宾客之来者。

环人，下士六人；史二人，徒十有二人。环，犹却也，以勇力却敌。

挈壶氏，下士六人；史二人，徒十有二人。挈，读如“絜发”之絜。壶，盛水器也。世主挈壶水以为漏。

射人，下大夫二人；上士四人，下士八人；府二人，史四人，胥二人，徒二十人。

服不氏，下士一人；徒四人。服不，服不服之兽者。

射鸟氏，下士一人；徒四人。

罗氏，下士一人；徒八人。能以罗罔捕鸟者。《郊特牲》曰：“大罗氏，天子之掌鸟兽者。”

---

❶ “观”，阮校云当作“爟”。

❷ “守其国”，阮校云《玉海·职官部》引此作“守其固”，监本疏中此“国”字剜改。孙诒让引丁杰、张惠言《郑易注》亦附录此条，据《玉海》改“固”，又引《魏书·高闾传》亦云“《易》称‘王公设险以守其固’”。并案疏云“《易》云‘王公设险，险即此固’”，则贾所见本作“国”不作“固”明矣。《魏书》作“固”，亦北监本之误，不足取证。

掌畜，下士二人；史二人，胥二人，徒二十人。畜，谓敛而养之。

司士，下大夫二人；中士六人，下士十有二人；府二人，史四人，胥四人，徒四十人。

诸子，下大夫二人；中士四人；府二人，史二人，胥二人，徒二十人。诸子，主公、卿、大夫、士之子者，或曰庶子。

司右，上士二人，下士四人；府四人，史四人，胥八人，徒八十人。右，谓有勇力之士，充王车右。

虎贲氏，下大夫二人；中士十有二人；府二人，史八人，胥八十人，虎士八百人。不言徒，曰虎士，则虎士徒之选有勇力者。

旅贲氏，中士二人，下士十有六人；史二人，徒八人。

节服氏，下士八人；徒四人。世为王节所衣服。

方相氏，狂夫四人。方相，犹言放想，可畏怖之貌。

大仆，下大夫二人；小臣，上士四人。

祭仆，中士六人。

御仆，下士十有二人；府二人，史四人，胥二人，徒二十人。仆，侍御于尊者之名。大仆，其长也。

隶仆，下士二人；府一人，史二人，胥四人，徒四十人。此吏而曰隶，以其事亵。

弁师，下士二人；工四人，史二人，徒四人。弁者，古冠之大称。委貌、缁布曰冠。

司甲，下大夫二人；中士八人；府四人，史八人，胥

八人，徒八十人。甲，今之铠也。司甲，兵戈盾官之长。

司兵，中士四人；府二人，史四人，胥二人，徒二十人。

司戈盾，下士二人；府一人，史二人，徒四人。戈，今时句孑戟。

司弓矢，下大夫二人；中士八人；府四人，史八人，胥八人，徒八十人。司弓矢，弓弩矢箙官之长。

缮人，上士二人，下士四人；府一人，史二人，胥二人，徒二十人。缮之言劲也，善也。

槁人，中士四人；府二人，史四人，胥二人，徒二十人。郑司农云："槁，读为'刍槁'之槁，箭干谓之槁。此官主弓弩箭矢，故谓之槁人。"

戎右，中大夫二人；上士二人。古者，参乘。此充戎路之右，田猎亦为之右焉。

齐右，下大夫二人。充玉路金路之右。

道右，上士二人。充象路之右。

大驭，中大夫二人。驭之最尊。

戎仆，中大夫二人。驭言仆者，此亦侍御于车。

齐仆，下大夫二人。古者王将朝觐会同，必齐，所以敬宗庙及神明。

道仆，上士十有二人。王朝朝莫夕，主御王以与诸臣行先王之道。

田仆，上士十有二人。

驭夫，中士二十人，下士四十人。

校人，中大夫二人；上士四人，下士十有六人；府四人，史八人，胥八人，徒八十人。校之为言校也[1]，主马者必仍校视之。校人，马官之长。

趣马，下士皂一人；徒四人。趣马，趣养马者也。郑司农说以《诗》曰“蹶惟趣马”。

巫马，下士二人；医四人，府一人，史二人，贾二人，徒二十人。巫马，知马祖、先牧、马社、马步之神者。马疾若有犯焉则知之，是以使与医同职。

牧师，下士四人；胥四人，徒四十人。主牧放马而养之。

廋人，下士闲二人；史二人，徒二十人。廋之言数。

圉师，乘一人，徒二人。圉人，良马匹一人，驽马丽一人。养马曰圉。四马为乘。良，善也。丽，耦也。

职方氏，中大夫四人，下大夫八人；中士十有六人；府四人，史十有六人，胥十有六人，徒百有六十人。职，主也，主四方之职贡者。职方氏，主四方官之长。

土方氏，上士五人，下士十人；府二人，史五人，胥五人，徒五十人。土方氏，主四方邦国之土地。

怀方氏，中士八人；府四人，史四人，胥四人，徒四十人。怀，来也，主来四方之民及其物。

合方氏，中士八人；府四人，史四人，胥四人，徒

---

[1] “校之为言校也”，阮校云余本下“校”字作“挍”，下“校视”同。《释文》云“校人，户教反，字从木，若从手旁作，是比挍之字耳。今人多乱之，注校之、校人同”。然则“言校”“校视”皆当作手旁“比挍”之字矣。贾疏则读为“效”。依《释文》注作“校之为言挍也”，文理甚明，然“比挍”字出于后代，《说文》所无。

四十人。合方氏主合同四方之事。

训方氏，中士四人；府四人，史四人，胥四人，徒四十人。训，道也，主教道四方之民。

形方氏，中士四人；府四人，史四人，胥四人，徒四十人。形方氏，主制四方邦国之形体。

山师，中士二人，下士四人；府二人，史四人，胥四人，徒四十人。

川师，中士二人，下士四人；府二人，史四人，胥四人，徒四十人。

邍师，中士四人，下士八人；府四人，史八人，胥八人，徒八十人。邍，地之广平者。

匡人，中士四人；史四人，徒八人。匡，正也，主正诸侯以法则。

撢人，中士四人；史四人，徒八人。撢人，主撢序王意，以语天下。

都司马，每都上士二人，中士四人，下士八人；府二人，史八人，胥八人，徒八十人。都，王子弟所封及三公采地也。司马主其军赋。

家司马，各使其臣，以正于公司马。[1]家，卿大夫采地。正，犹听也。公司马，国司马也。卿大夫之采地，王不特

---

[1] “家司马各使其臣以正于公司马”，阮校云沈彤《周官禄田考》云，以《序官》“家司马各使其臣，以正于公司马”之文移在“都司马”本职后，“都司马”本职后“家司马亦如之”之文移在《序官》“都司马”后。是“家司马亦如之”即谓每家上中下士府史胥徒如都司马之数矣。盖此本与《春官·家宗人》《秋官·家士》二目同例，而其简与职互错也。

置司马，各自使其家臣为司马，主其地之军赋，往听政于王之司马。王之司马其以王命来有事，则曰国司马。

大司马之职，掌建邦国之九法，以佐王平邦国。平，成也，正也。**制畿封国，以正邦国。**封，谓立封于疆为界。**设仪辨位，以等邦国。**仪，谓诸侯及诸臣之仪。辨，别也，别尊卑之位。**进贤兴功，以作邦国。**兴，犹举也。作，起也。起其劝善乐业之心，使不惰废。**建牧立监，以维邦国。**牧，州牧也。监，监一国[1]，谓君也。维，犹联结也。**制军诘禁，以纠邦国。**诘，犹穷治也。纠，犹正也。**施贡分职，以任邦国。**职，谓赋税也。任，犹事也，事以其力之所堪。**简稽乡民，以用邦国。**简，谓比数之。稽，犹计也。**均守平则，以安邦国。**诸侯有土地者均之，尊者守大，卑者守小。则，法也。**比小事大，以和邦国。**比，犹亲。使大国亲小国，小国事大国，相合和也。《易·比·象》曰："先王以建万国，亲诸侯。"**以九伐之法正邦国；**诸侯有违王命，则出兵以征伐之，所以正之也。诸侯之于国，如树木之有根本，是以言伐云。**冯弱犯寡则眚[2]之，**冯，犹乘陵也。言不字小而侵侮之。眚，犹人眚瘦[3]也。《王霸记》曰："四面削其地。"**贼贤害民则伐之，**《春秋传》曰："粗者曰侵，精者曰伐。"又曰："有钟鼓曰伐。"则伐者，兵入其竟，鸣钟

---

❶ "监一国"，阮校云《释文》出"监国"二字，则"一"为衍文，当删正。

❷ "眚"，阮校云《礼说》云《公羊》作"省"，"省"与"眚"通。字书、韵书无"眚"字。

❸ "瘦"，八行本作"廋"。

鼓以往，所以声其罪。**暴内陵外则坛之，**内，谓其国；外，谓诸侯。坛，读如[1]“同墠”之墠。《王霸记》曰：“置之空墠之地。”郑司农云：“坛，读从‘惮之以威’之惮，书亦或为墠。[2]”玄谓置之空墠，以出其君，更立其次贤者。**野荒民散则削之，**荒，芜也。田不治，民不附，削其地，明其不能有。**负固不服则侵之，**负，犹恃也。固，险可依以固者也。不服，不事大也。侵之者，兵加其竟而已，用兵浅者，《诗》曰：“密人不恭，敢距大邦。”**贼杀其亲则正之，**正之者，执而治其罪。《王霸记》曰：“正，杀之也。”《春秋》僖二十八年冬，晋人执卫侯归之于京师，坐杀其弟叔武。**放弑其君则残之，**放，逐也。残，杀也。《王霸记》曰：“残灭其为恶。”**犯令陵政则杜之，**令，犹命也。《王霸记》曰：“犯令者，违命也。”陵政者，轻政法，不循也。杜之者，杜塞使不得与邻国交通。**外内乱，鸟兽行，则灭之。**《王霸记》曰：“悖人伦，外内无以异于禽兽，不可亲百姓，则诛灭去之也。”《曲礼》曰：“夫唯禽兽无礼，故父子聚麀。”**正月之吉，始和布政于邦国都鄙，乃县政象之法于象魏，使万民观政象，挟日而敛之。**以正月朔日布王政于天下，至正岁又县政法之书。挟日，十日也。**乃以九畿之籍，施邦国之政职。方千里曰国畿，其外方五百里曰侯畿，又其外方五百里曰甸畿，又其外方五百里曰男畿，又其外方**

---

❶ “读如”，阮校云《汉读考》作“读为”。

❷ “坛读从惮之以威之惮书亦或为墠”，阮校云《释文》云“惮之以，本或无‘之’字”。《汉读考》作“书亦或为惮”，今本作“墠”误。“惮之以威”，见《左传》昭公十三年。

五百里曰采畿，又其外方五百里曰卫畿，又其外方五百里曰蛮畿，又其外方五百里曰夷畿，又其外方五百里曰镇畿，又其外方五百里曰蕃畿。畿，犹限也，自王城以外五千里为界，有分限者九。籍，其礼差之书也。政职，所共王政之职，谓赋税也。故书畿为近。郑司农云："近，当言畿。《春秋传》曰：'天子一畿，列国一同。'《诗·殷颂》曰：'邦畿千里，维民所止。'"**凡令赋，以地与民制之。上地食者参之二，其民可用者家三人；中地食者半，其民可用者二家五人；下地食者参之一，其民可用者家二人。**赋，给军用者也。令邦国之赋，亦以地之美恶、民之众寡为制，如六遂矣。郑司农云："上地，谓肥美田也。食者参之二，假令一家有三顷，岁种二顷，休其一顷。下地食者参之一，田薄恶者所休多。"**中春，教振旅，司马以旗致民，平列陈，如战之陈。**以旗者，立旗期民于其下也。兵者，守国之备。孔子曰："以不教民战，是谓弃之。"兵者凶事，不可空设，因蒐狩而习之。凡师出曰治兵，入曰振旅，皆习战也。四时各教民以其一焉。春习振旅，兵入收众专于农。平，犹正也。**辨鼓铎镯铙之用，王执路鼓，诸侯执贲鼓，军将执晋鼓，师帅执提，旅帅执鼙，卒长执铙，两司马执铎，公司马执镯。**《鼓人职》曰："以路鼓鼓鬼享，以贲鼓鼓军事，以晋鼓鼓金奏，以金铙止鼓，以金铎通鼓，以金镯节鼓。"郑司农云："辨鼓铎镯铙之用，谓钲铎之属。镯，读如'浊[1]其源'之浊。铙，读如'讙哓'之哓。提，读如'摄提'之提，谓马

---

[1] "浊"，底本漫漶，据阮本补。

上鼓，有曲木提持鼓立马髦上者[1]，故谓之提。”杜子春云：“公司马，谓五人为伍，伍之司马也。”玄谓王不执贲鼓，尚之于诸侯也。伍长谓[2]之公司马者，虽卑同其号[3]。**以教坐作、进退、疾徐、疏数之节，**习战法。**遂以蒐田，有司表貉，誓民。鼓，遂围禁，火弊，献禽以祭社。**春田为蒐，有司，大司徒也，掌大田役治徒庶之政令。表貉，立表而貉祭也。誓民，誓以犯田法之罚也。誓曰：“无干车，无自后射，立旌遂围禁，旌弊争禽而不审者，罚以假马。”禁者，虞衡守禽之厉禁也。既誓，令鼓而围之，遂蒐田。火弊，火止也。春田主用火，因焚莱除陈草，皆杀而火止。献，犹致也，属也。田止，虞人植旌，众皆献，其所获禽焉。《诗》云：“言私其豵，献肩[4]于公。”春田主祭社者，土方施生也。郑司农云：“貉，读为祃。祃，谓师祭也。书亦或为祃。”**中夏，教茇舍，如振旅之陈。群吏撰车徒，读书契，辨号名之用，帅以门名，县鄙各以其名，家以号名，乡以州名，野以邑名，百官各象其事，以辨军之夜事。其他皆如振旅。**茇，读如“莱沛”之沛。茇舍，草止之也[5]。军有草止之法。

---

[1] “有曲木提持鼓立马髦上者”，阮校云《通典》引此注无“鼓”。

[2] “谓”，底本漫漶，据阮本补。

[3] “虽卑同其号”，阮校云《通典》“卑”下有“亦”，此脱。孙诒让云《通典》臆增，此无夺文。

[4] “肩”，八行本作“豜”。阮校云“豜”据《毛诗》妄改，《释文》云“献肩，《诗》作‘豜’”，知《礼》注无作“豜”者。

[5] “草止之也”，孙诒让云《诗·车攻》正义引无“之”字，疑今本涉下而衍。

撰，读曰算。算车[1]徒，谓数择之也。读书契，以簿[2]书校录军实之凡要。号名者，徽识所[3]以相别也。乡遂之属谓之名，家之属谓之号，百官之属谓之事。在国以表朝位，在军又象其制而为之，被之以备死事。帅，谓军将及师帅、旅帅至伍长也。以门名者，所被徽识如其在门所树者也。凡此言以也、象也，皆谓其制同耳。军将皆命卿，古者军将，盖为营治于国门，鲁有东门襄仲，宋有桐门右师，皆上卿为军将者也。县鄙，谓县正、鄙师至邻长也。家，谓食采地者[4]之臣也。乡以州名，亦谓州长至比长也。野，谓公邑大夫。百官，以其职从王者。此六者皆书其官与名氏焉。门则襄仲、右师明矣。乡则南乡甀、东乡为人是也。其他象此，云某某之名，某某[5]之号，某某之事而已，未尽闻也。乡遂大夫，文错不见，以其素信于民，不为军将，或为诸帅，是以阙焉。夜事，戒夜守之事。草止者慎于夜，于是主别其部职。**遂以苗田，如蒐之法，车弊献禽以享礿。**夏田为苗。择取不孕任者，若治苗去不秀实者云。车弊，驱兽之车止也。夏田主用车，示所取物希，皆杀而车止。《王制》曰："天子杀则下大绥，诸侯杀则下小绥，大夫杀则止佐车，佐车止则百姓田猎。"礿，宗庙之夏祭也。冬夏田主于祭宗庙者，阴阳始起，象神之在内。**中秋，教治兵，**

---

[1] "算算车"，底本漫漶，据阮本补。

[2] "簿"，阮校云嘉靖本作"薄"。《释文》"簿书，步古反，后'簿书'皆放此"。盖亦本作"薄"。

[3] "徽识所"，底本漫漶，据阮本补。

[4] "地者"，底本漫漶，据阮本补。

[5] "某某"，底本漫漶，据阮本补。

如振旅之陈。辨旗物之用，王载大常，诸侯载旂，军吏载旗，师都载旜，乡遂[1]载物，郊野载旐，百官载旟，各书其事与其号焉。其他皆如振旅。军吏，诸军帅也。师都，遂大夫也。乡遂，乡大夫也。或载旜，或载物，众属军吏，无所将也。郊，谓乡遂之州长、县正以下也。野，谓公邑大夫。载旐者，以其将羡卒也。百官，卿大夫也。载旟者，以其属卫王也。凡旌旗，有军众者画异物，无者帛而已。书，当为画，事也、号也，皆画以云气。**遂以狝田，如蒐田之法，[2]罗弊致禽以祀祊。**秋田为狝。狝，杀也。罗弊，罔止也。秋田主用罔，中杀者多也。皆杀而罔止。祊，当为方，声之误也。秋田主祭四方，报成万物，《诗》曰“以社以方”。**中冬，教大阅。**春辨鼓铎，夏辨号名，秋辨旗物，至冬大阅，简军实。凡颁旗物，以出军之旗则如秋，以尊卑之常则如冬，司常佐司马时也。大阅备军礼，而旌旗不如出军之时，空辟实。**前期，群吏戒众庶修战法。**群吏，乡师以下。**虞人莱所田之野，为表，百步则一，为三表，又五十步为一表。田之日，司马建旗于后表之中，群吏以旗物鼓铎镯铙，各帅其民而致。质明弊旗，诛后至者。乃陈车徒如战之陈，皆坐。**郑司农云：“虞人莱所田之野，芟除其草莱，令车得驱驰。”《诗》曰：“田卒污莱。”玄谓莱，芟除可陈之处。后表之中

---

[1] “遂”，阮校云唐石经原刻作“遂”，后磨改为“家”。贾疏是“遂”字。《汉读考》云此当从《石经》作“乡家”，假令是“乡遂”，则注不得云“乡大夫”也。

[2] “遂以狝田如蒐田之法”，阮校云唐石经无下“田”字。“中夏”云“遂以苗田如蒐之法”，无下“田”字，则此为衍文无疑。

五十步，表之中央。表，所以识正行列也。四表积二百五十步[1]。左右之广当容三军，步数未闻。致，致之司马。质，正也。弊，仆也。皆坐，当听誓。**群吏听誓于陈前，斩牲，以左右徇陈，曰：“不用命者斩之。”**群吏，诸军帅也。陈前，南面乡表也。《月令》：“季秋，天子教于田猎，以习五戎，司徒搢扑，北面以誓之。”此大阅礼实正岁之中冬，而说季秋之政，于周为中冬，为《月令》者失之矣。斩牲者，小子也。凡誓之大略，《甘誓》《汤誓》之属是也。**中军以鼙令鼓，鼓人皆三鼓，司马振铎，群吏作旗，车徒皆作；鼓行，鸣镯，车徒皆行，及表乃止；三鼓，摝铎，群吏弊旗，车徒皆坐。**中军，中军之将也。天子六军，三三而居一偏。群吏既听誓，各复其部曲。中军之将令鼓，鼓以作其士众之气也。鼓人者，中军之将、师帅、旅帅也。司马，两司马也。振铎以作众。作，起也。既起，鼓人击鼓以行之，伍长鸣镯以节之。伍长，一曰公司马。及表，自后表前至第二表也。三鼓者，鼓人也。郑司农云：“摝，读如弄。”玄谓如“涿鹿”之鹿。掩上振之为摝。摝[2]者，止行息气也。《司马法》曰：“鼓声不过阊鼙，声不过阘，铎声不过琅。”**又三鼓，振铎，作旗，车徒皆作。鼓进，鸣镯，车骤徒趋，及表乃止，坐作如初。**趋者，赴敌尚疾之渐也。《春秋传》曰：

❶ “四表积二百五十步”，阮校引浦镗云“三百”误“二百”。孙诒让以为浦校非，云《诗·车攻》孔疏引此注作“二百”，孔冲远说郑义尤明析。

❷ “摝”，底本漫漶，据阮本补。

“先人有夺人之心。”及表[1]，自第二前至第三[2]。**乃鼓，车驰徒走，及表乃止。**及表，自第三前至前表。**鼓戒三阕，车三发，徒三刺。**鼓戒，戒攻敌。鼓壹[3]阕，车壹转，徒壹刺，三而止，象服敌。**乃鼓退，鸣铙且却，及表乃止，坐作如初。**铙所以止鼓。军退，卒长鸣铙以和众，鼓人为止之也。退，自前表至后表。鼓铎则同，习战之礼，出入一也。异者，废镯而鸣铙。**遂以狩田，以旌为左右和之门，群吏各帅其车徒以叙和出，左右陈车徒，有司平之。旗居[4]卒间以分地，前后有屯百步，有司巡其前后。险野，人为主；易野，车为主。**冬田为狩，言守取之，无所择也。军门曰和，今谓之垒门，立两旌以为之。叙和出，用次第出和门也。左右，或出而左，或出而右。有司平之，乡师居门，正其出入之行列也。旗，军吏所载。分地，调其部曲疏数。前后有屯百步，车徒异群相去之数也。车徒毕出和门，乡师又巡其行陈。郑司农云：“险野，人为主，人居前；易野，车为主，车居前。”**既陈，乃设驱逆之车，有司表貉于陈前。**驱，驱出禽兽使趍田者也。逆，逆要不得令走。设此车者，田仆也。**中军以鼙令鼓，鼓人皆三鼓，群司马振铎，车徒皆作。遂鼓行，徒衔枚而进。大兽公之，小禽私之，获者取左耳。**群司马，谓两司马也。枚如箸，衔之，有繣结项中。军

❶ “表”，底本漫漶，据阮本补。

❷ “自第二前至第三”，阮校云《通典》“三”下有“表”字。

❸ “壹”，阮校云注中不当用古字，诸本作“壹”，非。疏中皆作“一”。

❹ “居”，唐石经作“车”。

法止语，为相疑惑也。进，行也。郑司农云："大兽公之，输之于公；小禽私之，以自畀也。《诗》云：'言私其豵，献肩于公。'一岁为豵，二岁为豝，三岁为特，四岁为肩，五岁为慎。此明其献大者于公，自取其小者。"玄谓慎读为麎，《尔雅》曰："豕生三曰豵，豕牝曰豝，麋牝[1]曰麎。"获，得也。得禽兽者取左耳，当以计功。**及所弊，鼓皆駴，车徒皆噪。**郑司农云："及所弊，至所弊之处。"玄谓至所弊之处，田所当于止也。天子诸侯蒐狩有常，至其常处，吏士鼓噪，象攻敌克胜而喜也。疾雷击鼓曰駴。噪，讙也。《书》曰"前师乃鼓鼖噪"，亦谓喜也。**徒乃弊，致禽馌兽于郊，入献禽以享烝。**徒乃弊，徒止也。冬田主用众，物多，众得取也。致禽馌兽于郊，聚所获禽，因以祭四方神于郊[2]。《月令》"季秋，天子既田，命主祠祭禽四方"是也。入又以禽祭宗庙。**及师，大合军，以行禁令，以救无辜，伐有罪。**师，所谓王巡守若会同，司马起师合军以从，所以威天下、行其政也。不言大者，未有敌，不尚武。**若大师，则掌其戒令，莅大卜，帅执事莅衅主及军器。**大师，王出征伐也。莅，临也。临大卜，卜出兵吉凶也。《司马法》曰："上卜下谋，是谓参之。"主，谓迁庙之主及社主在军者也。军器，鼓铎之属。凡师既受甲，迎主于庙。及社主，祝奉以从，杀牲以血涂主及军器，皆神之[3]。**及致，建大常，比军众，诛**

---

❶ "牝"，岳本作"牡"，今《尔雅》作"牝"。

❷ "因以祭四方神于郊"，阮校云《通典》"四方"下有"之"。孙诒让云《月令·季冬》疏引无"之"。

❸ "皆神之"，阮校云《通典》作"皆神明之"。

后至者。比，或作庀[1]。郑司农云："致，谓聚众也。庀，具也。"玄谓致，乡师致民于司马。比，校次之也。**及战，巡陈，视事而赏罚。**事，谓战功也。**若师有功，则左执律，右秉钺，以先恺乐献于社。**功，胜也。律所以听军声，钺所以为将威也。先，犹道也。兵乐曰恺。献于社，献功于社也。《司马法》曰："得意则恺乐，恺歌，示喜也。"郑司农云："故城濮之战，《春秋传》曰，振旅恺以入于晋。"**若师不功，则厌而奉主车。**郑司农云："厌，谓厌冠，丧服也。军败则以丧礼，故秦伯之败于殽也，《春秋传》曰：'秦伯素服郊次，乡师而哭。'"玄谓厌，伏冠也。奉，犹送也。送主归于庙与社。**王吊劳士庶子，则相。**师败，王亲吊士庶子之死者，劳其伤者，则相王之礼。庶子，卿大夫之子从军者，或谓之庶士。**大役，与虑事属其植，受其要，以待考而赏诛。**大役，筑城邑也。郑司农云："国有大役，大司马与谋虑其事也。植，谓部曲将吏。故宋城[2]，《春秋传》曰：'华元为植巡功。'属，谓聚会之也。要者，簿书也。考，谓考校其功。"玄谓虑事者[3]，封人也。于有役，司马与之。植，筑城桢也。属，赋丈尺与其用人数。**大会同，则帅士庶子而掌其政令。**帅，帅以从王。**若大射，则合诸侯之六耦。**大射，王将祭，射于射宫，以选贤也。王射三侯，以诸侯为六耦。**大祭祀、飨食，羞牲鱼，授其祭。**牲鱼，鱼牲也。祭，谓尸

---

[1] "庀"，阮校云叶钞《释文》作"庇"，余本载《音义》同。
[2] "宋城"，底本漫漶，据阮本补。
[3] "事者"，底本漫漶，据阮本补。

宾所以祭也。郑司农云："大司马主进鱼牲。"**大丧，平士大夫。**郑司农云："平，一其服也。"玄谓平者，正其职与其位。**丧祭，奉诏马牲。**王丧之以马祭者，盖遣奠也。奉，犹送也，送之至墓，告而藏之。

小司马之职，掌❶此下字脱灭，札烂又阙。❷汉兴，求之不得，遂无识其数者。**凡小祭祀、会同、飨射、师田、丧纪，掌其事，如大司马之法。**

军司马阙。

舆司马阙。

行司马阙。

司勋，掌六乡赏地之法，以等其功。赏地，赏田也。在远郊之内，属六乡焉。等，犹差也，以功大小为差。**王功曰勋，**辅成王业❸，若周公。**国功曰功，**保全国家，若伊尹。**民功曰庸，**法施于民，若后稷。**事功曰劳，**以劳定国，若禹。**治功曰力，**制法成治，若咎繇。**战功曰多。**克敌出奇，若韩信、陈平。《司马法》曰："上多前虏。"**凡有功者，铭书于王之大常，祭于大烝，司勋诏之。**铭之言名也。生则书于王旗，以识其人与其功也。死则于烝先王祭之。诏，谓告其神以辞也。般庚告其卿大夫曰"兹予大享于先王，尔祖其

---

❶"小司马之职掌"，于鬯云此六字乃汉人据例补入，实阙。

❷"此下字脱灭札烂又阙"，"又"，毛本、阮本作"文"，阮校云此本疏云"以此知此下脱灭札烂又阙也"，又云"札烂又阙者，以其下经简札，为韦编折烂阙落"，则"文"为"又"之误无疑，而"字"亦当为衍文。

❸"辅成王业"，阮校云闽本"辅"上剜补"注"字，监本、毛本从之。

从与享之”是也。今汉祭功臣于庙庭。**大功，司勋藏其贰。**贰，犹副也。功书藏于天府，又副于此者，以其主赏。**掌赏地之政令，**政令，谓役赋。**凡赏无常，轻重视功，**无常者，功之大小不可豫。**凡颁赏地，参之一食，**郑司农云：“不[1]以美田为采邑。”玄谓赏地之税，参分[2]计税，王食其一也，二全入于臣。**唯加田无国正。**加田，既赏之，又加赐以田，所以厚恩也。郑司农云：“正，谓税也。禄田亦有给公家之赋贡，若今时侯国有司农少府钱谷矣。独加赏之田无正耳。”

马质，掌质马。马量三物，一曰戎马，二曰田马，三曰驽马，皆有物贾。此三马，买以给官府之使，无种也。郑司农曰：“皆有物贾，皆有物色及贾直。”**纲恶马。**郑司农云：“纲，读为‘以亢其仇’之亢，书亦或为亢。亢，御也，禁也，禁去恶马不畜也。”玄谓纲，以縻索维纲狎习之。**凡受马于有司者，书其齿毛与其贾，马死，则旬之内更，旬之外入马耳，以其物更，其外否。**郑司农云：“更，谓偿也。”玄谓旬之内死者，偿以齿毛与贾，受之日浅，养之恶也。旬之外死，入马耳，偿以毛色，不以齿贾，任之过其任也。其外否者，旬之外逾二十日而死，不任用，非用者罪。**马及行，则以任齐其行。**识其所载轻重及道里，齐其劳逸，乃复用之。**若有马讼，则听之。**讼，谓卖买之言相负。**禁原蚕者。**原，再也。天文，辰为马。《蚕书》，蚕为龙精。月直大火，则浴其种，是蚕与马同气。物莫能两大，禁再蚕者，为伤

[1] “不”，底本漫漶，据阮本补。
[2] “参分”，底本漫漶，据阮本补。

马与？

量人，掌建国之法，以分国为九州，营国城郭，营后宫，量市朝道巷门渠。造都邑亦如之。建，立也。立国有旧法式，若《匠人职》云。分国，定天下之国分也。后，君也。言君，容王与诸侯。**营军之垒舍，量其市朝、州、涂、军社之所里。**军壁曰垒。郑司农云："量其市朝、州、涂，还市朝而为道也。"玄谓州，一州之众，二千五百人为师，每师一处，市也，朝也，州也，皆有道以相之。军社，社主在军者。里，居也。**邦国之地与天下之涂数，皆书而藏之。**书地，谓方圜山川之广狭；书涂，谓支凑之远近。**凡祭祀、飨宾，制其从献脯燔之数量。**郑司农云："从献者，肉殽从酒也。"玄谓燔，从于献酒之肉炙[1]也。数，多少也。量，长短也。**掌丧祭奠竁之俎实。**竁亦有俎实，谓所包遣奠。《士丧礼下篇》曰"藏苞筲于旁"。**凡宰祭，与郁人受斝历而皆饮之。**言宰祭者，冢宰佐王祭，亦容摄祭。郑司农云："斝，读如'嫁娶'之嫁。斝，器名。《明堂位》曰：'爵，夏后氏以盏，殷以斝，周以爵。'"玄谓斝读如[2]"嘏尸"之嘏。宰，家[3]宰。

小子，掌祭祀羞羊肆、羊殽、肉豆。郑司农云："羞，进也。羊肆，体荐全烝也。羊殽，体解节折也。肉豆者，切肉也。"玄谓肆读为鬄。羊鬄者，所谓豚解也。**而掌**

❶"肉炙"，阮校云惠校本作"炙肉"，贾疏引郑云亦作"炙肉"

❷"读如"，阮校云《汉读考》作"读为"，今本作如，误。

❸"家"，八行本、阮本作"冢"。

珥于社稷，祈于五祀。故书祀作禩。郑司农云："禩，读为祀，书亦或为祀。珥社稷，以牲头祭也。"玄谓珥读为衈。祈，或为刏。刏衈者，衅礼之事也。用毛牲曰刏，羽牲曰衈。衈刏社稷五祀，谓始成其宫兆时也。《春官·肆师职》祈或作幾。《秋官·士师职》曰："凡刏珥则奉犬牲。"此刏衈正字与？**凡沈辜侯禳，饰其牲。**郑司农云："沈，谓祭川。《尔雅》曰：'祭川曰浮沈。'辜，谓磔牲以祭也。《月令》曰：'九门磔禳以毕春气。'侯禳者，候四时恶气，禳去之也。"**衅邦器及军器。**邦器，谓礼乐之器及祭器之属。《杂记》曰："凡宗庙之器，其名者成，则衅之以豭豚。"**凡师田，斩牲以左右徇陈。**示犯誓必杀之。**祭祀，赞羞，受彻焉。**

羊人，掌羊牲。凡祭祀，饰羔。羔，小羊也。《诗》曰："四之日其蚤，献羔祭韭。"**祭祀，割羊牲，登其首。**登，升也。升首，报阳也。升首于室。**凡祈珥，共其羊牲。**共，犹给也。**宾客，共其法羊。**法羊，飧饔[1]积膳[2]之羊。**凡沈、辜、侯禳、衅、积，共其羊牲。**积，故书为眦。郑司农云："眦，读为渍，谓衅国宝、渍军器也。"玄谓积，积柴，禋祀、槱燎、实柴。**若牧人无牲，则受布于司马，使其贾买牲而共之。**布，泉。

司爟，掌行火之政令，四时变国火，以救时疾。行，犹用也。变，犹易也。郑司农说以《鄹子》曰："春取榆柳之

[1] "飧饔"，阮校云《释文》"飧饔"作"食飧"，云"音嗣，本又作飧饔"。惠栋云疏作"飧饔"，余本作"食飧"。

[2] "膳"，八行本作"善"。

火，夏取枣杏之火，季夏取桑柘之火，秋取柞楢之火，冬取槐檀之火。”**季春出火，民咸从之；季秋内火，民亦如之。**火所以用陶冶，民随国而为之。郑人铸刑书，火星未出而出火，后有灾。郑司农云：“以三月本时昏，心星见于辰上，使民出火。九月本黄昏[1]，心星伏在戌上，使民内火。故《春秋传》曰‘以出内火’。”**时则施火令。**焚莱之时。**凡祭祀，则祭爟。**报其为明之功，礼如祭爨。**凡国失火，野焚莱，则有刑罚焉。**野焚莱，民擅放火。

掌固，掌修城郭、沟池、树渠之固，颁其士庶子及其众庶之守。树，谓枳棘之属有刺者也。众庶，民递守固者也。郑司农说树以《国语》曰：“城守之木，于是乎用之。”**设其饰器，**兵甲之属。今城郭门之器亦然。**分其财用，均其稍食，**财用，国以财所给守吏之用也。稍食，禄禀。**任其万民，用其材器。**任，谓以其任使之也。民之材器，其所用堑筑及为藩落。**凡守者受法焉，以通守政，有移甲与其役财用，唯是得通，与国有司帅之，以赞其不足者。**凡守者，士庶子及他要害之守吏。通守政者，兵甲役财，难易多少，转移相给也。其他非是，不得妄离部署。国有司，掌固也。其移之者，又与掌固帅致之。赞，佐也。**昼三巡之，夜亦如之，**巡，行也。行守者，为众庶之解惰。**夜三鼜以号戒。**杜子春云：“读鼜为‘造次’之造，谓击鼓行夜戒守也。《春秋传》

[1] “九月本黄昏”，阮校云此本疏中引注无“黄”字，上文亦无“黄”，此衍。孙诒让云《左传》襄九年疏、《御览·火部》引此注并有“黄”字。

所谓宾将趣者与，趣与造音相近，故曰终夕与燎。”玄谓鼜，击鼜，警守鼓也。三巡之间，又三击鼜。**若造都邑，则治其固，与其守法。**都邑亦为城郭。**凡国都之竟有沟树之固，郊亦如之。**竟，界也。**民皆有职焉。**职，谓守与任。**若有山川，则因之。**山川，若殽、皋、河、汉。

司险，掌九州之图，以周知其山林川泽之阻，而达其道路。周，犹遍也。达道路者，山林之阻则开凿之，川泽之阻则桥梁之。**设国之五沟五涂，而树之林，以为阻固，皆有守禁，而达其道路。**五沟，遂、沟、洫、浍、川也。五涂，径、畛、涂、道、路也。树之林，作藩落也。**国有故，则藩塞阻路而止行者，以其属守之，唯有节者达之。**有故，丧灾及兵也。闭绝要害之道，备奸寇也。

掌疆阙。

候人，各掌其方之道治，与其禁令，以设候人[1]。道治，治道也。《国语》曰“候不在竟”，讥不居其方也。禁令，备奸寇也。以设候人者，选士卒以为之。《诗》云：“彼候人兮，何戈与祋。”**若有方治，则帅而致于朝；及归，送之于竟。**方治，其方来治国事者也。《春秋传》曰“晋栾盈过周，王使候人出诸轘辕”，是其送之。

环人，掌致师，致师者，致其必战之志。古者将战，先使勇力之士犯敌焉。《春秋传》曰：“楚许伯御乐伯，摄叔为右，以致晋师。许伯曰：‘吾闻致师者，御靡旌摩垒而还。’乐伯曰：‘吾闻致师者，左射以菆，代御执辔，御下，两马

---

[1] “候人”，俞樾疑此官止名候，不名候人。

掉鞅而还。’摄叔曰：‘吾闻致师者，右入垒，折馘执俘而还。’”皆行其所闻而复之。**察军慝，**慝，阴奸也。视军中有为慝者，则执之。**环四方之故，**却其以事谋来侵伐者，所谓折冲御侮。**巡邦国，搏谍贼，**谍贼，反间为国贼。**讼敌国，**敌国兵来，则往之与讼曲直，若齐国佐如师。**扬军旅，**为之威武以观敌❶。《诗》云：“惟师尚父，时惟鹰扬。”**降围邑。**围邑欲降者，受而降之。《春秋传》曰：“齐人降鄣。”

挈壶氏，掌挈壶以令军井，挈辔以令舍，挈畚以令粮。郑司农云：“挈壶以令军井，谓为军穿井，井成，挈壶县其上，令军中士众皆望见，知此下有井。壶所以盛饮，故以壶表井。挈辔以令舍，亦县辔于所当舍止之处，使军望见，知当舍止于此。辔所以驾舍，故以辔表舍。挈畚以令粮，亦县畚于所当禀假之处，令军望见，知当禀假于此下也。畚所以盛粮之器，故以畚表禀。军中人多，车骑杂会谨嚣，号令不能相闻，故各以其物为表，省烦趋疾，于事便也。❷”**凡军事，县壶以序聚柝；凡丧，县壶以代哭者。皆以水火守之，分以日夜。**郑司农云：“县壶以为漏，以序聚柝，以次更聚击柝备守也。”玄谓击柝，两木相敲，行夜时也。代亦更也。礼，未大敛，代哭。以水守壶者，为沃漏也。以火守壶者，夜则视刻数也。分以日夜者，异昼夜漏也。漏之箭，昼夜共百刻，冬夏之

---

❶“为之威武以观敌”，阮校云《六经正误》作“扬威武以观敌”。

❷“省烦趋疾于事便也”，阮校云《通典》作“省烦事便”，无下四字，文简而义益明，今本盖衍。《释文》出“省烦事便”四字。孙诒让云《通典》约引，不足校此。

间有长短焉。大史立成法，有四十八箭。**及冬则以火爨鼎水而沸之，而沃之。**郑司农云："冬水冻，漏不下，故以火炊水，沸以沃之，谓沃漏也。"

射人，掌国之三公、孤、卿、大夫之位，三公北面，孤东面，卿、大夫西面。其挚，三公执璧，孤执皮帛，卿执羔，大夫雁[1]。位，将射，始入见君之位。不言士者，此与诸侯之宾射，士不与也。《燕礼》曰："公升，即位于席，西乡，小臣纳卿大夫，卿大夫皆入门右，北面东上。士立[2]于西方，东面北上。"《大射》亦云。则凡朝燕及射，臣见于君之礼同。**诸侯在朝，则皆北面，诏相其法。**谓诸侯来朝而未归，王与之射于朝者，皆北面，从三公位，法其礼仪。**若有国事，则掌其戒令，诏相其事。**谓王有祭祀之事，诸侯当助其荐献者也。戒令，告以齐与期。**掌其治达。**谓诸侯因与王射及助祭，而有所治受而达之于王。王有命，又受而下之。**以射法治射仪：王以六耦，射三侯，三获三容，乐以《驺虞》，九节五正。诸侯以四耦，射二侯，二获二容，乐以《狸首》，七节三正。孤、卿、大夫以三耦，射一侯，一获一容，乐以《采蘋》，五节二正。士以三耦，射豻侯，一获一容，乐以《采蘩》，五节二正。**射法，王射之礼。治射仪，谓肆之也。郑司农云："三侯，虎、熊、豹[3]也。容者，乏也，待获者所蔽也。九节，析羽九重，设于

---

[1] "大夫雁"，阮校云唐石经"雁"上有"执"字。王引之引王念孙云据唐石经当有"执"字。

[2] "立"，闽本、阮本作"位"。

[3] "虎熊豹"，岳本、阮本作"熊虎豹"。

长杠也。正，所射也。《诗》云：‘终日射侯，不出正兮。’二侯，熊、豹也。豻侯，豻者，兽名也。兽有貙豻熊虎。”玄谓三侯者，五正、三正、二正之侯也。二侯者，三正、二正之侯也。一侯者，二[1]正而已。此皆与宾射于朝之礼也。《考工·梓人职》曰：“张五采之侯则远国属。”远国，谓诸侯来朝者也。五采之侯，即五正之侯也。正之言正也，射者内志正，则能中焉。画五正之侯，中朱，次白，次苍，次黄，玄居外。三正，损玄黄。二正，去白苍而画以朱绿。其外之广，皆居侯中参分之一，中二尺。今儒家云：“四尺曰正，二尺曰鹄，鹄乃用皮，其大如正。”此说失之矣。《大射礼》豻作干，读如[2]“宜豻宜狱”之豻。豻，胡犬也。士与士射则以豻皮饰侯，下大夫也。大夫以上与宾射，饰侯以云气，用采各如其正。九节、七节、五节者，奏乐以为射节之差。言节者，容侯道之数也。《乐记》曰：“明乎其节之志，不失其事，则功成而德行立。”[3]**若王大射，则以狸步张三侯。**郑司农云：“狸步，谓一举足为一步，于今为半步。”玄谓狸，善搏者也，行则止而拟度焉，其发必获，是以量侯道法之也。侯道者，各以弓为度。九节者九十弓，七节者七十弓，五节者五十弓。弓之下制长六尺。《大射礼》曰“大侯九十，参七十，干五十”是也。三侯者，司裘所共虎侯、熊侯、豹侯也。列国之

---

[1] “二”，原作“一”，据八行本、岳本、阮本改。

[2] “读如”，阮校云《汉读考》作“读为”，云今本作“读如”，误。

[3] “乐记曰明乎其节之志不失其事则功成而德行立”，按，今本《乐记》无此句，今本《礼记·射义》存此句。

君大射亦张三侯，数与天子同。大侯，熊侯也。参，读为糁。糁，杂也。杂者，豹鹄而麋饰，下天子大夫。**王射，则令去侯，立于后，以矢行告。卒，令取矢。**郑司农云："射人主令人去侯所而立于后也。以矢行告，射人主以矢行高下左右告于王也。《大射礼》曰：'大射正立于公后，以矢行告于公，下曰留，上曰扬，左右曰方。'杜子春说以矢行告，告白射事于王，王则执矢也。杜子春说不与《礼经》合，疑非是也。卒令取矢，谓射卒，射人令当取矢者使取矢也。"玄谓令去侯者，命负侯者去侯也。《乡射》曰："司马命获者执旌以负侯。"**祭侯，则为位。**祭侯，献服不，服不以祭侯。为位，为服不受献之位也。《大射》曰："服不侯西北三步，北面拜受爵。"**与大史数射中，**射中，数射者中侯之筭也。《大射》曰："司射适阶西，释弓，去扑，袭，进，由中东立于中南，北面视筭。"**佐司马治射正。**射正，射之法仪也。**祭祀，则赞射牲，相孤、卿、大夫之法仪。**烝尝之礼有射豕者。《国语》曰："禘郊之事，天子必自射其牲。"今立秋有貙刘云。**会同、朝觐，作大夫介[1]，凡有爵者。**作，读如"作止爵"之作。诸侯来至，王使公卿有事焉，则作大夫使之介也。有爵者，命士以上。不使贱者。**大师，令有爵者乘王之倅车。**倅车，戎车之副。**有大宾客，则作卿大夫从，**作者，选使从王见诸侯。**戒大史及大夫介。**戒，戒其当行者。《觐礼》曰："诸公奉箧服，加命书于其上，升自西阶，东面，大史氏右。"**大丧，与仆人迁尸，作卿大夫掌事，比**

---

[1] "介"，俞樾云疑为"戒"之误。

其庐，不敬者苛罚之。仆人，大仆也，仆人与射人俱掌王之朝位也。王崩，小敛、大敛，迁尸于室堂，朝之象也。《檀弓》曰："扶君，卜人师扶右，射人扶左。君薨，以是举。"苛，谓诘问之。

服不氏，掌养猛兽而教扰之。猛兽，虎豹、熊罴之属。扰，驯也。教习使之驯服。王者之教，无不服。**凡祭祀，共猛兽。**谓中膳羞者。兽人冬献狼。《春秋传》曰："熊蹯不孰。"**宾客之事则抗皮。**郑司农云："谓宾客来朝聘，布皮帛者，服不氏主举藏之。抗，读为[1]'亢其仇'之亢。"玄谓抗者，若《聘礼》曰"有司二人举皮以东[2]"。**射则赞张侯，以旌居乏而待获。**赞，佐也。《大射礼》曰："命量人、巾车张三侯。"杜子春云："待，当为持，书亦或为持。乏，读为'匮乏'之乏，持获者所蔽。"玄谓待获，待射者中举旌以获。

射鸟氏，掌射鸟。鸟，谓中膳羞者，凫、雁、鸨、鸮之属。**祭祀，以弓矢驱乌鸢。凡宾客、会同、军旅，亦如之。**乌鸢，善钞盗，便污人。**射则取矢，矢在侯高，则以并夹取之。**郑司农云："王射，则射鸟氏主取其矢。矢在侯高者，矢著侯高，人手不能及，则以并夹取之。并夹，针箭具。夹，读为甲，故《司弓矢职》曰：'大射燕射共弓矢并

---

❶ "读为"，阮校云《汉读考》作"读如"。《马质》注"纲读为'以亢其仇'之亢。亢，御也，禁也，禁去恶马不畜也"。此注言服不氏主举藏币，则与禁去义亦相近。阮按，前说非也。抗者，举也，故读如"亢其仇"而已，不得云"读为"也，与《马质》注迥异。

❷ 东，原作"束"，据八行本、岳本、阮本改。

夹。’”

罗氏，掌罗乌鸟。乌，谓卑居，鹊之属。**蜡，则作罗襦。**作，犹用也。郑司农云：“蜡，谓十二月，大祭万物也。《郊特牲》曰：‘天子大蜡，谓岁十二月，合聚万物而索飨之。’襦，细密之罗。襦，读为‘繻有衣袽’之繻。”玄谓蜡，建亥之月，此时火伏，蛰者毕矣，豺既祭兽，可以罗罔围取禽也。《王制》曰“豺祭兽，然后田”，又曰“昆虫已蛰，可以火田”。今俗放火张罗，其遗教。**中春，罗春鸟，献鸠以养国老，行羽物。**春鸟，蛰而始出者，若今南郡黄雀之属。是时鹰化为鸠。鸠与春鸟变旧为新，宜以养老助生气。行，谓赋赐。

掌畜，掌养鸟而阜蕃教扰之。阜，犹盛也。蕃，蕃息也。鸟之可养使盛大蕃息者，谓鹅鹜之属。**祭祀，共卵鸟。**其卵可荐之鸟。**岁时贡鸟物，**鸮雁之属，以四时来。**共膳献之鸟。**雉及鹑鴽之属。

卷第八

夏官司马下

司士，掌群臣之版，以治其政令，岁登下其损益之数，辨其年岁与其贵贱，周知邦国都家县鄙之数，卿大夫士庶子之数[1]**，** 损益，谓用功过黜陟者。县鄙，乡遂之属。故书版为班，郑司农云："班，书或为版。版，名籍。"**以诏王治，** 告王所当进退。**以德诏爵，以功诏禄，以能诏事，以久奠食。** 德，谓贤者。食，稍食也。贤者既爵乃禄之，能者事成乃食之。《王制》曰："司马辨论官材，论进士之贤者以告于王，而定其论，论定然后官之，任官然后爵之，位定然后禄之。"**唯赐无常。** 赐多少由王，不如禄食有常品。**正朝仪之位，辨其贵贱之等。王南乡；三公北面东上；孤东面北上；卿大夫西面北上；王族故士、虎士在路门之右，**[2] **南面东上；大仆、大右、大仆从者在路门之左，南面西上。** 此王日视朝事于路门外之位。王族故士，故为士，晚退

---

[1] "卿大夫士庶子之数"，阮校云唐石经及诸本同。盛百二《柚堂笔谈》云经文脱去一"士"字，当依正义补。释曰"云卿大夫士者"，又"云士庶子者"，又"云之数者"，是贾疏本作"卿大夫士士庶子之数"，当据以补正。阮按，《宫伯》"掌王宫之士庶子"，注云"王宫之士，谓王宫中诸吏之嫡子也，庶子，其支庶也"，此处解同。

[2] "王族故士虎士在路门之右"，于鬯云"王族"与"故士"不当连读。

留宿卫者。未尝仕，虽同族，不得在王宫。大右，司右也。大仆从者，小臣、祭仆、御仆、隶仆。**司士摈，**诏王出揖公、卿、大夫以下朝者。**孤卿特揖，大夫以其等旅揖，士旁三揖，王还揖门左，揖门右。**特揖，一一揖之。旅，众也。大夫爵同者众揖之。公及孤、卿、大夫始入门右，皆北面东上，王揖之，乃就位。群士及故士、大仆之属，发在其位。群士位东面，王西南乡而揖之。三揖者，士有上中下。王揖之，皆逡遁，既，复位。郑司农云："卿、大夫、士皆君之所揖，《礼》《春秋传》所谓三揖在下。"**大仆前，**前正王视朝之位。**王入，内朝皆退。**王入，入路门也。王入路门，内朝朝者皆退，反其官府治处也。王之外朝，则朝士掌焉。《玉藻》曰："朝服以日视朝于内朝，朝辨色始入。君日出而视之，退适路寝听政，使人视大夫，大夫退，然后适小寝。"谓诸侯也。王日视朝皮弁服，其礼则同。**掌国中之士治，凡其戒令。**国中，城中。**掌摈士者，膳其挚。**摈士，告见初为士者于王也。郑司农云："膳其挚者，王食其所执羔雁之挚。"玄谓膳者，入于王之膳人。**凡祭祀，掌士之戒令，诏相其法事；及赐爵，呼昭穆而进之。**赐爵，神惠及下也。此所赐王之子姓兄弟。《祭统》曰："凡赐爵，昭为一，穆为一，昭与昭齿，穆与穆齿。凡群有司皆以齿，此之谓长幼有序。"**帅其属而割牲，羞俎豆。**割牲，制体也。羞，进也。**凡会同，作士从，宾客亦如之。**作士从，谓可使从于王者。**作士适四方使，为介。**士使，谓自以王命使也。介，大夫之介也。《春秋传》曰："天王使石尚来归脤。"**大丧，作士掌事。**事，谓奠敛之属。**作六军之士执披。**作，谓使之也。披，柩车行，所以披持棺者，有纽以结之，谓之戴。郑司农云：“披者，扶持棺险者也。天子旁十二，诸侯旁八，大夫六，士四。”玄谓结披必当棺束，于束系纽。天子、诸侯载柩三束，大夫、士二束。《丧大记》曰：“君纁披六，大夫披四，前纁后玄；士二披，用纁。”人君礼文，欲其数多，围数两旁言六耳，其实旁三。**凡士之有守者，令哭无去守。**守官不可空也。**国有故，则致士而颁其守。**故，非丧则兵灾。[1]**凡邦国，三岁则稽士任，而进退其爵禄。**任其所掌治。

诸子，掌国子之倅，掌其戒令与其教治，辨其等，正其位。故书倅为卒，郑司农云：“卒，读如[2]‘物有副倅’之倅。国子，谓诸侯卿大夫士之子也。《燕义》曰：‘古者周天子之官，有庶子官。’与《周官·诸子职》同文。”玄谓四民之业而士者亦世焉。国子者，是公、卿、大夫、士之副贰。戒令，致于大子之事。教治，修德学道也。位，朝位。**国有大事，则帅国子而致于大子，唯所用之。若有兵甲之事，则授之车甲，合其卒伍，置其有司，以军法治之。司马弗正。**军法，百人为卒，五人为伍。弗，不也。国子属大子，司马虽有军事，不赋之。**凡国正弗及。大祭祀，正六牲之体。**正，谓杝载之。**凡乐事，正舞位，授舞器。**位，佾

---

❶ “故非丧则兵灾”，阮校云诸本同。释曰“知非丧者，以上文已言大丧，明此是兵灾，非丧也”。据疏语，此注只当云“故谓兵灾”，“非丧”之言，乃贾氏阐发郑义语，不当窜入注中也。若如此注，则丧与兵灾二者并举，贾疏不得舍丧专言兵灾矣。

❷ “读如”，阮校云《汉读考》作“读为”，云今本作“读如”，非。

处。**大丧，正群子之服位。会同、宾客，作群子从。**从于王[1]。**凡国之政事，国子存游倅，使之修德学道，春合诸学，秋合诸射，以考其艺而进退之。**游倅，倅之未仕者。学，大学也。射，射宫也。《王制》曰："春秋教以《礼》《乐》，冬夏教以《诗》《书》，王大子、王子、群后之大子、卿大夫元士之適子、国之俊选，皆造焉。"

司右，掌群右之政令。群右，戎右、齐右、道右。**凡军旅、会同，合其车之卒伍，而比其乘，属其右。**合、比、属，谓次第相安习也。车亦有卒伍。**凡国之勇力之士能用五兵者属焉，掌其政令。**勇力之士属焉者，选右当于中。《司马法》曰："弓矢围[2]，殳矛守，戈戟助。凡五兵，长以卫短，短以救长。"

虎贲氏，掌先后王而趋以卒伍。王出，将虎贲士居前后，虽群行亦有局分。**军旅、会同亦如之。舍则守王闲。**舍，王出所止宿处。闲，梐枑。**王在国，则守王宫。**为周卫。**国有大故，则守王门。大丧，亦如之。**非常之难，要在门。**及葬，从遣车而哭。**遣车，王之魂魄所冯依。**适四方使，则从士大夫。**虎士从使者。**若道路不通有征事，则奉书以使于四方。**不通，逢兵寇若泥水。奉书，征师役也。

---

❶ "从于王"，阮校云浦镗云《大司马职》疏引作"从从王"，此疏亦云"使国子从王也"，此作"从于王"，误。"从"字逗，"从王"为句。孙诒让云《司士》作"士从"，注亦云"可使从于王"，则今本不误，浦说非。

❷ "围"，阮校云《九经古义》云"围"当"圉"字之误，古"圉""御"通用，《管子》《墨子》书皆然，今《司马法》作"御"是也。卢文弨云《说苑·贵德》篇"寇暴以仁围"，"围"亦当作"圉"。

《春秋》隐七年冬，戎伐凡伯于楚丘以归。

旅贲氏，掌执戈盾夹王车而趋，左八人，右八人。车止，则持轮。夹王车者，其下士也。下士十有六人，中士为之帅焉。**凡祭祀、会同、宾客，则服而趋。**服而趋，夹王车趋也。会同、宾客，王亦齐服，服衮冕，则此士之齐服[1]，服玄端。**丧纪，则衰葛执戈盾。**葛，葛绖。武士尚轻。**军旅，则介而趋。**介，被甲。

节服氏，掌祭祀、朝觐、衮冕，六人维王之大常。服衮冕者，从王服也。维，维之以缕。王旌十二旒，两两以缕缀连，旁三人持之。礼，天子旌曳地。郑司农云："维，持之。"**诸侯则四人，其服亦如之。郊祀裘冕，二人执戈，送逆尸从车。**裘冕者，亦从尸服也。裘，大裘也。凡尸，服卒者之上服。从车，从尸车送逆之往来。《春秋传》曰："晋祀夏郊，董伯为尸。"

方相氏，掌蒙熊皮，黄金四目，玄衣朱裳，执戈扬盾，帅百隶而时难，以索室驱疫。蒙，冒也。冒熊皮者，以惊驱疫疠之鬼，如今魌头也。时难，四时作方相氏以难却凶恶也。《月令》："季冬，命国难。"索，廋也。**大丧，先匶，**葬使之道。**及墓，入圹，以戈击四隅，驱方良。**圹，穿地中也。方良，罔[2]两也。天子之椁柏，黄肠为里，而表以石焉。《国语》曰："木石之怪夔罔两。"

大仆，掌正王之服位，出入王之大命。服，王举动所

---

❶ "服"，底本原残，据阮本补。

❷ "罔"，原作"冈"，据阮本改，下同。

当衣也。位，立处也。出大命，王之教也。入大命，群臣所奏行。**掌诸侯之复逆。**郑司农云：“复，谓奏事也。逆，谓受下奏。”**王视朝，则前正位而退，入亦如之。**前正位而退，道王，王既立，退居路门左，待朝毕。**建路鼓于大寝之门外，而掌其政。**大寝，路寝也。其门外，则内朝之中，如今宫殿端门下矣。政，鼓节与早晏。**以待达穷者与遽令，闻鼓声，则速逆御仆与御庶子。**郑司农云：“穷，谓穷冤失职，则来击此鼓，以达于王，若今时上变事击鼓矣。遽，传也。若今时驿马军书当急闻者，亦击此鼓，令闻此鼓声，则速逆御仆与御庶子也。大仆主令此二官，使速逆穷遽者。”玄谓达穷者，谓司寇之属[1]朝士，掌以肺石达穷民，听其辞以告于王。遽令，邮驿上下程品。御仆、庶子，[2]直事鼓所者。大仆闻鼓声，则速逆此二官，当受其事以闻。**祭祀、宾客、丧纪，正王之服位，诏法仪，赞王牲事。**诏，告也。牲事，杀割匕载之属。**王出入，则自左驭而前[3]驱。**前驱，如今道引也。道而居左自驭，不参乘，辟王也。亦有车右焉。**凡军旅、田役，赞王鼓。**王通鼓，佐击其余面。**救日月，亦如之。**日月食时。《春秋传》曰：“非日月之眚不鼓。”**大丧，始崩，戒鼓，传达于四方，窆亦如之。**戒鼓，击鼓以警众也。故书戒为骇。郑司农云：“窆，谓葬下棺也。《春

---

❶“属”，底本漫漶，据阮本补。
❷“御仆庶子”，八行本、岳本、阮本作“御仆，御庶子”。
❸“前”，底本漫漶，据阮本补。

秋传》所谓'日中而傰[1]'，《礼记》谓之封，皆葬下棺也。音相似。窆，读如'庆封泛祭'之泛。" **县丧首服之法于宫门**。首服之法，谓免髽笄总广狭长短之数。县其书于宫门，示四方。**掌三公孤卿之吊劳**。王使往。**王燕饮，则相其法**。相，左右。**王射，则赞弓矢**。赞，谓授之，受之。**王视燕朝，则正位，掌摈相**。燕朝，朝于路寝之庭。王图宗人之嘉事，则燕朝。**王不视朝，则辞于三公及孤卿**。辞，谓以王不视朝之意告之。《春秋传》曰："公有疾，不视朔[2]。"

小臣，掌王之小命，诏相王之小法仪。小命，时事所敕问也。小法仪，趋行拱揖之容。**掌三公及孤卿之复逆，正王之燕服位**。谓燕居时也。《玉藻》曰："王卒食，玄端而居。" **王之燕出入，则前驱**。燕出入，若今游于诸观苑。**大祭祀、朝觐，沃王盥。小祭祀、宾客、飨食、宾射掌事，如大仆之法**。宾射，与诸侯来朝者射。**掌士大夫之吊劳[3]。凡大事，佐大仆**。

祭仆，掌受命于王以视祭祀，而警戒祭祀有司，纠百官之戒具。谓王有故不亲祭也。祭祀有司，有事于祭祀者。纠，谓校录所当共之牲物。**既祭，帅群有司而反命，以王**

---

[1] "傰"，底本偏旁漫漶不清，阮本作"堋"，阮校云岳本及叶钞《释文》"堋"作"傰"，此本疏引《春秋传》亦作"日中而傰"，闽本、监本、毛本改作"堋"。《说文》有"倗""堋"字，无"傰""堋"字，二字从山者，误字也。《说文》"堋"下亦引《左传》"朝而堋"。《释文》作"倗"者，古字假借，自是郑注古本如此。

[2] "朔"，原作"朝"，据阮本改。

[3] "掌士大夫之吊劳"，阮校云浦镗云《天官・世妇》疏引此注云"致礼同名为吊"，此脱。

命劳之，诛其不敬者。大丧，复于小庙。小庙，高祖以下也。始祖曰大庙。《春秋》僖八年“秋七月，禘于大庙”。**凡祭祀，王之所不与，则赐之禽，都家亦如之。**郑司农云：“王之所不与，谓非郊庙尊祭祀，则王不与也。则赐之禽，公卿自祭其先祖，则赐之禽也。”玄谓王所不与，同姓有先王之庙。**凡祭祀致福者，展而受之。**臣有祭事，必致祭肉于君，所谓归胙也。展，谓录视其牲体数。体数者，大牢则以牛左肩臂臑折九个，少牢则以羊左肩七个，特牲则以豕左肩五个。

御仆，掌群吏之逆及庶民之复，与其吊劳。群吏，府史以下。**大祭祀，相盥而登。**相盥者，谓奉槃授巾与？登，谓为王登牲体于俎。《特牲馈食礼》：“主人降盥出，举入乃匕载。”**大丧，持翣。**翣，棺饰也。持之者，夹蜃车。**掌王之燕令，**燕居时之令。**以序守路鼓。**序，更。

隶仆，掌五寝之扫除粪洒之事。五寝，五庙之寝也。周天子七庙，唯祧无寝。《诗》云“寝庙绎绎”，相连貌也。前曰庙，后曰寝。泛扫曰扫，扫席前曰拚[1]。洒，灑也。郑司农云：“洒，当为灑。”玄谓《论语》曰：“子夏之门人，当洒扫应对。”**祭祀，修寝。**于庙祭寝，或有事焉。《月令》凡新物，先荐寝庙。**王行，洗乘石。**郑司农云：“乘石，王所登上车之石也。《诗》云：‘有扁[2]斯石，履之卑兮。’谓上车所登之石。”**掌跸宫中[3]之事。**宫中有事则跸。郑司农

❶“拚”，阮校云叶钞《释文》“拚，本又作‘坋’”。“坋”为“坌”之假借字，《说文》“坌，扫除也”，俗作“拚”，非。拚训抚手。

❷“扁”，八行本作“偏”。

❸“宫中”，阮校云《汉制考》作“宫门”。

云："趩，谓止行者，清道，若今时儆趩。"**大丧，复于小寝、大寝。**小寝，高祖以下庙之寝也。始祖曰大寝。

弁师，掌王之五冕，皆玄冕，朱里，延，纽。冕服有六，而言五冕者，大裘之冕盖无旒，不联数也。延，冕之覆，在上，[1]是以名焉。纽，小鼻在武上，笄所贯也。今时冠卷当簪者，广袤以冠縰，其旧象与？**五采缫十有二就，皆五采玉十有二，玉笄，朱纮。**缫，杂文之名也。合五采丝为之绳，垂于延之前后，各十二，所谓邃延也。就，成也。绳之每一匝而贯五采玉，十二斿则十二玉也。每就间盖一寸。朱纮，以朱组为纮也。纮一条，属两端于武。缫不言皆，有不皆者。此为衮衣之冕十二斿，则用玉二百八十八。鷩衣之冕缫九斿，用玉二百一十六。毳衣之冕七斿，用玉百六十八。希衣之冕五斿，用玉百二十。玄衣之冕三斿，用玉七十二。**诸侯之缫斿九就[2]，瑉玉三采，其余如王之事。缫斿皆就，玉瑱，玉笄。**侯，当为公，字之误也。三采，朱、白、苍也。其余，谓延纽皆玄覆朱里，与王同也。出此则异。缫斿皆就，皆三采也。每缫九成，则九旒也。[3]公之冕用玉百六十二。玉瑱塞耳者，故书瑉作璑。郑司农云："缫，当为藻，缫，古字也，

---

[1] "延冕之覆在上"，阮校云段玉裁云皇侃本作"冕延之覆在上"。孙诒让云段据《玉藻》疏。

[2] "诸侯之缫斿九就"，阮校云诸本同，唐石经原刻作"诸侯之缫九就"，后刮磨重刻，"缫"下增"斿"。贾疏引经云"诸公之缫九就"，无"斿"字，与《石经》原刻合，此犹上言王缫十有二就，"缫"下不当有"斿"也。

[3] "每缫九成则九旒也"，阮校云《汉读考》云此当云"每缫九成则九斿，斿九玉也"，今本似脱误。

藻，今字也，同物同音。璑，恶玉名。”**王之皮弁，会五采玉璂，象邸，玉笄。**故书会作䯤。郑司农云：“读如‘马会’之会，谓以五采束发也。《士丧礼》曰：‘桧用组，乃笄。’桧，读与䯤同，书之异耳。说曰：‘以组束发乃著笄，谓之桧。’沛国人谓反紒为䯤。璂，读如‘綦车毂’之綦。”玄谓会读如“大会”之会。会，缝中也。璂，读如[1]“薄借綦”之綦。綦，结也。皮弁之缝中，每贯结五采玉十二以为饰，谓之綦。《诗》云“会弁如星”，又曰“其弁伊綦”是也。邸，下柢也，以象骨为之。**王之弁绖，弁而加环绖。**弁绖，王吊所服也。其弁如爵弁而素，所谓素冠也。而加环绖，环绖者，大如缌之麻绖[2]，缠而不纠。《司服职》曰：“凡吊事，弁绖服。”**诸侯及孤、卿、大夫之冕、韦弁、皮弁、弁绖，各以其等为之，而掌其禁令。**各以其等，缫斿玉璂如其命数也。冕则侯伯缫七就，用玉九十八；子男缫五就，用玉五十，缫玉皆三采。孤缫四就，用玉三十二；三命之卿缫三就，用玉十八；再命之大夫藻再就，用玉八，藻玉皆朱绿。韦弁、皮弁则侯伯璂饰七，子男璂饰五，玉亦三采。孤则璂饰四，三命之卿璂饰三，再命之大夫璂饰二，玉亦二采。弁绖之弁，其辟积如冕缫之就然。庶人吊者素委貌。一命之大夫冕而无斿，士变冕为爵弁。其韦弁皮弁之会无结饰，弁绖之弁不辟积。禁令者，不得相僭逾也。《玉藻》曰：“君未有命，不敢

---

[1] “读如”，阮校云贾疏亦作“读如”，《汉读考》作“读为”。

[2] “缌之麻绖”，阮校云当乙作“缌麻之绖”，故疏无“麻”字。孙诒让云“缌之麻绖”于文可通，不必乙，《杂记》正义引亦同。

即乘服。”不言冠弁，冠弁兼于韦弁、皮弁矣。不言服弁，服弁自天子以下，无饰无等。

司甲阙。

司兵，掌五兵、五盾，各辨其物与其等，以待军事。五盾，干橹之属，其名未尽闻也。等，谓功沽上下。郑司农云：“五兵者，戈、殳、戟、酋矛、夷矛。”**及授兵，从司马之法以颁之。及其受兵输，亦如之；及其用兵，亦如之。**从司马之法，令师、旅、卒、两人数所用多少也。兵输，谓师还有司还兵也。用兵，谓出给卫守。**祭祀，授舞者兵。**授以朱干玉戚之属。**大丧，廞五兵。**故书廞为淫。郑司农云：“淫，陈也。淫，读为廞。”玄谓廞，兴也，兴作明器之役器五兵也。《士丧礼下篇》有甲胄干笮。**军事，建车之五兵。会同亦如之。**车之五兵，郑司农所云者是也。步卒之五兵，则无夷矛，而有弓矢。

司戈盾，掌戈盾之物而颁之。分与受用。**祭祀，授旅贲殳、故士[1]戈盾，授舞者兵亦如之。**亦颁之也。故士，王族故士也，与旅贲当事则卫王也。殳如杖，长寻有四尺。**军旅、会同，授贰车戈盾，建乘车之戈盾，授旅贲及虎士戈盾。**乘车，王所乘车也。军旅则革路，会同则金路。**及舍，设藩盾，行则敛之。**舍，止也。藩盾，盾可以藩卫者，如今之扶苏与？

司弓矢，掌六弓、四弩、八矢之法，辨其名物，而掌其守藏与其出入。法，曲直长短之数。**中春献弓弩，中**

[1] “故士”，俞樾云疑当为“虎士”。

秋献矢箙。弓弩成于和，矢箙成于坚。箙，盛矢器也，以兽皮为之。**及其颁之，王弓、弧弓以授射甲革、椹**[1]**质者，夹弓、庾弓**[2]**以授射豻侯、鸟兽者，唐弓、大**[3]**弓，以授学射者、使者、劳者。**王、弧、夹、庾、唐、大六者，弓异体之名也。往体寡，来体多，曰王、弧。往体多，来体寡，曰夹、庾。往体来体若一，曰唐、大。甲[4]革，革甲也。《春秋传》曰："蹲甲而射之。"质，正也。树椹以为射正。射甲与椹，试弓习武也。豻侯五十[5]步，及射鸟兽，皆近射也。近射用弱弓，则射大侯者用王、弧，射参侯者用唐、大矣。学射者弓用[6]中，后习强弱则易也。使者、劳者弓亦用中，远近可也。劳者，勤劳王事，若[7]晋文侯、文公受王弓矢之赐者。故书椹为鞎，郑司农云："椹字或为鞎，非是也。《圉师职》曰：'射则充椹质。'又此《司弓矢职》曰：'泽共射椹质之弓矢。'言射椹质自有弓，谓王、弧弓也。以此观之，言鞎质者非。"**其矢箙皆从其弓。**从弓数也。每弓者一箙百矢。**凡弩，夹、庾利攻守，唐、大利车战、野战。**攻城垒者与

---

[1] "椹"，阮校云《说文》引此作"以射甲革甚质"，"甚"盖古"椹"字。

[2] "夹弓庾弓"，阮校云《释文》"庾弓，师儒相传读庾"当本作"庚弓，师儒相传读庾"，故下云"本亦作'庾'"。于鬯云"庾"当为"庚"之误。

[3] "大"，底本漫漶，据阮本补。

[4] "甲"，底本漫漶，据阮本补。

[5] "十"，底本漫漶，据阮本补。

[6] "用"，底本漫漶，据阮本补。

[7] "若"，底本漫漶，据阮本补。

其自守者相[1]迫近，弱弩发疾也。车战、野战，进退非强则不及。弩无王、弧，王、弧恒服弦，往体少者，使矢不疾。**凡矢，枉矢、絜矢利火射，用诸守城、车战，杀矢、鍭矢用诸近射、田猎，矰矢、茀矢用诸弋射，恒矢、庳矢用诸散射。**此八矢者，弓弩各有四焉。枉矢、杀矢、矰矢、恒矢，弓所用也；絜矢、鍭矢、茀矢、庳矢，弩所用也。枉矢者，取名变星，飞行有光，今之飞矛是也，或谓之兵矢。絜矢象焉。二者皆可结火以射敌、守城、车战。前于重后微轻[2]，行疾也。杀矢，言中则死。鍭矢象焉，鍭之言候也。二者皆可以司候射敌之近者及禽兽，前尤重，中深，而不可远也。结缴于矢谓之矰。矰，高也。茀矢象焉，茀之言刜也。二者皆可以弋飞鸟，刜罗之也。前于重，又微轻，行不低也。《诗》云：“弋凫与雁。”恒矢，安居之矢也。庳矢象焉。二者皆可以散射也，谓礼射及习射也。前后订，其行平也。凡矢之制，枉矢之属五分，二在前，三在后；杀矢之属参分，一在前，二在后；矰矢之属七分，三在前，四在后，恒矢之属轩輖中，所谓志也。郑司农云：“庳矢，读为‘人罢短’之罢。”玄谓庳读如“痺病”之痺[3]，痺之言伦比。**天子之弓合九而成规，诸侯合七而成规，大夫合五而成规，士合三而成规，句者谓**

❶ “相”，底本漫漶，据阮本补。

❷ “前于重后微轻”，阮校云程瑶田《通艺录》作“前于后重微轻”，谓其前于后杀鍭二矢之尤重者微轻也，转写讹互作“重后”。

❸ “玄谓庳读如痺病之痺”，阮校云《汉读考》“读如”作“读为”，“痺病之痺”作“痹病之痹”，下“痺”字同，《说文》有“痹”无“痺”。

之弊弓。体往来之衰也。往体寡来体多则合多，往体多来体寡则合少而圜。弊，犹恶也。句者恶则直者善矣。**凡祭祀，共射牲之弓矢。**射牲，示亲杀也。杀牲，非尊者所亲，唯射为可。《国语》曰："禘郊之事，天子必自射其牲。"**泽，共射椹质之弓矢。**郑司农云："泽，泽宫也，所以习射选士之处也。"《射义》曰："天子将祭，必先习射于泽。泽者，所以择士也。已射于泽，而后射于射宫，射中者得与于祭。"**大射、燕射，共弓矢如数并夹。**如数，如当射者之数也。每人一弓乘矢。并夹，矢箙也。**大丧，共明弓矢。**弓矢，明器之用器也。《士丧礼下篇》曰："用器弓矢。"**凡师役、会同，颁弓弩各以其物，从授兵甲之仪。**物，弓弩矢箙之属。**田弋，充笼箙矢，共矰矢。**笼，竹箙也。矰矢不在箙者，为其相绕乱，将用乃共之。**凡亡矢者，弗用则更。**更，偿也。用而弃之则不偿。

缮人，掌王之用弓弩、矢箙、矰弋、抉拾。郑司农云："抉者，所以纵弦也。拾者，所以引弦也。"《诗》云："抉拾既次。"《诗》家说或谓抉，谓引弦彄也，拾，谓韝捍也。玄谓抉，挟矢时所以持弦饰也，著右手巨指。《士丧礼》曰："抉，用正王棘若择[1]棘。"则天子用象骨与？韝捍著左臂里，以韦为之。**掌诏王射，**告王当射之节。**赞王弓矢之事，**授之，受之。**凡乘车，充其笼箙，载其弓弩，**充笼箙者以矢。**既射，则敛之，**敛，藏之也。《诗》云："彤弓弨

---

[1] "择"，阮本作"檡"，阮校云闽本、监本、毛本作"择"，《释文》出"若檡"二字。

分，受言藏之。”**无会计**。亡败多少不计。

槁人，掌受财于职金，以赍其工。赍其工者，给市财用之直。**弓六物为三等，弩四物亦如之**。三等者，上中下人各有所宜。《弓人职》曰：“弓长六尺六寸，谓之上制，上士服之；弓长六尺三寸，谓之中制，中士服之；弓长六尺，谓之下制，下士服之。”弩及矢箙长短之制未闻。**矢八物皆三等，箙亦如之。春献素，秋献成**。矢箙，春作秋成。**书其等以飨工**。郑司农云：“书工功拙高下之等，以制其飨食也。”玄谓飨，酒肴劳之也。上工作上等，其飨厚；下工作下等，其飨薄。**乘其事，试其弓弩，以下上其食而诛赏**。郑司农云：“乘，计也，计其事之成功也。故书试为考。”玄谓考之而善，则上其食，尤善又赏之，否者反此。**乃入功于司弓矢及缮人**。功，成。**凡赍财与其出入，皆在槁人，以待会而考之，亡者阙之**。皆在槁人者，所赍工之财及弓弩矢箙，出入其簿书，槁人藏之。阙，犹除也。弓弩矢箙弃亡者除之，计今见在者。

戎右，掌戎车之兵革使。使，谓王使以兵，有所诛斩也。《春秋传》曰：“战于殽，晋梁弘御戎，莱驹为右。战之明日，襄公缚秦囚，使莱驹以戈斩之。”**诏赞王鼓**。既告王当鼓之节，又助击之。**传王命于陈中**。为王大言之也。**会同，充革车**。会同王虽乘金路，犹以革路从行也。充之者，谓居左也。《曲礼》曰：“乘君之乘车，不敢旷左。”**盟，则以玉敦辟盟，遂役之**。郑司农云：“敦，器名也。辟，法也。”玄谓将歃血者，先执其器，为众陈其载辞，使心皆开辟也。役之者，传敦血，授当歃者。**赞牛耳桃茢**。郑司农云：

“赞牛耳，《春秋传》所谓执牛耳者，故书茢为灭，杜子春云‘灭，当为厉’。”玄谓尸盟者割牛耳取血，助为之，及血在敦中，以桃茢拂之，又助之也。耳者，盛以珠盘，尸盟者执之，桃鬼所畏也。茢，苕帚，所以扫不祥。

齐右，掌祭祀、会同、宾客前齐车，王乘则持马，行则陪乘。齐车，金路，王自整齐之车也。前之者，已驾王未成[1]之时。陪乘，参乘，谓车右也。齐右与齐仆同车，而有祭祀之事，则兼玉路之右，然则戎右兼田右与？**凡有牲事，则前马。**王见牲则拱而式，居马前却行，备惊奔也。《曲礼》曰：“国君下宗庙，式齐牛。”

道右，掌前道车。王出入则持马陪乘，如齐车之仪。道车，象路也。王行道德之车[2]。**自车上谕命于从车，**自，由。**诏王之车仪。**顾式之属。**王式则下，前马；王下，则以盖从。**以盖从，表尊。

大驭，掌驭玉路以祀。及犯軷[3]，王自左驭，驭下祝，登，受辔，犯軷，遂驱之。行山曰軷。犯之者，封土为山象，以菩刍棘柏为神主，既祭之，以车轹之而去，喻无险难也。《春秋传》曰“跋涉山川”。自，由也。王由左驭，禁制

---

[1] “成”，八行本、岳本、阮本作“乘”。

[2] “王行道德之车”，阮校云疏云“言象据饰为名，言道据行道为称”，然则此“德”字误衍也。孙诒让云前《齐车》注云“王自整齐之车”，此云“王行道德之车”，文例正同，疏略“德”字耳，阮说非。

[3] “犯軷”，阮校云《汉读考》云《说文》“軷，出将有事于道，必先告其神，立坛四通，树茅以依神为軷。既祭軷，轹于牲而行为范軷。从车犮声”，“范，范軷也，从车笵省声，读与犯同”。许君所见《周礼》作“范”，盖故书也。“范”为正字，则“犯”为假借字，与今义迥异。

马，使不行也。故书軷作罚，杜子春云：“罚，当为軷。軷，读为‘别异’之别，[1]谓祖道、轹軷、磔犬也。《诗》云：‘载谋载惟，取萧祭脂，取羝以軷。’《诗》家说曰：‘将出祖道，犯軷之祭也。’《聘礼》曰：‘乃舍軷，饮酒于其侧。’《礼》家说亦谓道祭。”**及祭，酌仆，仆左执辔，右祭两轵，祭轨，乃饮。**故书轵为軒，轨为范[2]。杜子春云：“文当如此。‘左’不当重，重非是。”书亦或如子春言。又云：“軒，当作轵，轵，谓两轊也。其或言軷，亦非是。”又云：“轨，当为軓，[3]軓，谓车轼前也[4]，或读軒为‘簪笄’之笄。”**凡驭路，行以《肆夏》，趋以《采荠》。**凡驭路，谓五路也。《肆夏》《采荠》，乐章也。行，谓大寝至路门。趋，谓路门至应门。**凡驭路仪，以鸾和为节。**舒疾之法也。鸾在衡，和在轼，皆以金为铃。

戎仆，掌驭戎车。戎车，革路也。师出，王乘以自将。**掌王倅车之政，正其服。**倅，副也。服，谓众乘戎车者之衣服。**犯軷，如玉路之仪。凡巡守及兵车之会，亦如之。**如在军。**掌凡戎车之仪。**凡戎车，众之兵车也。《书序》曰：“武王戎车三百两。”

---

❶“軷读为别异之别”，阮校云《汉读考》“读为”作“读如”，云此字既定作“軷”，不当又易为“别”，故下文称《诗》《礼》作“軷”证之。阮校云“读如别”者，拟軷之音耳，非易其字。

❷“轨为范”，阮校云《汉读考》云当作“轨为軓”。

❸“轨当为軓”，阮校云闽本作“轨当为范”，《汉读考》云当作“軓当为轨”。

❹“軓谓车轼前也”，阮校云《汉读考》云“軓”当作“轵”，“軓”非“车轼前也”，详《考工记》。

齐仆，掌驭金路以宾。以待宾客。**朝觐、宗遇、飨食，皆乘金路，其法仪各以其等为车送逆之节。**节，谓王乘车迎宾客及送相去远近之数。上公九十步，侯伯七十步，子男五十步。《司仪职》曰“车逆[1]拜辱”，又曰“及出车送”。

道仆，掌驭象路以朝夕、燕出入，其法仪如齐车。朝夕，朝朝莫夕。[2]**掌贰车之政令。**贰亦副。

田仆，掌驭田路，以田以鄙。田路，木路也。田，田猎也。鄙，循行县鄙。**掌佐车之政。**佐亦副。**设驱逆之车，**驱，驱禽使前趋获。逆，衙还之使不出围。**令获者植旌，**以告获也。植，树也。**及献，比禽。**田弊，获者各献其禽。比，种物相从次数之。**凡田，王提马而走，诸侯晋，大夫驰。**提，犹举也。晋，犹抑也。使人扣而举之、抑之，皆止奔也。驰，放不扣。

驭夫，掌驭贰车、从车、使车。贰车，象路之副也。从车，戎路、田路之副也。使车，驱逆之车。**分公马而驾治之。**乘调六种之马。

校人，掌王马之政。政，谓差择养乘之数也。《月令》曰：“班马政。”**辨六马之属，种马一物，戎马一物，齐马一物，道马一物，田马一物，驽马一物。**种，谓上善似母者。以次差之，玉路驾种马，戎路驾戎马，金路驾齐马，象路驾道马，田路驾田马，驽马给宫中之役。**凡颁良马而**

---

[1] “逆”，孙诒让引冯登府云蜀石经作“迎”。

[2] “朝夕朝朝莫夕”，孙诒让云冯登府引蜀石经“朝”字不重。

养乘之。乘马一师四圉；三乘为皂，皂一趣马；三皂为系❶**，系一驭夫；六系为厩，厩一仆夫；六厩成校，校有左右。驽马三良马之数，丽马一圉，八丽一师，八师一趣马，八趣马一驭夫。**良，善也。善马，五路之马。郑司农云："四匹为乘。养马为圉，故《春秋传》曰'马有圉，牛有牧'。"玄谓二耦为乘。师、趣马、驭夫、仆夫，帅之名也。趣马下士，御夫中士，则仆夫上士也。自乘至厩，其数二百一十六匹。《易》"乾为马"，此应乾之策也。至校变为言成者，明六马各一厩，而王马小备也。校有左右，则良马一种者，四百三十二匹，五种合二千一百六十匹。驽马三之，则为千二百九十六匹。五良一驽，凡三千四百五十六匹，然后王马大备。《诗》云"騋牝三千"，此谓王马之大数与？丽，耦也。驽马自圉至驭夫，凡马千二十四匹，与三良马之数不相应，八，皆宜为六，字之误也。师十二匹，趣马七十二匹，则驭夫四百三十二匹矣，然后而三之。既三之，无仆夫者，不驾于五路，卑之也。**天子十有二闲，马六种；邦国六闲，马四种；家四闲，马二种。**降杀之差，每厩为一闲。诸侯有齐马、道马、田马，大夫有田马，各一闲，其驽马则皆分为三焉。**凡马，特居四之一。**欲其乘之性相似也。物同气则心一。郑司农云："四之一者，三牝一牡。"**春祭马祖，执驹。**马祖，天驷也。《孝经说》曰："房为龙马。"郑司农

❶ "系"，阮校云《释文》作"为毄"，云"音计，本又作'系'"。古文假借字。《司门职》亦云"牛牲毄焉"，《周易·毄辞》，古不作"系"。

云："执驹无令近母，犹攻驹也。二岁曰驹，三岁曰駣。"玄谓执，犹拘也。春通淫之时，驹弱，血气未定，为其乘匹伤之。**夏祭先牧，颁马，攻特。**先牧，始养马者，其人未闻。夏通淫之后，攻其特，为其蹄啮，不可乘用。郑司农云："攻特，谓騬之。"**秋祭马社，臧仆。**马社，始乘马者。《世本》作曰："相土[1]作乘马。"郑司农云："臧仆，谓简练驭者，令皆善也。"玄谓仆，驭五路之仆。**冬祭马步，献马，讲驭夫。**马步，神为灾害马者。献马，见成马于王也。驭夫，驭贰车、从车、使车者。讲，犹简习。**凡大祭祀、朝觐、会同，毛马而颁之。**毛马，齐其色也。颁，授当乘之。**饰币马，执扑而从之。**郑司农云："校人主饰之也。币马，以马遗人，当币处者也。《聘礼》曰：'马则北面，奠币于其前。'《士丧礼下篇》曰：'荐马，缨三就，入门北面，交辔，圉人夹牵之，驭者执策立于马后。'"**凡宾客，受其币马。**宾客之币马，来朝聘而享王者。**大丧，饰遣车之马；及葬，埋[2]之。**言埋之，则是马涂车之刍灵。**田猎，则帅驱逆之车。**帅，犹将也。**凡将事于四海、山川，则饰黄驹。**四海，犹四方也。王巡守，过大山川，则有杀驹以祈沈礼与？《玉人职》有宗祝以黄金勺前马之礼。**凡国之使者，共其币马。**使者所用私觌。**凡军事，物马而颁之。**物马，齐其力。**等驭夫之禄，**驭夫，于趣马、仆夫为中，举中见上下。**宫中**

---

❶ "相土"，阮校云余本、嘉靖本、毛本作"相士"，叶钞《释文》同。"士""土"孰是，今不能定。

❷ "埋"，阮校云经当作"狸"，注当作"埋"，此类皆援注所改。

之稍食。师圉府史以下也。郑司农云："稍食曰禀[1]。"

趣马，掌赞正良马，而齐其饮食，简其六节。赞，佐也。佐正者，谓校人臧仆讲驭夫之时。简，差也。节，犹量也。差择王马以为六等。**掌驾说之颁**，用马之第次。**辨四时之居治，以听驭夫**。居，谓牧庌所处。治，谓执驹攻特之属。

巫马，掌养疾马而乘治之，相医而药攻马疾，受财于校人。乘，谓驱步以发其疾，知所疾处乃治之。相，助也。**马死，则使其贾粥之，入其布于校人**。布，泉也。郑司农云："贾，谓其属官小吏贾二人。粥，卖也。"

牧师，掌牧地，皆有厉禁而颁之。颁马，授圉者所牧处。**孟春，焚牧**；焚牧地，以除陈，生新草。**中春，通淫**，中春，阴阳交、万物生之时，可以合马之牝牡也。《月令》季春"乃合累牛腾马，游牝于牧"，秦时书也。秦地寒凉，万物后动。**掌其政令。凡田事，赞焚莱**。焚莱者，山泽之虞。

廋人，掌十有二闲之政教，以阜马、佚特、教駣、攻驹，及祭马祖、祭闲之先牧，及执驹、散马耳、圉马。九者皆有政教焉。阜，盛壮也。《诗》云"四牡孔阜"。杜子春云："佚，当为逸。"郑司农云："马三岁曰駣，二岁曰驹。散，读为'中散大夫'之散，谓聒[2]马耳，毋令善惊也。"玄

---

[1] "稍食曰禀"，阮校云《汉读考》作"稍食禄禀"，云"曰"字讹。

[2] "聒"，阮校云《汉读考》云当为"栝"，自陆德明时已误。聒之适以惊之，云"毋令"，非理也。疏云"后郑增成其义"，盖贾本不误。此因注云"括马耳"，遂改"括"从耳旁也。今《释文》"聒马"与"括押"异文，当亦后人误改。阮按玉裁非也。聒之所以习之，令其不惊，凡豢禽兽，自有此法。

谓逸者，用之不使甚劳，安其血气也。教駣，始乘习之也。攻驹，騬其蹄啮者。闲之先牧，先牧制闲者。散马耳，以竹括押其耳，头动摇则括中物，后遂串习，不复惊。**正校人员选。**校人，谓师圉也。正员选者，选择可备员者平之。**马八尺以上为龙，七尺以上为騋，六尺以上为马。**大小异名。《尔雅》曰："騋，牝骊牡玄[1]，驹褭骖。"郑司农说以《月令》曰"驾苍龙"。

圉师，掌教圉人养马，春除蓐、衅厩、始牧，夏庌马，冬献马。射则充[2]椹质，茨墙则翦阖。蓐，马兹也。马既出而除之。新衅焉，神之也。《春秋传》曰："凡马，日中而出，日中而入。"故字庌为讶[3]，郑司农云："当为庌。"玄谓庌，庑也。庑所以庇马凉也。充，犹居也。茨，盖也。阖，苫也。椹质、翦阖，圉人所习也。杜子春读椹为"齐人言铁椹"之椹。椹质，所射者习射处。[4]

圉人，掌养马刍牧之事，以役圉师。役者，圉师使令焉。**凡宾客、丧纪，牵马而入陈。**宾客之马，王所以赐之者。《诗》云："虽无予之，路车乘马。"丧纪之马，启后所荐马。**廞马亦如之。**廞马，遣车之马。人捧之，亦牵而

---

❶ "牝骊牡玄"，阮校云余本、闽本、监本作"牡骊牝玄"，与《释文》合。

❷ "充"，阮校云闽本、监本、毛本作"克"，疏同。

❸ "故字庌为讶"，"字"，阮校云《汉读考》云当作"书"，《说文》"庌，庑也，从广牙声"，引《周礼·夏官》"庌马"，许君从司农易字也。

❹ "椹质所射者习射处"，阮校云《汉读考》云"习射处"之上脱"茨墙"二字。

入陈。

职方氏[1]**，掌天下之图，以掌天下之地，辨其邦国、都鄙、四夷、八蛮、七闽、九貉、五戎、六狄之人民与其财用、九谷、六畜之数要，周知其利害。**天下之图，如今司空舆地图也。郑司农云："东方曰夷，南方曰蛮，西方曰戎，北方曰貉狄。"玄谓闽，蛮之别也。《国语》曰："闽，芊蛮矣。"四、八、七、九、五、六，周之所服国数也。财用，泉谷货贿也。利，金锡竹箭之属。害，神奸，铸鼎所象百物也。《尔雅》曰："九夷、八蛮、六戎、五狄，谓之四海。"**乃辨九州之国，使同贯利。**贯，事也。**东南曰扬州，其山镇曰会稽，其泽薮曰具区，其川三江，其浸五湖，其利金、锡、竹、箭，其民二男五女，其畜宜鸟兽，其谷宜稻。**镇，名山安地德者也。会稽在山阴。大泽曰薮。具区、五湖在吴南，浸，可以为陂灌溉者。锡，镴也。箭，篠[2]也。鸟兽，孔雀、鸾、䴔䴖、犀、象之属。故书箭为晋，杜子春曰[3]："晋，当为箭，书亦或为箭。"**正南曰荆州，其山镇曰衡山，其泽薮曰云瞢**[4]**，其川江、汉，其浸颍、湛，其利丹、银、齿、革，其民一男二女，其畜宜鸟兽，其谷宜稻。**衡山在湘南。云瞢在华容。颍出阳城，宜属

---

❶ "职方氏"，阮校云《困学纪闻》云汉樊毅《修西岳庙记》作"识方氏"。

❷ "篠"，阮本作"篠"，阮校云闽本、监本同误也，余本、嘉靖本、毛本作"篠"，当据正。依《说文》当作"筱"，"篠"为俗字。

❸ "曰"，阮校云浦镗云当依葛本作"云"。

❹ "云瞢"，阮校云《说文》"薮"字下言九州之薮作"云梦"。

豫州，在此非也。湛，未闻。齿，象齿也。革，犀兕革也。杜子春云："湛，读当为'人名湛'之湛，湛，或为淮[1]。"**河南曰豫州，其山镇曰华山，其泽薮曰圃田，其川荧、雒，其浸波、溠，其利林、漆、丝、枲，其民二男三女[2]，其畜宜六扰，其谷宜五种。**华山，在华阴。圃田，在中牟。荥，兖水也，出东垣[3]，入于河，泆为荥，荥在荥阳。波，读为播，《禹贡》曰"荥播既都"。《春秋传》曰"楚子除道梁溠，营军临随"，则溠宜属荆州，在此非也。林，竹木也。六扰，马、牛、羊、豕、犬、鸡。五种，黍、稷、菽、麦、稻。**正东曰青州，其山镇曰沂山，其泽薮曰望诸[4]，其川淮、泗，其浸沂、沭，其利蒲、鱼，其民二男二女，其畜宜鸡狗，其谷宜稻麦。**沂山，沂水所出也，在盖。望诸，明都也，在睢阳。沭出东莞。二男二女，数等，似误也，盖当与兖州同二男三女。郑司农云："淮，或为睢。沭，或为洙。"**河东曰兖州，其山镇曰岱山，其泽薮曰大野，其川河、泲，其浸卢、维，其利蒲、鱼，其民二男三女，其畜宜六扰，其谷宜四种。**岱山在博，大野在巨野。卢维，当为雷雍，字之误也。《禹贡》曰："雷夏既泽，雍沮会同。"雷夏

---

[1] "淮"，王引之云疑为"淫"之误。

[2] "二男三女"，俞樾云当作"三男二女"。

[3] "东垣"，阮校云《汉读考》云《地理志》《郡国志》皆无"东"字。《史记·魏世家》"城王垣"，徐广云"垣县有王屋山"，然则"东"字剩也。《说文》"沇水出河东垣东"，谓垣县之东也，今本误作"东垣"。

[4] "望诸"，《书》作"孟猪"，《说文》《尔雅》作"孟诸"，《汉志》作"盟诸"。

在城阳。四种，黍、稷、稻、麦。**正西曰雍州，其山镇曰岳山**[1]**，其泽薮曰弦蒲**[2]**，其川泾、汭，其浸渭、洛，其利玉、石，其民三男二女，其畜宜牛、马，其谷宜黍、稷。**岳，吴岳也，及弦蒲在汧。泾出泾阳，汭在豳地。《诗·大雅·公刘》曰："汭垠之即。"洛出怀德。郑司农云："弦，或为汧。蒲，或为浦。"**东北曰幽州，其山镇曰医无闾，其泽薮曰貕养，其川河、泲，其浸菑、时，其利鱼、盐，其民一男三女，其畜宜四扰，其谷宜三种。**医无闾在辽东，貕养在长广，菑出莱芜，时出般阳。四扰，马、牛、羊、豕。三种，黍、稷、稻。杜子春读貕为奚[3]。**河内曰冀州，其山镇曰霍山，其泽薮曰杨纡**[4]**，其川漳，其浸汾、潞，其利松、柏，其民五男三女，其畜宜牛、羊，其谷宜黍、稷。**霍山在彘。杨纡所在未闻。漳出长子，汾出汾阳，潞出归德。**正北曰并州，其山镇曰恒山，其泽薮曰昭余祁，其川虖池、呕夷，其浸涞、易，其利布、帛，其民二男三女，其畜宜五扰，其谷宜五种。**恒山在上曲阳，昭余祁在邬，虖池出卤城。呕夷，祁夷与？出平舒，涞出广昌，易出故安。五扰，马、牛、羊、犬、豕。五种，黍、稷、菽、麦、稻也。凡九州及山镇泽薮言曰者，以其非一，曰其大者耳。此州界，

---

❶ "其山镇曰岳山"，王引之云"岳"下"山"字衍。

❷ "弦蒲"，阮校云《汉读考》云《说文》宋本、李焘本、汲古阁未改本皆作"弦圃"。

❸ "奚"，阮校云《汉读考》云《说文》作"奚养"，从杜易字也。

❹ "其泽薮曰杨纡"，阮校云宋本《尔雅》疏引作"其泽薮曰阳纡"。闽本、阮本注中皆作"阳纡"。

扬、荆、豫、兖、雍、冀与《禹贡》略同，青州则徐州地也，幽、并则青、冀之北也，无徐、梁。**乃辨九服之邦国，方千里曰王畿，其外方五百里曰侯服，又其外方五百里曰甸服，又其外方五百里曰男服，又其外方五百里曰采服，又其外方五百里曰卫服，又其外方五百里曰蛮服，又其外方五百里曰夷服，又其外方五百里曰镇服，又其外方五百里曰藩服。**服，服事天子也。《诗》云“侯服于周”。**凡邦国千里，封公以方五百里则四公，方四百里则六侯，方三百里则七伯，方二百里则二十五子，方百里则百男，以周知天下。**以此率遍知四海九州邦国多少之数也。方千里者，为方百里者百。以方三百里之积，以九约之，得十一有奇。云七伯者，字之误也。周九州之界，方七千里，七七四十九，方千里者四十九，其一为畿内，余四十八。八州各有方千里者六。周公变殷汤之制，虽小国，地皆方百里。是每事言“则”者，设法也。设法者以待有功，而大其封。一州之中，以其千里封公，则可四；又以其千里封侯，则可六；又以其千里封伯，则可十一；又以其千里封子，则可二十五；又以其千里封男，则可百。公侯伯子男，亦不是过也。州二百一十国，以男备其数焉。其余以为附庸。四海之封，黜陟之功，亦如之。虽有大国，爵称子而已。郑司农云：“此制亦见《大司徒职》，曰：‘诸公之地方五百里，诸侯之地方四百里，诸伯之地方三百里，诸子之地方二百里，诸男之地方百里。’”**凡邦国，小大相维。**大国比小国，小国事大国，各有属，相维联也。**王设其牧，**选诸侯之贤者为牧，使牧理之。**制其职，各以其所能。**牧监参伍之属。用能，所任秩次。**制其贡，各以其所**

有。国之地物所有。**王将巡守，则戒于四方，曰："各修平乃守，考乃职事，无敢不敬戒，国有大刑。"**乃，犹女也。守，谓国竟之内。职事，所当共具。**及王之所行，先道，帅其属而巡戒令**。先道，先由王所从道，居前，行其前日所戒之令。**王殷国，亦如之**。殷，犹众也。十二岁王若不巡守，则六服尽朝，谓之殷国。其戒四方诸侯，与巡守同。

土方氏，掌土圭之法，以致日景。致日景者，夏至景尺有五寸，冬至景丈三尺，其间则日有长短。**以土地相宅，而建邦国都鄙**。土地，犹度地。知东西南北之深，而相其可居者。宅，居也。**以辨土宜土化之法，而授任地者**。土宜，谓九谷植稚所宜也。土化，地之轻重粪种所宜用也。任地者，载师之属。**王巡守，则树王舍**。为之藩罗。

怀方氏，掌来远方之民，致方贡，致远物，而送逆之，达之以节。远方之民，四夷之民也。谕德延誉以来之。远物，九州之外无贡法而至者。达民以旌节，达贡物以玺节。**治其委积、馆舍、饮食**。续食其往来。

合方氏，掌达天下之道路，津梁相凑[1]，不得陷绝。**通其财利**，茂迁其有无。**同其数器**，权衡不得有轻重。**壹其度量**，尺丈釜钟不得有大小。**除其怨恶**，怨恶，邦国相侵虐。**同其好善**。所好所善，谓风俗所高尚。

训方氏，掌道四方之政事与其上下之志，道，犹言也，为王说之。四方，诸侯也。上下，君臣也。**诵四方之传**

[1] "凑"，闽本、阮本作"奏"，阮校云阮本与《释文》正合，古字之仅存者。

道。传道，世世所传说往古之事也。为王诵之，若今论圣德尧舜之道矣。故书传为傅，杜子春云："傅，当作传，书亦或为传。"**正岁，则布而训四方，**布告以教天下，使知世所善恶。**而观新物。**四时于新物出则观之，以知民志所好恶。志淫行辟，则当以政教化正之。

形方氏，掌制邦国之地域，而正其封疆，无有华离之地。杜子春云："离，当为杂，书亦或为杂。"玄谓华读为"佤哨"之佤，正之使不佤邪离绝。**使小国事大国，大国比小国。**比，犹亲也。《易·比·象》曰："先王以建万国，亲诸侯。"

山师，掌山林之名，辨其物与其利害，而颁之于邦国，使致其珍异之物。山林之名与物，若岱畎丝枲，峄阳孤桐矣。利，其中人用者。害，毒物及螫噬之虫兽。

川师，掌川泽之名，辨其物与其利害，而颁之于邦国，使致其珍异之物。川泽之名与物，若泗滨浮磬，淮夷玭珠暨鱼，泽之萑蒲。

邍师，掌四方之地名，辨其丘陵、坟衍、邍隰之名。地名，谓东原、大陆之属。**物[1]之可以封邑者。**物之，谓相其土地可以居民立邑。

匡人，掌达法则、匡邦国而观其慝，使无敢反侧，以听王命。法则，八法八则也，邦国之官府都鄙亦用焉。慝，奸伪之恶也。反侧，犹背违法度也。《书》曰："无反无侧，王道正直。"

---

[1] "物"，王引之云当属上读，其下当有"地"字。

撢人，掌诵王志，道国之政事，以巡天下之邦国而语之，道，犹言也。以王之志与政事谕说诸侯，使不迷惑。**使万民和说而正王面。**面，犹乡也。使民之心晓而正乡王。

都司马，掌都之士庶子及其众庶、车马、兵甲之戒令。庶子，卿、大夫、士之子。车马兵甲，备军发卒。**以国法掌其政学，**政，谓赋税也。学，修德学道。**以听国司马。**[1]听者，受行其所征为也。国司马，大司马之属皆是。

家司马，亦如之。大夫家臣为司马者。《春秋传》曰"叔孙氏之司马鬷戾"。

---

❶ "以听国司马"，王引之引王念孙云《序官》疏两引此句，"听"下皆有"于"字。

卷第九

秋官司寇第五[1]

惟王建国，辨方正位，体国经野，设官分职，以为民极。乃立秋官司寇，使帅其属而掌邦禁，以佐王刑邦国。禁，所以防奸者也。刑，正人之法。《孝经说》曰："刑者，侀也，过出罪施。"刑官之属：大司寇，卿一人；小司寇，中大夫二人；士师，下大夫四人；乡士，上士八人，中士十有六人，旅下士三十有二人。士，察也，主察狱讼之事者。郑司农说以《论语》曰："柳下惠为士师。"乡士，主六乡之狱。府六人，史十有二人，胥十有二人，徒百有二十人。

遂士，中士十有二人；府六人，史十有二人，胥十有二人，徒百有二十人。遂士，主六遂之狱者。

县士，中士三十有二人；府八人，史十有六人，胥十有六人，徒百有六十人。距王城三百里至四百里曰县。县士，主县之狱者。

方士，中士十有六人；府八人，史十有六人，胥十有六人，徒百有六十人。方士，主四方都家之狱者。

讶士，中士八人；府四人，史八人，胥八人，徒八十

---

❶ "五"，原作"六"，据阮本、岳本、闽本改。

人。讶，迎也。士官之迎四方宾客。

朝士，中士六人；府三人，史六人，胥六人，徒六十人。朝士，主外朝之法。

司民，中士六人；府三人，史六人，胥三人，徒三十人。司民，主民数。

司刑，中士二人；府一人，史二人，胥二人，徒二十人。

司刺，下士二人；府一人，史二人，徒四人。刺，杀也。三讯罪定则杀之。

司约，下士二人；府一人，史二人，徒四人。约，言语之约束。

司盟，下士二人；府一人，史二人，徒四人。盟，以约辞告神，杀牲歃血，明著其信也。《曲礼》曰："莅牲曰盟。"

职金，上士二人，下士四人；府二人，史四人，胥八人，徒八十人。职，主也。

司厉，下士二人；史一人，徒十有二人。犯政为恶曰厉。厉士，主盗贼之兵器及其奴者。

犬人，下士二人；府一人，史二人，贾四人，徒十有六人。

司圜，中士六人，下士十有二人；府三人，史六人，胥十有六人，徒百有六十人。郑司农云："圜，谓圜土也。圜土，谓狱城也。今狱城圜。《司圜职》中言'凡圜土之刑人也'，以此知圜谓圜土也。又《大司寇职》曰'以圜土聚教罢民'，故《司圜职》曰'掌收教罢民'。"

掌囚，下士十有二人；府六人，史十有二人，徒百有二十人。囚，拘也。主拘系当刑杀之者。

掌戮，下士二人；史一人，徒十有二人。戮，犹辱也，既斩杀又辱之。

司隶，中士二人，下士十有二人；府五人，史十人，胥二十人，徒二百人。隶，给劳辱之役者。汉始置司隶，亦使将徒治道沟渠之役，后稍尊之，使主官府及近郡。

罪隶，百有二十人。盗贼之家为奴者。

蛮隶，百有二十人。征南夷所获。

闽隶，百有二十人。闽，南蛮之别。

夷隶，百有二十人。征东夷所获。

貉隶，百有二十人。征东北夷所获。凡隶众矣，此其选以为役员，其余谓之隶民。

布宪，中士二人，下士四人；府二人，史四人，胥四人，徒四十人。宪，表也。主表刑禁者。

禁杀戮，下士二人；史一人，徒十有二人。禁杀戮者，禁民不得相杀戮。

禁暴氏，下士六人；史三人，胥六人，徒六十人。

野庐氏，下士六人；胥十有二人，徒百有二十人。庐，宾客行道所舍。

蜡氏，下士四人；徒四十人。蜡，骨肉腐臭，蝇虫所蜡也[1]。《月令》曰"掩骼埋胔"，此官之职也。[2]蜡，读如"狙司"之狙。

雍氏，下士二人；徒八人。雍，谓堤防止水者也。

萍氏，下士二人；徒八人。郑司农云："萍，读为蛢[3]，或为'萍号起雨'之萍。"玄谓今《天问》萍号作萍。《尔雅》曰："萍，苹，[4]其大者蘋。"读如"小子言平"之平。萍氏主水禁，萍之草[5]无根而浮，取名于其不沉溺。

司寤氏，下士二人；徒八人。寤，觉也，主夜觉者[6]。

---

❶"所蜡也"，阮校引《汉读考》云《说文·虫部》"蜡，蝇胆也。《周礼》'蜡氏'掌除胔"；《肉部》"胆，蝇乳肉中也"，《通俗文》同。此注"所蜡也"当作"所胆也"，谓蝇所聚乳也。"胆"，俗作"蛆"。

❷"掩骼埋胔此官之职也"，孙诒让云宋拓蜀石经"胔"作"骴"，"职"下无"也"。

❸"蛢"，阮校云诸本同，此当作"蛢，读为苹"，因故书作"蚊蟥之蛢"，故司农读从"苹苹"之"苹"。下云或为"萍号起雨"之萍，则"苹""萍"字通也。此经当作"蛢氏"，后人援注改经，又易注"苹"为"萍"，则与下"萍号"为一字矣。因此官义取苹草之不沈溺，古经假借作"蛢"，故司农改读为"苹"为"萍"，若经本作"萍"而易为"蛢"，断无此理也。

❹"玄谓今天问萍号作萍尔雅曰萍苹"，阮校云诸本同，段玉裁云"当作'今《天问》萍号作苹'，王逸注本正作'苹'，云'一作萍'"。阮按后郑增成司农义，而意主"苹"字，故引"今《天问》苹号"，《尔雅》"苹苹"以证之。"萍苹"当作"苹苹"，《释文》云"萍，本亦作'苹'"，是也。"萍""苹"乃一字，不得为二名。

❺"萍氏主水禁萍之草"，阮校云此二"萍"字皆当作"苹"。司农为"苹"、为"萍"两读，郑君则取"苹"字，音作读如平。

❻"主夜觉者"，阮校云贾疏本同，《汉读考》作"主觉夜者"，云贾公彦本误作"夜觉"。此觉读如觉后、知觉、后觉之觉。

司烜氏[1]**，下士六人；徒十有二人。**烜，火也。读如“卫侯毁”之毁，故书毁为垣[2]，郑司农云“当为烜”。

条狼氏，下士六人；胥六人，徒六十人。[3]杜子春云：“条，当为涤器之涤。”玄谓涤，除也。狼，狼扈道上。

修闾氏，下士二人；史一人，徒十有二人。闾，谓里门。

冥氏，下士二人；徒八人。郑司农云：“冥，读为《冥氏春秋》之冥[4]。”玄谓“冥方”之冥，以绳縻取禽兽之名。

庶氏，下士一人；徒四人。庶，读如“药煮”之煮，驱除毒蛊[5]之言。书不作蛊者，字从声。

穴氏，下士一人；徒四人。穴，搏蛰兽所藏者。

翨氏，下士二人；徒八人。翨，鸟翮也。郑司农云：

---

❶“司烜氏”，阮校云唐石经及诸本同。《释文》“司烜，音毁，注毁同”。《汉读考》作“司毁氏”，谓注“烜，火也”，“郑司农云当为烜”，二“烜”字皆当作“毁”。

❷“垣”，阮校云诸本同。《释文》“为垣，刘音袁”。按“垣”当“烜”字之误，经注“烜”字皆从故书转改也，盖陆所据本已误。

❸“条狼氏下士六人胥六人徒六十人”，唐石经同。阮校云沈彤云“六”并当作“八”。其职曰“王出入则八人夹道，公则六人”，此下士属王，当八人，下士之夹道者八，则随而涤狼之胥亦当八，胥为什长，胥八则徒当八十也。沈彤以此等证其禄田相符之数，不当笃信也。

❹“读为冥氏春秋之冥”，阮校云诸本同。《汉书》萧该《音义》引作“读如”，此拟其音，非改其义，《释文》所云“冥，如字”是也。至后郑读为“冥方”之“冥”，刘音莫历反，与“幂”同，始易其字义矣。此作“读为”误也。疏云“后郑亦取音同，以绳縻取禽兽，冥然使不觉”，此说非。

❺“毒蛊”，阮校云叶钞《释文》作“毒虫”，本职同。下“书不作蛊”同。

"翨，读为'翅翼'之翅。"

柞氏，下士八人；徒二十人。柞，除木之名。除木者必先校❶剥之。郑司农云："柞，读为❷'音声唶唶'之唶，'屋笮'之笮。"

薙氏❸，下士二人；徒二十人。书薙或作夷。郑司农云："掌杀草，❹故《春秋传》曰：'如农夫之务去草，芟夷蕴崇之。'又今俗间谓麦下为夷下，言芟夷其麦，以其下种禾豆也。"玄谓薙读如"鬀小儿头"之鬀。书或作夷。此皆翦草也，字从类耳。《月令》曰"烧薙行水"，非谓烧所芟草乃水之❺。

硩蔟氏，下士一人；徒二人。郑司农云："硩，读为擿。蔟，读为'爵蔟'之蔟，谓巢也。"玄谓硩，古字从石，折❻声。

翦氏，下士一人；徒二人。翦，断灭之言也，主除虫蠹

❶ "校"，八行本、岳本、阮本作"挍"，闽本、毛本作"刊"。

❷ "读为"，阮校云《汉读考》作"读如"，云今本作"读为"误。

❸ "薙氏"，阮校云唐石经及诸本同，《释文》"薙氏，李或作'雉'，同"。《汉读考》经注"薙"皆作"雉"，谓浅人加草于"雉"为"薙"，犹《稻人》加草于"夷"为"荑"也，此"雉"或作"夷"，为同音同字。

❹ "郑司农云掌杀草"，阮校云《汉读考》"云"下有"夷氏"二字，今本脱。

❺ "非谓烧所芟草乃水之"，阮本无非，阮校云大字本、钱钞本、闽本、监本、毛本同，"非"系误衍，详《汉读考》。

❻ "折"，阮校云《汉读考》云当作"析"，析声、适声同在古音十六部，折声在十五部，"硩"为"擿"之古字，则知必析声也。《释文》"硩，他历反，李又思亦反"，此从析；又云"徐丈列反，沈敕彻反"，此从折。《说文》曰："硩，上擿山岩空青珊瑚陊之，从石折声。《周礼》有硩蔟氏。"许以擿训硩，取其同音，篆文必作"硩"，析声。今本作"硩"，折声。亦谬。孙诒让云蜀石经作"硩"，误。

者。《诗》云："实始翦商。"

赤犮氏，下士一人；徒二人。赤犮，犹言捇拔也，主除虫豸自埋者。

蝈氏，下士一人；徒二人。郑司农云："蝈，读为蜮，蜮，虾蟆也。[1]《月令》曰'蝼蝈鸣'，故曰'掌去蛙黾'。蛙黾，虾蟆属。书或为'掌去虾蟆'。"玄谓蝈，今御所食蛙也。字从虫，国声也。蜮乃短狐与？

壶涿氏，下士一人；徒二人。壶，谓瓦鼓。涿，击[2]之也。故书涿为独。郑司农云："独，读为'浊其源'之浊，音与涿相近，书亦或为浊[3]。"

庭氏，下士一人；徒二人。庭氏，主射妖鸟，令国中洁清如庭者也。

衔枚氏，下士二人；徒八人。衔枚，止言语嚣讙也。枚状如箸，横衔之，为之繣结于项。[4]

---

❶ "蝈读为蜮蜮虾蟆也"，阮校云诸本同。此当作"蜮，读为蝈，蝈，虾蟆也"，故下引《月令》"蝼蝈鸣"证之。古文经当本作"蜮氏"，司农读为"蝈"，盖"蜮"古文，"蝈"今文，故《夏小正》《周官》作"蜮"，《月令》《吕览》作"蝈"。《释文》"蝈氏，古获反，刘音或"，刘昌宗本经当作"蜮氏"。此当依《汉读考》。

❷ "击"，底本漫漶，据阮本补。

❸ "书亦或为浊"，阮校云《汉读考》作"书亦或为涿"，云今本作"浊"，误。

❹ "枚状如箸横衔之为之繣结于项"，阮校云大字本"繣"上无"之"，此衍。《诗·东山》篇《释文》引此注云"枚如箸，横衔之于口，为繣絜于项中"，"繣"上亦无"之"，"枚"下并无"状"，今本皆衍。"结"作"絜"，古字也，当据以订正。《汉读考》云，颜氏《汉书》注引作"繣絜于项"，云"繣者，结碍也。絜，绕也，为结纽而绕项也"。胜于贾本贾说。

伊耆氏，下士一人；徒二人。伊耆，古王者号。始为蜡，以息老物。此主王者之齿杖。后王识伊耆氏之旧德，而以名官与？今姓有伊耆氏。

大行人，中大夫二人。

小行人，下大夫四人。

司仪，上士八人，中士十有六人。

行夫，下士三十有二人；府四人，史八人，胥八人，徒八十人。行夫，主国使之礼。

环人，中士四人；史四人，胥四人，徒四十人。环，犹围也。主围宾客、任器，为之守卫。

象胥，每翟上士一人，中士二人，下士八人；徒二十人。通夷狄之言者曰象。胥，其有才知者也。此类之本名，东方曰寄，南方曰象，西方曰狄鞮，北方曰译。今总名曰象者，周之德先致南方也。

掌客，上士二人，下士四人；府一人，史二人，胥二人，徒二十人。

掌讶，中士八人；府二人，史四人，胥四人，徒四十人。讶，迎也。宾客来，主迎之。郑司农云："讶，读为'跛者讶跛者'之讶。"

掌交，中士八人；府二人，史四人，徒三十有二人。主交通结诸侯之好。

掌察，四方中士八人；史四人，徒十有六人。

掌货贿，下士十有六人；史四人，徒三十有二人。

朝大夫，每国上士二人，下士四人；府一人，史二人，庶子八人，徒二十人。此王之士也，使主都家之国治，而命之朝大夫云。

都则，中士一人，下士二人；府一人，史二人，庶子四人，徒八十人。都则，主都家之八则者也。当言每都，如朝大夫及都司马云。

都士，中士二人，下士四人；府二人，史四人，胥四人，徒四十人。

家士，亦如之。都家之士，主治都家吏民之狱讼，以告方士者也。亦当言每都。

大司寇之职，掌建邦之三典，以佐王刑邦国，诘四方：典，法也。诘，谨也。《书》曰："王旄[1]荒，度作详刑，以诘四方。"**一曰刑新国用轻典，**新国者，新辟地立君之国。用轻法者，为其民未习于教[2]。**二曰刑平国用中典，**平国，承平守成之国也。用中典者，常行之法。**三曰刑乱国用重典。**乱国，篡弑叛逆之国。用重典者，以其化恶伐灭之。**以五刑纠万民：**刑，亦法也。纠，犹察异之。**一曰野刑，上功纠力；**功，农功。力，勤力。**二曰军刑，上命纠守；**命，将命也。守，不失部伍。**三曰乡刑，上德纠孝；**德，六德也。善父母为孝。**四曰官刑，上能纠职；**能，能其事也。职，职事修理。**五曰国刑，上愿纠暴。**愿，悫慎也。

---

❶ "旄"，八行本、阮本作"秏"，闽本作"耄"。阮校云《群经音辨·禾部》引《书》"王秏荒"，郑康成读盖贾氏所据北宋本《释文》作"秏荒"也。今《释文》作"旄荒"，钱钞本、岳本同。嘉靖本、闽本、监本、毛本改"耄荒"，非。

❷ "为其民未习于教"，阮校云《释文》出"为民"二字，则陆本无"其"。

暴，当为恭，字之误也。**以圜土聚教罢民，**圜土，狱城也。聚罢民其中，困苦以教之为善也。民不愍作劳，有似于罢。**凡害人者，寘之圜土而施职事焉，以明刑耻之。**害人，谓为邪恶已有过失丽于法者。以其不故犯法，寘之圜土系教之，庶其困悔而能改也。寘，置也。施职事，以所能役使之。明刑，书其罪恶于大方版，著其背。**其能改者，反于中国，不齿三年；**反于中国，谓舍之还于故乡里也。《司圜职》曰："上罪三年而舍，中罪二年而舍，下罪一年而舍。"不齿者，不得以年次列于平民。**其不能改而出圜土者，杀。**出，谓逃亡。**以两造禁民讼，入束矢于朝，然后听之。**讼，谓以财货相告者。造，至也。使讼者两至，既两至，使入束矢乃治之也。不至，不入束矢，则是自服不直者也。必入矢者，取其直也。《诗》曰："其直如矢。"古者一弓百矢，束矢其百个与？**以两剂禁民狱，入钧金，三日乃致于朝，然后听之。**狱，谓相告以罪名者。剂，今券书也。使狱者各赍券书，既两券书，使入钧金，又三日乃治之，重刑也。不券书，不入金，则是亦自服不直者也。必入金者，取其坚也。三十斤曰钧。**以嘉石平罢民，**嘉石，文石也。树之外朝门左。平，成也。成之使善。**凡万民之有罪过而未丽于法，而害于州里者，桎梏而坐诸嘉石，役诸司空。重罪，旬有三[1]日坐，期役；其次九日坐，九月役；其次七日坐，七月役；其次五日坐，五月役；其下罪三日坐，三月役。使州里任之，则宥而舍之。**有罪过，谓邪恶之人所罪过者也。丽，附也。未附于

[1] "三"，王引之引王念孙云当为"二"。

法，未著于法也。木在足曰桎，在手曰梏。役诸司空，坐日[1]讫，使给百工之役也。役月讫，使其州里之人任之，乃赦之。宥，宽也。**以肺石达穷民，**肺石，赤石也。穷民，天民之穷而无告者。**凡远近茕独老幼之欲有复于上而其长弗达者，立于肺石，三日，士听其辞，以告于上，而罪其长。**无兄弟曰茕，无子孙曰独。复，犹报也。上，谓王与六卿也。报之者，若上书诣公府言事矣。长，谓诸侯若乡遂大夫。**正月之吉，始和布刑于邦国都鄙，乃县刑象之法于象魏，使万民观刑象，挟日而敛之。**正月朔日，布王刑于天下，正岁又县其书，重之。**凡邦之大盟约，莅其盟书，而登之于天府，**莅，临也。天府，祖庙之藏。**大史、内史、司会及六官皆受其贰而藏之。**六官，六卿之官也。贰，副也。**凡诸侯之狱讼，以邦典定之；**邦典，六典也。以六典待邦国之治。**凡卿大夫之狱讼，以邦法断之；**邦法，八法也。以八法待官府之治。**凡庶民之狱讼，以邦成弊之。**邦成，八成也，以官成待万民之治。故书弊为憋。郑司农云：“憋，当为弊。邦成，谓若今时决事比也。弊之，断其狱讼也。故《春秋传》曰‘弊狱邢侯’。”**大祭祀，奉犬牲。**奉，犹进也。**若禋祀五帝，则戒之日，莅誓百官，戒于百族。**戒之日，卜之日也。百族，谓府史以下也。《郊特牲》曰：“卜之日，王立于泽，亲听誓命，受教谏之义也。献命库门之内，戒百官也。大庙之内，戒百姓也。”**及纳亨，前王；祭之日，亦如之。**纳亨，致牲。**奉其明水火。**明水火，所取于日月者。**凡朝觐、**

---

[1] “日”，原作“曰”，据岳本、阮本改。

会同，前王；大丧，亦如之。大丧所前或嗣王。**大军旅，莅戮于社。**社，谓社主在军者也。郑司农说以《书》曰“用命赏于祖，不用命戮于社”。**凡邦之大事，使其属跸。**属，士师以下也。故书跸作避，杜子春云：“避，当为辟，谓辟除奸人也。”玄谓跸，止行也。

小司寇之职，掌外朝之政，以致万民而询焉。一曰询国危，二曰询国迁，三曰询立君。外朝，朝在雉门之外者也。国危，谓有兵寇之难。国迁，谓徙都改邑也。立君，谓无冢適选于庶也。郑司农云：“致万民，聚万民也。询，谋也。《诗》曰‘询于刍荛’，《书》曰‘谋及庶人’。”**其位：王南乡，三公及州长、百姓北面，群臣西面，群吏东面。**群臣，卿、大夫、士也。群吏，府史也。其孤不见者，孤从群臣。卿大夫在公后。**小司寇摈以叙进而问焉，以众辅志而弊谋。**摈，谓揖之使前也。叙，更也。辅志者，尊王贤明也。**以五刑听万民之狱讼，附于刑，用情讯之。至于旬，乃弊之，读书则用法。**附，犹著也。故书附作付。讯，言也，用情理言之，冀有可以出之者。十日乃断之。《王制》曰：“刑者侀也，侀者成也，一成而不可变，故君子尽心焉。”郑司农云：“读书则用法，如今时读鞫已乃论之。”**凡命夫命妇，不躬坐狱讼。**为治狱吏亵尊者也。躬，身也。不身坐者，必使其属若子弟也。《丧服传》曰：“命夫者，其男子之为大夫者；命妇者，其妇人之为大夫之妻者。”《春秋传》曰：“卫侯与元咺讼，宁武子为辅，针庄[1]子为坐，士荣为大理。”

---

❶ “庄”，原作“严”，为避汉明帝讳。

凡王之同族有罪，不即市。郑司农云："刑诸甸师氏。《礼记》曰：'刑于隐者，不与国人虑兄弟。'"**以五声听狱讼，求民情：一曰辞听，**观其出言，不直则烦。**二曰色听，**观其颜色，不直则赧然。**三曰气听，**观其气息，不直则喘。**四曰耳听，**观其听聆，不直则惑。**五曰目听。**观其牟子视，不直则眊然。**以八辟丽邦法，附刑罚：**辟，法也。杜子春读丽为罗。玄谓丽，附也。《易》曰："日月丽于[1]天。"故书附作付，附，犹著也。**一曰议亲之辟，**郑司农云："若今时宗室有罪，先请是也。"**二曰议故之辟，**故，谓旧知也。郑司农云："故旧不遗，则民不偷[2]。"**三曰议贤之辟，**郑司农云："若今时廉吏有罪，先请是也。"玄谓贤，有德行者。**四曰议能之辟，**能，谓有道艺者。《春秋传》曰："夫谋而鲜过，惠训不倦者，叔向有焉，社稷之固也，犹将十世宥之，以劝能者。今壹不免其身，以弃社稷，不亦惑乎？"**五曰议功之辟，**谓有大勋力立功者。**六曰议贵之辟，**郑司农云："若今时吏墨绶有罪，先请是也。"**七曰议勤之辟，**谓憔悴以事国。**八曰议宾之辟。**谓所不臣者，三恪二代之后与？**以三刺断庶民狱讼之中：**中，谓罪正所定。**一曰讯群臣，二曰讯群吏，三曰讯万民。**刺，杀也，三讯罪定则杀之。讯，言也。**听民之所刺宥，以施上服、下服之刑。**宥，宽也。民言杀，杀之；言宽，宽之。上服，劓墨也。下服，宫刖也。**及大比，登民数，自生齿以上，登于天府。**大比，三年大

---

[1] "于"，岳本、阮本作"乎"。

[2] "偷"，阮校云此作"偷"，俗字。《说文》无"偷"字。

数民之众寡也。人生齿而体备。男八月而生齿，女七月而生齿。**内史、司会、冢宰贰之，以制国用。**人数定而九赋可知，国用乃可制耳。**小祭祀，奉犬牲。**奉，犹进也。**凡禋祀五帝，实镬水，纳亨亦如之。**纳亨，致牲也。其时[1]镬水当以洗解牲体肉。**大宾客，前王而辟，**郑司农云："小司寇为王道，辟除奸人也，若今时执金吾下至令尉奉引矣。"**后、世子之丧亦如之。小师，莅戮。**小师，王不自出之师。**凡国之大事，使其属跸。**属，士师以下。**孟冬，祀司民，献民数于王，王拜受之，以图国用而进退之。**司民，星名，谓轩辕角也。小司寇于祀司民而献民数于王，重民也。进退，犹损益也。国用，民众则益，民寡则损。**岁终，则令群士计狱弊讼，登中于天府。**上其所断狱讼之数。**正岁，帅其属而观刑象，令以木铎，曰"不用法者，国有常刑"。令群士，**群士，遂士以下。**乃宣布于四方，宪刑禁。**宣，遍也。宪，表也，谓县之也。刑禁，士师之五禁。**乃命其属入会，乃致事。**得其属之计，乃令致之于王。

士师之职，掌国之五禁之法，以左右刑罚，一曰宫禁，二曰官禁，三曰国禁，四曰野禁，五曰军禁，皆以木铎徇之于朝，书而县于门闾。左右，助也。助刑罚者，助其禁民为非也。宫，王宫也。官，官府也。国，城中也。古之禁书亡矣。今宫门有符籍，官府有无故擅入，城门有离载下帷，野有《田律》，军有嚣讙夜行之禁，其粗可言者。**以五戒**

---

[1] "时"，阮校云卢文弨曰《通考》引此作"实"，疏云"郑知实镬水为洗解牲肉者"，据疏本作"实"字。

先后刑罚，毋使罪丽于民：一曰誓，用之于军旅；二曰诰，用之于会同；三曰禁，用诸田役；四曰纠，用诸国中；五曰宪，用诸都鄙。先后，犹左右也。誓诰于《书》，则《甘誓》《汤誓》《大诰》《康诰》之属。禁则军礼曰“无干车”“无自后射”，比[1]其类也。纠、宪，未有闻焉。**掌乡合州、党、族、闾、比之联，与其民人之什伍，使之相安相受，以比追胥之事，以施刑罚庆赏。**乡合，乡所合也。追，追寇也。胥，读如“宿偦”之偦。偦，谓司搏盗贼也。**掌官中之政令。**大司寇之官府中也。**察狱讼之辞，以诏司寇断狱弊讼，致邦令。**诏司寇，若今白听正法解也。致邦令者，以法报之。**掌士之八成：**郑司农云：“八成者，行事有八篇，若今时决事比。”**一曰邦汋，**郑司农云：“汋，读如‘酌酒尊中’之酌。国汋者，斟汋盗取国家密事，若今时刺探尚书事。”**二曰邦贼，**为逆乱者。**三曰邦谍，**为异国反间。**四曰犯邦令，**干冒王教令者。**五曰挢邦令，**称诈以有为者。**六曰为邦盗，**窃取国之宝藏者。**七曰为邦朋，**朋党相阿，使政不平者。故书朋作傰，郑司农云：“傰，读如‘朋友’之朋。[2]”**八曰为邦诬。**诬罔君臣，使事失实。**若邦凶荒，则**

---

[1] “比”，岳本、殿本作“此”。阮校云贾疏本作“比”，引《易·比》九五释之。《释文》“比”字无音，盖陆本作“此”也，《汉制考》作“比”。疏引《比》九五爻辞，以为“无干车”“无自后射”之证，于“比其类”无涉也。禁之凡必多，引此军礼一条，而曰“此其类也”，犹上云“之属”耳。“比”字必是讹字，疏亦未尝作“比”也。孙诒让云蜀石经作“此”。

[2] “傰读如朋友之朋”，“傰”，阮本作“朋”。“读如”，阮校云宋本、嘉靖本作“读为”，当据正。

以荒辩之法治之，郑司农云："辩，读为'风别'之别。救荒之政十有二，而士师别受其数条，是为荒别之法。"玄谓辩当为贬，声之误也。遭饥荒则刑罚、国事有所贬损，作权时法也。《朝士职》曰"若邦凶荒、札丧、寇戎之故，则令邦国、都家、县鄙虑刑贬"。**令移民、通财、纠守、缓刑。**移民，就贱救困也。通财，补不足也。纠守，备盗贼也。缓刑，舒[1]民心也。**凡以财狱讼者，正之以傅别、约剂。**傅别，中别手书也。约剂，各所持券也。故书别为辩，郑司农云："傅，或为符。辩，读为'风别'之别。若今时市买，为券书以别之，各得其一，讼则案券以正之。"**若祭胜国之社稷，则为之尸。**以刑官为尸，略之也。周谓亡殷之社为亳社。**王燕出入，则前驱而辟。**道王且辟行人。**祀五帝，则沃尸及王盥，洎镬水。**洎，谓增其沃汁。**凡刉珥，则奉犬牲。**珥，读为衈。刉衈，衅礼之事。用牲，毛者曰刉，羽者曰衈。**诸侯为宾，则帅其属而跸于王宫；**谓诸侯来朝若燕飨时。**大丧亦如之。大师，帅其属而禁逆军旅者与犯师禁者而戮之。**逆军旅，反将命也。犯师禁，干行阵也。**岁终，则令正要会。**定计簿。**正岁，帅其属而宪禁令于国及郊野。**去国百里为郊，郊外谓之野。

乡士，掌国中。郑司农云："谓国中至百里郊也。"玄谓其地则距王城百里内也。言掌国中，此主国中狱也，六乡之狱在国中。**各掌其乡之民数而纠戒之。**乡士八人，言各者，

[1] "舒"，闽本作"纾"。

四人而分主三乡。**听其狱讼，察其辞，**察，审也。**辩**[1]**其狱讼，异其死刑之罪而要之，旬而职听于朝。**辨、异，谓殊其文书也。要之，为其罪法之要辞，如今劾矣。十日，乃以职事治之于外朝，容其自反覆。**司寇听之，断其狱、弊其讼于朝。群士、司刑皆在，各丽其法以议狱讼。**丽，附也。各附致其法以成议也。**狱讼成，士师受中。协日刑杀，肆之三日。**受中，谓受狱讼之成也。郑司农云："士师受中，若今二千石受其狱也。中者，刑罚之中也。故《论语》曰'刑罚不中，则民无所措手足'。协日刑杀，协，合也，和也，和合支干善日，若今时望后利日也。肆之三日，故《春秋传》曰'三日弃疾请尸'，《论语》曰'肆诸市朝'。"玄谓士师既受狱讼之成，乡士则择可刑杀之日，至其时而往莅之，尸之三日乃反也。**若欲免之，则王会其期。**免，犹赦也。期，谓乡士职听于朝，司寇听之日，王欲赦之，则用此时亲往议之。**大祭祀、大丧纪、大军旅、大宾客，则各掌其乡之禁令，帅其属夹道而跸。**属，中士以下。**三公若有邦事，则为之前驱而辟，其丧亦如之。**郑司农云："乡士为三公道也，若今时三公出城，郡督邮盗贼道也[2]。"**凡国有大事，则戮其犯命者。**

---

[1] "辩"，唐石经作"辨"，阮校云当据以订正，此本疏中引经亦作"辨"，嘉靖本注中作"办"，即"辨"字之讹。注云"辨、异，谓殊其文书"，是当作"辨别"字也。

[2] "郡督邮盗贼道也"，阮校引《汉读考》云《广韵》引《释名》曰"督邮，主诸县罚负邮殿纠摄之"，此"盗贼"似衍字，郡督邮为三公导，若乡士为三公导也。贾疏本有"盗贼"二字，并曲为之说。

遂士，掌四郊。郑司农云："谓百里外至三百里也。"玄谓其地则距王城百里以外至二百里。言"掌四郊"者，此主四郊狱也。六遂之狱在四郊。**各掌其遂之民数，而纠其戒令，**遂士十二人，言各者，二人而分主一遂。**听其狱讼，察其辞，辨其狱讼，异其死刑之罪而要之，二旬而职听于朝。司寇听之，断其狱，弊其讼于朝；群士、司刑皆在，各丽其法以议狱讼。狱讼成，士师受中。协日就郊而刑杀，各于其遂，肆之三日。**"就郊而刑杀"者，遂士也。遂士择刑杀日，至其时往莅之，如乡士为之矣。言"各于其遂"者，四郊六遂，遂处不同。**若欲免之，则王令三公会其期。**令，犹命也。王欲赦之，则用遂士职听之时，命三公往议之。**若邦有大事、聚众庶，则各掌其遂之禁令，帅其属而跸。**大事，王所亲也。**六卿若有邦事，则为之前驱而辟，其丧亦如之。凡郊有大事，则戮其犯命者**[1]。

县士，掌野。郑司农云："掌三百里至四百里，大夫所食。晋韩须为公族大夫，食县。"玄谓地距王城二百里以外至三百里曰野，三百里以外至四百里曰县，四百里以外至五百里曰都。都、县、野之地，其邑非王子弟，公、卿、大夫之采地，则皆公邑也，谓之县，县士掌其狱焉。言"掌野"者，郊外曰野，大总言之也。狱居近，野之县狱在二百里上，县之县狱在三百里上，都之县狱在四百里上。**各掌其县之民数，纠其戒令，而听其狱讼，察其辞，辨其狱讼，异其死刑之罪而要之，三旬而职听于朝。司寇听之，断其狱、弊其讼于**

[1] "者"，底本原残，据阮本补。

朝；群士、司刑皆在，各丽其法以议狱讼。狱讼成，士师受中。协日刑杀，各就其县，肆之三日。刑杀各就其县者，亦谓县士。若欲免之，则王命六卿会其期。期，亦谓县士职听之时。若邦有大役聚众庶，则各掌其县之禁令。若大夫有邦事，则为之前驱而辟，其丧亦如之。凡野有大事，则戮其犯命者。野，距王城二百里以外，及县都。

方士，掌都家。郑司农云："掌四百里至五百里，公所食，鲁季氏食于都。"玄谓都，王子弟及公卿之采地。家，大夫之采地。大都在畺地，小都在县地，家邑在稍地。不言掌其民数，民不纯属王。听其狱讼之辞，辨其死刑之罪而要之，三月而上狱讼于国。三月乃上要者，又变朝言国，以其自有君，异之。司寇听其成于朝，群士司刑皆在，各丽其法以议狱讼。成，平也。郑司农说以《春秋传》曰："晋邢侯与雍子争鄐田，久而无成。"狱讼成，士师受中，书其刑杀之成与其听狱讼者。都家之吏自协日刑杀。但书其成与治狱之吏姓名，备反覆[1]有失实者。凡都家之大事聚众庶，则各掌其方之禁令。方士十六人，言各掌其方者，四人而主一方也。其方以王之事动众，则为班禁令焉。以时修其县法，若岁终，则省之而诛赏焉。县法，县师之职也。其职，掌邦国都鄙稍甸郊野之地域，而辨其夫家人民田莱之数，及其六畜车辇之稽。方士以四时修此法，岁终又省之，则与掌民数亦相近。凡都家之士所上治，则主之。都家之士，都士、家士也。所上治者，谓狱讼之小事，不附罪者也。主之，告于司

---

[1] "覆"，八行本作"复"。

寇，听平之。

讶士，掌四方之狱讼，郑司农云："四方诸侯之狱讼。"**谕罪刑于邦国。**告晓以丽罪及制刑之本意。**凡四方之有治于士者，造焉。**谓谳疑辨事，先来诣，乃通之于士也。士，主谓士师也。如今郡国亦时遣主者吏，诣廷尉议者。**四方有乱狱，则往而成之。**乱狱，谓若君臣宣淫、上下相虐者也。往而成之，犹吕步舒使治淮南狱。**邦有宾客，则与行人送逆之。入于国，则为之前驱而辟，野亦如之。居馆，则帅其属而为之跸，诛戮暴客者。客出入，则道之；有治，则赞之。**送逆，谓始来及去也。出入，谓朝觐于王时也。《春秋传》曰："晋侯受策以出，出入三觐。"入国入野，自以时事。**凡邦之大事聚众庶，则读其誓禁。**

朝士，掌建邦外朝之法。左九棘，孤、卿、大夫位焉，群士在其后；右九棘，公、侯、伯、子、男位焉，群吏在其后；面三槐，三公位焉，州长众庶在其后。左嘉石，平罢民焉；右肺石，达穷民焉。树棘以为位者，取其赤心而外刺，象以赤心三刺也。槐之言怀也，怀来人于此，欲与之谋。群吏，谓府史也。州长，乡遂之官。郑司农云："王有五门，外曰皋门，二曰雉门，三曰库门，四曰应门，五曰路门。路门，一曰毕门。外朝在路门外，内朝在路门内。左九棘，右九棘，故《易》曰'系用徽纆，置于丛棘'。"玄谓《明堂位》说鲁公宫曰"库门，天子皋门；雉门，天子应门"。言鲁用天子之礼，所名曰库门者，如天子皋门；所名曰雉门者，如天子应门。此名制二兼四，则鲁无皋门、应门矣。《檀弓》曰："鲁庄公之丧，既葬，而绖不入库门。"言其除丧而反，由外来，是库门在雉门外必矣。如是，王五门，雉门为中门，雉门设两观，与今之宫门同。阍人几出入者，穷民盖不得入也。《郊特牲》讥绎于库门内，言远，当于庙门，庙在库门之内，见于此矣。《小宗伯职》曰："建国之神位，右社稷，左宗庙。"然则外朝在库门之外，皋门之内与？今司徒府有天子以下大会殿，亦古之外朝哉。周天子诸侯皆有三朝，外朝一，内朝二。内朝之在路门内者，或谓之燕朝。**帅其属而以鞭呼、趋且辟。**趋朝辟行人，执鞭以威之。**禁慢朝、错立族谈者。**慢朝，谓临朝不肃敬也。错立族谈，违其位僔语也。**凡得获货贿、人民、六畜者，委于朝，告于士，旬而举之，大者公之，小者庶民私之。**俘而取之曰获。委于朝十日，待来识之者。人民，谓刑人、奴隶逃亡者。《司隶职》曰："帅其民而搏盗贼。"郑司农云："若今时得遗物及放失六畜，持[1]诣乡亭县廷。大者公之，大物没入公家也。小者私之，小物自畀也。"玄谓人民之小者，未龀七岁以下。**凡士之治有期日，国中一旬，郊二旬，野三旬，都三月，邦国期。期内之治听，期外不听。**郑司农云："谓在期内者听，期外者不听，若今时徒论决，满三月，不得乞鞫。"**凡有责者，有判书以治，则听。**判，半分而合者。故书判为辨。郑司农云："谓若今时辞讼，有券书者为治之。辨读为别，谓别券也。"玄谓古者出责之息，亦责国服与[2]？**凡民同货财**

❶ "持"，原作"特"，据阮本改，阮校云"特"误，《汉制考》亦引作"持"。

❷ "亦责国服与"，"责"，八行本、阮本作"如"，岳本、闽本、阮本"如"下有"其"字。阮校云贾疏引注亦无"其"字，有者衍文。

者，令以国法行之。犯令者，刑罚之。郑司农云："同货财者，谓合钱共贾者也。以国法行之，司市为节以遣之。"玄谓同货财者，富人畜积者，多时收敛之，乏时以国服之法出之，虽有腾跃，其赢❶不得过。此以利出者与取者，过此则罚之。若今时加贵取息坐臧。**凡属责者，以其地傅，而听其辞。**郑司农云："谓讼地畔界者，田地町畔相比属，故谓之属责。以地傅而听其辞，以其比畔为证也。"玄谓属责，转责使人归之，而本主死亡，归受之数相抵冒者也。以其地之人相比近，能为证者来，乃受其辞为治之。**凡盗贼军乡邑及家人，杀之无罪。**郑司农云："谓盗贼群辈若军共攻盗乡邑及家人者，杀之无罪。若今时无故入人室宅庐舍，上人车舡❷，牵引人欲犯法者，其时格杀之，无罪。"**凡报仇雠者，书于士，杀之无罪。**谓同国不相辟者，将报之，必先言之于士。**若邦凶荒、札丧、寇戎之故，则令邦国、都家、县鄙虑刑贬。**故书虑为宪，贬为窆。杜子春云："窆，当为禁。宪，谓幡书以明之。"玄谓虑，谋也。贬，犹减也。谓当图谋缓刑，且减国用，为民困也。所贬视时为多少之法。

司民，掌登万民之数，自生齿以上，皆书于版，辨其国中与其都鄙及其郊野，异其男女，岁登下其死生。登，上也。男八月、女七月而生齿。版，今户籍也。下，犹去也。每岁更著生去死。**及三年大比，以万民之数诏司寇。司寇及孟冬祀司民之日，献其数于王，王拜受之，登于天府。**

---

❶ "赢"，阮校云此本注缺，疏引"赢"作"嬴"。

❷ "舡"，八行本、岳本、阮本作"船"。

内史、司会、冢宰贰之。以赞王治。郑司农云："文昌宫三能，属轩辕角，相与为体。近文昌为司命，次司中，次司禄，次司民。"玄谓司民，轩辕角也。天府，主祖庙之藏者。赞，佐也。三官以贰佐王治者，当以民多少黜陟主民之吏。

司刑，掌五刑之法，以丽万民之罪。墨罪五百，劓罪五百，宫罪五百，刖罪五百，杀罪五百。墨，黥也，先刻其面，以墨窒之。劓，截其鼻也。今东西夷或以墨劓为俗，古刑人亡逃者之世类与？宫者，丈夫则割其势，女子闭于宫中，若今宦男女也。刖，断足也。周改膑作刖。杀，死刑也。《书传》曰："决关梁、逾城郭而略盗者，其刑膑。男女不以义交者，其刑宫。触易君命，革舆服制度，奸轨盗攘伤人者，其刑劓。非事而事之，出入不以道义，而诵不详之辞者，其刑墨。降畔、寇贼、劫略、夺攘、挢虔者，其刑死。"此二千五百罪之目略也，其刑书则亡。夏刑大辟二百，膑辟三百，宫辟五百，劓、墨各千，周则变焉，所谓刑罚世轻世重者也。郑司农云："汉孝文帝十三年，除肉刑。"**若司寇断狱弊讼，则以五刑之法诏刑罚，而以辨罪之轻重。**诏刑罚者，处其所应不，如今律家所署法矣。

司刺，掌三刺、三宥、三赦之法，以赞司寇听狱讼。刺，杀也。讯而有罪则杀之。宥，宽也。赦，舍也。**壹刺曰讯群臣，再刺曰讯群吏，三刺曰讯万民。**讯，言。**壹宥曰不识，再宥曰过失，三宥曰遗忘。**郑司农云："不识，谓愚民无所识则宥之。过失，若今律过失杀人不坐死。"玄谓识，审也。不审，若今仇雠当报甲，见乙，诚以为甲而杀之者。过失，若举刃欲斫伐，而轶中人者。遗忘，若间帷薄，忘有在焉，而以兵矢投射之。**壹赦曰幼弱，再赦曰老旄，三赦曰蠢愚。**蠢愚，生而痴呆童昏者。郑司农云："幼弱、老旄，若今时律令年未满八岁，八十以上，非手杀人，他皆不坐。"**以此三法者求民情，断民中，而施上服、下服之罪，然后刑杀。**上服，杀与墨、劓。下服，宫、刖也。《司约职》曰："其不信者，服墨刑。"凡行刑，必先规识所刑之处，乃后行之。

司约，掌邦国及万民之约剂，治神之约为上，治民之约次之，治地之约次之，治功之约次之，治器之约次之，治挚之约次之。此六约者，诸侯以下至于民，皆有焉。剂，谓券书也。治者，理其相抵冒上下之差也。神约，谓命祀、郊社、群望及所祖宗也。夔子不祀祝融，楚人伐之。民约，谓征税迁移，仇雠既和，若怀宗九姓在晋，殷民六族七族在鲁、卫皆是也。地约，谓经界所至，田莱之比也。功约，谓王功、国功之属，赏爵所及也。器约，谓礼乐吉凶车服所得用也。挚约，谓玉帛禽鸟，相与往来也。**凡大约剂，书于宗彝；小约剂，书于丹图。**大约剂，邦国约也。书于宗庙之六彝，欲神监焉。小约剂，万民约也。丹图，未闻。或有雕器簠簋之属，有图象者与？《春秋传》曰："斐豹，隶也，著于丹书。"今俗语有铁券丹书，岂此旧典之遗言[1]？**若有讼者，则珥而辟藏，其不信者服墨刑。**郑司农云："谓有争讼罪罚，刑书谬误不正者，为之开藏，取本刑书以正之。当开时，先祭

---

[1] "岂此旧典之遗言"，阮校云《汉制考》下有"与"，诸本皆脱，当补。

之。”玄谓讼，讼约，若宋仲几、薛宰者也。辟藏，开府视约书。不信，不如约也。珥，读曰衈，谓杀鸡取血衅其户。**若大乱，则六官辟藏，其不信者杀。**大乱，谓僭约，若吴、楚之君，晋文公请隧以葬者。六官辟藏，明罪大也。六官初受盟约之贰。

司盟，掌盟载之法。载，盟辞也。盟者书其辞于策，杀牲取血，坎其牲，加书于上而埋之，谓之载书。《春秋传》曰：“宋寺人惠墙伊戾坎用牲，加书，为世子痤与楚客盟。”**凡邦国有疑会同，则掌其盟约之载及其礼仪，北面诏明神。既盟，则贰之。**有疑，不协也。明神，神之明察者，谓日月山川也。《觐礼》加方明于坛上，所以依之也。诏之者，读其载书以告之也。贰之者，写副当以授六官。**盟万民之犯命者，诅其不信者亦如之。**盟诅者，欲相与共恶之也。犯命，犯君教令也。不信，违约者也。《春秋传》曰：“臧纥犯门斩关以出，乃盟臧氏。”又曰：“郑伯使卒出豭，行出犬鸡，以诅射颍考叔者。”**凡民之有约剂者，其贰在司盟。**贰之者，检其自相违约。**有狱讼者，则使之盟诅。**不信则不敢听此盟诅，所以省狱讼。**凡盟诅，各以其地域之众庶，共其牲而致焉。既盟，则为司盟共祈酒脯。**使其邑闾出牲而来盟，已，又使出酒脯，司盟为之祈明神，使不信者必凶。

职金，掌凡金玉、锡石、丹青之戒令。青，空青也。**受其入征者，辨其物之媺恶与其数量，楬而玺之，入其金锡于为兵器之府，入其玉石丹青于守藏之府。**为兵器者，攻金之工六也。守藏者，玉府、内府也。郑司农云：“受其入征者，谓主受采金玉、锡石、丹青者之租税也。楬而玺之者，楬书其数量以著其物也。玺者，印也。既楬书揃其数量，又以印封之。今时之书有所表识，谓之楬橥。”**入其要。**要，凡数也。入之于大府。**掌受士之金罚、货罚，入于司兵。**给治兵及工直也。货，泉贝也。罚，罚赎也。《书》曰：“金作赎刑。”**旅于上帝，则共其金版，飨诸侯亦如之。**鉼金谓之版，此版所施未闻。**凡国有大故而用金石，则掌其令。**主其取之令也。用金石者，作枪雷椎椁之属。

司厉，掌盗贼之任器、货贿，辨其物，皆有数量，贾而楬之，入于司兵。郑司农云：“任器、货贿，谓盗贼所用伤人兵器及所盗财物也。入于司兵，若今时伤杀人所用兵器，盗贼赃，加责没入县官。”**其奴，男子入于罪隶，女子入于春、槁。**郑司农云：“谓坐为盗贼而为奴者，输于罪隶、春人、槁人之官也。由是观之，今之为奴婢，古之罪人也。故《书》曰‘予则奴戮女’，《论语》曰‘箕子为之奴’，罪隶之奴也。故《春秋传》曰：‘斐豹，隶也，著于丹书，请焚丹书，我杀督戎。’耻为奴，欲焚其籍也。”玄谓奴从坐而没入县官者，男女同名。**凡有爵者与七十者，与未龀者，皆不为奴。**有爵，谓命士以上也。龀，毁齿也。男八岁、女七岁而毁齿。

犬人，掌犬牲。凡祭祀，共犬牲，用牷物。伏、瘗亦如之。郑司农云：“牷，纯也。物，色也。伏，谓伏犬，以王车轹之。瘗，谓埋祭也。《尔雅》曰：‘祭地曰瘗埋。’”**凡几、珥、沈、辜，用駹可也。**故书駹作龙。郑司农云：“几，读为庋。《尔雅》曰：‘祭山曰庋县，祭川曰浮沈。’《大宗伯职》曰：‘以埋沈祭山川林泽，以罢辜祭四方百物。’龙，读为駹，谓不纯色也。”玄谓几读为刉，珥当为衈。刉衈者，衅礼之事。**凡相犬、牵犬者属焉，掌其政治**。相谓视择，知其善恶。

司圜，掌收教罢民。凡害人者，弗使冠饰而加明刑焉，任之以事而收教之。能改者，上罪三年而舍，中罪二年而舍，下罪一年而舍。其不能改而出圜土者，杀。虽出，三年不齿。弗使冠饰者，著黑幪，若古之象刑与？舍，释之也。郑司农云：“罢民，谓恶人不从化，为百姓所患苦，而未入五刑者也，故曰凡害人者。不使冠饰，任之以事，若今时罚作矣。”**凡圜土之刑人也，不亏体；其罚人也，不亏财**。言其刑人，但加以明刑；罚人，但任之以事耳。郑司农云：“以此知其为民所苦，而未入刑者也。故《大司寇职》曰：‘凡万民之有罪过而未丽于法，而害于州里者，桎梏而坐诸嘉石，役诸司空。’又曰‘以嘉石平罢民’。《国语》曰：‘罢士无伍，罢女无家。’言为恶无所容入也。”玄谓圜土所收教者，过失害人已丽于法者。

掌囚，掌守盗贼。凡囚者，上罪梏拲而桎，中罪桎梏，下罪梏。王之同族拲，有爵者桎，以待弊罪。凡囚者，谓非盗贼，自以他罪拘者也。郑司农云：“拲者，两手共一木也。桎梏者，两手各一木也。”玄谓在手曰梏，在足曰桎。中罪不拲，手足各一木耳。下罪又去桎。王同族及命士以上，虽有上罪，或拲或桎而已。弊，犹断也。**及刑杀，告刑于王，奉而适朝，士加明梏，以适市而刑杀之**。告刑于王，告王以今日当行刑及所刑姓名也。其死罪则曰“某之罪在大辟”，其刑罪则曰“某之罪在小辟”。奉而适朝者，重刑，为王欲有所赦，且当以付士。士，乡士也。乡士加明梏者，谓书其姓名及其罪于梏而著之也。囚时虽有无梏者，至于刑杀，皆设之，以适市就众也。庶姓无爵者，皆刑杀于市。**凡有爵者与王之同族，奉而适甸师氏，以待刑杀。**适甸师氏，亦由朝乃往也。待刑杀者，掌戮将自市来也。《文王世子》曰："虽亲不以犯有司，正术也，所以体异姓也。刑于隐者，不与国人虑兄弟也。"

掌戮，掌斩杀贼谍而搏之。斩以铁钺，若今要斩也。杀以刀刃，若今弃市也。谍，谓奸寇反间者。贼与谍，罪大者斩之，小者杀之。搏，当为"膊诸城上"之膊，字之误也。膊，谓去衣磔之。**凡杀其亲者，焚之；杀王之亲者，辜之。**亲，缌服以内也。焚，烧也。《易》曰："焚如，死如，弃如。"辜之言枯也，谓磔之。**凡杀人者，踣诸市，肆之三日。刑盗于市。**踣，僵尸也。肆，犹申也，陈也。凡言刑盗，罪恶莫大焉。**凡罪之丽于法者，亦如之。唯王之同族与有爵者，杀之于甸师氏。**罪二千五百条，上附下附，刑五而已。于刑同科者，其刑杀之一也。**凡军旅、田役、斩杀、刑戮，亦如之。**戮，谓膊焚辜肆。**墨者使守门，**黥者无妨于禁御。**劓者使守关，**截鼻亦无妨，以貌丑远之。**宫者使守内，**以其人道绝也，今世或然。**刖者使守囿，**断足驱卫禽兽，无急行。**髡者使守积。**郑司农云："髡，当作[1]完，谓但居作三年，不亏体者也。"玄谓此出五刑之中而髡者，必王之同族。不宫者，宫之为翦其类，髡头而已。守积，积在隐者

[1] "作"，岳本、闽本、阮本作"为"。

宜也。

司隶，掌五隶之法，辨其物，而掌其政令。五隶，谓罪隶、四翟之隶也。物，衣服、兵器之属。**帅其民而搏盗贼，役国中之辱事，为百官积任器，凡囚执人之事。**民，五隶之民也。郑司农云："百官所当任持之器物，此官主为积聚之也。"玄谓任，犹用也。**邦有祭祀、宾客、丧纪之事，则役其烦辱之事。**烦，犹剧也。《士丧礼》下篇曰："隶人涅厕。"**掌帅四翟之隶，使之皆服其邦之服，执其邦之兵，守王宫与野舍之厉禁。**野舍，王行所止舍也。厉，遮例也。

罪隶，掌役百官府与凡有守者，❶**掌使令之小事。**役，给其小役。**凡封国若家，牛助，为牵徬。**郑司农云："凡封国若家，谓建诸侯、立大夫家也。牛助为牵徬，此官主为送致之也。"玄谓牛助，国以牛助转徙也。罪隶牵徬之，在前曰牵，在旁曰徬。**其守王宫与其厉禁者，如蛮隶之事。**❷

---

❶ "罪隶掌役百官府与凡有守者"，王引之云此《罪隶》与下《蛮隶》《闽隶》《夷隶》《貉隶》职文有错简，当作"罪隶，掌役百官府与凡有守者，掌使令之小事。凡封国若家，（子则取隶焉）"。"蛮隶，掌役校人养马，其在王宫者，执其国之兵以守王宫，在野外，则守厉禁"。"闽隶，掌役（掌）。畜养鸟而阜蕃教扰之，掌（与鸟言。其守王宫者，与其守厉禁者，如蛮隶之事）"。"夷隶，掌役牧人养牛（牛助为牵傍），其守王宫者，与其守厉禁者，如蛮隶之事"。

❷ "其守王宫与其厉禁者如蛮隶之事"，阮校云浦镗引王明斋曰："十四字宜属《闽隶》，以文义详之，不应未言蛮隶而曰'如蛮隶之事'。"《司隶职》云"掌帅四翟之隶，使之皆服其邦之服，执其邦之兵，守王宫与野舍之厉禁"，则守王宫与其厉禁者，明属四翟之隶之职，与罪隶无涉。今三翟隶有文，独闽隶缺，明是彼之脱简，误衍于此，盖贾疏本已如是，郑注时则未误。阮按郑注时本不如是。

蛮隶，掌役校人养马。其在王宫者，执其国之兵以守王宫。在野外，则守厉禁。

闽隶，掌役畜养鸟而阜蕃教扰之，掌子则取隶焉。杜子春云："子，当为祀。"玄谓掌子者，王立世子，置臣使掌其家事，而以闽隶役之。

夷隶，掌役牧人，养牛马，与鸟言。郑司农云："夷狄之人或晓鸟兽之言，故《春秋传》曰：'介葛卢闻牛鸣，曰："是生三牺，皆用矣。"'是以貉隶职掌与兽言。"其守王宫者，与其守厉禁者，如蛮隶之事。

貉隶，掌役服不氏，而养兽，而教扰之，掌与兽言。不言阜蕃者，猛兽不可服，又不生乳于圈槛也。其守王宫者，与其守厉禁者，如蛮隶之事。

卷第十

秋官司寇下

布宪，掌宪邦之刑禁。正月之吉，执旌节以宣布于四方，而宪邦之刑禁，以诘四方邦国及其都鄙，达于四海。宪，表也，谓县之也。刑禁者，国之五禁，所以左右刑罚者。司寇正月布刑于天下，正岁又县其书于象魏。布宪于司寇布刑，则以旌节出宣令之；于司寇县书，则亦县之于门闾及都鄙邦国。刑者，王政所重，故屡丁宁焉。诘，谨也，使四方谨行之。《尔雅》曰："九夷、八蛮、六戎、五狄，谓之四海。"**凡邦之大事，合众庶，则以刑禁号令。**

禁杀戮，掌司斩杀戮者、凡[1]伤人见血而不以告者、攘狱者、遏讼者，以告而诛之。司，犹察也。察此四者，告于司寇罪之也。斩杀戮，谓吏民相斩相杀相戮者。伤人见血，见血乃为伤人耳。郑司农云："攘狱者，距当狱者也。遏讼者，遏止欲讼者也。"玄谓攘，犹却也，却狱者言不受也。

禁暴氏，掌禁庶民之乱暴力正者，挢诬犯禁者，作言语而不信者，以告而诛之。民之好为侵陵、称诈、谩诞，此三者亦刑所禁也。力正，以力强得正也。**凡国聚众庶，则戮其犯禁者以徇。凡奚隶聚而出入者，则司牧之，戮其犯禁**

[1] "凡"，于鬯云当在"斩"之上。

者。奚隶，女奴、男奴也。其聚出入有所使。

野庐氏，掌达国道路，至于四畿。达，谓巡行通之，使不陷绝也。去王城五百里曰畿。**比国郊及野之道路、宿息、井、树。**比，犹校也。宿息，庐之属，宾客所宿及昼止者也。井共饮食，树为蕃蔽。**若有宾客，则令守涂地之人聚柝之，有相翔者诛之**[1]。守涂地之人，道所出庐宿旁民也。相翔，犹昌翔观伺者也。郑司农云："聚柝之，聚击柝以宿卫之也。有奸人相翔于宾客之侧，则诛之，不得令寇盗宾客。"**凡道路之舟车轚互者，叙而行之。**舟车轚互，谓于迫隘处也。车有镮辕[2]、坻[3]阁，舟有砥柱之属。其过之者，使以次叙之。**凡有节者及有爵者至，则为之辟。**辟，辟行人，亦使守涂地者。**禁野之横行径逾者。**皆为防奸也。横行，妄由田中。径逾，射邪趋疾，越堤渠也。**凡国之大事，比修除道路者。**比校治道者名，若今次金叙大功[4]。**掌凡道禁。**禁，谓若今绝蒙大巾、持兵杖之属。**邦之**

---

❶ "有相翔者诛之"，阮校云嘉靖本、闽本、监本、毛本同，唐石经、大字本、岳本"者"下有"则"，当据以补正。《石经考文提要》引《周礼订义》有"则"字。

❷ "镮辕"，阮校云《释文》作"环辕"，云"本亦作'镮'，同"。"镮"当依陆本作"环"，因注云"车有环辕"，故改从车旁也。

❸ "坻"，阮校云段玉裁云"坻"字，徐之尔反，则字作"坻"。

❹ "若今次金叙大功"，阮校云贾疏本"大"作"丈"，云"官名次金叙，主以丈尺赋功，今俗本多误为'次叙大功'"。阮按疏云汉时有官名次金叙，"叙"字恐衍。盖贾本作"次金丈功"，俗本云"次叙大功"，今本转写互误，各衍一字耳。贾云有官名次金，亦未可信。此注宜定为"若今次叙丈功"，"金"与"叙"形之误，"大"与"丈"亦形之误。

大师[1]**，则令扫道路，且以几禁行作不时者、不物者。**不时，谓不夙则莫者也。不物，谓衣服操持非此[2]常人也。几禁之者，备奸人内贼及反间。

蜡氏，掌除骴。《曲礼》："四足死者曰渍。"[3]故书骴作脊[4]。郑司农云：脊，读为渍，谓死人骨也。《月令》曰"掩骼埋胔"[5]，骨之尚有肉者也。及禽兽之骨皆是。**凡国之大祭祀，令州里除不蠲，禁刑者、任人及凶服者，以及郊野，大师、大宾客亦如之。**蠲，读如[6]"吉圭惟饎"之圭。圭，絜也。刑者，黥劓之属。任人，司圜所收教罢民也。凶服，服衰绖也。此所禁除者，皆为不欲见，人所薉恶也。**若有死于道路者，则令埋而置楬焉，书其日月焉，县其衣服、任器于有地之官，以待其人。**有地之官，主此地之吏也。其人，其家人也。郑司农云："楬，欲令其识取之，今时楬櫫是也。有地之官，有部界之吏，今时乡亭是也。"**掌凡国之骴禁。**禁，谓孟春掩骼埋胔之属。

---

❶ "邦之大师"，阮校云唐石经"之"下有"有"字。

❷ "此"，阮校云钱钞本、嘉靖本、毛本作"比"，当据以订正。

❸ "曲礼四足死者曰渍"，阮校云大字本"曲礼"下有"曰"，此脱；《释文》"渍"作"殰"，云"又作'渍'"。

❹ "脊"，八行本作"养"。

❺ "月令曰掩骼埋胔"，阮校引浦镗云"胔"下脱一"胔"字，《汉读考》云"月令上当有'玄谓'二字，司农从故书作'脊'而易为'渍'，郑君从今书作'骴'而释其义。'胔'同'骴'，《说文》曰'骴，或从肉'，是也"。此引《月令》当本作"掩骼埋骴"，《礼记音义》云"胔亦作骴"，此疏引彼注云"肉腐曰骴"可证，此作"胔"，是浅人据今本《月令》所改，当订正。

❻ "读如"，阮校云《汉读考》作"读为"。

雍氏，掌沟、渎、浍、池之禁，凡害于国稼者。春令为阱擭沟渎之利于民者，秋令塞阱杜擭。沟、渎、浍，田间通水者也。池，谓陂障之水道也。害于国稼，谓水潦及禽兽也。阱，穿地为堑，所以御禽兽，其或超逾，则陷焉，世谓之陷阱。擭，柞鄂也。坚地阱浅，则设柞鄂于其中。秋而杜塞阱擭，收刈之时，为其陷害人也。《书·粊誓》曰："敜乃擭，敛乃阱。"时秋也，伯禽以出师征徐戎。**禁山之为苑、泽之沈者。**为其就禽兽鱼鳖自然之居而害之。郑司农云："不得擅为苑囿于山也。泽之沈者，谓毒鱼及水虫之属。"

萍氏，掌国之水禁。水禁，谓水中害人之处，及入水捕鱼鳖不时。**几酒，**苛察沽买过多及非时者。**谨酒，**使民节用酒也。《书·酒诰》曰："有政有事无夷酒。"**禁川游者。**备波洋卒至沈溺也。

司寤氏，掌夜时。夜时，谓夜晚早，若今甲乙至戊。**以星分夜，以诏夜士、夜禁。**夜士，主行夜徼候者，如今都候之属。**御晨行者，禁宵行者、夜游者。**备其遭寇害及谋非公事。御，亦禁也，谓遏止之，无刑法也。晨，先明也。宵，定昏也。《书》曰："宵中星虚。"《春秋传》曰："夜中，星陨如雨。"

司烜氏，掌以夫遂取明火于日，以鉴取明水于月，以共祭祀之明齍、明烛，共明水。夫遂，阳遂也。鉴，镜属，取水者，世谓之方诸。取日之火，月之水，欲得阴阳之洁气也。明烛以照馔陈，明水以为玄酒。郑司农云："夫，发声。

明齍[1]，谓以明水滫[2]涤粢盛黍稷。”**凡邦之大事，共坟烛庭燎**。故书坟为蕡。郑司农云：“蕡烛，麻烛也。”玄谓坟，大也。树于门外曰大烛，于门内曰庭燎，皆所以照众为明。**中春，以木铎修火禁于国中**。为季春将出火也。火禁，谓用火之处及备风燥。**军旅，修火禁。邦若屋诛，则为明竁焉**。郑司农云：“屋诛，谓夷三族。无亲属收葬者，故为葬之也。三夫为屋，一家田为一夫，以此知三家也。”玄谓屋读如[3]“其刑剭”之剭。剭诛，谓所杀不于市而以适甸师氏者也。明竁，若今楬头明书其罪法也。司烜掌明竁，则罪人夜葬与？

条狼氏，掌执鞭以趋辟。王出入，则八人夹道，公则六人，侯伯则四人，子男则二人。趋辟，趋而辟行人，若今卒辟车之为也[4]。孔子曰：“富而可求，虽执鞭之士，吾亦为之。”言士之贱也。**凡誓，执鞭以趋于前，且命之。誓仆右曰“杀”，誓驭曰“车轘”，誓大[5]夫曰“敢不关，鞭五百”，誓师曰“三百”，誓邦之大史曰“杀”，誓小**

---

❶ “明齍”，阮校云当作“明粢”。《释文》于经云“明齍，音资，注作‘粢’，同”。

❷ “滫”，阮本作“修”，阮校云“修”“滫”皆非，乃“溲”字之误。

❸ “读如”，阮校云《汉读考》作“读为”。《礼说》云班固《述哀纪》曰“底剭鼎臣”，服虔曰“《周礼》有屋诛”。孙诒让云“如”蜀石经作“为”。

❹ “若今卒辟车之为也”，阮校云大字本“今”下有“时”。孙诒让云蜀石经亦有“时”。

❺ “大”，俞樾疑此字衍。

史曰"墨"。[1]前，谓所誓众之行前也。有司读誓辞，则大言其刑以警所誓也。誓者，谓出军及将祭祀时也。出军之誓，誓左右及驭，则《书》之《甘誓》备矣。《郊特牲》说祭祀之誓曰："卜之日，王立于泽，亲听誓命，受教谏之义也。"车轘，谓车裂也。师，乐师也。大史、小史，主礼事者。郑司农云："誓大夫曰敢不关，谓不关于君也。"玄谓大夫自受命以出，则其余事莫不复请。

修闾氏，掌比国中宿互柝者与其国粥，而比其追胥者而赏罚之。国中，城中也。粥，养也。国所游养，谓羡卒也。追，逐寇也。胥，读为偦。故书互为巨。郑司农云："宿，谓宿卫也。巨，当为互，谓行马，所以障互禁止人也。柝，谓行夜击柝。"**禁径逾者，与以兵革趋行者，与驰骋于国中者。**皆为其惑众。**邦有故，则令守其闾互，唯执节者不几。**令者，令其闾内之闾胥里宰之属。

冥氏，掌设弧张。弧张，罿罦之属，所以扃绢禽兽。**为阱擭以攻猛兽，以灵鼓驱[2]之。**灵鼓，六面鼓。驱之，使惊趋阱擭。**若得其兽，则献其皮、革、齿、须、备。**郑司农云："须，直谓颐下须。备，谓搔也。"

庶氏，掌除毒蛊，以攻说禬之，嘉草攻之。毒蛊，虫物而病害人者[3]。《贼律》曰："敢蛊人及教令者，弃市。"

---

❶ "誓邦之大史曰杀誓小史曰墨"，王引之云据《说文》，二"史"字皆当作"事"。

❷ "驱"，原作"欧"，据八行本改。

❸ "虫物而病害人者"，阮校云大字本作"虫物而能病害人者也"，今本盖脱二字。孙诒让云蜀石经有"能"无"也"字。

攻说，祈名，祈其神求去之也。嘉草，药物，其状未闻。攻之，谓熏之。郑司农云：“禬，除也。”玄谓此禬读如“溃痈”之溃。**凡驱蛊，则令之、比之**。使为之，又校次之。

穴氏，掌攻蛰兽，各以其物火之。蛰兽，熊罴之属冬藏者也。将攻之，必先烧其所食之物于穴外以诱出之，乃可得之。**以时献其珍异、皮革**。

翨氏，掌攻猛鸟，各以其物为媒而掎之。猛鸟，鹰隼之属。置其所食之物于绢中，鸟来下则掎其脚。**以时献其羽翮**。

柞氏，掌攻草木及林麓。林，人所养者。山足曰麓。**夏日至，令刊阳木而火之；冬日至，令剥阴木而水之**。刊、剥，互言耳，皆谓斫去次地之皮。生山南为阳木，生山北为阴木。火之水之，则使其肄不生。**若欲其化也，则春秋变其水火**。化，犹生也，谓时以种谷也。变其水火者，乃所火则水之，所水则火之，则其土和美。**凡攻木者，掌其政令**。除木有时。

薙氏，掌杀草。春始生而萌之，夏日至而夷之[1]，秋绳[2]而芟之，冬日至而耜之。故书萌作甍。杜子春云：“甍，当为萌，谓耕反其萌牙[3]，书亦或为萌。”玄谓萌之

---

[1] “夏日至而夷之”，阮校云《汉读考》作“雉之”，注同，云司农从“夷”，郑君从“雉”，《月令》“烧雉行水”注引“夏日至而雉之”为证，其明验也。《礼记正义》引皇氏曰“夷音雉”，是皇侃时字虽误而音不误，胜于陆德明矣。

[2] “绳”，俞樾云当作“䑌”，乃古“孕”字。

[3] “牙”，阮校云钱钞本作“芽”，闽本、监本、毛本疏中同，此本疏并作“牙”，惠校本同。

者，以兹其斫其生者。夷之，以钩镰迫地芟之也，若今取茭矣。含实曰绳，芟其绳则实不成孰。耜之，以耜测冻土刬之。**若欲其化也，则以水火变之。**谓以火烧其所芟萌之草，已而水之，则其土亦和美矣。《月令》季夏，"烧薙行水，利以杀草，如以热汤"。是其一时著之。**掌凡杀草之政令。**

硩蔟氏，掌覆夭鸟之巢。覆，犹毁也。夭鸟，恶鸣之鸟，若鸮鹏。**以方书十日之号、十有二辰之号、十有二月之号、十有二岁之号、二十有八星之号，县其巢上，则去之。**方，版也。日，谓从甲至癸。辰，谓从子至亥。月，谓从娵至荼。岁，谓从摄提格至赤奋若。星，谓从角至轸。夭鸟见此五者而去，其详未闻。

翦氏，掌除蠹物，以攻禜攻之，以莽草熏之，蠹物，穿食人器物者，虫鱼亦是也。攻禜，祈名。莽草，药物杀虫者，以熏之则死。故书蠹为橐。杜子春云："橐，当为蠹。"**凡庶蛊之事。**庶，除毒蛊者。蛊，蠹之类，或熏以莽草则去。

赤发氏，掌除墙屋，以蜃炭攻之，以灰洒毒之。洒，灑也。除墙屋者，除虫豸藏逃其中者。蜃，大蛤也。捣其炭以坋之则走，淳之以洒之则死。故书蜃为晨。郑司农云："晨，当为蜃，书亦或为蜃。"**凡隙屋，除其狸虫。**狸虫，䗪肌蛷之属。

蝈氏，掌去蛙黾，焚牡蘜，以灰洒之，则死。牡蘜，蘜不华者。齐鲁之间谓蛙为蝈。黾，耿黾也。蝈与耿黾尤怒鸣，为聒人耳去之。**以其烟被之，则凡水虫无声。**杜子春云："假令风从东方来，则于水东面为烟，令烟西行，被之水上[1]。”

壶涿氏，掌除水虫，以炮土之鼓驱[2]之，以焚石投之。水虫，狐蜮之属。故书炮作泡。杜子春读炮[3]为“苞有苦叶”之苞。玄谓“燔之炮之[4]”炮，炮土之鼓，瓦鼓也。焚石投之，使惊去。**若欲杀其神，则以牡橭午贯象齿而沈之，则其神死，渊为陵。**神，谓水神龙罔[5]象。故书橭为梓，午为五。杜子春云：“梓，当为橭。橭，读为枯。枯，榆木名。书或为樗。”又云：“五贯当为午贯。”

庭氏，掌射国中之夭鸟[6]。若不见其鸟兽，则以救日之弓与救月之矢夜射之。不见鸟兽，谓夜来鸣呼为怪者。兽，狐狼之属。郑司农云：“救日之弓，救月之矢，谓日月食所作弓矢。”玄谓日月之食，阴阳相胜之变也，于日食则射大阴，月食则射大阳与？**若神也，则以大阴之弓与枉矢射之。**神，谓非鸟兽之声，若或叫于宋大庙嘻嘻出出者。大阴之弓，救月之弓。枉矢，救日之矢与？不言救月之弓与救日之矢者，互言之。救日用[7]枉矢，则救月以恒矢可知也。

衔枚氏，掌司嚣。察嚣讙者，为其聒乱在朝者之言语。

---

[1] “被之水上”，阮校云大字本“之”作“水”。疑作“被水上”，大字本、今本各衍一字。孙诒让云蜀石经正作“被水上”。

[2] “驱”，原作“欧”，据阮本改。

[3] “炮”，阮校引《汉读考》云当作“泡”。

[4] “炮之”，阮校云其下当更有“之”字，毛氏居正、岳氏珂所据本并然。

[5] “罔”，原作“冈”，据阮本改。

[6] “鸟”，俞樾云疑此字衍。

[7] “用”，阮校云大字本作“以”，当据正。

国之大祭祀，令禁无嚣。令，令主祭祀者。**军旅、田役，令衔枚。**为其言语以相误。**禁嘂、呼、叹、鸣于国中者，行歌、哭于国中之道者。**为其惑众相感动，呜，吟也。

伊耆氏，掌国之大祭祀，共其杖咸。咸，读为函。老臣虽杖于朝，事鬼神尚敬，去之。有司以此函藏之，既事乃授之。**军旅，授有爵者杖。**别吏卒，且以扶尊者。将军杖钺。**共王之齿杖。**王之所以赐老者之杖。郑司农云："谓年七十当以王命受杖者，今时亦命之为王杖[1]。"玄谓《王制》曰："五十杖于家，六十杖于乡，七十杖于国，八十杖于朝。"

大行人，掌大宾之礼及大客之仪，以亲诸侯。大宾，要服以内诸侯。大客，谓其孤卿。**春朝诸侯而图天下之事，秋觐以比邦国之功，夏宗以陈天下之谟，冬遇以协诸侯之虑。时会以发四方之禁，殷同以施天下之政。**此六事者，以王见诸侯为文。图、比、陈、协，皆考绩之言。王者春见诸侯则图其事之可否，秋见诸侯则比其功之高下，夏见诸侯则陈其谋之是非，冬见诸侯则合其虑之异同。六服以其朝岁，四时分来，更迭如此而遍。时会，即时见也，无常期。诸侯有不顺服者，王将有征讨之事，则既朝，王命为坛于国外，合诸侯而发禁命事焉。禁，谓九伐之法。殷同即殷见也。王十二岁一巡守，若不巡守则殷同。殷同者，六服尽朝，既朝，王亦命为坛于国外，合诸侯而命其政。政，谓邦国之九法。殷同，四方

---

❶ "王杖"，阮校云卢文弨曰《续汉礼仪志》作"玉杖"，"玉"字是也。《礼仪志》"养老"条中"三老冠进贤扶玉杖"，即此也。作"王杖"不辞。杖饰以鸠，鸠以玉为之，故曰"玉杖"。《说文》曰"觡，杖耑角也"，是凡杖以角饰之，王之齿杖以玉饰之。

四时分来，岁终则遍矣。九伐、九法皆在《司马职》。《司马法》曰："春以礼朝诸侯，图同事；夏以礼宗诸侯，陈同谋；秋以礼觐诸侯，比同功；冬以礼遇诸侯，图同虑；时以礼会诸侯，施同政；殷以礼宗诸侯，发同禁。"**时聘以结诸侯之好，殷覜以除邦国之慝。**此二事者，亦以王见诸侯之臣使来者为文也。时聘者，亦无常期，天子有事，诸侯使大夫来聘，亲以礼见之[1]，礼而遣之，所以结其恩好也。天子无事则已。殷覜，谓一服朝之岁也。慝，犹恶也。一服朝之岁，五服诸侯皆使卿以聘礼来覜天子，天子以礼见之，命以政禁之事，所以除其恶行。**间问以谕诸侯之志，归脤以交诸侯之福，贺庆以赞诸侯之喜，致禬以补诸侯之灾。**此四者，王使臣于诸侯之礼也。间问者，间岁一问诸侯，谓存省之属。谕诸侯之志者，谕言语、谕书名其类也。交，或往或来者也。赞，助也。致禬，凶礼之吊礼禬礼也。补诸侯灾者，若《春秋》"澶渊之会，谋归宋财"。**以九仪辨诸侯之命，等诸臣之爵；以同邦国之礼，而待其宾客。**九仪，谓命者五，公、侯、伯、子、男也。爵者四，孤、卿、大夫、士也。**上公之礼，执桓圭九寸，缫藉九寸，冕服九章，建常九斿，樊缨九就，贰车九乘，介九人，礼九牢。其朝位，宾主之间九十步，立当车轵。摈者五人。庙中将币，三享。王礼再祼而酢，飨礼九献，食礼九举，出入五积，三问三劳。诸侯之礼，**

[1] "亲以礼见之"，阮校云大字本"亲"上有"王"。上注云"此六事者，以王见诸侯为文"，又"此二事者，亦以王见诸侯之臣使来者为文"，故此云"王亲以礼见之"，此"王"字当有。贾疏引注亦无之。孙诒让云蜀石经有"王"字。

执信圭七寸，缫藉七寸，冕服七章，建常七斿，樊缨七就，贰车七乘，介七人，礼七牢。朝位，宾主之间七十步，立当前疾[1]。摈者四人。庙中将币，三享。王礼壹祼而酢，飨礼七献，食礼七举，出入四积，再问再劳。诸伯执躬圭，其他皆如诸侯之礼。诸子执谷璧五寸，缫藉五寸，冕服五章，建常五斿，樊缨五就，贰车五乘，介五人，礼五牢。朝位，宾主之间五十步，立当车衡。摈者三人。庙中将币，三享。王礼壹祼不酢，飨礼五献，食礼五举，出入三积，壹问壹劳。诸男执蒲璧，其他皆如诸子之礼。缫藉，以五采韦衣板，若奠玉，则以藉之。冕服，著冕所服之衣也。九章者，自山龙以下。七章者，自华虫以下。五章者，自宗彝以下也。常，旌旗也。斿，其属幓垂者也。樊缨，马饰也，以罽饰之，每一处五采备为一就。就，成也。贰，副也。介，辅已行礼者也。礼，大礼饔饩也。三牲备为一牢。朝位，谓大门外宾下车及王车出迎所立处也。王始立大门内，交摈三辞乃乘车而迎之，齐仆为之节。上公立当轵，侯伯立当疾，子男立当衡，王立当轸与？庙，受命祖之庙也。飨，设盛礼以饮宾也。问，问不恙也。劳，谓苦倦之也。皆有

[1] “立当前疾”，阮校云唐石经及诸本同。《说文》：“軓，车轼前也，从车凡声。《周礼》曰‘立当前軓’。”《汉读考》云：“前軓者，前乎軓也，亦以在轵衡之中为节。盖故书作‘侯’，杜、卫、贾容有不得其说，易为‘軓’者，而许从之。”《礼说》云：“侯伯立当前侯，俗本误为‘前疾’。《论语·乡党》邢昺疏引《周礼》作‘前侯’，云‘侯伯立当前侯胡下’。《诗·蓼萧》孔疏引《大行人》亦作‘前侯’，盖《说文》‘疾’作‘疾’，古文‘矦’作‘医’，相似易乱，故讹。”此二疏“矦”字，近日刻本乃改为“疾”，自谓依《周礼》也，凡古书之不容轻改如此。

礼，以币致之。故书祼作果。郑司农云："车轵，轵也。❶三享，三献也。祼，读为灌。再灌，再饮公也。而酢，报饮王也。举，举乐也。出入五积，谓馈之刍米也。前疾，谓驷马车辕前胡下垂柱地者。"玄谓三享皆束帛加璧，庭实惟国所有。《朝士仪》曰："奉国地所出重物而献之，❷明臣职也。"朝先享，不言朝者，朝正礼，不嫌有等也。王礼，王以郁鬯礼宾也。《郁人职》曰："凡祭祀宾客之祼事，和郁鬯以实彝而陈之。"礼者，使宗伯摄酌圭瓒而祼，王既拜送爵，又摄酌璋瓒而祼，后又拜送爵，是谓再祼。再祼，宾乃酢王也。礼侯伯一祼而酢者，祼宾，宾酢王而已，后不祼也。礼子男一祼不酢者，祼宾而已，不酢王也。不酢之礼，《聘礼》礼宾是与？九举，举牲体九饭也。出入，谓从来讫去也。每积有牢礼米禾刍薪，凡数不同者，皆降杀。**凡大国之孤，执皮帛以继小国之君。出入三积，不问，壹劳。朝位当车前。不交摈，庙中无相。以酒礼之。其他，皆视小国之君。**此以君命来聘者也。孤尊，既聘享，更自以其贽见，执束帛❸而已，豹皮表之为饰。继小国之君，言次之也。朝聘之礼，每一国毕，乃

---

❶ "车轵轵也"，阮校云《汉读考》云当云"车轵，軎也"，乃合《大驭》注"轵，谓两軎也"，《少仪》注"轨与轵，于事同谓軎头也"，皆以此"轵"别于《考工记》"参分较围去一以为轵围"之"轵"。《大行人》之"轵"，故书当亦作"軹"。

❷ "朝士仪曰奉国地所出重物而献之"，阮校云宋本无"重"字。孙志祖云此二语见《大戴礼·朝事》篇，"士"疑当作"事"。卢文弨曰"士"亦与"事"通。孙诒让云蜀石经作"朝事仪"。

❸ "束帛"，阮校云贾疏本作"皮帛"。孙诒让云贾述注仍作"束帛"。

前。不交摈者，不使介传辞交于王之摈，亲自对摈者也。庙中无相，介皆入门西上而立，不前相礼者，聘之介是与？以酒礼之，酒谓齐酒也，和之不用郁鬯耳。其他，谓贰车及介、牢礼、宾主之间、摈者、将币、裸酢、飨食之数。**凡诸侯之卿，其礼各下其君二等，以下及其大夫、士，皆如之。**此亦以君命来聘者也。所下其君者，介与朝位、宾主之间也。其余则自以其爵。《聘义》曰："上公七介，侯伯五介，子男三介。"是谓使卿之聘之数也。朝位，则上公七十步，侯伯五十步，子男三十步与？**邦畿方千里，其外方五百里谓之侯服，岁壹见，其贡祀物。又其外方五百里谓之甸服，二岁壹见，其贡嫔物。又其外方五百里谓之男服，三岁壹见，其贡器物。又其外方五百里谓之采服，四岁壹见，其贡服物。又其外方五百里谓之卫服，五岁壹见，其贡材物。又其外方五百里谓之要服，六岁壹见，其贡货物。**要服，蛮服也。此六服去王城三千五百里，相距方七千里，公、侯、伯、子、男封焉。其朝贡之岁，四方各四分趋四时而来，或朝春，或宗夏，或觐秋，或遇冬。祀贡者，牺牲之属。故书嫔作频。郑司农云："嫔物，妇人所为物也。《尔雅》曰：'嫔，妇也。'"玄谓嫔物，丝枲也。器物，尊彝之属。服物，玄纁絺纩也。材物，八材也。货物，龟贝也。**九州之外谓之蕃国，世壹见，各以其所贵宝为挚。**九州之外，夷服、镇服、蕃服也。《曲礼》曰："其在东夷、北狄、西戎、南蛮，虽大曰子。"《春秋传》曰："杞，伯也，以夷礼，故曰子。"然则九州之外，其君皆子男也。无朝贡之岁，父死子立[1]，及嗣王即位，乃一来耳。各以其所贵宝为挚，则蕃国之君无执玉瑞者，是以谓其君为小宾，臣为小客。所贵宝见传者，若犬戎献白狼、白鹿是也。其余则《周书·王会》备焉。**王之所以抚邦国诸侯者，岁遍存，三岁遍覜，五岁遍省；七岁属象胥，谕言语，协辞命；九岁属瞽史，谕书名，听声音；十有一岁达瑞节，同度量，成牢礼，同数器，修法则；十有二岁王巡守、殷国。**抚，犹安也。存、覜、省者，王使臣于诸侯之礼，所谓间问也。岁者，巡守之明岁以为始也。属，犹聚也。自五岁之后，遂间岁遍省也。七岁省而召其象胥，九岁省而召其瞽史，皆聚于天子之宫，教习之也。故书"协辞命"作"叶词命"[2]。郑司农云："象胥，译官也。叶[3]，当为汁，词，当为辞，书或为'叶[4]辞命'。"玄谓胥读为谞。《王制》曰："五方之民，言语不通，耆欲不同，达其志，通其欲。东方曰寄，南方曰象，西方曰狄鞮，北方曰译。"此官正为象者，周始有越重译而来献，

---

❶ "父死子立"，阮校云大字本上有"以"，贾疏本以下皆无。有者是。

❷ "故书协辞命作叶词命"，"叶"，阮校云《汉读考》改"汁"，《释文》亦作"叶"。又《春官·大史》注云"故书协作叶"，与此注相应。卢文弨曰《大戴礼》作"叶辞令"。

❸ "叶"，阮校云诸本同。"汁"当"协"之误。《大史》注杜子春云"叶，协也"，司农改"叶"为"协"，犹杜氏训"叶"为"协"也。《释文》"叶音协"，正本此。

❹ "叶"，阮校云诸本同。"叶"当作"汁"，《大史》注云"书亦或为汁"，是也。

是因通言语之官为象胥云[1]。谞，谓象之有才知者也。辞命，六辞之命也。瞽，乐师也。史，大史、小史也。书名，书之字也，古曰名，《聘礼》曰“百名以上”。至十一岁又遍省焉。度，丈尺也。量，豆区釜也。数器，铨衡也。法，八法也。则，八则也。达、同、成、修，皆谓赍其法式，行至则齐等之也。成，平也，平其僭逾者也。王巡守，诸侯会者各以其时之方，《书》曰“遂觐东后”是也。其殷国，则四方四时分来如平时。**凡诸侯之王事，辨其位，正其等，协其礼，宾而见之。**王事，以王之事来也。《诗》云：“莫敢不来王。”《孟子》曰：“诸侯有王。”[2]**若有大丧，则诏相诸侯之礼。**诏相，左右教告之也。**若有四方之大事，则受其币，听其辞。**四方之大事，谓国有兵寇诸侯来告急者。礼动不虚，皆有贽币，以崇敬也。受之，以其事入告王也。《聘礼》曰：“若有言，则以束帛如享礼。”**凡诸侯之邦交，岁相问也，殷相聘也，世相朝也。**小聘曰问。殷，中也。久无事，又于殷朝者及而相聘也。父死子立曰世。凡君即位，大国朝焉，小国聘焉。此皆所以习礼考义、正刑一德，以尊天子也，必择有道之国而就修之。郑司农说殷聘以《春秋传》曰“孟僖子如齐殷聘，礼也”。

---

[1] “是因通言语之官为象胥云”，阮校云大字本“因”下有“名”，疑当作“是因通名言语之官为象云”，“通”字、“胥”字皆衍文。孙诒让云蜀石经亦作“因名”。

[2] “孟子曰诸侯有王”，阮校云《六经正误》云“《孟子》无此，《小行人》注引《春秋传》‘诸侯有王，王有巡守’是也，传写误作《孟子》”。此见《左氏传》庄二十三年。

小行人，掌邦国宾客之礼籍，以待四方之使者。礼籍，名位尊卑之书。使者，诸侯之臣使来者也。**令诸侯春入贡，秋献功，王亲受之，各以其国之籍礼之。**贡，六服所贡也。功，考绩之功也。秋献之，若今计文书断于九月，其旧法。**凡诸侯入王，则逆劳于畿。**郑司农云："入王，朝于王也。故《春秋传》曰'宋公不王'，又曰'诸侯有王，王有巡守'。"**及郊劳、视馆、将币，为承而摈。**视馆，致馆也。承，犹丞也。王使劳宾于郊，致馆于宾，至将币，使宗伯为上摈，皆为之丞而摈之。**凡四方之使者，大客则摈，小客则受其币而听其辞。**摈者，摈而见之王，使得亲言也。受其币者，受之以入告其所为来之事。**使适四方，协九仪。宾客之礼，朝觐、宗遇、会同，君之礼也；存、覜、省、聘、问，臣之礼也。**适，之也。协，合也。**达天下之六节：山国用虎节，土国用人节，泽国用龙节，皆以金为之；道路用旌节，门关用符节，都鄙用管节，皆以竹为之。**此谓邦国之节也。达之者，使之四方，亦皆赍法式以齐等之也。诸侯使臣行覜聘，则以金节授之，以为行道之信也。虎、人、龙者，自其国象也。道路，谓乡遂大夫也。都鄙者，公之子弟及卿大夫之采地之吏也。凡邦国之民远出至他邦，他邦之民若来入，由国门者，门人为之节；由关者，关人为之节。其以征令及家徙，乡遂大夫及采地吏为之节。皆使人执节将之以达之，亦有期以反节。管节，如今之竹使符也。其有商者，通之以符节，如门关。门关者与市联事，节可同也，亦所以异于畿内也。凡节，有天子法式，存于国。**成六瑞：王**

用瑱[1]圭，公用桓圭，侯用信圭，伯用躬圭，子用谷璧，男用蒲璧。成，平也。瑞，信也。皆朝见所执以为信。**合六币：圭以马，璋以皮，璧以帛，琮以锦，琥以绣，璜以黼。此六物者，以和诸侯之好故。**合，同也。六币，所以享也。五等诸侯享天子用璧，享后用琮，其大各如其瑞，皆有庭实，以马若皮。皮，虎豹皮也。用圭璋者，二王之后也。二王后尊，故享用圭璋而特之。《礼器》曰“圭璋特”，义亦通于此。其于诸侯，亦用璧琮耳。子男于诸侯，则享用琥璜，下其瑞也。凡二王后[2]、诸侯相享之玉，大小各降其瑞一等。及使卿大夫覜聘，亦如之。**若国札丧，则令赙补之；若国凶荒，则令赒委之；若国师役，则令槁禬之；若国有福事，则令庆贺之；若国有祸灾，则令哀吊之。凡此五物者，治其事故。**故书赙作傅[3]，槁为稾。郑司农云：“赙补之，谓赙丧家，补助其不足也。若今时一室二尸，则官与之棺也。稾当为槁，谓槁师也。”玄谓师役者，国有兵寇以匮病者也。使邻国合会财货以与之。《春秋》定五年夏“归粟于蔡”是也。《宗伯职》曰：“以禬礼哀围败。”祸灾，水火。**及其万民之利害为一书，其礼俗政事教治刑禁之逆顺为一书，其悖逆暴乱作慝犹犯令者为一书，其札丧凶荒厄贫为一书，其康乐和亲安平为一书。凡此五**

---

❶ “瑱”，阮校云《释文》“瑱，刘吐电反。案：王执镇圭，瑱宜作镇音”。《天府》“凡国之玉镇”注“故书镇作瑱，郑司农云‘瑱读为镇’”，此作“瑱”者，从故书也。

❷ “后”，底本漫漶，据阮本补。

❸ “傅”，阮本作“传”。

物者，每国辨异之，以反命于王，以周知天下之故。 慝，恶也。犹，图也。

司仪，掌九仪之宾客摈相之礼，以诏仪容、辞令、揖让之节。 出接宾曰摈，入赞礼曰相。以诏者，以礼告王。**将合诸侯，则令为坛三成，宫，旁一门。** 合诸侯，谓有事而会也。为坛于国外，以命事。宫，谓壝土以为墙处，所谓为[1]坛壝宫也。天子春帅诸侯拜日于东郊，则为坛于国东；夏礼日于南郊，则为坛于国南；秋礼山川丘陵于西郊，则为坛于国西；冬礼月四渎于北郊[2]，则为坛于国北。既拜礼而还，加方明于坛上而祀焉，所以教尊尊也。《觐礼》曰“诸侯觐于天子，为宫方三百步，四门，坛十有二寻，深四尺”是也。王巡守殷国而同，则其为宫亦如此与？郑司农云：“三成，三重也。《尔雅》曰：‘丘一成为敦丘，再成为陶丘，三成为昆仑丘。’谓三重。”**诏王仪，南乡见诸侯，土揖庶姓，时揖异姓，天揖同姓。** 谓王既祀方明，诸侯上介皆奉其君之旂置于宫，乃诏王升坛，诸侯皆就其旂而立。诸公中阶之前，北面东上；诸侯东阶之东，西面北上；诸伯西阶之西，东面北上；诸子门东，北面东上；诸男门西，北面东上。王揖之者，定其位也。庶姓，无亲者也。土揖，推手小下之也。异姓，昏姻也。时揖，平推手也。《卫将军文子》曰：“独居思仁，公言言义，其闻《诗》也，一日三

---

❶ “为”，阮校云大字本无，此衍。

❷ “冬礼月四渎于北郊”，阮校云大字本“月”下有“与”，诸本皆脱。孙诒让云蜀石经有“与”字。

复‘白圭之玷’，是南宫縚之行也。夫子信其仁，以为异姓。”谓妻之也。天揖，推手小举之。**及其摈之，各以其礼，公于上等，侯伯于中等，子男于下等。**谓执玉而前见于王[1]也。摈之各以其礼者，谓摈公者五人，侯伯四人，子男三人也。上等、中等、下等者，谓所奠玉处也。坛三成，深四尺，则一等一尺也。坛十有二寻，方九十六尺，则堂上二丈四尺，每等丈二尺与？诸侯各于其等奠玉，降拜，升成拜，明臣礼也。既，乃升堂，授王玉。**其将币亦如之，其礼亦如之。**将币，享也。礼，谓以郁鬯祼之也。皆于其等之上。**王燕，则诸侯毛。**谓以须发坐也。朝事尊尊上爵，燕则亲亲上齿。郑司农云：“谓老者在上也。老者二毛，故曰毛。”**凡诸公相为宾，**谓相朝也。**主国五积，三问，皆三辞拜受，皆旅摈；再劳，三辞，三揖，登，拜受，拜送。**宾所停止则积，间阔则问，行道则劳。其礼皆使卿大夫致之，从来至去，数如此也。三辞，辞其以礼来于外也。积问不言登，受之于庭也。郑司农云：“旅，读为‘旅于大山’之旅，谓九人传辞，相授于上下竟，问宾从末上行，介还受，上传之。”玄谓旅读为“鸿胪”之胪，胪陈之也。宾之介九人，使者七人，皆陈摈位，不传辞也。宾之上介出请，使者则前对，位皆当其末摈焉。三揖，谓庭中时也。拜送，送使者。**主君郊劳，交摈，三辞，车逆，拜辱，三揖三辞，拜受，车送，三还，再拜。**主君郊劳，备三劳而

---

[1] “见于王”，阮校云《释文》出“见王”二字，则“于”当为衍文。

亲之也。郑司农云："交摈三辞，谓宾主之摈者俱三辞也。车逆，主人以车迎宾于馆也。拜辱，宾拜谢辱也。"玄谓交摈者，各陈九介，使传辞也。车迎拜辱者，宾以主君亲来，乘车出舍门而迎之，若欲远就之然。见之则下拜，迎谢其自屈辱来也。至去又出车，若欲远送然。主君三还辞之，乃再拜送之也。车送迎之节，各以其等，则诸公九十步，立当车轵也。三辞重者，先辞，辞其以礼来于外；后辞，辞升堂。**致馆亦如之。**馆，舍也。使大夫授之，君又以礼亲致焉。**致飧，如致积之礼。**俱使大夫，礼同也。飧，食也。小礼曰飧，大礼曰饔饩。**及将币，交摈，三辞，车逆，拜辱，宾车进，答拜，三揖三让，每门止一相，及庙，唯上相入。宾三揖三让，登，再拜，授币，宾拜送币。每事如初，宾亦如之。及出，车送，三请三进，再拜，宾三还三辞，告辟。**郑司农云："交摈，摈者交也。宾车进答拜，宾上车进，主人乃答其拜也。及出车送三请，主人三请留宾也。三进，进随宾也。宾三还三辞告辟，宾三还辞谢，言已辟去也。"玄谓既三辞，主君则乘车出大门而迎宾，见之而下拜其辱，宾车乃前下答拜也。三揖者，相去九十步，揖之使前也。至而三让，让入门也。相，谓主君摈者及宾之介也。谓之相者，于外传辞耳，入门当以礼诏侑也。介绍而传命者，君子于其所尊，不敢质，敬之至也。每门止一相，弥相亲也。君入门，介拂闑，大夫中枨与闑之间，士介拂枨，此为介雁行相随也。止之者，绝行在后耳。宾三揖三让，让升也。登再拜授币，授当为受，主人拜至且受玉也。每事如初，谓享及有言也。宾当为傧[1]，谓以郁鬯礼宾也。上于下曰礼，敌者曰傧。《礼器》曰："诸侯相朝，灌用郁鬯，无笾豆之荐。"谓此朝礼毕傧宾也。三请三进，请宾就车也。主君每一请，车一进，欲远送之也。三还三辞，主君一请者，宾亦一还一辞。[2]**致饔饩、还圭、飨食、致赠、郊送，皆如将币之仪。**此六礼者，惟飨食速宾耳。其余主君亲往。亲往者，宾为主人，主人为宾。君如有故，不亲飨食，则使大夫以酬币侑币致之。郑司农云："还圭，归其玉也。故公子重耳受飧反璧。"玄谓聘以圭璋，礼也；享以璧琮，财也。已聘而还圭璋，轻财而重礼。赠，送以财，既赠又送至于郊。**宾之拜礼：拜饔饩，拜飨食。**郑司农云："宾之拜礼者，因言宾所当拜者之礼也。所当拜者，拜饔饩、拜飨食。"玄谓宾将去，就朝拜谢此三礼。三礼，礼之重者也。宾既拜，主君乃至馆赠之，去又送之于郊。**宾继主君，皆如主国之礼。**郑司农云："宾继主君，复主人之礼费也，故曰皆如主国之礼。"玄谓继主君者，傧[3]主君也。傧之者，主君郊劳、致馆、饔饩、还圭、赠、郊送之时也。如其礼者，

---

❶ "傧"，阮校云大字本作"擯"，下并同。疏中引注云"敌者曰擯"，《释文》云依注"宾"音"擯"，皆从手作"擯"。《汉读考》云，以"宾"为"傧"，古文假借也。《聘礼》《少牢馈食》"傧"字亦多作"宾"。依《说文》，"傧""擯"同字，皆训导也，而郑君说《礼》，"擯"为导，"傧"为礼宾，其分别与许不同。孙诒让云"傧"是"擯"非，后疏引此注不作"擯"。

❷ "三还三辞主君一请者宾亦一还一辞"，阮校云浦镗云"者"字当在"三还三辞"下。《释文》云"主君一请，宾亦一还一辞者"，引注"请"下无"者"，当如浦说。孙诒让云"释文"当作"疏"。

❸ "傧"，阮校云大字本作"擯"。

谓玉帛皮马也[1]。有馔陈之积者，不如也。若飨食主君及燕，亦速焉。**诸侯、诸伯、诸子、诸男之相为宾也，各以其礼，相待也，如诸公之仪。**宾主相待之仪与诸公同也，饔饩飨食之礼则有降杀。**诸公之臣相为国客，**谓相聘也。**则三积，皆三辞，拜受。**受者，受之于庭也。侯伯之臣不致积。**及大夫郊劳，旅摈，三辞，拜辱，三让，登，听命，下拜，登受。宾使者如初之仪。及退，拜送。**登听命，宾登堂也。宾当为傧[2]。劳用束帛，傧[3]用束锦。侯伯之臣，受劳于庭。**致馆如初之仪。**如郊劳也，不傧耳。侯伯之臣致馆于庭。不言致飧者，君于聘大夫不致飧也。《聘礼》曰："飧不致，宾不拜。"**及将币，旅摈，三辞，拜逆，客辟，三揖，每门止一相，及庙，唯君相入，三让，客登，拜，客三辟，授币，下，出，每事如初之仪。**客辟，逡巡不答拜也。唯君相入，客，臣也，相不入矣。拜，主君拜客至也。客三辟，三退负序也。每事，享及有言。**及礼、私面、私献，皆再拜稽首，君答拜。**礼，以醴礼客。私面，私觌也，既觌则或有私献者。郑司农云："说[4]私面以《春秋传》曰：'楚公子弃疾见郑伯，以其良马私面。'"**出，及中门之外，问君，客再拜对，君拜，客辟而对；君问大夫，客对；君劳**

---

❶ "谓玉帛皮马也"，阮校云贾疏引注作"谓玉帛乘马也"，诸本作"皮"，误。

❷ "傧"，八行本、阮本作"摈"。

❸ "傧"，闽本、毛本、殿本、阮本作"摈"。

❹ "郑司农云说"，阮校云钱钞本、嘉靖本、闽本、监本、毛本同误也。大字本、岳本作"郑司农说"，无"云"字，当据以删正。《六经正误》所据本已衍。

客，客再拜稽首，君答拜，客趋辟。中门之外，即大门之内也。问君曰："君不恙乎？"对曰："使臣之来，寡君命臣于庭。"大夫曰[1]："二三子不恙乎？"对曰："寡君命使臣于庭，二三子皆在。"劳客曰："道路悠远，客甚劳。"劳介则曰："二三子甚劳。"问君，客再拜对者，为敬慎也。**致饔饩，如劳之礼，飨食、还圭，如将币之仪。**飨食，亦谓君不亲，而使大夫以币致之。**君馆客，客辟，介受命，遂送，客从，拜辱于朝。**君馆客者，客将去，就省之，尽殷勤也。遂送，君拜以送客。**明日，客拜礼赐，遂行，如入之积。**礼赐，谓乘禽，君之加惠也。如入之积，则三积从来至去。**凡侯、伯、子、男之臣，以其国之爵相为客而相礼，其仪亦如之。**爵，卿也，大夫也，士也。**凡四方之宾客，礼仪、辞命、饩牢、赐献，以二等从其爵而上下之。**上下，犹丰杀也。**凡宾客，送逆同礼。**谓郊劳、郊送之属。**凡诸侯之交，各称其邦而为之币，以其币为之礼。**币，享币也。于大国则丰，于小国则杀。主国礼之，如其丰杀，谓赙用束纺，礼用玉帛、乘皮及赠之属。**凡行人之仪，不朝，不夕，不正其主面，亦不背客。**谓摈相传辞时也。不正东乡，不正西乡，常视宾主之前却，得两乡之而已。

行夫，掌邦国传遽之小事、媺恶而无礼者。凡其使也，必以旌节。虽道有难而不时，必达。传遽，若今时乘传骑驿而使者也。美，福庆也。恶，丧荒也。此事之小者无礼，行夫主使之。道有难，谓遭疾病他故，不以时至也。必

---

[1] "大夫曰"，八行本、岳本作"问大夫曰"。

达，王命不可废也。其大者有礼，大小行人使之。有故则介传命，不嫌不达。**居于其国，则掌行人之劳辱事焉，使则介之。**❶使，谓大小行人也。故书曰夷使。郑司农云："夷使，使于四夷，则行夫主为之介。"玄谓夷，发声。

环人，掌送逆邦国之通宾客，以路节达诸四方。通宾客以常事往来者也。路节，旌节也。四方，圻上。**舍则授馆，令聚柝，有任器，则令环之。**令，令野庐氏也。郑司农云："四方人有任器者，则环人主令殉环守之。"**凡门关无几，送逆及疆。**郑司农云："门关不得苛留环人也。"玄谓环人送逆之，则宾客出入不见几。

象胥，掌蛮、夷、闽、貉、戎、狄之国使，掌传王之言而谕说焉，以和亲之。谓蕃国之臣来覜聘者。**若以时入宾，则协其礼与其辞，言传之。**以时入宾，谓其君以世一见来朝为宾者。**凡其出入送逆之礼节币帛辞令，而宾相之。**从来至去皆为摈，而诏侑其礼仪。**凡国之大丧，诏相国客之礼仪而正其位。**客，谓诸侯使臣来吊者。**凡军旅会同，受国客币而宾礼之。**谓诸侯以王有军旅之事，使臣奉币来问。**凡作事，王之大事诸侯，次事卿，次事大夫，次事上士，下事庶子。**作，使也。郑司农云："王之大事诸侯，使诸侯执大事也。次事卿，使卿执其次事也。次事使大夫，次事使上士，下事使庶子。"

掌客，掌四方宾客之牢礼、饩献、饮食之等数与其

---

❶ "则掌行人之劳辱事焉使则介之"，王引之云"焉"字当属上读，故书"使"上有"夷"字。

政治。政治，邦新杀礼之属。**王合诸侯而飨礼，则具十有二牢，庶具百物备，诸侯长十有再献。**飨诸侯而用王礼之数者，以公、侯、伯、子、男尽在，是兼飨之，莫敌用也。诸侯长，九命作伯者也。献公侯以下，如其命数。**王巡守、殷国[1]，则国君膳以牲犊，令百官百牲皆具。从者，三公视上公之礼，卿视侯伯之礼，大夫视子男之礼，士视诸侯之卿礼，庶子壹视其大夫之礼。**国君者，王所过之国君也。犊，茧栗之犊也。以膳天子，贵诚也。牲孕，天子不食也，祭帝不用也。凡宾客则皆角尺。令者，掌客令主国也。百牲皆具，言无有不具备。**凡诸侯之礼：上公五积，皆视飧牵，三问皆脩，群介、行人、宰、史皆有牢；飧五牢，食四十，簠十，豆四十，铏四十有二，壶四十，鼎、簋十有二，牲三十有六，皆陈；饔饩九牢，其死牢如飧之陈；牵四牢，米百有二十筥，醯醢百有二十瓮，车皆陈；车米视生牢，牢十车，车秉有五籔，车禾视死牢，牢十车，车三秅，刍薪倍禾，皆陈；乘禽日九十双，殷膳大牢，以及归，三飨、三食、三燕，若弗酌，则以币致之；凡介、行人、宰、史皆有飧饔饩，以其爵等为之牢礼之陈数，唯上介有禽献；夫人致礼，八壶、八豆、八笾，膳大牢，致飨大牢，食大牢；卿皆见，以羔，膳大牢。侯伯四积，皆视飧牵，再问皆脩；飧四牢，食三十有二，簠八，豆三十有二，铏二十有八，壶三十有二，鼎簋十有二，腥二十有七，皆陈；饔饩七牢，其死牢如飧之陈，牵三**

---

❶ “国”，阮校云沈彤云当作“同”，字之误。

牢，米百筥，醯醢百瓮，皆陈；米三十车，禾四十车，刍薪倍禾，皆陈；乘禽日七十双，殷膳大牢，三飧❶、再食、再燕；凡介、行人、宰、史皆有飧、饔、饩，以其爵等为之礼，唯上介有禽献；夫人致礼，八壶、八豆、八笾，膳大牢，致飧大牢；卿皆见，以羔，膳特牛。子男三积，皆视飧牵，壹问以脩；飧三牢，食二十有四，簠六，豆二十有四，铏十有八，壶二十有四，鼎簋十有二，牲十有八，皆陈；饔饩五牢，其死牢如飧之陈，牵二牢，米八十筥，醯醢八十瓮，皆陈；米二十车，禾三十车，刍薪倍禾，皆陈；乘禽日五十双，壹飧、壹食、壹燕；凡介、行人、宰、史皆有飧饔饩，以其爵等为之礼，唯上介有禽献；夫人致礼，六壶，六豆，六笾，膳视致飧；❷亲见卿，皆膳特牛。积皆视飧牵，谓所共如飧，而牵牲以往，不杀也。不杀则无铏鼎。簠簋之实，其米实于筐，豆实实于瓮。其设，筐陈于楹内，瓮陈于楹外，牢陈于门西。车米禾刍薪，陈于门外。壶之有无未闻。三问皆脩，脩，脯也。上公三问皆脩，下句云“群介行人宰史皆有牢”，君用脩而臣有牢，非礼也。盖著脱字失处且误耳。飧，客始至，致小礼也。公、侯、伯、子、男食皆饪一牢，其余牢则腥。食者，其

---

❶ “三飧”，阮校云唐石经及诸本同。浦镗云《内宰》《职金》疏及《觐礼》注并作“再飧”，“三”字误。孙诒让云《郊特牲》孔疏亦作“再飧”，又云“南或云侯伯亦三飧”，误。“南”本盖指南朝本《周礼》，今本正袭南本之误。

❷ “夫人致礼六壶六豆六笾膳视致飧”，于鬯云三“六”字盖并当为“八”。

庶羞美可食者也。其设，盖陈于楹外东西，不过四列。簠，稻粱器也。公十簠，堂上六，西夹东夹各二也；侯伯八簠，堂上四，西夹东夹各二；子男六簠，堂上二，西夹东夹各二。豆，菹醢器也。公四十豆，堂上十六，西夹东夹各十二；侯伯三十二豆，堂上十二，西夹东夹各十；子男二十四豆，堂[1]上十二，西夹东夹各六。《礼器》曰："天子之豆二十有六，诸公十有六，诸侯十有二，上大夫八，下大夫六。"以《聘礼》差之，则堂上之数与此同。铏，羹器也。公铏四十二，侯伯二十八，子男十八，非衰差也。二十八，书或为"二十四"，亦非也。其于衰，公又当三十，于言又为无施。礼之大数，铏少于豆，推其衰，公铏四十二，宜为三十八，盖近之矣。则公铏堂上十八，西夹东夹各十；侯伯堂上十二，西夹东夹各八；子男堂上十，西夹东夹各四。壶，酒器也，其设于堂夹，如豆之数。鼎，牲器也。簋，黍稷器也。鼎十有二者，饪一牢，正鼎九与陪[2]鼎三，皆设于西阶前。簋十二者，堂上八，西夹东夹各二。合言鼎簋者，牲与黍稷俱食之主也。牲，当为腥，声之误也。腥，谓腥鼎也。于侯伯云"腥二十有七"，其故腥字也。诸侯礼盛，腥鼎有鲜鱼、鲜腊，每牢皆九为列，设于阼阶前。公腥鼎三十六，腥四牢也；侯伯腥鼎二十七，腥三牢也；子男腥鼎十八，腥二牢也。皆陈，陈列也。飧门内之实，备于是矣。亦有车米禾刍薪。公飧五牢，米二十车，禾三十车；侯

❶"堂"，底本漫漶，据阮本补。

❷"陪"，阮校云大字本、钱钞本、嘉靖本、毛本同，闽本、监本作"倍"，疏中仍作"陪"。《释文》作"倍鼎"。

伯四牢，米禾皆二十车；子男三牢，米十车，禾二十车。刍薪皆倍其禾。饔饩，既相见致大礼也。大者，既兼飧积，有生，有腥，有孰，余又多也。死牢如飧之陈，亦饪一牢在西，余腥在东也。牵，生牢也。陈于门西，如积也。米横陈于中庭，十为列，每筥半斛。公侯伯子男黍粱稻皆二行，公稷六行，侯伯稷四行，子男二行。醯醢夹碑从陈，亦十为列，醯在碑东，醢在碑西。皆陈于门内者，于公门内之陈也。言车者，衍字耳。车米，载米之车也。《聘礼》曰："十斗曰斛，十六斗曰籔，十籔曰秉。"每车秉有五籔，则二十四斛也。禾，槁[1]实并刈者也。《聘礼》曰："四秉曰筥，十筥曰稯，十稯曰秅。"每车三秅，则三十稯也。稯，犹束也。米禾之秉筥，字同数异。禾之秉，手把耳；筥，读为[2]"栋梠"之梠，谓一穧也。皆陈，横陈门外者也。米在门东，禾在门西。刍薪虽取数于禾，薪从米，刍从禾也。乘禽，乘行群处之禽，谓雉雁之属，于礼以双为数。殷，中也。中又致膳，示念宾也。若弗酌，谓君有故，不亲飨食燕也。不飨则以酬币致之，不食则以侑币致之。凡介、行人、宰、史，众臣从宾者也。行人主礼，宰主具，史主书，皆有飧饔饩，尊其君以及其臣也。以其爵等为之牢礼之数陈[3]，爵卿也，则飧二牢，饔饩五牢；大夫也，则飧大牢，饔饩三牢；士也，则飧少牢，饔饩大牢也。此降小礼，丰大礼也。以命数则参差难等，略于臣，用爵而已。夫人致礼，助君

---

❶ "槁"，阮校云大字本、嘉靖本同误。钱钞本、闽本、监本、毛本作"稿"，当据正，《释文》亦作"稿"，叶钞本从木，非。

❷ "读为"，阮校云《汉读考》作"读如"，云今本作"读为"误。

❸ "数陈"，阮校云浦镗云"陈数"字误倒。

养宾也。笾豆陈于户东，壶陈于东序。凡夫人之礼，皆使下大夫致之。于子男云膳视致飧，言夫人致膳于小国君，以致飧之礼，则是不复飧也。飧有壶酒，卿皆见者，见于宾也。既见之，又膳之，亦所以助君养宾也。卿见又膳[1]，此《聘礼》卿大夫劳宾、饩宾之类与？于子男云"亲见卿皆膳特牛"，见，读如"卿皆见"之见，言卿于小国之君，有不故造馆见者，故造馆见者乃致膳。郑司农说牵云"牲可牵行者也"，故《春秋传》曰"饩牵竭矣"。秏，读为"秏秭[2]麻答"之秏。**凡诸侯之卿、大夫、士为国客，则如其介之礼以待之。**言其特来聘问，待之礼，如其为介时也。然则聘礼凡所以礼宾，是亦礼介。**凡礼宾客，国新杀礼，凶荒杀礼，札丧杀礼，祸灾杀礼，在野在外杀礼。**皆为国省用爱费也。国新，新建国也。凶荒，无年也。祸灾，新有兵寇水火也。**凡宾客死，致礼以丧用。**死则主人为之具而殡矣。丧用者，馈奠之物。**宾客有丧，唯刍稍之受。**不受飧食，飧食加也。丧，谓父母死也。客则又有君焉。刍，给牛马。稍，人禀也。其正礼飧饔饩，主人致之则受。**遭主国之丧，不受飧食，受牲礼。**牲，亦当为腥，声之误也。有丧，不忍煎亨，正礼飧饔饩当孰者，腥致之也。

掌讶，掌邦国之等籍，以待宾客。等，九仪之差数。**若将有国宾客至，则戒官修委积，与士逆宾于疆，为前**

[1] "卿见又膳"，阮校云贾疏引注云"卿既见又膳"，诸本俱脱"既"字。

[2] "秭"，原作"秭"，据阮本改。

驱而入；官谓牛人、羊人、舍人、委人之属。士，讶士也。既戒，乃出迎宾。及宿，则令聚柝。令，令野庐氏。及委，则致积；以王命致于宾。至于国，宾入馆，次于舍门外，待事于客；次，如今官府门外更衣处。待事于客，通其所求索。及将币，为前驱；道之以如朝。至于朝，诏其位，入复。及退，亦如之。郑司农云："诏其位，告客以其位处也。入复，客入则掌讶出复其故位也。客退，复入迎，为之前驱至于馆也。"玄谓入复者，入告王以客至也。退亦如之，如其为前驱。凡宾客之治，令讶，讶治之。宾客之治，谓欲正其贡赋理国事也。以告讶，讶为如朝而治[1]之。凡从者出，则使人道[2]之。从者，凡介以下也。人，其属胥徒也。使道宾客之从者，营护之。及归，送亦如之。如之者，送至于竟，如其前驱、聚柝、待事之属。凡宾客，诸侯有卿讶，卿有大夫讶，大夫有士讶，士皆有讶。此谓朝觐聘问之日，王所使迎宾客于馆之讶。凡讶者，宾客至而往，诏相其事而掌其治令。

掌交，掌以节与币巡邦国之诸侯及其万民之所聚者，道王之德意志虑，使咸知王之好恶，辟行之。节以为行信，币以见诸侯也。咸，皆也。辟，读如"辟忌"之辟。使皆知王之所好者而行之，知王所恶者辟而不为。使和诸侯之好，有欲相与修好者，则为和合之。达万民之说。说，所喜也。达者，达之于王若其国君。掌邦国之通事而结其交好。

---

❶ "治"，八行本作"理"。

❷ "道"，孙诒让云嘉靖本同，唐石经作"导"。

通事，谓朝覲聘问也。**以谕九税之利、九礼之亲、九牧之维、九禁之难、九戎之威。**谕，告晓也。九税，所税民九职也。九礼，九仪之礼。九牧，九州之牧。九禁，九法之禁。九戎，九伐之戎。

掌察阙[1]。

掌货贿阙。

朝大夫，掌都家之国治。都家，王子弟，公卿及大夫之采地也。主其国治者，平理其来文书于朝者。**日朝，以听国事故，以告其君长。**国事故，天子之事当施于都家者也。告其君长，使知而行之也。君，谓其国君。长，其卿大夫也。**国有政令，则令其朝大夫。**使以告其都家之吏。**凡都家之治于国者，必因其朝大夫，然后听之，唯大事弗因。**谓以小事文书来者，朝大夫先平理之，乃以告有司也。大事者，非朝大夫所能平理。**凡都家之治有不及者，则诛其朝大夫。**不及，谓有稽殿之。**在军旅，则诛其有司。**有司，都司马、家司马。

都则阙。

都士阙。

家士阙。

---

[1] “掌察阙”，俞樾云当以“掌察四方”为职名。

卷第十一

冬官考工记第六

国有六职，百工与居一焉。百工，司空事官之属。于天地四时之职，亦处其一也。司空，掌营城郭，建都邑，立社稷宗庙，造宫室车服器械，监百工者，唐虞已上曰共工。**或坐而论道，或作而行之，或审曲面势，以饬五材，以辨民器，或通四方之珍异以资之，或饬力以长地财，或治丝麻以成之。**言人德能事业之不同者也。论道，谓谋虑治国之政令也。作，起也。辨，犹具也。资，取也，操也。郑司农云："审曲面势，审察五材曲直方面形势之宜以治之，及阴阳之面背是也。《春秋传》曰：'天生五材，民并用之。'谓金、木、水、火、土也。"故书资作齐。杜子春云："齐，当为资，读如'冬资绨'之资。"玄谓此五材，金、木、皮、玉、土。**坐而论道，谓之王公。**天子、诸侯。**作而行之，谓之士大夫。**亲受其职，居其官也。**审曲面势，以饬五材，以辨民器，谓之百工。**五材各有工，言百，众言之也。**通四方之珍异以资之，谓之商旅。**商旅，贩卖之客也。《易》曰："至日商旅不行。"**饬力以长地财，谓之农夫。**三农受夫田也。**治丝麻以成之，谓之妇功。**布帛，妇官之事。**粤无镈，燕无函，秦无庐，胡无弓车。**此四国者，不置是工也。镈，田器，《诗》云

"傛乃钱镈"，又曰"其镈斯捌"。郑司农云："函，读如'国君含垢'之含。函，铠也。"《孟子》曰："矢人岂不仁于函人哉！矢人唯恐不伤人，函人唯恐伤人。"庐，读为纑[1]，谓矛戟柄，竹欑柲，或曰摩鐧[2]之器。胡，今匈奴。**粤之无镈也，非无镈也，夫人而能为镈也；燕之无函也，非无函也，夫人而能为函也；秦之无庐也，非无庐也，夫人而能为庐也；胡之无弓车也，非无弓车也，夫人而能为弓车也。**言其丈夫人人皆能作是器，不须国工。粤地涂泥，多草薉，而山出金锡，铸冶之业，田器尤多。燕近强胡，习作甲胄。秦多细木，善作矜柲。匈奴无屋宅，田猎畜牧，逐水草而居，皆知为弓车。**知者创物。**谓始闿端造器物，若《世本》作者是也。**巧者述之，守之世，谓之工。**父子世以相教。**百工之事，皆圣人之作也。**事无非圣人所为也。**烁金以为刃，凝土以为器，作车以行陆，作舟以行水，此皆圣人之所作也。**凝，坚也。故书舟作周，郑司农云："周，当为[3]舟。"**天有时，地有气，材有美，工有巧，合此四者，然后可以为良。**时，寒温也。气，刚柔也。良，善也。**材美工巧，然而不良，则不时、不得地气**

---

❶ "纑"，阮校云《汉读考》云当作"纑"，若"纑"字，则当云"读如"矣。《释文》"庐，或作'纑'"，正用注说易正文也。

❷ "摩鐧"，阮校云《释文》亦作"摩鐧"，是也。贾疏作"磨鐧"，非。《说文》"鐧"作"鑢"。

❸ "为"，阮本作"作"。

也。不时，不得天时。**橘逾淮而北为枳，鸜鹆不逾济**❶**，貉逾汶则死，此地气然也**。鸜鹆，鸟也。《春秋》昭二十五年，"有鸜鹆来巢"。《传》曰："书所无也。"郑司农云："不逾济，无妨于中国有之。貉，或为猿，谓善缘木之猿也。汶水在鲁北。"**郑之刀，宋之斤，鲁之削，吴粤之剑，迁乎其地，而弗能为良，地气然也**。去此地而作之，则不能使良也。**燕之角，荆之干，妢胡之笴**❷**，吴粤之金、锡，此材之美者也**。荆，荆州也。干，柘也，可以为弓弩之干。妢胡，胡子之国，在楚旁。笴，矢干也。《禹贡》荆州贡櫄干栝柏及箘簬楛。故书笴为笋❸。杜子春云："妢，读为❹'焚咸丘'之焚，书或为邠。妢胡，地名也。笋，当为笴，笴，读为

❶ "鸜鹆不逾济"，阮校云唐石经及诸本同，《释文》本作"鸛鹆"，云"徐、刘音权，《公羊传》同，本又作'鸜'，《左传》同"。贾疏本作"鸜鹆"，云"《左氏传》作'鸜鹆'，《公羊传》作'鸛鹆'，此经注皆作'鸜'字，与《左氏》同"。徐邈、刘昌宗作"鸛"，音权，是此经旧作"鸛鹆"矣。郑注所引者为《左氏传》，则郑所据《左氏春秋》亦作"鸛"。贾疏本、唐石经作"鸜"为失其旧。《说文·鸟部》云"古者鸲鹆不逾泲"，"鹆"或作"䳭"，不称《周礼》，或据他书作"鸲䳭"也。"权""劬"一语之转，盖《考工记》《春秋》皆有二本，不同，依《说文》别作"鸲"为是也。

❷ "笴"，阮校云唐石经作"笱"，《汉读考》云可借以正注中"笋"字之误。

❸ "笋"，阮校云《汉读考》作"笱"，下同，云"可"与"句"相乱，如《尚书》"尽执抲"或作"执拘"。许叔重云俗谓"苛"之字止句。"菏水"，《郡国志》注作"苟水"，皆其类也。杜据《仪礼》"笴"字正，"笱"为字之误。

❹ "读为"，阮校云《汉读考》作"读如"。

槁，谓箭槁。[1]”**天有时以生，有时以杀，草木有时以生，有时以死，石有时以泐，水有时以凝，有时以泽，此天时也。**言百工之事当审其时也。郑司农云：“泐，读如‘再扐而后卦’之扐。泐，谓石解散也。夏时盛暑大热则然。”**凡攻木之工七，攻金之工六，攻皮之工五，设色之工五，刮摩之工五，抟埴之工二。**攻，犹治也。搏[2]之言拍也。埴，黏土也。故书七为十，刮作捖[3]。郑司农云：“十，当为七。捖摩之工谓玉工也。捖，读为刮，其事亦是也。”**攻木之工：轮、舆、弓、庐、匠、车、梓。攻金之工：筑、冶、凫、㮚、段、桃。攻皮之工：函、鲍、韗[4]、韦、裘。设色之工：画、缋、钟、筐、㡛。刮摩之工：玉、楖、雕、矢、磬。抟埴之工：陶、瓬。**事官之属六十，此识其五材三十工，略记其事耳。其曰某人者，以其事名官也。其曰某氏者，官有世功，若族有世业，以氏名官者也。庐，矛戟矜柲也。

---

[1] “笴读为槁谓箭槁”，阮校云余本、嘉靖本、闽本、毛本同误也。监本作“稿”。《汉读考》云：盖“禾稿”字，引伸为“矢干”字。《释文》曰“笴，古老反，注作‘稿’，同”。今通志堂本讹为“作槁”，非也。“槁”从木，音苦浩反，不音古老反也。

[2] “搏”，阮本作“抟”。

[3] “捖”，阮校云《经义杂记》曰《檀弓》“华而睆”，注说者以睆为刮节目，字或作“刮”。考《说文》无“捖”，“睆”即“盰”之重文，义皆不合。惟《刀部》有“刓”字，云“剸也，从刀元声，一曰齐也”，二《礼》当用此字，摩刮节目正齐之之意，古元、完同声，因误作“睆”或作“捖”也。

[4] “韗”，阮校云唐石经及诸本同。《释文》“韗，本或作‘鞾’，同”。《说文·革部》云“鞾，攻皮治鼓工也。从革军声，读若运，或从韦作‘韗’”。是从革者为正字，读若运，与郑司农同。

《国语》曰："侏儒扶卢。"梓，榎属也。故书雕或为舟。郑司农云[1]："轮、舆、弓、庐、匠、车、梓，此七者，攻木之工，官别名也。《孟子》曰：'梓匠轮舆。'鲍，读为[2]'鲍鱼'之鲍，书或为鞄，《苍颉篇》有'鞄䩵'。韗，读为'历运'之运。㡛，读为'芒芒禹迹'之芒。栉，读如'巾栉'之栉。瓬，读为'甫始'之甫。埴，书或为植。"杜子春云："雕，或为舟者，非也。"玄谓瓬，读如"放于此乎"之放。**有虞氏上陶，夏后氏上匠，殷人上梓，周人上舆。**官各有所尊，王者相变也。舜至质，贵陶器，甒大瓦棺是也。禹治洪水，民降丘宅土，卑宫室，尽力乎沟洫而尊匠。汤放桀，疾礼乐之坏而尊梓。武王诛纣，疾上下失其服饰而尊舆。**故一器而工聚焉者，车为多。**周所上也。**车有六等之数：**车有天地之象，人在其中焉。六等之数，法《易》之三材六画。**车轸四尺，谓之一等；戈柲六尺有六寸，既建而迆，崇于轸四尺，谓之二等；人长八尺，崇于戈四尺，谓之三等；殳长寻有四尺，崇于人四尺，谓之四等；车戟常，崇于殳四尺，谓之五等；酋矛常有四尺，崇于戟四尺，谓之六等。**此所谓兵车也。轸，舆后横木。崇，高也。八尺曰寻，倍寻曰常。殳长丈二。戈、殳、戟、矛，皆插车锜。郑司农云："迆，读为'倚移从风'之移，谓著戈于车邪倚也。酋，发声，直谓矛。"**车谓之六等之数。**申言数也。**凡察车之道，必自载于地者始也，是故察车自轮始。**先视轮也。自，从

---

❶ "云"，底本脱，据阮本补。

❷ "读为"，阮校云《汉读考》云当作"读如"。

也。**凡察车之道，欲其朴属而微至。不朴属，无以为完久也；不微至，无以为戚速也。**朴属，犹附著坚固貌也。齐人有名疾为戚者。《春秋传》曰：“盖以操之为已戚矣。”速，疾也。书或作数。郑司农云：“朴，读如‘子南仆’之仆。微至，谓轮至地者少，言其圜甚，著地者微耳。著地者微则易转，故不微至，无以为戚数。”**轮已崇，则人不能登也；轮已庳，则于马终古登阤也。**已，大也，甚也。崇，高也。齐人之言终古犹言常也。阤，阪也。轮庳则难引。**故兵车之轮六尺有六寸，田车之轮六尺有三寸，乘车之轮六尺有六寸。**此以马大小为节也。兵车，革路也。田车，木路也。乘车，玉[1]路、金路、象路也。兵车、乘车驾国马，田车驾田马。**六尺有六寸之轮，轵[2]崇三尺有三寸也，加轸与轐焉四尺也。人长八尺，登下以为节。**此车之高者也。轸，舆也。郑司农云：“轵，軎也。轐，读为‘旃仆’之仆，谓伏兔也。”玄谓轵，毂末也。此轸与轐并七寸，田车又宜减焉。乘车之轨广，取数于此。轨广八尺，旁出舆亦七寸也。

轮人为轮，斩三材，必以其时。三材，所以为毂辐牙也。斩之以时，材在阳，则中冬斩之；在阴，则中夏斩之。今世毂用杂榆，辐以檀，牙以橿也。**三材既具，巧者和之。**调其凿内而合之。**毂也者，以为利转也；辐也者，以为直指也；牙也者，以为固抱也。**利转者，毂以无有为用也。郑司

[1] “玉”，底本部分残缺，据阮本补。

[2] “轵”，阮校云戴震云“轵”当作“軹”，音笄，下“去三以为轵”同，详《考工记图》。

农云："牙，读如'跛者讶跛者'之讶，谓轮輮也。世间或谓之罔，书或作輮。"**轮敝，三材不失职，谓之完。**敝尽而毂辐牙不动。**望而视其轮，欲其幎尔而下迆也；进而视之，欲其微至也；无所取之，取诸圜也。**轮，谓牙也。幎，均致貌也。进，犹行也。微至，至地者少也。非有他也，圜使之然也。郑司农云："微至，书或作危至，故书圜或作员，当为圜。"**望其辐，欲其掣尔而纤也；进而视之，欲其肉称也；无所取之，取诸易直也。**掣纤，杀小貌也。肉称，弘杀好也。郑司农云："掣，读为'纷容掣参[1]'之掣。"玄谓如"桑螵蛸"之蛸。**望其毂，欲其眼[2]也；进而视之，欲其帱之廉也；无所取之，取诸急也。**眼，出大貌也。帱，幔毂之革急[3]。革急则裹木廉隅见。郑司农云："眼，读如'限切'之限。"**视其绠，欲其蚤之正也。**蚤，当为爪，谓辐入牙中者也。郑司农云："绠，读为[4]'关东言饼'之饼，谓轮箄也。"玄谓轮虽箄，爪牙必正也。**察其菑蚤不齵，则轮虽敝不匡。**菑，谓辐入毂中者也。菑与爪不相佹，乃后轮敝尽不匡刺也。郑司农云："菑，读如'杂厕'之厕，谓建辐也。泰山平原所树立物为菑，声如胾，博立枭棋亦为菑。匡，枉也。"**凡斩毂之道，必矩其阴阳。**矩，谓刻识之也。故书矩为距。

---

❶"纷容掣参"，阮校云《困学纪闻》云即《上林赋》"纷容萷蔘"。

❷"眼"，阮校云唐石经及诸本同。《说文》"辊毂，齐等貌，从车昆声。《周礼》曰'望其毂，欲其辊'"。所读与先后郑异。"眼"与"辊"声相转，戴震从《说文》。

❸"急"，八行本、岳本、阮本作"也"。

❹"读为"，阮校云《汉读考》作"读如"。

郑司农云："当作矩，谓规矩也。"**阳也者，稹理而坚；阴也者，疏理而柔。是故以火养其阴，而齐诸其阳，则毂虽敝不藃。**稹，致也。火养其阴，炙坚之也。郑司农云："稹，读为[1]'蒖祭'之蒖。藃，当作秏。"玄谓藃，藃暴，阴柔后必桡减，帱革暴起。**毂小而长则柞，大而短则挚。**郑司农云："柞，读为'迫唶'之唶，谓辐间柞狭也。挚，读为槷，谓辐危槷[2]也。"玄谓小而长则菑中弱，大而短则末不坚。**是故六分其轮崇，以其一为之牙围。**六尺六寸之轮，牙围尺一寸。**参分其牙围而漆其二。**不漆其践地者也。漆者七寸三分寸之一，不漆者三寸三分寸之二。令牙厚一寸三分寸之二，则内外面不漆者各一寸也。**椁其漆内而中诎之，以为之毂长，以其长为之围。**六尺六寸之轮，漆内六尺四寸，是为毂长三尺二寸，围径一尺三分寸之二也。郑司农云："椁者，度两漆之内相距之尺寸也。"**以其围之防捎[3]其薮。**捎，除也。防，三分之一也。郑司农云："捎，读为[4]'桑螵蛸'之蛸。薮，读为'蜂薮'之薮，谓毂空壶中也。[5]"玄谓此薮径三寸九分寸之五。壶中，当辐菑者也。蜂薮者，犹言趋

---

[1] "读为"，阮校云《汉读考》作"读如"，云汉时"蒖"音如"震"。

[2] "槷"，原作"槷"，据阮本改。

[3] "捎"，阮校云《匠人》作"梢"，贾疏引此同。从手、从木二字，《说文》皆有之，难以猝定。

[4] "读为"，阮校云《汉读考》作"读如"。

[5] "薮读为蜂薮之薮谓毂空壶中也"，阮校云《九经古义》云《说文》"橾，车毂中空也，从木喿声，读若薮"。然则"薮"本作"橾"，读为"薮"也。

也，薮者众辐之所趋也。[1]**五分其毂之长，去一以为贤，去三以为轵。**郑司农云："贤，大穿也。轵，小穿也。"玄谓此大穿，径八寸十五分寸之八；小穿，径四寸十五分寸之四。大穿甚大，似误矣。大穿实五分毂长去二也。去二，则得六寸五分寸之二。凡大小穿皆谓金也。今[2]大小穿金厚一寸，则大穿穿内径四寸五分寸之二，小穿穿内径二寸十五分寸之四，如是乃与薮相称也。**容毂必直，陈篆必正，施胶必厚，施筋必数，帱必负干，**郑司农云[3]："读'容'上属，曰'轵容'。"玄谓容者[4]，治毂为之形容也。篆，毂约也。帱负干者，革毂相应，无赢不足。**既摩，革色青白，谓之毂之善。**谓丸漆之，干而以石摩平之，革色青白，善之征也。**参分其毂长，二在外，一在内，以置其辐。**毂长三尺二寸者，令辐广三寸半，则辐内九寸半，辐外一尺九寸。**凡辐，量其凿深以为辐广。**广深相应，则固足相任也。**辐广而凿浅，则是以大扤，虽有良工，莫之能固。**扤，摇动貌。**凿深而辐小，则是固有余而强不足也。**言辐弱不胜毂之所任也。**故竑其辐广以为之弱，则虽有重任，毂不折。**言力相称也。弱，菑也。今人谓蒲本在水中者为弱，是其类也。郑司农云："竑，读如'纮綖'之纮，谓度之。"**参分其辐之长而杀其一，则虽有深泥，亦弗之溓也。**杀，衰小之也。郑司农云：

---

❶"蜂薮者犹言趋也薮者众辐之所趋也"，阮校云《汉读考》云"蜂薮者"作"薮者"，"薮者"作"蜂薮者"，今本互误。

❷"今"，阮校云戴震云当作"令"，贾疏已误。

❸"云"，阮校云卢文弨曰"云"疑衍。

❹"容者"，阮校云《汉读考》作"容毂者"。

"溓，读为黏，谓泥不黏著辐也。"**参分其股围，去一以为骹围。**谓杀辐之[1]数也。郑司农云："股，谓近毂者也。骹，谓近牙者也。方言股以喻其丰，故言骹以喻其细。人胫近足者细于股，谓之骹。羊胫细者亦为骹。"**揉辐必齐，平沈必均。**揉，谓以火槁之，众辐之直齐如一也。平沈，平渐也。郑司农云："平沈，谓浮之水上无轻重。"**直以指牙，牙得，则无槷[2]而固。**得，谓倨句凿内相应也。郑司农云："槷，椴也。蜀人言椴曰槷。"玄谓槷读如涅，从木热[3]省声。**不得，则有槷，必足见也。**必足见，言槷大也。然则虽得，犹有槷，但小耳。**六尺有六寸之轮，绠参分寸之二，谓之轮之固。**轮箄则车行不掉也。参分寸之二者，出于辐股凿之数也。**凡为轮，行泽者欲杼，行山者欲侔。**杼，谓削薄其践地者。侔，上下等。**杼以行泽，则是刀以割涂也，是故涂不附。**附，著也。**侔以行山，则是抟以行石也，是故轮虽敝，不甐于凿。**抟，圜厚也。郑司农云："不甐于凿，谓不动于凿中也。"玄谓甐，亦敝也。以轮之厚，石虽啮之，不能敝其凿旁使之动。**凡揉牙，外不廉[4]而内不挫，旁不肿，谓**

---

[1] "之"，岳本作"内"，阮校云"内"字是。

[2] "槷"，原作"槸"，下"曰槷""谓槷""槷大""有槷"同。阮校云当据"槷"正，《释文》亦作"槷"，通志堂本误作"槸"。

[3] "热"，原作"熱"，据闽本、毛本改。下同。

[4] "廉"，阮校云《说文》"熑，火煣车网绝也。从火兼声。《周礼》曰'煣牙外不熑'"。又《文选·长门赋》"心熑移而不省"，故李善引郑玄《周礼》注曰"熑，绝也"。据此则《周礼》经注"廉"，本作"熑"，今此注作"廉，绝也"。《释文》无音，所据本与许、李殊矣。"揉"字亦当从火作"煣"，故上"揉辐"注云"揉，谓以火槁之"。

之用火之善。廉，绝也。挫，折也。肿，瘣也。**是故规之以视其圜也，**轮中规则圜矣。**萬之以视其匡也，**等为萬蔞，以运轮上，轮中萬蔞，则不匡剌也。故书萬作禹。郑司农云[1]："读为萬，书或作矩。"**县之以视其辐之直也，**轮辐三十，上下相直，从旁以绳县之，中绳则凿正辐直矣。**水之以视其平沈之均也，**平渐其轮无轻重，则斫材均矣。**量其薮以黍，以视其同也。**黍滑而齐，以量两壶，无赢不足，则同。**权之以视其轻重之侔也。**侔，等也。称两轮，钧石同，则等矣。轮有轻重，则引之有难易。**故[2]可规、可萬、可水、可县、可量、可权也，谓之国工。**国之名工。

轮人为盖[3]，达常围三寸，围三寸，径一寸也。郑司农云："达常，盖斗柄下入杠中也。"**桯围倍之，六寸。**围六寸，径二寸，足以含达常。郑司农云："桯，盖杠也，读如'丹桓宫楹'之楹。"**信其桯围以为部广，部广六寸[4]。**广，谓径也。郑司农云："部，盖斗也。"**部长二[5]尺，**谓斗柄达常也。**桯长倍之，四尺者二。**[6]杠长八尺，谓达常以下也。加达常二尺，则盖高一丈，立乘也。**十[7]分寸之一谓之**

❶ "郑司农云"，阮校云"云"下当脱"禹"字。

❷ "故"，阮校云惠校本上有"是"。

❸ "轮人为盖"，阮校云唐石经及诸本皆提行，《释文》不更出"轮人"字，盖合上为一节。

❹ "部广六寸"，俞樾云疑当作"部广六寸者二"。

❺ "二"，于鬯云当"四"之误，故下文云"桯长倍之"。

❻ "桯长倍之四尺者二"，王引之云据郑注当作"桯长四之，二尺者四"。

❼ "十"，俞樾云疑当作"五"。

枚，为下起数也。枚，一分。故书“十”与上“二”合为“千”字，杜子春云：“当为‘四尺者二，十分寸之一’。”**部尊一枚，**尊，高也。盖斗上隆高，高一分也。**弓凿广四枚，凿上二枚，凿下四枚；**弓，盖橑也。广，大也。是为部厚一寸。**凿深二寸有半，下直二枚，凿端一枚。**凿深对为五寸，是以不伤达常也。下直二枚者，凿空下正而上低二分也。其弓菑则桡之，平剡其下[1]二分而内之，欲令盖之尊终平不蒙桡也。端，内题也。**弓长六尺，谓之庇轵，五尺谓之庇轮，四尺谓之庇轸。**庇，覆也。故书庇作秘。杜子春云：“秘，当为庇，谓覆軨也。”玄谓轵，毂末也。舆广六尺六寸，两毂并六尺四寸，旁减轨内七寸，则两轵之广凡丈一尺六寸也。六尺之弓倍之，加部广，凡丈二尺六寸。有宇曲之减，可覆轵，不及軨。**参分弓长而揉[2]其一。**参分之持长桡短，短者近部而平，长者为宇曲也。六尺之弓，近部二尺，四尺为宇曲。**参分其股围，去一以为蚤围。**蚤，当为爪。以弓凿之广为股围，则寸六分也。爪围一寸十五分寸之一。**参分弓长，以其一为之尊。**尊，高也。六尺之弓，上近部平者二尺，爪末下于部二尺。二尺为句，四尺为弦，求其股，股十二除之，面三尺几半也。**上欲尊而宇欲卑，**上，近部平者也。隤下曰宇。**上尊而宇卑，则吐水疾而霤远。**盖者，主为雨设也。乘车无盖。礼所谓潦车，谓盖车与？**盖已崇，则难为门也，盖已卑，是蔽目也，是故盖崇十尺。**十尺，其中正也。盖十尺，宇二

---

❶“下”，底本部分残缺，据阮本补。

❷“揉”，阮校云依《说文》当作“煣”。

尺，而人长八尺，卑于此，蔽人目。**良盖弗冒弗纮，殷亩而驰不队，谓之国工。**队，落也。善盖者以横驰于垄上，无衣若无纮，而弓不落也。

舆人为车，轮崇、车广、衡长，参如一，谓之参称。称，犹等也。车，舆也。衡亦长容两服。**参分车广，去一以为隧。**兵车之隧，四尺四寸，郑司农云："隧，谓车舆深也，读如'钻燧改火'之燧。"玄谓读如"邃宇"之邃。**参分其隧，一在前，二在后，以揉其式。**兵车之式，深尺四寸三分寸之二。**以其广之半为之式崇，**兵车之式，高三尺三寸。**以其隧之半为之较崇。**较，两輢上出式者。兵车自较而下凡五尺五寸。故书较作搉[1]，杜子春云："当为较。"**六分其广，以一为之轸围。**轸，舆后横者也。兵车之轸围尺一寸。**参分轸围，去一以为式围；**兵车之式围，七寸三分寸之一。**参分式围，去一以为较围；**兵车之较围，四寸九分寸之八。**参分较围，去一以为轵围；**兵车之轵围，三寸二十七分寸之七。轵，輢之植者衡者也，与毂末同名。**参分轵围，去一以为轛围。**兵车之轛围，二寸八十一分寸之十四。轛，式之植者衡者也。郑司农云："轛，读如'系缀'之缀，谓车舆軨立者也。立者为轛，横者为轵。书轛或作軨。"玄谓轛者，以其乡人为名。**圜者中规，方者中矩，立者中县，衡者中水，直者如生焉，继者如附焉。**治材居材如此乃善也。如生，如

---

[1] "搉"，阮校云闽本、监本、毛本"搉"作"榷"，非。今《释文》作"榷"，余本载音亦作"榷"。故书以同音假借，《说文》从手从木二字皆有，不能定孰是孰非。

木从地生。如附，如附枝之弘杀也。**凡居材，大与小无并，大倚小则摧，引之则绝。**并，偏邪相就也。用力之时，其大并于小者，小者强不堪则摧也。其小并于大者，小者力不堪则绝也。**栈车欲弇，**为其无革鞔，不坚，易坼坏也。士乘栈车。**饰车欲侈。**饰车，谓革鞔舆也。大夫以上革鞔舆。故书侈作移，杜子春云："当为侈。"

辀人[1]为辀。辀，车辕也。《诗》云："五楘梁辀。"**辀有三度，轴有三理。**目下事。度，深浅之数。**国马之辀，深四尺有七寸。**国马，谓种马、戎马、齐马、道马，高八尺。兵车、乘车轵崇三尺有三寸，加轸与轐七寸，又并此辀深，则衡高八尺七寸也。除马之高，则余七寸，为衡颈之间也。郑司农云："深四尺七寸，谓辕曲中。"**田马之辀，深四尺。**田车轵崇三尺一寸半，并此辀深而[2]七尺一寸半。今田马七尺，衡颈之间亦七寸，则[3]轸与轐五寸半，则衡高七尺七寸。**驽马之辀，深三尺有三寸。**轮轵与轸轐大小之减率寸半也。则驽马之车，轵崇三尺，加轸与轐四寸，又并此辀深，则衡高六尺七寸也。今驽马六尺，除马之高，则衡颈之间亦七寸。**轴有三理：一者以为媺也，**无节目也。**二者以为久也，**坚刃也。**三者以为利也。**滑密。**軓前十尺，而策半之。**谓辀軓以前之长也。策，御者之策也。十，或作七。

---

[1] "辀人"，阮校云程瑶田云恐"舆人"之误。
[2] "而"，阮校云据贾疏乃"为"字之讹，当据正。
[3] "则"，阮校云贾疏两称此注皆云"加"，当据正。

合[1]七为弦，四尺七寸为钩[2]，以求其股，股则短矣，“七”非也。郑司农云：“軓，谓式前也。书或作軋[3]。”玄谓軓是。軓，法也。谓輿下三面之材，輢式之所尌，持车正也。**凡任木，**目车持任之材。**任正者，十分其辀之长，以其一为之围。衡任者，五分其长，以其一为之围。小于度，谓之无任。**任正者，谓輿下三面材、持车正者也。辀，軓前十尺与隧四尺四寸，凡丈四尺四寸。则任正之围，尺四寸五分寸之二。衡任者，谓两轭之间也。兵车、乘车衡围一尺三寸五分寸之一。无任，言其不胜任。**五分其轸间，以其一为之轴围。**轴围亦一尺三寸五分寸之一，与衡任相应。**十分其辀之长，以其一为之当兔之围。**辀当伏兔者也，亦围尺四寸五分寸之二，与任正者相应。**参分其兔围，去一以为颈围。**颈，前持衡者，围九寸十五分寸之九[4]。**五分其颈围，去一以为踵围。**踵，后承轸者也，围七寸七十五分寸之五十一。**凡揉辀，欲其孙而无弧深。**孙，顺理也。杜子春云：“弧，读为‘尽而不污’之污。”玄谓弧，木弓也。凡弓引之中参，中参，深之极也。揉辀之倨句，如二可也，如三则深，伤其力。**今夫大车之辕挚，其登又难；既克其登，其覆车也必易。此无故，唯辕直且无桡也。**大车，牛车也。挚，輖也。登，上阪也。克，能也。**是故大车平地既节轩挚之任，及其登**

---

❶“合”，阮校云当“令”字之讹。《九章·盈不足》有“假令”。

❷“钩”，阮校云当作“句”，《轮人》注云“二尺为句”。

❸“軋”，八行本、岳本、阮本作“軋”。

❹“围九寸十五分寸之九”，原文“分”下空阙一字。八行本作“围九寸十五分分寸之九”。

陁，不伏其辕，必缢其牛。此无故，唯辕直且无桡也。陁，阪也。故书伏作逼。杜子春云："逼，当作伏。"**故登陁者，倍任者也，犹能以登；及其下陁也，不援其邸，必緧其牛后。此无故，唯辕直且无桡也。**倍任，用力倍也。故书緧作鱐[1]。郑司农云："鱐，读为緧，关东谓纣为緧。鱐，鱼字。"**是故辀欲颀典。**颀典，坚刃貌。郑司农云："颀，读为恳。典，读为殄。[2]驷车之辕，率尺所一缚，恳典似谓此也。"**辀深则折，浅则负。**揉之大深，伤其力，马倚之则折也。揉之浅，则马善负之。**辀注则利准，利准则久，[3]和则安。**故书准作水。郑司农云："注则利水，谓辕脊上两[4]注，令水去利也。"玄谓利水重读，似非也。注则利，谓辀之揉者形如注星，则利也。准则久，谓辀之在舆下者平如准，则能久也。和则安，注与准者和，人乘之则安。**辀欲弧而无折，经而无绝。**揉辀大深则折也。经，亦谓顺理也。**进则与马谋，退则与人谋，**言进退之易，与人马之意相应。马行主于进，人则有当退时。**终日驰骋，左不楗，**杜子春云："楗，

---

❶ "故书緧作鱐"，阮校云诸本同。《释文》作"緅，音秋，与'緧'同"。《汉读考》云《集韵》"緧""緅"同字本此。则陆本注无"鱐，鱼字"三字，与贾本异。

❷ "颀读为恳典读为殄"，阮校云《汉读考》云"读为"皆当作"读如"，故下仍云"颀典"，不云"恳殄"也。

❸ "辀注则利准利准则久"，阮校云唐石经及诸本同。惠士奇云依注"则""准"二字衍。注云"利水重读，似非也"，则司农于经文"利水"两遍读之耳，必不增经可知。注中"郑司农云"下当有"利水重读"四字，故后郑辨之，云"利水重读似非"。浅人于经既增重文，因删司农重读之言矣。

❹ "两"，闽本、毛本、阮本作"雨"。

读为蹇。左面不便，马苦蹇；辀调善，则马不蹇也。”书楗或作券。玄谓券，今倦字也。辀和则久驰骋，载在左者不罢倦。尊者在左。**行数千里，马不契需，**郑司农云：“契，读为‘爰契我龟’之契。需，读为‘畏需’之需[1]。谓不伤蹄，不需道里。”**终岁御，衣衽不敝，**衽，谓裳也。**此唯辀之和也。**和则安，是以然也。谓“进则与马谋”而下。**劝登马力，**登，上也。辀和劝马用力。**马力既竭，辀犹能一取焉。**马止，辀尚能一前取道，喻易进。**良辀环灂，自伏兔不至軓七寸，軓中有灂，谓之国辀。**伏兔至軓，盖如式深。兵车、乘车式深尺四寸三分寸之二。灂不至軓七寸，则是半有灂也。辀有筋胶之被，用力均者则灂远。郑司农云：“灂，读为[2]‘灂酒’之灂。环灂，谓漆沂鄂如环。”**轸之方也，以象地也。盖之圜也，以象天也。轮辐三十，以象日[3]月也。盖弓二十有八，以象星也。**轮象日月者，以其运行也。日月三十日而合宿。**龙旂九斿，以象大火也。**交龙为旂，诸侯之所建也。大火，苍龙宿之心，其属有尾，尾九星。**鸟旟七斿，以象鹑火也。**鸟隼为旟，州里之所建。鹑火，朱鸟宿之柳，其属有星，星七星。**熊旗六斿，以象伐也。**熊虎为旗，师[4]都之所建。伐属白虎宿，与参连体而六星。**龟蛇[5]四斿，**

---

❶ “需”，阮校云《汉读考》云当作“耎”。

❷ “读为”，阮校云《汉读考》云当作“读如”。

❸ “日”，王引之云衍。

❹ “师”，阮校云《汉读考》作“帅”。《说文》引《周礼》“率都建旗”，故段玉裁知此“师”必“帅”之讹也。

❺ “蛇”，王引之云当作“旐”。

以象营室也。龟蛇为旐，县鄙之所建。营室，玄武宿，与东壁[1]连体而四星。**弧旌枉矢，以象弧也。**《觐礼》曰“侯氏载龙旂，弧韣”，则旌旗之属皆有弧也。弧以张縿之幅，有衣谓之韣。又为设矢，象弧星有矢也。妖星有枉矢者，蛇行，有毛目。此云枉矢，盖画之。**攻金之工，筑氏执下齐，冶氏执上齐，凫氏为声，㮚氏为量，段氏为镈器，桃氏为刃。**多锡为下齐，大刃、削杀矢、鉴燧也。少锡为上齐，钟鼎、斧斤、戈戟也。声，钟、錞于之属。量，豆、区、鬴也。镈器，田器钱镈之属。刃，大刃刀剑之属。**金有六齐：**目和金之品数。**六分其金而锡居一，谓之钟鼎之齐；五分其金而锡居一，谓之斧斤之齐；四分其金而锡居一，谓之戈戟之齐；参分其金而锡居一，谓之大刃之齐；五分其金而锡居二，谓之削杀矢之齐；金锡半，谓之鉴燧[2]之齐。**鉴燧，取水火于日月之器也。鉴亦镜也。凡金多锡，则刃[3]白且明也。

筑氏为削，长尺博寸，合六而成规。今之书刀。**欲新而无穷，**谓其利也。郑司农云：“常如新，无穷已。”**敝尽而无恶。**郑司农云：“谓锋锷俱尽，不偏索也。”玄谓刃

---

❶“壁”，底本误作“璧”，据八行本改。阮本同误。阮校云闽本、监本、毛本同误。《释文》“东辟，音壁”，疏作“东辟”，又作“东壁”。古书多作“辟宿”。

❷“燧”，阮校云诸本同，叶钞《释文》作“隧”。作“燧”作“隧”，皆《说文》“𤐫”字之误耳。其实此于“㸂燧”无涉，《秋官》“夫遂”只作“遂”，是为正字。

❸“刃”，岳本、阮本作“忍”。阮校云《释文》亦作“忍”，忍，古“坚韧”字，言金中多锡则刃坚忍而色明白，作“刃”盖非。此盖陆本作“忍”，孔本作“刃”，不同也。“忍”“刃”皆有坚意，此作“忍”为长。

也，脊也，其金如一，虽至敝尽，无瑕恶也。

冶氏为杀矢，刃长寸，围寸，铤十之，重三垸。杀矢与戈戟异齐，而同其工，似补脱误在此也。杀矢，用诸田猎之矢也。铤，读如“麦秀铤”之铤。郑司农云：“铤，箭足入槁中者也。垸，量名，读为[1]丸。”**戈广二寸，内倍之，胡三之，援四之。**戈，今句孑戟也，或谓之鸡鸣，或谓之拥颈。内，谓胡以内接柲者也，长四寸。胡六寸，援八寸。郑司农云：“援，直刃也。胡，其孑。”**已倨则不入，已句则不决，长内则折前，短内则不疾，**戈，句兵也，主于胡也。已倨，谓胡微直而邪多也，以啄人，则不入。已句，谓胡曲多也，以啄人，则创不决。胡之曲直，锋本必横，而取圜于磬折。前，谓援也。内长则援短，援短则曲于磬折，曲于磬折则引之与胡并钩。内短则援长，援长则倨于磬折，倨于磬折则引之不疾。**是故倨句外博。**博，广也。倨之外，胡之里也。句之外，胡之表也。广其本以除四病而便用也。俗谓之曼胡，似此。**重三锊。**郑司农云：“锊，量名也，读为刷。”玄谓许叔重《说文解字》云：“锊，锾也。”今东莱称或以大半两为钧，十钧为环，环[2]重六两大半两。锾锊似同矣[3]，则三锊为一斤四两。**戟广寸有半寸，内三之，胡四之，援五之。倨句中矩，与刺重三锊。**戟，今三锋戟也。内长四寸半，胡长六寸，援长七寸半。三锋者，胡直中矩，言正方也。郑司农云：

---

❶“读为”，阮校云《汉读考》云疑当作“读如”。

❷“环环”，阮校云浦镗云“锾”误“环”。《释文》不出“环”字，“三锊”下云“或音环”。贾疏两引此注，先作“环”后作“锾”。

❸“锾锊似同矣”，阮校云《汉读考》云当作“环锾似同”。

"刺，谓援也。"玄谓刺者，著柲直前如鐏者也。戟胡横贯之，胡中矩，则援之外句磬折与？

桃氏为剑，腊广二寸有半寸。腊，谓两刃。**两从半之。**郑司农云："谓剑脊两面杀趋锷。"**以其腊广为之茎围，长倍之。**郑司农云："茎，谓剑夹，人所握，镡以上也。"玄谓茎在夹中者，茎长五寸。**中其茎，设其后。**郑司农云[1]："谓穿之也。"玄谓从中以却稍大之也。后大则于把易制。**参分其腊广，去一以为首广而围之。**首围，其径一寸三分寸之二。**身长五其茎长，重九锊，谓之上制，上士服之。身长四其茎长，重七锊，谓之中制，中士服之。身长三其茎长，重五锊，谓之下制，下士服之。**上制长三尺，重三斤十二两。中制长二尺五寸，重二斤十四两三分两之二。下制长二尺，重二斤一两三分两之一。此今之匕首也。人各以其形貌大小带之。此士，谓国勇力之士，能用五兵者也。《乐记》曰："武王克商，裨冕搢笏，而虎贲之士说剑。"

凫氏为钟，两栾谓之铣，故书栾作乐，杜子春云："当为栾，书亦或为栾。铣，钟口两角。"**铣间谓之于，于上谓之鼓，鼓上谓之钲，钲上谓之舞，**此四名者，钟体也。郑司农云："于，钟唇之上祛也。鼓，所击处。"**舞上谓之甬，甬上谓之衡。**此二名者，钟柄。**钟县谓之旋[2]，旋虫**

---

[1] "云"，阮校云闽本、监本、毛本下有"中"字，当有。

[2] "旋"，王引之云"钟县谓之旋"者，县钟之环也。环形旋转，故谓之"旋"。"旋""环"古同声。

谓之干[1]。旋属钟柄，所以县之也。郑司农云："旋虫者，旋以虫为饰也。"玄谓今时旋有蹲熊、盘龙、辟邪。**钟带谓之篆，篆间谓之枚，枚谓之景。**带所以介其名也。介在于鼓钲舞甬衡之间，凡四。郑司农云："枚，钟乳也。"玄谓今时钟乳侠鼓与舞，每处有九，面三十六[2]。**于上之攠谓之隧。**攠，所击之处攠弊也。隧在鼓中，窐而生光，有似夫隧。**十分其铣，去二以为钲，以其钲为之铣间，去二分以为之鼓间；以其鼓间为之舞修，去二分以为舞广。**此言钲之径居铣径之八，而铣间与钲之径相应，鼓间又居铣径之六，与舞修相应。舞修，舞径也。舞上下促，以横为修，从为广。舞广四分，今亦去径之二分以为之间，则舞间之方恒居铣之四也。舞间方四，则鼓间六亦其方也。鼓六，钲六，舞四，此钟口十者，其长十六也。钟之大数，以律为度，广长与圜[3]径，假设之耳。其铸之，则各随钟之制为长短大小也。凡言间者，亦为从篆以介之，钲间亦当六。今时钟或无钲间。**以其钲之长为之甬长。**并衡数也。**以其甬长为之围，参分其围，去一以为衡围。**衡居甬上，又小。**参分其甬长，二在上，一在下，以设其旋。**令衡居一分，则参分，旋亦二在上，一在下。以旋当甬之中央，是其正。**薄厚之所震动，清浊之所由出，侈弇之所由兴，有说。**说，犹意也。故书侈作移。郑司农云："当为侈。"**钟已厚则石，**大厚则声不发。**已薄则**

---

❶ "旋虫谓之干"，阮校云唐石经及诸本同。程瑶田云"干"当作"斡"。《说文》"斡，蠡柄也"，然则钟柄亦得名斡矣。凡旋者皆得云斡。

❷ "面三十六"，王引之云当作"而三十六"。

❸ "圜"，阮校云浦镗云"围"误"圜"，疏同。

播，大薄则声散。**侈则柞，**柞，读为“咋咋然”之咋，声大外也。**弇则郁，**声不舒扬。**长甬则震。**钟掉则声不正。**是故大钟十分其鼓间，以其一为之厚。小钟十分其钲间，以其一为之厚。**言若此，则不石、不播也。鼓钲[1]之间同方六，而今宜异，又十分之一犹大厚，皆非也。若言鼓外钲外则近之，鼓外二，钲外一。**钟大而短，则其声疾而短闻；**浅则躁，躁易竭也。**钟小而长，则其声舒而远闻。**深则安，安难息。**为遂，六分其厚，以其一为之深而圜之。**厚，钟厚。深，谓窐之也，其窐圜。故书圜或作围。杜子春云：“当为圜。”

㮚氏为量，改煎金锡则不秏。消湅之精，不复减也。㮚，古文或作历。玄谓量当与钟鼎同齐。工异者，大器。**不秏然后权之，**权，谓称分之也。虽异法，用金必齐。**权之然后准之，**准，故书或作水。杜子春云：“当为水。金器有孔者，水入孔中，则当重也。”玄谓准击平正之，又当齐大小。**准之然后量之。**铸之于法中也。量，读如“量人”之量。**量之以为鬴，深尺，内方尺而圜其外，其实一鬴；**以其容为之名也。四升曰豆，四豆曰区，四区曰鬴。鬴，六斗四升也。鬴十则钟。方尺，积千寸。于今粟米法，少二升八十一分升之二十二。其数必容鬴，此言大方耳。圜其外者，为之唇。**其臀一寸，其实一豆；**故书臀作唇。杜子春云：“当为臀。谓覆之其底深一寸也。”**其耳三寸[2]，其实一升，**耳在旁可举

---

[1] “钲”，底本原残右半，据阮本补。

[2] “三寸”，阮校云唐石经及诸本同。浦镗云“一寸”讹“三寸”。阮按未闻其说。

也。**重一钧；**重三十斤。**其声中黄钟之宫。**应律之首。**概而不税。**郑司农云："令百姓得以量而不租税。"**其铭曰："时文思索，允臻其极。**铭，刻之也。时，是也。允，信也。臻，至也。极，中也。言是文德之君，思求可以为民立法者，而作此量，信至于道之中。**嘉量既成，以观四国。**以观示四方，使放象之。**永启厥后，兹器维则。**永，长也。厥，其也。兹，此也。又长启道其子孙，使法则此器长用之。**"凡铸金之状，**故书状作壮。杜子春云："当为状，谓铸金之形状。"**金与锡，黑浊之气竭，黄白次之；黄白之气竭，青白次之；青白之气竭，青气次之，然后可铸也。**消湅金锡精粗之候。

段氏阙。

函人为甲，犀甲七属，兕甲六属，合甲五属。属，读如"灌注"之注，谓上旅下旅札续之数也。革坚者札长。郑司农云："合甲，削革里肉，但取其表，合以为甲。"**犀甲寿百年，兕甲寿二百年，合甲寿三百年。**革坚者又支久。**凡为甲，必先为容，**服者之形容也。郑司农云："容，谓象式。"**然后制革。**裁制札之广袤。**权其上旅与其下旅，而重若一。**郑司农云："上旅，谓要以上；下旅，谓要以下。"**以其长为之围。**围，谓札要广厚。**凡甲，锻不挚则不坚，已敝则桡。**郑司农云："锻，锻革也。挚，谓质也。锻革大孰，则革敝无强，曲桡也。"玄谓挚之言致。**凡察革之道，视其钻空，欲其窻也；**郑司农云："窻，小孔貌。窻，读为'宛彼北林'之宛。"**视其里，欲其易也；**无败蒧也。**视其朕，欲其直也；**郑司农云："朕，谓革制。"

橐之，欲其约也；郑司农云："谓卷置橐中也。《春秋传》曰：橐甲而见子南。"**举而视之，欲其丰也。**丰，大。**衣之，欲其无龄也。**郑司农云："龄，谓如齿龄。"**视其钻空而窓，则革坚也；视其里而易，则材更也；视其朕而直，则制善也；橐之而约，则周也；举之而丰，则明也；衣之无龄，则变也。**周，密致也。明，有光耀。郑司农云："更，善也。变，随人身便利。"

鲍人之事，鲍，故书或作鞄。郑司农云："《苍颉篇》有鞄甏。"**望而视之，欲其荼白也；**韦革，远视之，当如茅莠之色。**进而握之，欲其柔而滑也；**谓亲手烦撋之。**卷而抟之，欲其无迆也；**郑司农云："卷，读为'可卷而怀之'之卷。抟，读为'缚一如瑱'之缚，谓卷缚韦革也。迆，读为'既建而迆之'之迆。无迆，谓革不韢。"**视其著，欲其浅也；**郑司农云："谓郭韦革之札入韦革，浅缘其边也。"玄谓韦革调善者铺著之，虽厚如薄然。**察其线，欲其藏也。**故书线或作综。杜子春云："综，当为系旁泉，读为絤，谓缝革之缕。"**革欲其荼白而疾浣之，则坚；**郑司农云："韦革不欲久居水中。"**欲其柔滑而腥脂之，则需；**故书需作劘。郑司农云："腥，读如'沾渥'之渥，劘，读为'柔需'之需。谓厚脂之韦革柔需。"**引而信之，欲其直也。**[1]**信之而直，则取材正也；信之而枉，则是一方缓、一方急也。若苟一方**

[1] "引而信之欲其直也"，王引之云此句当置于"欲其柔而滑也"之下。

缓、一方急，则及其用之也[1]**，必自其急者先裂。若苟自急者先裂，则是以博为帴也。**郑司农云：“帴，读为翦，谓以广为狭也。”玄谓翦者，如“俴浅”之俴，或者读为“羊猪戋”之戋。**卷而抟之而不迆，则厚薄序也；**序，舒也。谓其革均也。**视其著而浅，则革信也；**信，无缩缓。**察其线而藏，则虽敝不甐。**甐，故书或作邻。郑司农云：“邻，读为‘磨而不磷’之磷。谓韦革缝缕没藏于韦革中，则虽敝，缕不伤也。”

韗人为皋陶，郑司农云：“韗，书或为鞠。皋陶，鼓木也。”玄谓鞠者，以皋陶名官也。鞠则陶，字从革。**长六尺有六寸，左右端广六寸，中尺，厚三寸。**版中广头狭为穹隆也。郑司农云：“谓鼓木一判者，其两端广六寸，而其中央广尺也。如此乃得有腹。”**穹者三之一，**郑司农云：“穹，读为‘志无空邪’之空。谓鼓木腹穹隆者居鼓三之一也。”玄谓穹，读如“穹苍”之穹。穹隆者居鼓面三分之一，则其鼓四尺者，版穹一尺三寸三分寸之一也。倍之为二尺六寸三分寸之二，加鼓四尺，穹之径六尺六寸三分寸之二也。此鼓合二十版。**上三正。**郑司农云：“谓两头一平，中央一平也。”玄谓三，读当为参。正，直也。参直者，穹上一直，两端又直，各居二尺二寸，不弧曲也。此鼓两面，以六鼓差之，贾侍中云“晋鼓大而短”，近晋鼓也。以晋鼓鼓金奏。**鼓长八尺，鼓四尺，中围加三之一，谓之鼖鼓。**中围加三之一者，加

---

[1] “也”，底本原残，据阮本补。注中“帴”“谓以”同。

于面之围以三分之一也。面四尺，其围十二尺，加以三分[1]一，四尺，则中围十六尺，径五尺三寸三分寸之一也。今亦合二十四版[2]，则版穹六寸三分寸之二耳。大鼓谓之鼖。以鼖鼓鼓军事。郑司农云："鼓四尺，谓革所蒙者广四尺。"**为皋鼓，长寻有四尺，鼓四尺，倨句，磬折。**以皋鼓鼓役事。磬折，中曲之，不参正也。中围与鼖鼓同，以磬折为异。**凡冒鼓，必以启蛰之日。**启蛰，孟春之中也。蛰虫始闻雷声而动，鼓所取象也。冒，蒙鼓以革。**良鼓瑕如积环。**革调急也[3]。**鼓大而短，则其声疾而短闻；鼓小而长，则其声舒而远闻。**

韦氏阙。

裘氏阙。

画缋之事，杂五色[4]。东方谓之青，南方谓之赤，西方谓之白，北方谓之黑，天谓之玄，地谓之黄。青与白相次也，赤与黑相次也，玄与黄相次也。此言画缋六色所象及布采之第次，缋以为衣。**青与赤谓之文，赤与白谓之章，白与黑谓之黼，黑与青谓之黻，五采备谓之绣。**此言刺绣采所用，绣以为裳。**土以黄，其象方，天时变。**古人

---

❶ "分"，阮校引浦镗云下脱"之"。

❷ "二十四版"，岳本、阮本无"四"字，阮校云嘉靖本误衍作"二十四版"。

❸ "革调急也"，阮校云段玉裁曰《通典》一百四十四曰"革鼓瑕如积环，革谓急也"，经传"革"训急者多矣，"调"字不可通，而疏曲为之说，故知唐时善本之存者尚多，鞔鼓之法，以紧为贵，至紧而后瑕如积环也。

❹ "五色"，俞樾云当为"六色"。

之象，无天地也。为此记者，见时有之耳。子家驹曰“天子僭天”，意亦是也。郑司农云：“天时变，谓画天随四时色。”**火以圜。**郑司农云：“为圜形似火也。”玄谓形如半环然，在裳。**山以章。**章，读为獐。獐，山物也，在衣。齐人谓麇为獐。**水以龙。**龙，水物，在衣。**鸟，兽，蛇。**所谓华虫也，在衣。虫之毛鳞有文采者。**杂四时五色之位以章之，谓之巧。**章，明也。缋绣皆用五采鲜明之，是为巧。**凡画缋[1]之事，后素功。**素，白采也。后布之，为其易渍污也。不言绣，绣以丝也。郑司农说以《论语》曰[2]：“绘[3]事后素。”

锺氏染羽，以朱湛丹秫，三月而炽之。郑司农云：“湛，渍也。丹秫，赤粟。”玄谓湛，读如“渐车帷裳”之渐。炽，炊也。羽所以饰旌旗及王后之车。**淳而渍之。**淳，沃也。以炊下汤沃其炽[4]，烝之以渍羽。渍，犹染也。**三入为纁，五入为緅，七入为缁。**染纁者，三入而成。又再染以黑，则为緅。緅，今礼俗文作爵，言如爵头色也。又复再染以黑，乃成缁矣。郑司农说以《论语》曰“君子不以绀緅饰”，又曰“缁衣羔裘”。《尔雅》曰：“一染谓之縓，再染谓之竀[5]，三染谓之纁。”《诗》云：“缁衣之宜兮。”玄谓此同

---

[1] “缋”，原作“绘”，据阮本改。

[2] “郑司农说以论语曰”，阮校云岳本、嘉靖本无“曰”，此衍。

[3] “绘”，原作“缋”，从岳本改。

[4] “以炊下汤沃其炽”，阮校云诸本同。贾疏云“以炊下汤淋所炊丹秫”。上注云“炽，炊也”，此盖谓以汤沃所炊丹秫也。《汉读考》谓当云“沃其羽”。

[5] “竀”，阮校云《释文》本又作“䞓”，亦作“赪”，今《尔雅》作“赪”。阮按“竀”，古假借字也。

色耳。染布帛者，染人掌之。凡玄色者，在緅缁之间，其六入者与？

筐人阙。

㡛氏涑丝，以涚水沤其丝，七日，去地尺暴之。故书涚作湄[1]。郑司农云："湄水，温水也。"玄谓涚水，以灰所泲水也。沤，渐也。楚人曰沤，齐人曰涹。**昼暴诸日，夜宿诸井，七日七夜，是谓水涑。**宿诸井，县井中。**涑帛，以栏为灰，渥淳其帛，实诸泽器，淫之以蜃。**渥，读如"缯[2]人渥菅"之渥。以栏木之灰，渐释其帛也。杜子春云："淫，当为涅[3]，书亦或为湛。"郑司农云："泽器，谓滑泽之器。蜃，谓炭[4]也。《士冠礼》曰：'素积白屦，以魁柎之。'说曰：'魁，蛤也。'《周官》亦有白盛之蜃。蜃，蛤也。"玄谓淫，薄粉之，令帛白，蛤，今海旁有焉。**清其灰而盝之，而挥之；**清，澄也。于灰澄而出盝晞之，晞而挥去其蜃。**而沃之，而盝之；而涂之，而宿之。**更渥淳之。**明日，沃而盝之。**朝更沃，至夕盝之。又更沃，至旦盝之。亦七日如沤丝也。**昼暴诸日，夜宿诸井，七日七夜，是谓水涑。**

---

❶"湄"，阮校云《释文》"湄，刘音眉，一音奴短反"。《汉读考》云"湄"当作"渜"，《士丧礼》"渜濯弃于坎"，古文"渜"作"涤"。"涤""涚"同字，犹"襐""税"同字。《释文》当云"一作渜，音奴短反"。今本夺"作渜"二字，"湄"无反奴短之理也。

❷"缯"，阮校云毛本改"鄫"，监本"人"误"入"，此本"菅"误"管"，今据诸本订正。《释文》出"缯人渥菅"四字，今《左传》作"鄫人沤菅"，贾疏本作"鄫"。

❸"涅"，王引之引王念孙云当为"湛"之误。

❹"炭"，阮校云闽本、监本、毛本作"灰"，贾疏云"蜃灰"。

卷第十二

冬官考工记下

玉人之事，镇圭尺有二寸，天子守之；命圭九寸，谓之桓圭，公守之；命圭七寸，谓之信圭，侯守之；命圭七寸，谓之躬圭，伯守之。命圭者，王所命之圭也。朝觐执焉，居则守之。子守谷璧，男守蒲璧。不言之者，阙耳。故书或云“命圭五寸，谓之躬圭”。杜子春云：“当为七寸。”玄谓五寸者，璧文之阙乱存焉。**天子执冒[1]四寸，以朝诸侯。**名玉曰冒者，言德能覆盖天下也。四寸者，方以尊接卑，以小为贵。**天子用全，上公用龙，侯用瓒，伯用将[2]。**郑司农云：“全，纯色也。龙，当为尨，尨谓杂色。”玄谓全，纯玉也。瓒，读为[3]“餰餍”之餍。龙[4]、瓒、将，皆杂名也。卑者下尊，以轻重为差。玉多则重，石多则轻，公侯四玉一石，伯

---

❶ “冒”，阮校云《说文》“瑁，诸侯执圭朝天子，天子执玉以冒之，似犁冠。《周礼》曰‘天子执瑁四寸’，从玉冒，冒亦声。古文省作‘玥’”，然则《周礼》“冒”字本从玉作“瑁”。

❷ “伯用将”，阮校云《释文》“将，如字，刘音阳”。《说文》“瓒，三玉二石也，从玉瓒声。礼，天子用全，纯玉也；上公用駹，四玉一石；侯用瓒，伯用埒，玉石半相埒也”。许氏读龙为駹，与司农同疑。疑今本“埒”作“将”有误。“埒”亦有杂义，故郑云“皆杂名也”。

❸ “为”，阮校云《释文》及贾疏皆无，今本有者衍文。

❹ “龙”，阮校云当作“尨”，司农云“龙，当为尨，尨谓杂色”可证。

子男三玉二石。**继子男执皮帛。**谓公之孤也。见礼次子男，贽用束帛，而以豹皮表之为饰。天子之孤，表帛以虎皮。此说玉及皮帛者，遂言见天子之用贽。**天子圭中必。**必，读如“鹿车縪”之縪，谓以组约其中央，为执之以备失队。**四圭尺有二寸，以祀天。**郊天，所以礼其神也。《典瑞职》曰：“四圭有邸，以祀天旅上帝。”**大圭长三尺，杼上，终葵首，天子服之。**王所搢大圭也，或谓之珽。终葵，椎也。为椎于其杼上，明无所屈也。杼，䊛[1]也。《相玉书》曰：“珽玉六寸，明自照。”**土圭尺有五寸，以致日，以土地。**致日，度景至不。夏日至之景尺有五寸，冬日至之景丈有三尺。土，犹度也。建邦国以度其地，而制其域。**祼圭尺有二寸，有瓒，以祀庙。**祼之言灌也。或作淉，或作果。祼，谓始献酌奠也。瓒如盘，其柄用圭，有流前注。**琬圭九寸而缫，以象德。**琬，犹圜也。王使之瑞节也。诸侯有德，王命赐之，使者执琬圭以致命焉。缫，藉也。**琰圭九寸，判规，以除慝，以易行。**凡圭，琰上寸半。琰圭，琰半以上，又半为瑑饰。诸侯有为不义，使者征之，执以为瑞节也。除慝，诛恶逆也。易行，去烦苛。**璧羡度尺，好三寸，以为度。**郑司农云：“羡，径也。好，璧孔也。《尔雅》曰：‘肉倍好谓之璧，好倍肉谓之瑗，肉好若一谓之环。’”玄谓羡，犹延，其袤一尺而广狭焉。**圭璧五寸，以祀日月星辰。**礼其神也。圭，其

---

[1] “䊛”，阮校云《释文》“䊛也，色界反，杀字之异者，本或作‘杀’，下‘取杀’‘杀文’同”。《周礼》经作“䊛”，注当用“杀”字，今此诸本皆作“䊛”，盖浅人援《释文》本改。

邸为璧，取杀于上帝。**璧琮九寸，诸侯以享天子。**享，献也。《聘礼》，享君以璧，享夫人以琮。**谷圭七寸，天子以聘女。**纳征加于束帛。**大璋、中璋九寸，边璋七寸，射四寸，厚寸，黄金勺，青金外，朱中，鼻寸，衡四寸，有缫，天子以巡守，宗祝以前马。**射，琰出者也。勺，故书或作约，杜子春云："当为勺，谓酒尊中勺也。"郑司农云："鼻，谓勺龙头鼻也。衡，谓勺柄龙头也。"玄谓鼻，勺流也。凡流皆为龙口也。衡，古文横，假借字也。衡谓勺径也。三璋之勺，形如圭瓒。天子巡守，有事山川，则用灌焉。于大山川，则用大璋，加文饰也。于中山川，用中璋，杀文饰也。于小山川，用边璋，半文饰也。其祈沈以马，宗祝亦执勺以先之。礼，王过大山川，则大祝用事焉。将有事于四海山川，则校人饰黄驹。**大璋亦如之，诸侯以聘女。**亦纳征加于束帛也。大璋者，以大璋之文饰之也。亦如之者，如边璋七寸，射四寸。**瑑圭璋八寸，璧琮八寸，以覜、聘。**瑑，文饰也。覜，视也。聘，问也。众来曰覜，特来曰聘。《聘礼》曰："凡四器者，唯其所宝，以聘可也。"**牙璋、中璋七寸，射二寸，厚寸，以起军旅，以治兵守。**二璋皆有鉏牙之饰于琰侧。先言牙璋，有文饰也。**驵琮五寸，宗后以为权。**驵，读为组，以组系之，因名焉。郑司农云："以为称锤，以起量。"**大琮十有二寸，射四寸，厚寸，是谓内镇，宗后守之。**如王之镇圭也。射，其外鉏牙。**驵琮七寸，鼻寸有半寸，天子以为权。**郑司农云："以为权，故有鼻也。"**两圭五寸，有邸，以祀地，以旅四望。**邸，谓之柢。有邸，僢共本也。**瑑琮八寸，诸侯以享夫人。**献于所朝聘君之夫人也。**案十有二寸，枣、㮚十有二列，诸侯纯九，大夫纯五，夫人以劳诸侯。**纯，犹皆也。郑司农云："案，玉案也。夫人，天子夫人。"玄谓案，玉饰案也。夫人，王后也。记时诸侯僭称王，而夫人之号不别，是以同王后于夫人也。玉案十二以为列，王后劳朝诸侯皆九列，聘大夫皆五列，则十有二列者，劳二王之后也。枣㮚实于器，乃加于案。《聘礼》曰："夫人使下大夫劳以二竹簋方，玄被纁里，有盖，其实枣烝㮚择，兼执之以进。"**璋邸射，素功，以祀山川，以致稍饩。**邸射，剡而出也。致稍饩，造宾客纳禀食也。郑司农云："素功，无瑑饰也。"饩，或作气。杜子春云："当为饩。"

楖人阙。

雕人阙。

磬氏为磬，倨句一矩有半。必先度一矩为句、一矩为股，而求其弦。既而以一矩有半触其弦，则磬之倨句也。磬之制有大小，此假矩以定倨句，非用其度耳。**其博为一，**博，谓股博也。博，广也。**股为二，鼓为三。参分其股博，去一以为鼓博；参分其鼓博，以其一为之厚。**郑司农云："股，磬之上大者。鼓，其下小者，所当击者也。"玄谓股外面，鼓内面也。假令磬股广四寸半者，股长九寸也，鼓广三寸，长尺三寸半，厚一寸。**已上则摩其旁，**郑司农云："磬声大上，则摩鑢其旁。"玄谓大上，声清也。薄而广则浊。**已下则摩其耑。**大下，声浊也。短而厚则清。

矢人为矢，鍭矢参分，茀矢参分，一在前，二在后。

参订之而平者，前有铁重也。《司弓矢职》茀当为杀[1]。郑司农云："一在前，谓箭槁中铁茎居参分杀一以前。"**兵矢、田矢五分，二在前，三在后。**铁差短小也。兵矢，谓枉矢、絜矢也。此二矢亦可以田。田矢，谓矰矢。**杀矢七分，三在前，四在后。**铁又差短小也。《司弓矢职》杀当为茀。**参分其长而杀其一，**矢槁长三尺，杀其前一尺，令趣镞也。**五分其长而羽其一，**羽者六寸。**以其笴[2]厚为之羽深。**笴，读为槁，谓矢干，古文假借字。厚之数，未闻。**水之以辨其阴阳。**辨，犹正也。阴沈而阳浮。**夹其阴阳以设其比，夹其比以设其羽，**夹其阴阳者，弓矢比在槁两旁，弩矢比在上下。设羽于四角，郑司农云："比，谓括也。"**参分其羽以设其刃，**刃二寸。**则虽有疾风，亦弗之能惮矣。**故书惮或作但[3]。郑司农云："读当为'惮之以威'之惮，谓风不能惊惮箭也。"**刃长寸，围寸，铤十之，重三垸。**刃长寸，脱"二"字。铤一尺。**前弱则俯，后弱则翔。中弱则纡，中强则扬。羽丰则迟，羽杀则趮。**言干羽之病，使矢行不正。俯，低也。翔，回顾也。纡，曲也。扬，飞也。丰，大也。趮，旁掉也。**是故夹而摇之，以视其丰杀之节也。**今人以指夹矢儛[4]卫是也。**桡之，以视其鸿杀之称也。**挠[5]搦其干。

---

❶ "司弓矢职茀当为杀"，阮校云《汉读考》云"当"字衍文，下"杀矢七分"注同。

❷ "笴"，阮校云《汉读考》作"笱"，注及下"凡相笴"同。

❸ "但"，阮校云当据《释文》作"怛"。

❹ "儛"，闽本、阮本作"撫"。

❺ "挠"，岳本、阮本作"桡"。

凡相笴，欲生而抟。同抟，欲重。同重，节欲疏。同疏，欲㮚。相，犹择也。生，谓无瑕蠹也。抟，读如“抟黍”之抟，谓圜也。郑司农云：“欲㮚，欲其色如㮚也。”

陶人为甗，实二鬴，厚半寸，唇寸。盆，实二鬴，厚半寸，唇寸。甑，实二鬴，厚半寸，唇寸，七穿。量六斗四升曰鬴。郑司农云：“甗，无底甑。”**鬲，实五觳，厚半寸，唇寸。庾，实二觳，厚半寸，唇寸。**郑司农云：“觳，读为斛[1]，觳受三斗，《聘礼记》有斛。”玄谓豆实三而成觳，则觳受斗二升。庾，读如“请益与之庾”之庾。

瓬人为簋，实一觳，崇尺，厚半寸，唇寸。豆，实三而成觳，崇尺。崇，高也。豆实四升。**凡陶瓬之事，髻垦[2]薜暴不入市。**为其不任用也。郑司农云：“髻，读为刮。薜，读为‘药黄蘗’之蘗。暴，读为剥。”玄谓髻，读为刖。垦，顿伤也。薜，破裂也。暴，坟起不坚致也。**器中膊，豆中县。**膊，读如“车辁”之辁。既拊泥而转其均，尌膊其侧，以儗[3]度端其器也。县，县绳正豆之柄。**膊崇四尺，方四寸。**凡器高于此，则垺不能相胜。厚于此，则火气不交，因取

---

[1] “读为斛”，阮校云《汉读考》云“读为斛”当本是“或为斛”，司农因正之云“觳受三豆”，《瓬人》之文也。《聘礼》有斛，谓十斗曰斛也。此分别觳、斛之解，正经“觳”或为“斛”之误，转写或误读豆字误斗字。

[2] “垦”，阮校云《说文》无“垦”字，《豕部》曰“豤，啮也，凡啮物必用力顿伤”。叶钞《释文》作“豤”。

[3] “儗”，阮校云监本、毛本改“拟”，依《说文》则“拟度”字从手，“僭疑”字从人。

式焉。

梓人为筍虡。乐器所县，横曰筍，植曰虡。郑司农云："筍，读为[1]'竹笋'之笋。"**天下之大兽五：脂者，膏者，裸者，羽者，鳞者。**脂，牛羊属。膏，豕属。裸者，谓虎豹貔螭[2]为兽浅毛者之属。羽，鸟属。鳞，龙蛇之属。**宗庙之事，脂者、膏者以为牲；**致美味也。**裸者、羽者、鳞者以为筍虡。**贵野声也。**外骨、内骨，却行、仄行、连行、纡行，以脰鸣者，以注鸣者，以旁鸣者，以翼鸣者，以股鸣者，以胸[3]鸣者，谓之小虫之属，以为雕琢。**刻画祭器，博庶物也。外骨，龟属。内骨，鳖属。却行，螾衍之属。仄行，蟹属。连行，鱼属。纡行，蛇属。脰鸣，蛙黾属。注鸣，精列属。旁鸣，蜩蜺属。翼鸣，发皇属。股鸣，蚣蝑动股属。胸鸣，荣原属。**厚唇弇口，出目短耳，大胸燿后，大[4]体短脰，若是者谓之裸属，恒有力而不能走，其声大而宏。有力[5]而不能走，则于任重宜；大声而宏，则于**

---

❶ "读为"，阮校云《汉读考》作"读如"。

❷ "螭"，闽本、毛本、殿本作"貙"，阮校云《释文》亦作"螭"。

❸ "胸"，阮校云《释文》"胸鸣，本亦作'骨'，又作'胷'，干本作'骨'，贾、马作'胃'，刘本作'胸'，音卤"。《经义杂记》曰《说文》"蠵，大龟也，以胃鸣者"。《尔雅·释文》引《字林》云"蠵，大龟，以胃鸣"，本《说文》也。许叔重学于贾景伯，故从贾说作"胃"。沈重云作"胸"为得，贾疏云不如作"胸"，皆据郑本也。孙诒让云经文当从"胸"，而义则当从贾疏说为灵蠵。

❹ "大"，底本原残上半，据阮本补。

❺ "力"，底本原残上半，据阮本补。

钟宜。若是者以为钟虡，是[1]故击其所县，而由其虡鸣。爥，读为哨，颀小也[2]。郑司农云："宏，读为[3]'纮綖'之纮，谓声音大也。由，若也。"锐喙决吻，数[4]目顧脰，小体骞腹，若是者谓之羽属，恒无力而轻，其声清阳而远闻。无力而轻，则于任轻宜；其声清阳而远[5]闻，于磬宜。若是者以为磬虡，故击其所县，而由其虡鸣。吻，口腃也。顧，长脰貌。故书顧[6]或作牼。郑司农云："牼，读为'鬜头无发'之鬜。"小首而长，抟身而鸿，若是者谓之鳞属，以为筍。抟，圜也。鸿，佣也。凡攫閷、援簭之类，必深其爪，出其目，作其鳞之而。谓筍虡之兽也。深，犹藏也。作，犹起也。之而，颊颂[7]也。深其爪，出其目，作其鳞之而，则于视必拨尔而怒。苟拨尔而怒，则于任重宜。且其匪色，必似鸣矣。匪，采貌也。故书拨作废，匪作

---

❶"是"，底本原残上半，据阮本补。

❷"颀小也"，阮校云余本、闽本、监本、毛本同，嘉靖本"颀"作"顷"，《释文》作"顷小"，云"音倾，字一音恳"，则今本作"颀"非。释曰：云"爥读为哨，颀小也"者，"哨"与"颀"皆是少小之义，故云"哨，颀小也"。则"顷小也"上当叠一"哨"字，此脱。贾疏本盖作"颀"。阮按"顷"是"颀"非也，"顷"同"倾"，言倾侧而小也，作"颀"则无义。李音恳，是李本作"颀"也，"顷"不得音恳。

❸"读为"，阮校云疑当作"读如"，然《礼记·月令》注亦云"闳读为纮"，详《汉读考》。

❹"数"，底本原残上半，据阮本补。

❺"远"，底本原残上半，据阮本补。

❻"顧"，底本原残右半，据阮本补。

❼"颊颂"，王引之云"颊颂"当作"颊毛"，据《说文》"颂，秃也"，秃为无发，则不可以言作矣。

飞。郑司农云："废，读为拨。飞，读为匪。以似为发[1]。"**爪不深，目不出，鳞之而不作，则必颓尔如委矣。苟颓尔如委，则加任焉，则必如将废措，其匪色必似不鸣矣**[2]**。**措，犹顿也。故书措作厝。杜子春云："当为措。"

梓人为饮器。勺一升，爵一升，觚三升。献以爵而酬以觚。一献而三酬，则一豆矣。勺，尊升也[3]。觚、豆，字声之误。觚，当为觯。豆，当为斗。**食一豆肉，饮一豆酒，中人之食也。**一豆酒，又声之误，当为"斗"。**凡试梓，饮器乡衡而实不尽，梓师罪之。**郑司农云："梓师罪也。衡，谓麋衡也。《曲礼》'执君器齐衡'。"玄谓衡，平也。平[4]爵乡口酒不尽，则梓人之长罪于梓人焉。

梓人为侯，广与崇方，参分其广，而鹄居一焉。崇，高也。方，犹等也。高广等者，谓侯中也。天子射礼，以九为节，侯道九十弓，弓二寸以为侯中，高广等，则天子侯中丈八尺。诸侯于其国亦然。鹄，所射也。以皮为之，各如其侯也。居侯中参分之一，则此鹄方六尺。唯大射以皮饰侯。大射者，将祭之射也。其余有宾射、燕射。**上两个，与其身三，**

---

❶ "以似为发"，阮校云以此注改字例言之，应云"似当为发"，此因贾疏有"先郑以似为发"之言而据以易注，误甚。"以"者，贾疏目先郑言之也，若谓司农自言"以"，非辞矣。阮按此语自后郑目先郑言之也。

❷ "其匪色必似不鸣矣"，阮校引《汉读考》云：云"似鸣"，形容未尽，故改"发鸣"，此节本云"其匪色必不似鸣"，今本"似不鸣"误。

❸ "尊升也"，阮校云《汉读考》作"尊斗也"，云"斗"与"枓"同，《说文》"枓，勺也"。今本作"尊升"，误。魏晋人书"斗"字多作"升"，故易讹。

❹ "平"，底本漫漶，据阮本补。

下两个半之。郑司农云："两个，谓布可以维持侯者也。上方两枚，与身三，设身广一丈，两个各一丈，凡为三丈。下两个半之，傅地，故短也。"玄谓个，读若"齐人搚干"之干。上个、下个，皆谓舌也。身，躬也。《乡射礼记》曰："倍中以为躬，倍躬以为左右舌，下舌半上舌。"然则九节之侯，身三丈六尺，上个七丈二尺，下个五丈四尺。其制，身夹中，个夹身，在上下各一幅。此侯凡用布三十六丈。言上个与其身三者，明身居一分，上个倍之耳，亦为下个半上个出也。个或谓之舌者，取其出而左右也。侯制上广下狭，盖取象于人也。张臂八尺，张足六尺，是取象率焉。**上纲与下纲出舌寻，縜寸焉。**纲所以系侯于植者也。上下皆出舌一寻者，亦人张手之节也。郑司农云："纲，连侯绳也。縜，笼纲者。縜，读为'竹中皮'之縜。舌，维持侯者。"**张皮侯而栖鹄，则春以功；**皮侯，以皮所饰之侯。《司裘职》曰："王大射，则共虎侯、熊侯、豹侯，设其鹄。"谓此侯也。春，读为蠢。蠢，作也，出也。天子将祭，必与诸侯群臣射，以作其容体，出其合于礼乐者，与之事鬼神焉。**张五采之侯，则远国属；**五采之侯，谓以五采画正之侯也。《射人职》曰："以射法治射仪，王以六耦射三侯，三获三容，乐以《驺虞》，九节五正。"下曰："若王大射，则以狸步张三侯。"明此五正之侯，非大射之侯明矣。其职又曰："诸侯在朝，则皆北面。"远国属者，若诸侯朝会，王张此侯与之射，所谓宾射也。正之方外如鹄，内二尺。五采者，内朱，白次之，苍次之，黄次之，黑次之。其侯之饰，又以五采画云气焉。**张兽侯，则王以息燕。**兽侯，画兽之侯也。《乡射记》曰："凡侯，天子熊侯，白质；诸侯麋侯，赤质；大夫布侯，画以虎豹；士布侯，画以鹿豕。凡画者丹质。”是兽侯之差也。息者，休农息老物也。燕谓劳使臣，若与群臣饮酒而射。**祭侯之礼，以酒、脯、醢。**谓司马实爵而献获者于侯，荐脯醢折俎，获者执以祭侯。**其辞曰：“惟若宁侯，**若，犹女也。宁，安也。谓先有功德，其鬼有神。**毋或若女不宁侯不属于王所，故抗而射女。**❶或，有也。若，如也。属，犹朝会也。抗，举也，张也。**强饮强食，诒女曾孙诸侯百福。”**诒，遗也。曾孙诸侯，谓女后世为诸侯者。

庐人为庐器，戈柲六尺有六寸，殳长寻有四尺，车戟常，酋矛常有四尺，夷矛三寻。柲，犹柄也。八尺曰寻，倍寻曰常。酋、夷，长短名。酋之言遒也。酋近夷长矣。**凡兵无过三其身，过三其身，弗能用也，而无已，又以害人。**人长八尺，与寻齐，进退之度三寻，用兵力之极也。而无已，不徒止耳。**故攻国之兵欲短，守国之兵欲长。攻国之人众，行地远，食饮饥，且涉山林之阻，是故兵欲短；守国之人寡，食饮饱，行地不远，且不涉山林之阻，是故兵欲长。**言罢羸宜短兵，壮健宜长兵。**凡兵，句兵欲无弹❷，刺兵欲无蜎，是故句兵椑，刺兵抟。**句兵，戈戟属。刺兵，矛属。故书弹或作但，蜎或作绢。郑司农云：“但，读为‘弹

---

❶ “毋或若女不宁侯不属于王所故抗而射女”，阮校云《说文》引作“毋若不宁侯不朝于王所，故伉而射汝”。此注云“或，有也”，“属，犹朝会也”，许氏盖以义引之，非经本文。《大戴记·投壶》作“嗟尔不宁侯不朝于王所，故亢而射女”。

❷ “弹”，阮校云《说文》引此作“僤”，当据正。

丸’之弹，弹谓掉也。绢，读为‘悁邑’之悁，悁谓桡也。椑，读为[1]‘鼓鼙’之鼙。”玄谓蜎，亦掉也。谓若井中虫蜎之蜎[2]。齐人谓柯斧柄为椑[3]，则椑，隋圜也，抟，圜也。**殳兵同强，举围欲细，细则校；刺兵同强，举围欲重，重欲傅人，傅人则密，是故侵之。**改句言殳，容殳无刃。同强，上下同也。举，谓手所操。郑司农云："校，读为‘绞而婉’之绞。[4]重欲傅人，谓矛柄之大者在人手中者。侵之，能敌也。”玄谓校，疾也。傅，近也。密，审也，正也。人手操细以殳则疾，操重以刺则正。然则为矜，句兵坚者在后，刺兵坚者在前。**凡为殳，五分其长，以其一为之被而围之。参分其围，去一以为晋围；五分其晋围，去一以为首围。凡为酋矛，参分其长，二在前、一在后而围之。五分其围，去一以为晋围；参分其晋围，去一以为刺围。**被，把中也。围之，圜之也。大小未闻。凡矜八觚。郑司农云："晋，谓矛戟下铜镈也。刺，谓矛刃胸也。"玄谓晋，读如"王搢大圭"之搢[5]，矜所捷也。首，殳上镈也。为戈戟之矜，所围如殳，夷矛如酋矛。**凡试庐事，置而摇之，以视其蜎也；灸**

---

❶“读为”，阮校云《汉读考》云当作“读如”。

❷“谓若井中虫蜎之蜎”，阮校云《汉读考》作“谓若井中虫蜎蜎”，云各本衍一“之”字。贾疏云“井中有虫，蜎蜎扰扰然也”，盖贾本注作“虫蜎蜎”，今疏引注语亦有“之”字。

❸“齐人谓柯斧柄为椑”，阮校云《汉读考》作“齐人谓柯为椑”，云今本衍“斧柄”二字，盖或笺于旁，因误入也。

❹“校读为绞而婉之绞”，阮校云贾疏引先郑注，此下有“绞疾也”三字，云“读从之，取切疾之义”，“疾也”盖“切也”之误。孙诒让云此疏兼释后郑“校，疾也”之注，非先郑别有此注也。

❺“读如王搢大圭之搢”，阮校云《汉读考》“搢”皆作“晋”。

诸墙，以视其桡之均也；横而摇之，以视其劲也。置，犹树也。灸，犹柱也。以柱两墙之间，挽而纳之，本末胜负可知也。正于墙，墙翌。**六建既备，车不反覆，谓之国工。**六建，五兵与人也。反覆，犹轩輖。

匠人建国，立王国若邦国者。**水地以县。**于四角立植，而县以水，望其高下。高下既定，乃为位而平地。**置槷以县，视以景。**故书槷或作弋。杜子春云："槷，当为弋，读为杙。"玄谓槷，古文臬假借字。于所平之地中央，树八尺之臬，以县正之，视之以其景，将以正四方也。《尔雅》曰："在墙者谓之杙，在地者谓之臬。"**为规，识日出之景，与日入之景。**日出日入之景，其端则[1]东西正也。又为规以识之者，为其难审也。自日出而画其景端，以至日入，既则为规测景两端之内规之规之交，乃审也。[2]度两交之间，中屈之以指臬，则南北正。**昼参诸日中之景，夜考之极星，以正朝夕。**日中之景，最短者也。极星，谓北辰。

匠人营国，方九里，旁三门。营谓丈尺其大小。天子十二门，通十二子。**国中九经九纬，经涂九轨。**国中，城内也。经纬，谓涂也。经纬之涂，皆容方九轨。轨，谓辙广，乘车六尺六寸，旁加七寸，凡八尺，是为辙[3]广。九轨积七十二尺，则此涂十二步也。旁加七寸者，辐内二寸半，辐广三寸半，绠三分寸之二，金辖之间三分寸之一。**左祖右社，面朝**

---

[1] "则"，岳本作"在"。

[2] "既则为规测景两端之内规之规之交乃审也"，阮校云此本及闽本疏中引注作"规交乃审也"，"之"字盖涉上衍。

[3] "辙"，阮校云《说文》无，当作"彻"。

后市，王宫所居也。祖，宗庙。面，犹乡也。王宫当中经之涂也。**市朝一夫。**方各百步。**夏后氏世室，堂修二七，广四修一。**世室者，宗庙也。鲁庙有世室，牲有白牡，此用先王之礼。修，南北之深也。夏度以步，令堂修十四步，其广益以四分修之一，则堂广十七步半。**五室，三四步，四三尺，**堂上为五室，象五行也。三四步，室方也。四三尺，以益广也。木室于东北，火室于东南，金室于西南，水室于西北，其方皆三步，其广益之以三尺。土室于中央，方四步，其广益之以四尺。此五室居堂，南北六丈，东西七丈。**九阶。**南面三，三面各二。**四旁两夹，窗，**窗助户为明，每室四户八窗。**白盛。**蜃灰也。盛之言成也，以蜃灰垩墙，所以饰成宫室。**门堂，三之二。**门堂，门侧之堂，取数于正堂。令堂如上制，则门堂南北九步二尺，东西十一步四尺。《尔雅》曰："门侧之堂谓之塾。"**室，三之一。**两室与门各居一分。**殷人重屋，堂修七寻，堂崇三尺，四阿，重屋。**重屋者，王宫正堂若大寝也。其修七寻五丈六尺，放夏周，则其广九寻七丈二尺也。五室各二寻。崇，高也。四阿若今四注屋。重屋，复笮也。**周人明堂，度九尺之筵，东西九筵**[1]**，南北七筵，堂崇一筵。五室，凡室二筵。**明堂者，明政教之堂。周度以筵，亦王者相改。周堂高九尺，殷三尺，则夏一尺矣，相参之数。禹卑宫室，谓此一尺之堂与？此三者或举宗庙，或举王寝，或举明堂，互言之，以明其同制。**室中度以几，堂上度以筵，宫中度以寻，野度以步，涂度以轨。**周文者，各因物宜为

---

[1] "九筵"，于鬯云当作"九仞"。

之数。室中，举谓四壁之内。**庙门容大扃七个，**大扃，牛鼎之扃，长三尺。每扃为一个，七个二丈一尺。**闱门容小扃参个，**庙中之门曰闱。小扃，鼏鼎之扃，长二尺。参个，六尺。**路门不容乘车之五个，**路门者，大寝之门。乘车广六尺六寸，五个三丈三尺。言不容者，是两门乃容之。两门乃容之，则此门半之，丈六尺五寸。**应门二彻参个。**正门谓之应门，谓朝门也。二彻之内八尺，三个二丈四尺。**内有九室，九嫔居之；外有九室，九卿朝焉。**内，路寝之里也。外，路门之表也。九室，如今朝堂诸曹治事处。九嫔掌妇学之法以教九御。六卿三孤为九卿。**九分其国以为九分，九卿治之。**九分其国，分国之职也。三孤佐三公论道，六卿治六官之属。**王宫门阿之制五雉，宫隅之制七雉，城隅之制九雉。**阿，栋也。宫隅、城隅，谓角浮思也。雉长三丈，高一丈。度高以高，度广以广。**经涂九轨，环涂七轨，野涂五轨。**广狭之差也。故书环或作轘。杜子春云："当为环。环涂，谓环城之道。"**门阿之制以为都城之制。**都，四百里外距五百里，王子弟所封。其城隅高五丈，宫隅门阿皆三丈。**宫隅之制以为诸侯之城制。**诸侯，畿以外也。其城隅制高七丈，宫隅门阿皆五丈。《礼器》曰："天子诸侯台门。"**环涂以为诸侯经涂，野涂以为都经涂。**经，亦谓城中道。诸侯环涂五轨，其野涂及都环涂、野涂皆三轨。

匠人为沟洫，主通利田间之水道。**耜广五寸，二耜为**

耦。[1]**一耦之伐，广尺，深尺，谓之甽**[2]**。田首倍之，广二尺，深二尺，谓之遂。**古者耜一金，两人并发之。其垄中曰甽，甽上[3]曰伐。伐之言发也。甽，畎也。今之耜，岐头两金，象古之耦也。田，一夫之所佃百亩，方百步地。遂者，夫间小沟，遂上亦有径。**九夫为井，井间广四尺，深四尺，谓之沟。方十里为成，成间广八尺，深八尺，谓之洫。方百里为同，同间广二寻，深二仞，谓之浍。**此畿内采地之制。九夫为井，井者，方一里，九夫所治之田也。采地制井田，异于乡遂及公邑。三夫为屋，屋，具也。一井之中，三屋九夫，三三相具，以出赋税，共治沟也。方十里为成，成中容一甸，甸方八里出田税，缘边一里治洫。方百里为同，同中容四都、六十四成，方八十里出田税，缘边十里治浍。采地者，在三百里、四百里、五百里之中。《载师职》曰："园廛二十而一，近郊什一，远郊二十而三，甸稍县都皆无过十二。"谓田税也，皆就夫税之轻近重远耳。滕文公问为国于孟子，孟子曰："夏后氏五十而贡，殷人七十而助[4]，周人百亩而彻，其实皆十一。彻者，彻也；莇者，藉也。龙子曰：'治地莫善于

---

[1] "耜广五寸二耜为耦"，阮校云《说文》引《周礼》作"枱广五寸，二枱为耦"。

[2] "甽"，阮校云段玉裁曰今《说文》古文"𡿨"当作籀文"𡿨"。"𡿨"者，古文也；"甽"者，籀文也；"畎"者，小篆也。"𡿨""巜"皆古文。

[3] "上"，阮校云《汉读考》作"土"，云各本讹。

[4] "助"，阮本为"莇"，阮校云余本、嘉靖本、毛本作"莇"，闽本、监本改"助"，闽本"莇""助"错见。孙诒让云：莇，《孟子》作"助"，《说文·耒部》作"耡"，"莇"即耡之俗。

莇，莫不善于贡。’贡者，校数岁之中以为常。”文公又问井田，孟子曰：“请野九一而莇，国中什一使自赋。卿以下必有圭田，圭田五十亩，余夫二十五亩。死徙无出乡，乡田同井，出入相友，守望相莇，疾病相扶持，则百姓亲睦。方里而井，九百亩，[1]其中为公田。八家皆私百亩，同养公田。公事毕，然后治私事，所以别野人也。”又曰：“《诗》云：‘雨我公田，遂及我私。’惟莇为有公田。由此观之，虽周亦莇也。”鲁哀公问于有若曰：“年饥，用不足，如之何？”有若对曰：“盍彻与？”曰：“二吾犹不足，如之何其彻也？”《春秋》宣十五年秋，初税亩。《传》曰：“非礼也。谷出不过藉，以丰财也。”此数者，世人谓之错而疑焉。以《载师职》及《司马法》论之，周制，畿内用夏之贡法，税夫无公田。以《诗》《春秋》《论语》《孟子》论之，周制，邦国用殷之莇法，制公田，不税夫。贡者，自治其所受田，贡其税谷。莇者，借民之力以治公田，又使收敛焉。畿内用贡法者，乡遂及公邑之吏，旦夕从民事，为其促之以公，使不得恤其私。邦国用莇法者，诸侯专一国之政，为其贪暴，税民无艺[2]。周之畿内，税有轻重。诸侯谓之彻者，通其率以什一为正。《孟子》云：“野九夫而税一，国中什一。”是邦国亦异外内之法耳。圭之言珪絜也。周谓之士田。郑司农说以《春秋传》曰“有田一成”，又曰“列国一同”。**专达于川，各载其名。**达，犹至

---

❶ “方里而井九百亩”，八行本、岳本、阮本作“方里而井，井九百亩”。

❷ “税民无艺”，阮校云《释文》作“蓺也，音艺”，今本“蓺”改“艺”，脱“也”，非。

也。谓浍直至于川，复无所注入。载其名者，识水所从出。**凡天下之地势，两山之间必有川焉，大川之上必有涂焉。**通其壅塞[1]。**凡沟逆地防，谓之不行；水属不理孙，谓之不行。**沟，谓造沟。防，谓脉理。属，读为注。孙，顺也。不行，谓决溢也。禹凿龙门，播九河，为此逆防与不理孙也。**梢沟三十里而广倍。**谓不垦地之沟也。郑司农云："梢，读为'桑螵蛸'之蛸[2]。蛸，谓水漱啮之沟。故三十里而广倍。"**凡行奠水，磬折以参伍。**坎为弓轮，水行欲纡曲也。郑司农云："奠，读为停[3]，谓行停水，沟形当如磬，直行三，折行五，以引水者疾焉。"**欲为渊，则句于矩。**大曲则流转，流转则其下成渊。**凡沟必因水势，防必因地势。善沟者水漱之，善防者水淫之。**漱，犹啮也。郑司农云："淫，读为廞，谓水淤泥土，留著助之为厚。"玄谓淫，读为"淫液"之淫。**凡为防，广与崇方，其閷参分去一。**崇，高也。方，犹等也。閷者，薄其上。**大防外閷。**又薄其上，厚其下。**凡沟防，必一日先深之以为式。**程人功也。沟防，为沟为防也。**里为式，然后可以傅众力。**里，读为已，声之误也。**凡任，索约大汲其版，谓之无任。**故书汲作没。杜子春云："当为汲。"玄谓约，缩也。汲，引

---

[1] "通其壅塞"，阮校云《释文》"通雍，于勇反"，此衍"其"，"雍"改"壅"，非。

[2] "读为桑螵蛸之蛸"，阮校云《释文》出"螵蛸"二字，疏云"上'梢其薮'，亦读从'螵蛸'之蛸"，盖此处无"桑"字。《汉读考》作"读如"。

[3] "停"，阮校云余本"停"刊去"亻"旁，是也，《说文》有"亭"无"停"。

也。筑防若墙者，以绳缩其版。大引之，言版桡也。版桡，筑之则鼓，土不坚矣。《诗》云："其绳则直，缩版以载。"又曰："约之格格，椓之橐橐。"**葺屋参分，瓦屋四分。**各分其修，以其一为峻。**囷、窌、仓、城，逆墙六分。**❶逆，犹却也。筑此四者，六分其高，却一分以为閷。囷，圜仓。穿地曰窌。**堂涂十有二分。**谓阶前，若今令甓❷裓也。分其督旁之修，以一分为峻也。《尔雅》曰："堂涂谓之陈。"**窦，其崇三尺。**宫中水道。**墙厚三尺，崇三之。**高厚以是为率，足以相胜。

车人之事，半矩谓之宣，矩，法也。所法者，人也。人长八尺而大节三：头也，腹也，胫也。以三通率之，则矩二尺六寸三分寸之二。头发皓落❸曰宣。半矩，尺三寸三分寸之一，人头之长也。柯欘之木头取名焉。《易·巽》为宣发。**一宣有半谓之欘，**欘，斫斤❹，柄长二尺。《尔雅》曰："句欘谓之定。"**一欘有半谓之柯，**伐木之柯，柄长三尺。《诗》云："伐柯伐柯，其则不远。"郑司农云：

❶"囷窌仓城逆墙六分"，于鬯云郑本此处实无"墙"字。

❷"甓"，阮校云嘉靖本作"辟"。《汉制考》引此注及《释文》作"令甓裓"，引疏作"令辟裓"，是贾本作"辟"也，古"甓"字多作"辟"，今金石犹有存者，与嘉靖本正合。

❸"皓落"，阮校云叶钞《释文》作"晧落"，云"本或作'颢'，音同，刘作皓"。阮按"颢"是正字，《说文》曰"颢，白皃。南山四颢，白首人也"。

❹"斤"，岳本作"木"，阮校云"木"字是，此"斫木"为句，"柄"字连下读。

"《苍颉篇》有柯欘。"**一柯有半谓之磬折**[1]**。**人带以下四尺五寸。磬折立，则上俯。《玉藻》曰："三分带下，绅居二焉。"绅长三尺。

车人为耒，庛长尺有一寸，中直者三尺有三寸，上句者二尺有二寸。郑司农云："耒，谓耕耒。庛，读为'其颡有疵'之疵，谓耒下岐。"玄谓庛读为"棘刺"之刺。刺，耒下前曲接耜。**自其庛，缘其外，以至于首，以弦其内，六尺有六寸**[2]**，与步相中也。**缘外六尺有六寸，内弦六尺，应一步之尺数。耕者以田器为度宜。耜异材，不在数中。**坚地欲直庛，柔地欲句庛。直庛则利推，句庛则利发。倨句磬折，谓之中地。**中地之耒，其庛与直者如磬折，则调矣。调则弦六尺。

车人为车，柯长三尺，博三寸，厚一寸有半。五分其长，以其一为之首。首六寸，谓今刚关头斧，柯其柄也。郑司农云："柯长三尺，谓斧柯，因以为度。"**毂长半柯，其围一柯有半。**大车毂径尺五寸。**辐长一柯有半，其博三寸，厚三之一。**辐厚一寸也。故书博或作抟。杜子春云："当为博。"**渠三柯者三。**渠二丈七尺，谓罔也，其径九尺。郑司农云："渠，谓车辋，所谓牙。"**行泽者欲短毂，**

---

❶ "一柯有半谓之磬折"，阮校云程瑶田《通艺录》云磬氏为磬，倨句一矩有半，故曰"一矩有半谓之磬折"，持此以度他物，凡倨句之应乎一矩有半者，皆以磬折名之。故《韗人》"为皋鼓"曰"倨句磬折"，《车人》"内耒之庛"亦曰"倨句磬折"，而转写是记者乃顺上文读之，遂讹"矩"为"柯"。

❷ "有六寸"，于鬯云此三字衍。

行山者欲长毂，短毂则利，长毂则安。泽泥苦其大安，山险苦其大动。**行泽者反輮，行山者仄輮，反輮则易，仄輮则完。**故书仄为侧。郑司农云："反輮，谓轮輮反其木里，需[1]者在外。泽地多泥，柔也。侧，当为仄。山地刚，多沙石。"玄谓反輮，为泥之黏，欲得心在外滑。仄輮，为沙石破碎之，欲得表里相依坚刃。**六分其轮崇，以其一为之牙围。**轮高，轮径也。牙围尺五寸。**柏车毂长一柯，其围二柯，其辐一柯，其渠二柯者三。五分其轮崇，以其一为之牙围。**柏车，山车。轮高六尺，牙围尺二寸。**大车崇三柯，绠寸，牝服二柯有参分柯之二，**大车，平地载任之车，毂长半柯者也。绠，轮箄。牝服长八尺，谓较也。郑司农云："牝服，谓车箱。服，读为负。"**羊车二柯有参分柯之一，**郑司农云："羊车，谓车羊门也。"玄谓羊，善也。善车，若今定张车。较长七尺。**柏车二柯。**较六尺也。柏车轮崇六尺，其绠大半寸。**凡为辕，三其轮崇。参分其长，二在前，一在后，以凿其钩。彻广六尺，鬲长六尺。**郑司农云："钩，钩心。鬲，谓辕端，厌牛领者。"

弓人为弓，取六材必以其时。取干以冬，取角以秋，丝漆以夏，筋胶未闻。**六材既聚，巧者和之。**聚，犹具也。**干也者，以为远也；角也者，以为疾也；筋也者，以为深也；胶也者，以为和也；丝也者，以为固也；漆也者，以**

[1] "需"，殿本作"耎"，与《释文》同。阮校云按贾疏"此经言车牙所宜外内坚濡之事"，是贾本作"需"，训为濡。阮按贾亦用"濡"为"耎"字。

为受霜露也。六材之力，相得而足。凡取干之道七，柘为上，檍次之，檿桑次之，橘次之，木瓜次之，荆次之，竹为下。郑司农云："檍，读为[1]'亿万'之亿。《尔雅》曰：'杻，檍。'又曰：'檿桑，山桑。'《国语》曰：'檿弧箕箙。'"凡相干，欲赤黑而阳声。赤黑则乡心，阳声则远根。阳，犹清也。木之类，近根者奴。凡析干，射远者用势，射深者用直。郑司农云："势，谓形势。假令木性自曲，则当反其曲以为弓，故曰审曲面势。"玄谓曲势则宜薄，薄则力少；直则可厚，厚则力多。居干之道，菑栗[2]不迆，则弓不发[3]。郑司农云："菑，读为'不菑而畬'之菑。栗，读为'榛栗'之栗。谓以锯副析干。迆，读为'倚移从风'之移。谓邪行绝理者，弓发之所从起。"玄谓栗读为"裂繻"之裂。凡相角，秋閷[4]者厚，春閷者薄。稚牛之角直而泽，老牛之角紾而昔。郑司农云："紾，读为'抮縳'之抮。昔，读为'交错'之错，谓牛角觕[5]理错也。"玄谓昔读"履错然"之错。疢疾险中，牛有久病则角里伤。瘠牛之角无泽。少润气。角欲青白而丰末。丰，大也。夫角之本，

---

❶ "读为"，阮校云《汉读考》作"读如"。

❷ "栗"，孙诒让云当从嘉靖本作"㮚"。

❸ "发"，阮校云惠士奇云当为"拨"，《战国策》"弓拨矢句"。

❹ "閷"，阮校云籀文"杀"字作"殺"，"㕚"即"殳"字，转写讹舛乃成"闪"字。籀文"杀"字见《说文·殳部》中。籀文"役"字作"伇"，亦其证也。

❺ "觕"，阮校云《说文》无"觕"字，而古书多用之，盖《说文·角部》作"䚡，角长也，从角爿声，士角切"，引申用为粗糙字，而转写者讹其体，从牛旁。

蹙于剉而休于气[1]，是故柔。柔故欲其势也。白也者，势之征也。蹙，近也。休，读为煦。郑司农云："欲其形之自曲，反以为弓。"玄谓色白则势。夫角之中，恒当弓之畏。畏也者必桡，桡故欲其坚也。青也者，坚之征也。故书畏或作威。杜子春云："当为威。威，谓弓渊。角之中央与渊相当。"玄谓畏读如"秦师入隈"之隈。[2]夫角之末，远于剉而不休于气，是故脆。脆故欲其柔也。丰末也者，柔之征也。末之大者，剉气及煦之。角长二尺有五寸，三色不失理，谓之牛戴牛。三色：本白，中青，末丰。郑司农云："牛戴牛，角直一牛。"凡相胶，欲朱色而昔。昔也者，深瑕而泽，紾而抟廉。抟，圜也。廉，瑕严利也。鹿胶青白，马胶赤白，牛胶火赤，鼠胶黑，鱼胶饵，犀胶黄。皆谓煮用其皮，或用角。饵，色如饵。凡昵之类不能方。郑司农云："谓胶善戾[3]。"故书昵或作枳。杜子春云："枳，读

---

[1] "蹙于剉而休于气"，阮校云唐石经及诸本同。叶钞《释文》"蹙"作"戚"，余本载《音义》同。《释文》"剉"本又作"脑"。依《说文》当作"㛴"。

[2] "玄谓畏读如秦师入隈之隈"，阮校云"读如"当作"读为"。《仪礼·大射仪》"以袂顺左右隈"，注云"隈，弓渊也"。郑据此故读为隈，下文"凡居角长者以次需"，注云"当弓之隈也"，因于此易为"隈"字，故下注竟作"隈"也。

[3] "戾"，阮校云《汉读考》云当作"丽"，声之误也。凡附丽之物，莫善于胶。

为‘不义不昵’之昵，[1]或为䵒。䵒，黏也。”玄谓枳，“脂膏膱败”之膱，膱亦黏也。**凡相筋，欲小简而长，大结而泽。小简而长，大结而泽，则其为兽必剽，以为弓，则岂异于其兽？**剽，疾也。郑司农云：“简，读为‘撊然登陴’之撊。”玄谓读如“简札”之简，谓筋条也。**筋欲敝之敝，**郑司农云：“嚼之当孰。”**漆欲测，**郑司农云：“测，读为‘惻隐’之惻。”玄谓测读如“测度”之测。测，犹清也。**丝欲沈。**如在水中时色。**得此六材之全，然后可以为良。**全，无瑕病。良，善也。**凡为弓，冬析干而春液角，夏治筋，秋合三材。**三材：胶、丝、漆。郑司农云：“液，读为醳。”**寒奠体，**奠，读为定。至冬胶坚，内之檠中，定往来体。**冰析灂。**大寒中，下于檠中，复内之。**冬析干则易，**理滑致。**春液角则合，**合，读为洽。**夏治筋则不烦，**烦，乱。**秋合三材则合，**合，坚密也。**寒奠体则张不流，**流，犹移也。**冰析灂则审环，**审，犹定也。**春被弦则一年之事。**期岁乃可用。**析干必伦，**顺其理也。**析角无邪，**亦正之。**斲目必荼。**郑司农云：“荼，读为舒，舒，徐也。目，干节目。”**斲目不荼，则及其大修也，筋代之受病。**修，犹久也。**夫目也者必强，强者在内而摩其筋，夫筋之所由幨，恒由此作。**摩，犹隐也。故书筋或作葪。郑司农云：“当为筋。幨，读为‘车幨’之幨。”玄谓幨，绝起也。**故角三液而干**

[1] “故书昵或作枳杜子春云枳读为不义不昵之昵”，阮校云此当经文作“凡枳之类”，注作“故书枳或作昵，杜子春云昵读为‘不义不昵’之昵”，盖郑本经文从今书作“枳”，杜则从故书作“昵”，今本经文作“昵”，杜郑两家注又俱以“枳”为正，转改之失显然。

再液。重醳治之，使相称。**厚其帤则木坚，薄其帤则需**[1]**，**需，谓不充满。郑司农云："帤，读为'襦有衣絮'之絮。[2]帤，谓弓中裨。"**是故厚其液而节其帤**。厚，犹多也。节，犹适也。**约之不皆约，疏数必侔**。不皆约，缠之缴不相次也。皆约则弓帤。侔，犹均也。[3]**斫挚必中，胶之必均**。挚之言致也。中，犹均也。**斫挚不中，胶之不均，则及其大修也，角代之受病。夫怀胶于内而摩其角，夫角之所由挫，恒由此作**。干不均则角蹴折也。**凡居角，长者以次需**。当弓之隈也，长短各称其干，短者居箫[4]。**恒角而短**[5]**，是谓逆桡，引之则纵，释之则不校**。郑司农云："恒，读为'裻緪'之緪。"玄谓恒，读为揯，揯[6]，竟也。竟其角，而短于渊干，引之，角纵不用力，若欲反桡然。校，疾也。

---

❶"则需"，阮校云唐石经及诸本同，《释文》"则需，人兖反，下注'罢需'同"。《汉读考》据此"需"作"耎"。

❷"帤读为襦有衣絮之絮"，阮校云《汉读考》作"衣絮之絮"，云此"读为"乃"读如"之误。

❸"不皆约缠之缴不相次也皆约则弓帤侔犹均也"，阮校云《汉读考》云此注脱误，疑当云"皆约，缠缴之不相次也。不皆约则弓帤侔。侔，犹均也"。阮按"不相次"是释"皆"字，"侔"是释"不皆"，皆者，有堆垛之迹，不皆者，无堆垛之迹也。

❹"箫"，原作"萧"，据阮本改，下"箫头""箫臂"同。

❺"短"，底本漫漶，据阮本补。

❻"揯"，阮校云《释文》及诸本同。《汉读考》云：栭训竟，见《说文·木部》，《诗》"亘之秬秠"，字作"亘"，《方言》"緪，竟也"，字作"緪"，古同音通用。

既不用力，放之又不疾。**恒角而达，譬[1]如终绁，非弓之利也。**达，谓长于渊干，若达于箫头。绁，弓鞢。角过渊接，则送矢不疾，若见绁于鞢矣。弓有鞢者，为发弦时备顿伤。《诗》云："竹鞢绲縢。"**今夫茭解中有变焉，故校；**郑司农云："茭，读为[2]'激发'之激。茭，谓弓檠也。校，读为'绞而婉'之绞。"玄谓茭读如"齐人名手足掔[3]为骹"之骹。茭解，谓接中也。变，谓箫臂用力异。校，疾也。**于挺臂中有柎焉，故剽。**挺，直也。柎，侧骨。剽，亦疾也。郑司农云："剽，读为[4]'湖漂絮'之漂。"**恒角而达，引如终绁，非弓之利。**重明达角之不利。变譬言引，字之误。**挢干欲孰于火而无赢，挢角欲孰于火而无燂，引筋欲尽而无伤其力，鬻胶欲孰而水火相得，然则居旱亦不动，居湿亦不动。**赢，过孰也。燂，炙烂也。不动者，谓弓也。故书燂或作朕。郑司农云："字[5]从燂。"**苟有贱工，必因角干之湿以为之柔。善者在外，动者在内，虽善于外，必动于内，虽善，亦弗可以为良矣。**苟，偷也。湿，犹生也。**凡为弓，方其峻而高其柎，长其畏而薄其敝，宛之无已，应。**宛，

---

[1] "譬"，阮校云唐石经及嘉靖本作"辟"，余本、毛本、岳本作"辟"。《释文》作"辟如"，云"音譬，下注'变辟'同，或房赤反"。然则不当作"譬"矣。

[2] "读为"，阮校云《汉读考》云当作"读如"。此拟其音，非易其字，故下文仍作"茭"。

[3] "掔"，阮校云《汉读考》作"掔"，《说文》"掔，手掔也。扬雄曰掔，握也。从手叚声，乌贯切"。隶书讹作"掔"，则不得其形声矣。

[4] "读为"，阮校云《汉读考》云当作"读如"，拟其音也。

[5] "字"，阮校云《汉读考》云宜作"当"。

谓引之也。引之不休止，常应弦，言不罢需也。峻谓箫也。郑司农云："敝，读为'蔽塞'之蔽，谓弓人所握持者。"**下柎之弓，末应将兴。**末，犹箫也。兴，犹动也，发也。弓柎卑，箫应弦则柎将动。**为柎而发，必动于𫄨。**𫄨，接中。**弓而羽𫄨，末应将发。**羽，读为扈，扈，缓也。接中动则缓，缓箫应弦，则角干将发。**弓有六材焉，维干强之，张如流水；**无难易也。**维体防之，引之中参；**体，谓内之于檠中，定其体。防，深浅所止。谓体定张之，弦居一尺，引之又二尺。**维角党之，欲宛而无负弦。引之如环，释之无失体，如环。**负弦，辟戾也。负弦则不如环。如环，亦谓无难易。郑司农云："党，读如'牚距'之牚、'车牚'之牚。❶"**材美，工巧，为之时，谓之参均。角不胜干，干不胜筋，谓之参均。❷量其力有三均。均者三，谓之九和。**有三，读为又参。量其力又参均者，谓若干胜一石，加角而胜二石，被筋而胜三石，引之中三尺。假令弓力胜三石，引之中三尺，弛其弦，以绳缓擐之，每加物一石，则张一尺。故书胜或作称。郑司农云："当言称，谓之不参均。❸"玄谓不胜，无负

---

❶ "党读如牚距之牚车牚之牚"，阮校云《汉读考》云四"牚"字皆"党"之误。

❷ "干不胜筋谓之参均"，阮校云诸本同。唐石经"之"下有"不"字，此盖据司农说误加。贾疏云先郑从古书为"称"者，欲以不称为不参均，后郑不从，盖经文本无"不"字也。

❸ "当言称谓之不参均"，阮校云《汉读考》云此注有脱字，应云"谓之参均，当言谓之不参均"，因两"谓之"复而脱六字。

也。九和之弓，角与干权，筋三侔，胶三锊[1]，丝三邸，漆三斞。上工以有余，下工以不足。权，平也。侔，犹等也。角干既平，筋三而又与角干等也。锊，锾也。邸、斞轻重未闻。为天子之弓，合九而成规。为诸侯之弓，合七而成规。大夫之弓，合五而成规。士之弓，合三而成规。材良则句少也。弓长六尺有六寸，谓之上制，上士服之。弓长六尺有三寸，谓之中制，中士服之。弓长六尺，谓之下制，下士服之。人各以其形貌大小服此弓。凡为弓，各因其君之躬，志虑血气。又随其人之情性。丰肉而短，宽缓以荼，若是者为之危弓，危弓为之安矢。骨直以立，忿势以奔，若是者为之安弓，安弓为之危矢。言[2]损赢济不足。危、奔，犹疾也。骨直，谓强毅。荼，古文舒假借字。郑司农云："荼，读为舒。"其人安，其弓安，其矢安，则莫能以速中，且不深。故书速或作数。郑司农云："字从速。速，疾也。三舒不能疾而中，言矢行短也，中又不能深。"其人危，其弓危，其矢危，则莫能以愿中。愿，悫也。三疾不能悫而中，言矢行长也。长谓过去。往体多，来体寡，谓之夹臾之属，利射侯与弋。射远者用势。夹庾之弓，合五而成规。侯非必远，顾势弓者材必薄，薄则弱，弱则矢不深中侯不落。大夫士射侯，矢落不获。弋，缴射也。故书与作其。杜子春云："当为与。"往体寡，来体多，谓之王弓之属，

---

[1] "锊"，阮校云戴震云当作"锾"，一弓之胶三十四铢三十五分铢之十四。

[2] "言"，原作"若"，据阮本改。

利射革与质。射深者用直，此又直焉，于射坚宜也。王弓合九而成规，弧弓亦然。革，谓干盾。质，木椹。天子射侯亦用此弓。《大射》曰："中离，维纲，扬触，梱复，君则释获，其余则否。"**往体来体若一，谓之唐弓之属，利射深**。射深用直。唐弓合七而成规，大弓亦然。《春秋传》曰："盗窃宝玉大弓。"**大和无灂，其次筋角皆有灂而深，其次有灂而疏，其次角无灂**。大和，尤良者也。深，谓灂在中央，两边无也。角无灂，谓隈里。**合灂若背手文**。弓表里灂合处，若人合手背，文相应。郑司农云："如人手背文理。"**角环灂，牛筋蕡灂，麋筋斥蠖灂**。蕡，枲实也。斥蠖，屈虫也。**和弓毂摩**。和，犹调也。毂，拂也。将用弓，必先调之，拂之，摩之。《大射礼》曰："小射正授弓，大射正以袂顺左右隈，上再下一。"**覆之而角至，谓之句弓**。句于三体，材敝恶，不用之弓也。覆，犹察也，谓用射而察之。至，犹善也。但角善，则矢虽疾而不能远。**覆之而干至，谓之侯弓**。射侯之弓也。干又善，则矢疾而远。**覆之而筋至，谓之深弓**。射深之弓也。筋又善，则矢既疾而远，又深。